WILHELM BORTENSCHLAGER

DEUTSCHE LITERATURGESCHICHTE 3
VON 1983 BIS 1988

Wilhelm Bortenschlager
Deutsche Literaturgeschichte 3

Von 1983 bis 1988

Verlag Leitner · Wien

CIP-Titelaufnahme der Deutschen Bibliothek

Bortenschlager, Wilhelm
Deutsche Literaturgeschichte / Wilhelm Bortenschlager.
– Wien: Leitner
 (Leitners Studienhelfer)
 Teilw. u. d. T.: Brenner, Emil: Deutsche Literaturgeschichte
 NE: Brenner, Emil: Deutsche Literaturgeschichte

3. Von 1983 bis 1988. – 1988
 ISBN 3-85157-059-6

© 1988 by Verlag Leitner, Wien
in Herold Druck- und Verlagsgesellschaft m. b. H., Wien
Gesamtherstellung: Herold, Wien 8

ISBN 3-85157-059-6

INHALTSVERZEICHNIS

Vorwort   7

Die deutschsprachige Literatur von 1983–1988 in:

Österreich   9

Bundesrepublik Deutschland   103

Schweiz   183

Deutsche Demokratische Republik   217

Anhang   231

Vorwort

Der dritte Band der „Deutschen Literaturgeschichte" bringt die zwischen 1983 und 1988 erschienenen Werke, darunter auch solche aus früheren Jahren, die in den 2. Band noch nicht aufgenommen waren. Außerdem werden neue Schriftsteller mit ihren Werken angeführt, die inzwischen ihre Werke veröffentlicht haben. Aufgabe des Bandes 3 ist es also, die Geschichte der Literatur bis in unsere unmittelbare Gegenwart fortzuführen.

Der Übersicht halber ist das Buch in die Kapitel: Literatur Österreichs, der BRD, der Schweiz und der DDR eingeteilt.

Die am Ende jedes Artikels über einen Schriftsteller angegebenen Seitenzahlen weisen auf die Seiten hin, unter denen der Autor im 2. Band aufzufinden ist. Fehlen diese Seitenzahlen, so erscheinen diese Schriftsteller in diesem Band erstmals.

Dem Verlag gilt für die besondere Betreuung und Herausgabe des Bandes mein aufrichtiger Dank.

Wels, Sommer 1988   Dr. Wilhelm Bortenschlager

ÖSTERREICH

GERHARD AMANSHAUSER

„List der Illusionslosen" (1985) sind 17 Texte aus verschiedenen Jahren, die eines gemeinsam haben: Der Autor glaubt an die in allen Zeitaltern gleichbleibenden Illusionen, welche die Menschen zum Leben brauchen, wie etwa die Selbsttäuschung, ohne die sie unglücklich wären („Erweiterung der Zauberkunst"). In „Sicherung der Grenze" untersucht er die Grenzmöglichkeiten in allen Lebensbereichen. Mit „Entfaltung eines Organs" meint er die Entfaltung des Ichs, die Bewußtseins- und Persönlichkeitsbildung und ist überzeugt, daß das Bewußtsein als zweckgebundenes Organ nicht befähigt sei, „größere Zusammenhänge zu überblicken". Es sei dazu entstanden, „richtig orientierte Bewegungen" zu finden. In „Freude an der Demaskierung" befaßt er sich mit der Unmöglichkeit der Psychotherapie. Er untersucht Aggressionen ebenso wie Erotik und Moralgesetze, die an ein übernatürliches Wesen geknüpft sind, das „Imponiergehabe" der Politiker, den Niveauverlust in der modernen Kunst bzw. in der sogenannten „experimentellen" Kunst und die Zertrümmerung der Sprache („Auf dem Kunstsektor"). Von Astronomie ist ebenso die Rede wie von Religion und vom „Lebenslauf der Wahrheiten", von der „Gebärdensprache" und ihren rituellen Bestimmtheiten wie auch von der „Wahrnehmung des Todes".

Der Salzburger Autor veröffentlichte 1986 seine ersten „Gedichte", gesammelte Lyrik aus den Jahren zwischen 1950 und 1970, zum großen Teil in strenger Form mit Reimen, weniger auch in freien Rhythmen über Natur und Stadt, Italien und Paris, über Herbst und Verfall, hier seinem engeren Landsmann Trakl verwandt, Gedichte in schönem Stil und von anrührendem Inhalt.

1987 folgte „Fahrt zur verbotenen Stadt" „Satiren und Capriccios", kurze Texte, von denen sich besonders die „lokalpatriotischen" Satiren über Salzburg durch treffende Ironie auszeichnen, ob es um den Generalsanierungsplan von Salzburg geht mit der eingemauerten Altstadt oder um den Maestro und die Opernsaison oder um die Parodie auf Thomas Bernhards Schreibweise. Märchen werden erklärt, wenn der Prinz seine Vorbereitungen zum Erwecken Dornröschens trifft, ein neues Märchen wird erfunden; Außenseiter werden beschrieben, und die österreichische Forschung der Zukunft wird persifliert. Schließlich landet der Autor in Peking, wo er sich als Kulturträger selber als Ärgernis empfinden muß.

„Der Ohne-Namen-See. Chinesische Impressionen" (1988). Der Autor beschäftigte sich jahrzehntelang mit chinesischer Kultur und Literatur, Kalligraphie, Geschichte, Malerei und Gartenbaukunst. Unverhofft erhält er die Möglichkeit, an einem zwei Monate dauernden Kurs in chinesischer Sprache und Schrift an der Pekinger Universität teilzunehmen. In den Monaten Juli und August lernt er nun aus eigener Anschauung China kennen und beschreibt seine Eindrücke in tagebuchartigen Aufzeichnungen. Er begegnet auf realistischer Ebene einem Land und seiner Bevölkerung, vor allem auch seinen Lehrern, die er bisher nur in Gedanken und Phantasien gekannt hatte. Miteinbezogen werden die Betrachtungen über die wirtschaftlichen und politischen Veränderungen des modernen China. Doch schweifen seine Gedanken, genährt durch die zahllosen Denkmäler verschiedenster Art, immer wieder hinüber in die harmonische Verknüpfung aller Dinge in chinesischer Hochkulturzeit. (S. 154)

INGEBORG BACHMANN

„**Das Honditschkreuz**" ist eine 1944 entstandene, erstmals in den Werken (zweiter Band: Erzählungen) veröffentlichte und 1983 als Einzelausgabe erschienene historische Novelle aus dem Kriegsjahr 1813 und berichtet von dem kurzen, unglücklichen Leben des Bauernsohnes aus Hermagor Franz Brandstetter, der als Student der Theologie in Konflikt mit der erotischen Faszination gerät, welche zwei Frauen auf ihn ausüben: die ältere Mölzer Waba und die junge Kellnerin Fini; Franz wählt den dritten Weg und schließt sich gegen den Willen seines Vaters den österreichischen Freischärlern gegen Napoleon an. Nach der Flucht der Franzosen wird er auf der Nachhut von einem tödlich verwundeten französischen Soldaten erschossen.

Die Novelle zeigt bereits die große Bildkraft der Bachmann, aber auch die genaue Beobachtung der Bauernsprache und der bäuerlichen Sitten. Das Honditschkreuz läßt der junge Honditschbauer, der den Brandstetterhof übernimmt, an der Stelle errichten, wo Franz und der französiche Hauptmann gefallen sind.

„**Liebe: dunkler Erdteil**", Gedichte aus den Jahren 1942 bis 1967 (1984). Der Band umfaßt mit Ausnahme der beiden zu Lebzeiten der Dichterin erschienenen Lyrikbände „Die gestundete Zeit" und „Die Anrufung des Großen Bären" alle jemals veröffentlichten Gedichte sowie mehrere aus dem Nachlaß. Während sich die Jugendgedichte noch mutig und stolz zum Ich und zur Freiheit des Ichs bekennen und erst allmählich zur Einsicht kommen, daß alles nur ein Traum sei, sind die Gedichte 1948–1953 gekennzeichnet durch die Metaphern Abend, Nacht, Dunkelheit, Grauen, Angst, Tod: „Wer weiß, ob wir nicht lange, lange schon sterben", fragt die Dichterin und stellt fest: „Ich bin das Immer-ans-Sterben-Denken."

Die Gedichte 1957–1961 klingen manchmal ein wenig optimistischer, darunter befinden sich das schöne Gedicht „Mirjam", Verkörperung des jüdischen Schicksals, und ein Gedicht an Nelly Sachs, die von Bachmann hochverehrte Dichterin.

Gedichte 1964–1967 sind die letzten des Bandes. „Nichts mehr gefällt mir" ist die Metapher dieser Verse der Autorin, die weiß, daß sie unverloren ist, wenn sie ganz verloren bleibt. (S. 20)

WALTER BÄCK

wurde 1931 in Wien geboren und wohnt in Wien-Floridsdorf. Nach einem katholischen Seminar und der Handelsschule arbeitete er als Nachhilfelehrer, Bankbeamter und Buchhalter und ist seit 1964 freier Schriftsteller, der neben dem Theodor-Körner-Preis verschiedene Auszeichnungen erhielt.

Neben zahlreichen Beiträgen in Anthologien, neben Rundfunksendungen, 700 Lesungen aus eigenen Werken und dem Text der „Wiener Landeshymne" sowie zahlreichen Beiträgen in Zeitungen und Zeitschriften erschienen von ihm: **„Plan von Wien lyrisch"** (1969), **„Ich leb' am Rand der großen Stadt"** (1977), **„Corvina, die Zigeunerin"**, ein Märchen (1979), **„Der siebente Teller"** (1979), **„Die hundert Marterlsprüche des Walter Bäck"** (1980), **„Das Lebm is a Hochschaubahn"** (1980), **„Die Sahara von Ottakring und andere Wiener G'schichten"** (1982) und **„Wien im Feuilleton"** (1986).

Daneben schrieb Bäck einen Roman, zwei Theaterstücke, Kurzprosa, Essays und bisher 2 500 Gedichte. Er bezeichnet sich selbst als „kritischen Katholiken und modernen Realisten". Seine Gedichte stehen in der traditionellen Form des Wiener Gedichtes eines Josef Weinheber oder Theodor Kramer. Er ist Heimatdichter mit besonderer Hingabe an Wien, er geht ins Detail und beschreibt wenig bekannte und bisher unberührte Wiener Gegenden.

„Plan von Wien lyrisch". Als erster Wiener Lyriker besingt Bäck, ausgehend vom 1. Bezirk, alle 23 Wiener Gemeindebezirke; freilich nicht nach den großen und berühmten Bauten und Plätzen, von wenigen Ausnahmen abgesehen, sondern nach kleinen, unscheinbaren Plätzen, Gassen und Gebäuden. So durchwandert er im lyrischen Gedicht, einmal besinnlich, einmal humorvoll, seine Heimatstadt und weilt besonders gern in seinem geliebten Floridsdorf; einige dieser Gedichte sind in den Band über Floridsdorf eingegangen.

„Ich leb' am Rand der großen Stadt ... Floridsdorf im Gedicht". Noch nie hat ein Dichter einen ganzen Wiener Gemeindebezirk im Gedicht beschrieben und ihm ein ganzes Lyrikbuch gewidmet. Gerade der 21. Bezirk am Rande Wiens scheint auf den ersten Blick kaum beschreibenswert – aber Bäck findet in dem „drüberen Wien" nördlich der Donau genug Plätze, wo die Stadt ins Land übergeht, wo dörfliche Siedlungen sich an die Wohnblocks, Fabriken und Gasometer reihen, wo manches zu Ruhe und Einkehr mahnt, was der Lyrik würdig ist. Vom Donaudamm bis zum Dorffriedhof, vom Fischer und „Biertippler" bis zu Beethoven reicht die weite Skala der Charakteristiken, vom Park bis zur einsamen Gasse, von der Donau bis zum Bisamberg: eindrucksvolle Schilderungen in traditioneller und realistischer Weise in gereimten Strophen – denn selbst im freirhythmischen Versuch stellt sich wieder der Reim ein.

„Der siebente Teller". Bäcks neue Gedichte sind allgemeiner Art, keine Wiener Heimatlieder wie bisher. Sie sind alle getragen von dem Glauben an Gott und die Ewigkeit; Liebe, Zuversicht, Hoffnung sind ebenso Themen wie die Natur in ihren Jahreszeiten. Immer mehr wendet sich Bäck dem reimlosen, freirhythmischen Gedicht zu und erreicht einen Höhepunkt seines Schaffens in den Oden nach klassischen Strophenmustern.

WOLFGANG BAUER

1984 erschien Bauers steirisches Fernsehspiel **„In Zeiten wie diesen"** über den freischaffenden Maler Oskar Koschka, oft verwechselt mit Kokoschka, aus Graz, der in Wien lebt, aber seine schwangere Frau Geneviève und seinen naseweisen Sohn Oskar in Zeiten wie diesen finanziell kaum durchbringen kann. Das Versprechen des Kunsthändlers Omar Swossil, seine Bilder zu kaufen, wurde im Rausch gegeben und wird nicht eingehalten. Statt in New York muß die Familie Koschka den Urlaub bei der Oma in Graz verbringen. Hier aber überstürzen sich die Ereignisse und bringen Komplikationen mit sich: Der Auftrag, für seinen Freund Milanovits den Grazer Hauptplatz zu malen, bringt ihn zunächst sogar ins Gefängnis, dann zu einer Vernissage in der Sparkasse zusammen mit dem steirischen Politiker und Heimatdichter Hans-Peter Meier. Aber Koschka verliert nicht nur seine Wohnungseinrichtung in Wien an den Steuerexekutor, sondern auch seine Frau an Meier, während dessen Frau sich ihm und seinem Freunde Milanovits zuwendet. Erst die Entdeckung eines großen Schatzes im Kachelofen seiner kleptomanischen Grazer Oma, die inzwischen an einer gestohlenen, verschluckten Perlenkette gestorben ist, macht Koschka wieder lebensfähig und seinen Traum von New York wahr. Veränderungen sind in Zeiten wie diesen nur im Privaten möglich, Kunst kann nur existieren, wenn sich ein Mäzen findet. Im übrigen bleibt alles wieder ein „Change" von „Bett- und Lebenspartnern".

Das erste abendfüllende Stück Bauers **„Pfnacht"**, das schon 1962 geschrieben wurde, ist erst 1985 uraufgeführt und bekannt geworden. Es ist eine Kriminalkomödie in drei Akten, welche bereits die Wirklichkeit wie auch in späteren Stücken auf den Kopf stellt. Schauplatz der Ereignisse ist ein Provinznest, wo in einer stürmischen Nacht ein Fremder von einem losgerissenen Dachziegel erschlagen wird. Die zwei von Langeweile geplagten Gendarmen des Ortes wittern darin nun die Chance ihres Lebens, lassen das Beweisstück, den Ziegelstein, verschwinden und starten eine muntere Mörderjagd gegen den unbekannten Täter. In dem Intrigennetz, das die Gendarmen spinnen, bleibt schließlich der von allen Seiten angefeindete Außenseiter, der Poet Pfnacht, hängen. Aber nicht genug damit, legen auch noch vier weitere Ortsbewohner ein „Geständnis" ab, wodurch die beiden geistig nicht gerade hochstehenden Gesetzeshüter in arge Bedrängnisse kommen, bis sich alles aufklärt.

„**Herr Faust spielt Roulette**" (1986) ist ein Einakter, der laut Bauers Angabe auf eine Anregung Margret Dietrichs zurückgeht. Er spielt auf zwei Ebenen: in einem Casino, das zugleich die Hölle ist, und in einer Geisterwelt, die zugleich die Studierstube des Mathematikers Faust ist. Die Gestalten des Stückes sind sowohl real wie irreal, lebendige Personen und Geister. So ist der Direktor des Spielcasinos zugleich der Pudel, der Chef zugleich der Geist, der Croupier Xandi auch Psychiater – im ersten Stock des Casinos wird ein Irrenhaus angenommen –, der Kanzler auch Briefträger, während Gretl-Geist und Ulli-Geist, Frau und Sohn von Faust, der als Doppelagent fungiert, eine Gestalt auf beiden Ebenen vorstellen. Daß in der zwar realen, aber verworrenen Handlung auch noch Dostojewskij und die von ihm erfundenen drei Brüder Karamasow sowie Goethe als Faust-Dichter auftreten, zu denen auch noch Bauer selber stößt, der nicht mehr weiß, wie das Stück weitergehen soll, gehört zu den bei Bauer üblichen Einfällen. (S. 93)

KONRAD BAYER

Werke: „**kasperl am elektrischen Stuhl**" (1968), „**der analfabet**" (1969), „**der berg**" (1969), „**die boxer**" (1971), „**idiot**" (1972), „**die pfandleihe**" (1984).

„**die pfandleihe**" ist ein handlungsloses, absurdes Kurzdrama und spielt zwischen einem pfandleiher und leonhard, der sich Geld, vielleicht auch Zeit leihen will, weil Zeit Geld ist, und vom pfandleiher jeweils freundlich oder abweisend behandelt wird, je nachdem, ob er ein Geschäft wittert oder nicht. Der irrationale Dialog endet mit der Anfangssentenz leonhards, die nun der pfandleiher spricht. (S. 36)

RUDOLF BAYR

„**Die Eiben von Sammezzano**" (1984) sind Essays. „Essay, Versuch, das bedeutet: Erprobung des intellektuellen Tastsinns, Schnittmuster vieler Möglichkeiten, spielerisch Wahrheit zu überprüfen, das bedeutet aber auch Fluchthilfe vor Dogma und Ideologie."

Die neun Essays sind Versuche, die Überlieferung der Gegenwart anzuschließen, in antikem Erbe das Zeitbeständige aufzuspüren, die gegenwärtigen gesellschaftlichen Zustände zu überpüfen („Der legale Schuft ist der Erfolgsbürger des Zeitalters"), am Beispiel Speisezimmer – Eßzimmer – Eßecke den Niedergang kulinarischer Formen zu zeigen, die Freimaurerei und ihre Ziele kritisch zu beleuchten, die wirtschaftliche Stellung des Schriftstellers als Dienstgeber und Dienstnehmer in einer Person zu überprüfen; die Essays sprechen vom Tod der Mutter ebenso wie über Geschichte und Gegenwart von Land und Stadt Salzburg, die er liebt, und die er deshalb in ihren Schwächen ironisiert („Das unverdiente Erbe").

„**Der Heilige Abend**" (1984). In diesem Band sammelt Bayr Erzählungen zum Heiligen Abend, bekannte von Stifter, Rosegger, Fritz Reuter und Karl Heinrich Waggerl, interessante Berichte des Erzherzogs Johann zum 24. Dezember 1828 und der Mistress Troloppe über „Wiener Weihnachtstage im Jahre 1836", sowie moderne Geschichten von Ilse Aichinger, Marie-Luise Kaschnitz, Erich Kästner und vom Herausgeber. Den Abschluß bildet der aufschlußreiche Bericht Franz Grubers über die „Authentische Veranlassung zur Composition des Weihnachtsliedes ‚Stille Nacht, heilige Nacht'". (S. 55)

KURT BECSI, gestorben 1988

Becsi faßte seine einzelnen Stücke immer wieder in neue Reihen, Trilogien und Tetralogien zusammen. So erschien 1984 der Band **„Metamorphosen"** mit den Stücken **„Der Tanz des Harlekins"**, **„Air-Port Paris"**, (früher „Airport") und **„Bless und Mary"**.

1986 folgte die **„Phantastische Tetralogie"**, bestehend aus 4 Dramen: **„Dialog mit einem Kopf"**, **„Feuerzungen"**, **„Lear der Zweite"** und **„Gesang der Moldau"**.

„Feuerzungen". Das einaktige Stück, das irgendwann in der Gegenwart im Penthouse des Senators Martin Torsten in Hamburg spielt und jenseits aller Zeit fortsetzt, beginnt wie ein Ehe-Dreiecksdrama. Während Torsten in Bonn weilt, ist der Regisseur Bert Sutan zur Gattin Torstens, Mara, als ihr angeblicher Cousin gekommen; sie haben sich einst, als Mara noch Schauspielerin war, geliebt, dann verließ sie das Theater und heiratete den Senator. Aber einmal in einer Vereinigung mit ihrem Gatten erschien ihr der „kleine, häßliche" Dramatiker Dreker, nahm geistig immer mehr von ihr Besitz, bis sie ganz vom astralen Leib Drekers erfüllt war. Als Bert sie wieder dem Theater zurückgewinnen will und sie liebend an sich reißt, springen Feuerzungen aus Mara, verwunden Bert und verbrennen Mara zu Asche: Die Weltrevolution der Fantasie hat sie und die Erde verwandelt, denn auch über Hamburg erscheinen die Feuerzungen wie einst in der Bombennacht. Aber nun bringen sie ein neues Leben, das nur noch aus Liebe und Fantasie ersteht. Wenn am Ende Mara und Dreker als die einander Bestimmten erscheinen, führt Mara den beiden Männern die Frauen Florin und Sonja zu, die für sie bestimmt sind. In einem fantastischen Bild endet das realistisch begonnene Spiel.

„Lear der Zweite" spielt in einem Nervensanatorium in Mitteldeutschland in der Gegenwart und jenseits der Zeit. Die drei Töchter Lears oder des Schauspielers und Professors, der sich für Lear hält und deshalb im Sanatorium lebt, heißen Mirsina, Zenobia und Galathea. Diese Paraphrase Shakespeares geht aber weit über diesen hinaus, wenn Lear sein Reich letztlich in einen Ameisenhaufen verwandelt. Wie bei Shakespeare besuchen ihn die drei Töchter, Mirsina die Haßerfüllte, Zenobia die Jüngste, Galathea die Liebende. Wenn Lear schließlich Mirsina erwürgt, er selber an der vom Arzt verabreichten Spritze stirbt und der Wärter Felix von seinem Kumpan zum neuen Lear den Dritten gekrönt wird, scheint das Stück ohne Ende sich fortzusetzen. Denn jeder Mensch kann in seiner überschäumenden Fantasie zum Narren werden, im Narren aber steckt immer zugleich auch das Göttliche.

Im gleichen Jahre (1986) folgte das Stück **„Die Satten und die Feigen"**, Krise und Kreativität unserer Gesellschaft mit den Essays: „Das Entscheidungsfeld unserer Gegenwart" und „Das Schöpfungsfeld der Zukunft". Die Handlung des Stückes ist einfach: Ein Journalist, der zum Inhaber eines Presse- und Verlagskonzerns aufgestiegen ist, Dr. Müller, gibt mit seiner Frau Florence ein Abendessen und lädt dazu die „Satten und die Feigen" unserer Gesellschaft ein: den Staatssekretär Adolf Baum mit seiner Frau Lydia, den Theaterdirektor Milan Kastner mit seiner Frau, der Schauspielerin Claudette, den Hofrat im Ministerium Robert Dörflinger mit seiner Gattin Astrid und als Gegenspieler den Dramatiker Wolfgang Kirner mit seiner Freundin Gina sowie den Rechtsanwalt Dr. Josef Walter und seine Gattin Evelyn. Das Gastmahl ereignet sich in einer Villa in Döbling im Wien der Gegenwart. Während der drei Phasen: Cocktails, Vorspeisen/ Hauptgerichte/ Dessert und des geistreichen Dialogs, in dem es zu Gegensätzen zwischen Kirner und den Satten und den Feigen kommt, werden verschiedene Visionen aus einer höheren Ebene eingeworfen, aber diese Menschen sehen sie nicht, sie bewegen sich wie immer leicht, geschickt, elegant; sie sind nicht böse oder abstoßend, sondern Träger einer modernen hochtechnisierten Zukunft, für die nur Profit, Macht, Mammon gelten. Die zwei Schlüsse, die der Autor anbietet, sind: der eine komisch, der andere tragisch. Entweder über das Leichenfeld zum Kaiserwalzer hinwegtanzen oder das Damaskusereignis des Dr. Müller, der seine Fehlentwicklung erkennt, sich tötet und in einer letzten Vision zu einem Columbus einer neuen Welt wird.

„Ludwig und Iphigenie" (1986) nennt Becsi eine „Dramatische Symphonie", weil sie nach den Gesetzen einer Symphonie musikalisch aufgebaut ist. Wie alle seine Dramen eines „Theaters der Weltinnenräume" spielt es zwar in der historischen Zeit 1882–1886, daneben aber auch in mythischen Zeiten und jenseits aller Zeiten und Räume. Es versucht eine neue Deutung der Tragik Ludwigs II. und der Wittelsbacher. Im Zentrum steht Ludwigs Liebe zu Iphigenie, die für ihn die Königin der Fantasie ist in einem Reich der Fantasie, das er mit Richard Wagner zu verwirklichen sucht. Darüber hinaus deutet es wieder Becsis Lieblingsthema einer euroindischen Kulturellipse an mit Deutschland und Indien als Pole und Griechenland als Zentrum.

„Faust in der Sonne. Der siebente Faust und die faustische

Thematik" (1987) erschien als Abschlußband der bisherigen 6 Fauststücke („Faust in Moskau" und die „Faustische Pentalogie") und zugleich einer 35jährigen Beschäftigung mit dem Faust-Stoff, in dem die gesamte Faustthematik in einem umfangreichen Essay zusammengefaßt wird. Die bisherigen sechs Faust-Stücke deuteten Faust als kosmisch-demiurgischen Menschen der Zukunft. Im „Siebenten Faust" wendet sich der Titelheld der Weltenliebe und mit ihr der gesamten Menschheit unseres und anderer bewohnter Planeten zu, wie Becsi selbst in seinem Essay feststellt. Diese Weltenliebe führt zu neuen Lichtschöpfungen, wodurch Faust zum salvator mundi, zum Erlöser und damit zum Sohne Christi wird für künftige Zeiten. Nach seiner „Blutlichttaufe" im Garten Gethsemane, in dem Christi Leiden begann, schafft Faust im geistigen Kern der Sonne das neue Sein der Menschen einer metafaustischen Zukunft. Umgeben von seinen mythischen Söhnen und Töchtern verklärt er sich selber und strebt von einer Schöpfungsaktion zu immer höheren. Indem Faust nicht nur zum mythischen Sohne Christi, sondern auch des Buddha und schließlich des ewigen, allschaffenden und alliebenden Brahman wird, verbinden sich für Becsi endgültig östliche und westliche Weisheit, östliche und westliche Religion, östliche und westliche Weltanschauung.

Auch dieses Drama ist wieder in drei Teilen aufgebaut: Nach einem Prolog der Dämonen in Notre Dame folgen die Teile „Dämonische Prophetien", „Im Sonnen-Gethsemane" und „Lichtschöpfungen". Mit seinen Faust-Stücken setzte Becsi die Faustthematik vor und nach Goethe fort für ein Welttheater des dritten Jahrtausends. (S. 63)

THOMAS BERNHARD

Das Drama **„Der Theatermacher"** (1984) wurde für die Salzburger Festspiele geschrieben und ist ein durch die Stichwortgeber Frau Agathe Bruscon, Theatermacherin, Sohn Ferruccio und Tochter Sarah sowie den Wirt unterbrochener Monolog des Staatsschauspielers Bruscon, der mit seiner Vier-Personen-Theatergruppe nach Utzbach, einem Dorf mit nur 280 Einwohnern, in den „Schwarzen Hirschen" gekommen ist, um hier, wie sonst überall, sein selbstverfaßtes Stück „Das Rad der Geschichte" aufzuführen, in dem historische Gestalten von Cäsar und Nero über Napoleon, Metternich, Churchill und Hitler bis Frau Churchill und Madame Curie auftreten. Es ist eine Menschheitskomödie, wie der Theatermacher meint, aber eigentlich eine Menschheitstragödie.

Während das Stück, ohne verstanden zu werden, auf der vorherigen Station in Gaspoltshofen ein Riesenerfolg mit 830 Besuchern war, beginnen in dem kleinen Utzbach ungeahnte Schwierigkeiten: Bruscon, der sich selber auf eine Stufe mit Shakespeare, Voltaire und Goethe stellt, soll Saalmiete bezahlen, was er noch nie getan hat; der Tanzsaal ist staubig und feucht, der Aufführungstag zugleich der Blutwursttag im Gasthaus und das größte Problem: Der Feuerwehrhauptmann muß erlauben, in der letzten Szene des Stückes auch das Notlicht auszuschalten; damit stehe und falle das ganze Stück. Aber auch die Darsteller sind keineswegs in guter Verfassung: Agathe hustet bei den wichtigsten Passagen des Stückes, Sarah spielt dilettantisch und Ferruccio ist ein „Antitalent". Unter solchen Bedingungen muß Bruscons großes Werk zur Tragödie werden. Noch während der Proben beginnt es zu donnern, und während sich der Saal mit immer mehr Zuschauern füllt, bricht im Pfarrhof durch Blitzschlag ein Brand aus, alle Leute eilen davon. Das Ende der Komödie ist tragikomisch. Wie stets, ist hier der Theatermacher zu allem negativ eingestellt, ob es sich um Orte wie Ried im Innkreis oder Personen, um Schauspieler oder Schauspielkunst handelt.

„**Ritter, Dene, Voss**" (1984). Eine Notiz Bernhards ist Ausgangspunkt dieses Dramas: „Ritter, Dene, Voss, intelligente Schauspieler. Während der Arbeit, die ich zwei Jahre nach dieser Notiz abgeschlossen habe, waren meine Gedanken hauptsächlich auf meinen Freund Paul und auf dessen Onkel Ludwig Wittgenstein konzentriert." Gemeint sind die drei Schauspieler Ilse Ritter, Kirsten Dene und Gert Voss. Dieser spielt im Stück den Ludwig Worringer (Wittgenstein), Dene seine ältere, Ritter seine jüngere Schwester. Eben hat Dene zum wiederholten Male ihren Bruder aus der Anstalt Steinhof in die von den Eltern ererbte Döblinger Villa gebracht – für immer, wie sie meint, für ein paar Tage, wie der Bruder erklärt. Denn seine Heimat ist nicht mehr die Villa der reichen Eltern, die den Geschwistern ein Vermögen hinterließen, sondern Steinhof. Dene, die für ihren Bruder seine philosophischen Aufzeichnungen tippt, sich ganz für ihn aufopfert, hofft, mit Hilfe Dr. Freges diesmal ihren Bruder zu heilen. Aber in dem seit 30 Jahren unveränderten Haus wird Ludwig sein Werdegang vom verhaßten Kind zum abgelehnten Philosophen wieder deutlich, darum wird er wieder nach Steinhof zurückkehren: „Immer an der Grenze der Verrücktheit / niemals diese Grenze überschreiten." Der Versuch endet in keiner Katastrophe, ein verregneter Nachmittag bringt die Lösung; denn wie man einen verregneten Nachmittag verbringt, wissen die Geschwister Worringer – im Bett.

„**Einfach kompliziert**" (1986) ist als Theaterstück ein Monolog in drei Abschnitten, spielend in der Früh, zu Mittag und gegen Abend, eines 82jährigen Schauspielers, der in einem verwahrlosten Zimmer lebt, seit 12 Jahren keinen Brief mehr beantwortet, das Telefon abgemeldet hat und in der Zeitung Stellenangebote liest. Die neunjährige Katharina ist die Milchbringerin. Es sieht einfach aus, ist aber kompliziert, denn der 82jährige war einmal ein berühmter Schauspieler, der an den bekanntesten Universitäten studiert hat und schon im Bauch seiner Mutter, wie er sagt, Richard III. war, der dann seine Glanzrolle wurde, weshalb er sich auch seine Theaterkrone ausgebeten hat, die er jeden zweiten Dienstag im

Monat aufsetzt. Ständig erweist sich ihm das Einfache kompliziert – diesen Widerspruch rekapituliert der Schauspieler, der sich in seiner Wohnung eingekapselt hat. Indem er den vereinsamten Schauspieler darstellt, spielt er die Rolle seines Lebens. Das Stück ist Bernhard Minetti gewidmet.

„Eine Erregung" nennt Bernhard das Buch **„Holzfällen"** (1984), die Geschichte eines „künstlerischen Abendessens" im Hause des Ehepaares Auersberger – er ein versoffener Komponist, sie eine kleine Landadelige aus der Steiermark, die vom Verkaufserlös der rund um Maria Zaal liegenden Grundstücke ein wohlsituiertes Leben führen und sich gern Auersberg nennen, um den Anschein des Hochadels zu haben – in Wien in der Gentzgasse.

Der Ich-Erzähler, der zahlreiche autobiographische Züge trägt, betrachtet, Champagner trinkend, von seinem Ohrenlehnsessel aus die Gesellschaft, „diesen heillosen Wahnsinn der Künstlichkeiten", die seit einer Stunde auf den zum Aufputz geladenen Burgschauspieler wartet, der den Ekdal in Ibsens „Wildente" gespielt hat und endlich um halb ein Uhr, in der Mitte des Buches, erscheint. Mit dessen Erscheinen verbindet Bernhard seine Angriffe gegen das Burgtheater, die „Genievernichtungsmaschine", die „Theaterzertrümmerungsanstalt", die „theatralische Dichtervernichtungs- und Schreianstalt der absoluten Gehirnlosigkeit". Nur die Wessely und die Gold liebt er. Die Einladung zu diesem „künstlerischen Abendessen" erfolgte am Begräbnistag der Joana, des Erzählers und der Auersberger gemeinsamen Freundin, Bewegungspädagogin, die in Kilb in Niederösterreich Selbstmord begangen hat. Vor 30 Jahren verkehrte der Dichter mit Joana und den Auersbergern, seither hat er sie nie gesehen, gegen seine Überzeugung ist er der Einladung gefolgt. Unter den künstlerischen Gästen des „künstlerischen Abendessens" befinden sich auch die beiden intellektuellen Schriftstellerinnen Jeannie Billroth und Anna Schreker mit ihrem dichtenden Lebensgefährten, die, leicht erkennbar, ebenso attackiert werden.

Der Burgschauspieler erscheint zunächst als der vom Erzähler erwartete „Kunstpopanz", doch verwandelt er sich mit seinen Angriffen auf Jeannie Billroth zum Erstaunen des Erzählers wenigstens für Augenblicke in einen philosophierenden Menschen, der gegen die niederträchtige Gesellschaft die Natur setzt, die sich ihm in den drei Wörtern „Wald, Hochwald, Holzfällen" verkörpert. Doch der Dichter haßt ihn und die ganze Gesellschaft, er haßt Wien, „die größte Kunstmühle der Welt", die alle Genies vernichtet, und die doch die beste Stadt mit den besten Menschen ist, zu denen der Erzähler sich selber rechnet, der scheinheilig an der Gesellschaft teilgenommen und darüber noch seiner Freude Ausdruck gegeben hat.

„Alte Meister", Komödie (1985). Kaum hatte „Der Theatermacher" bei den Salzburger Festspielen die vieldiskutierte Uraufführung, erschien Bernhards neuer Roman „Alte Meister", den er eine

Komödie nennt, weshalb wohl der Inhalt nicht allzu ernst zu nehmen ist. Der Stil bleibt der gleiche wie immer: dauernde Wiederholungen und komplizierte Satzgebilde.

Der Privatgelehrte Atzbacher und der Musikphilosoph Reger, der für die „Times" schreibt, treffen sich ausnahmsweise an zwei aufeinanderfolgenden Tagen im Kunsthistorischen Museum in Wien. Normalerweise geht Reger nur jeden zweiten Tag in das Museum, seit 36 Jahren, um im Bordone-Saal auf der „Bordone-Saal-Sitzbank" das Gemälde „Der weißbärtige Mann" von Tintoretto zu betrachten und dabei seine philosophischen Überlegungen anzustellen. Der 82jährige Reger ist für Atzbacher ein musikwissenschaftliches wie menschliches Genie. Das Museum ist für Reger zur größten „Geistesproduktionsstätte" geworden. Hier hat er seine Perfektion erreicht, jedes Kunstwerk, das für vollkommen gehalten wird, so lange zu studieren, bis er einen Fehler entdeckt. Daher gibt es für ihn kein vollendetes Kunstwerk, denn alle großen Geister und alten Meister sind unvollkommen. Daß Kunst, Musik und Literatur nicht das „Allerhöchste" sind, wird ihm bewußt, als seine Frau stirbt. Diese kurzen Tatsachen nimmt Bernhard zum Anlaß, im Namen Regers über alles seine apodiktisch-negativen Urteile zu fällen: über die „Demokratieheuchelei" des „katholisch-nationalsozialistischen" Österreich und seine Politiker, über Lehrer, Ärzte, Juristen, Priester, über die Österreicher im allgemeinen und die Burgenländer im besonderen. Neben Papst und Bundespräsidenten sowie Bundeskanzler zieht er vor allem gegen den „Kitsch-Schriftsteller" Stifter, den „Kitsch-Komponisten" Bruckner und den „Kitsch-Philosophen" Heidegger zu Felde. Diese und schließlich alle Menschen sind für Bernhard nur Karikaturen, sie alle sind lächerlich.

Der Grund aber, warum Reger Atzbacher für diesen besonderen Tag, einen Samstag, in das Kunsthistorische Museum eingeladen hat, wird erst auf den letzten zwei Seiten bekanntgegeben: Reger, der seit Jahrzehnten das Burgtheater nicht mehr besucht hat, weil er es haßt, hat zwei Karten für den „Zerbrochenen Krug" gekauft. Tatsächlich besuchen beide das Burgtheater, „die scheußlichste Bühne der Welt", und es tritt ein, was kommen mußte: „Die Vorstellung war entsetzlich." So lautet der letzte Satz der „Komödie".

„Auslöschung. Ein Zerfall" (1986) ist der bisher umfangreichste Roman Bernhards, der auf zwei Zeitebenen spielt, der Gegenwart und in den Erinnerungen des Ich-Erzählers Josef Franz Murau, 48 Jahre alt, sowie in seinen Gesprächen mit seinem Deutsch-Schüler Gambetti in Rom. Fingiert wird, daß der Ich-Erzähler in Rom lebt und ein Telegramm (der 1. Teil des Romans heißt „Das Telegramm", der 2. „Das Testament") erhält, in dem der Tod seiner Eltern und seines älteren Bruders Johannes bei einem Autounfall mitgeteilt wird. Da er nur noch zwei Schwestern hat, Amalia und Caecilia, die eine Woche vor dem Unfall einen Weinflaschenstöpselfabrikanten aus Freiburg im Breisgau geheiratet hat, ist der Erzähler der alleinige Erbe des reichen Wald-, Landwirtschafts- und Kohlengrubenbesitzes und des Schlosses Wolfsegg sowie verschiedener Liegenschaften in anderen Teilen Österreichs. Es folgen seine Reise nach Wolfsegg, das er nie mehr sehen wollte, die Aufbahrungs- und Begräbnisfeierlichkeiten, an denen die Bischöfe von Linz, Salzburg und St. Pölten, zwei Gauleiter und mehrere SS-Führer sowie der hohe Beamte des Vatikans, Erzbischof Spadolini, teilnehmen, der zeitlebens ein intimes Verhältnis mit der Mutter hatte, seine Rückreise nach Rom und die Schenkung des gesamten Besitzes an seinen Freund Eisemann für die israelitische Kultusgemeinde, die völlige Auslöschung Wolfseggs also. Dies alles bildet nur den Rahmen für die zahlreichen Ausfälle des Autors, vor allem gegen Österreich, das katholisch-nationalsozialistische Land, gegen Nationalsozialismus, Sozialismus und katholische Kirche.

Diese Aufzeichnungen sind für den Ich-Erzähler notwendig, da in ihnen das Grundthema seines Lebens behandelt wird, das ihn bestimmt und schließlich zerstört: sein Herkunftskomplex, der umschrieben ist mit Wolfsegg. Hier wuchs er auf, hier faßte er den Entschluß, seine geistige Existenz zu retten, sich den Wolfsegger Verhältnissen entgegenzusetzen. Deshalb hat er Wolfsegg verlassen, hielt sich in London und Oxford auf und ließ sich schließlich in Rom nieder, wo er in Spadolini, Gambetti, Zacchi und der Dichterin Maria Freunde fand. Die Situation von Wolfsegg steht für die von Österreich, ja von Mitteleuropa, und ist charakterisiert durch die beiden Begriffe: katholisch und nationalsozialistisch. Wolfsegg war daher für ihn eine „Katastrophe", und deshalb muß er sich in Rom dauernd mit seiner Herkunft und mit Wolfsegg beschäftigen, mit seiner Familie: die Mutter widerwärtig, seine Schwestern ebenso, sein schwacher Vater und sein Bruder, der Segel- und Landwirtschaftsnarr. Bei seiner durch das Telegramm hervorgerufenen letzten Wiederkehr erkennt er deutlich, daß er sich völlig von Wolfsegg trennen und dieses auslöschen muß. Das Stilmittel der Auslöschung aber ist die Übertreibung, die bei Bernhard zur Perfektion entwickelt wird. „Das Geheimnis des großen Künstlers ist die Übertreibung", und der Ich-Erzähler hält sich für den „größten Übertreibungskünstler". Darin steckt Ironie und Komödie. Diese Kunst der Übertreibung wird zur Kunst der Überbrückung, der „Existenzüberbrückung", „durch Übertreibung, schließlich durch Übertreibungskunst die Existenz auszuhalten".

„**Elisabeth II**". Keine Komödie (1987). Die drei Szenen spielen im „hochherrschaftlichen Jahrhundertwendesalon" in der Wiener Ringstraße gegenüber der Oper. Mittelpunkt ist der 87jährige gehbehinderte Großindustrielle Rudolf Herrenstein im Rollstuhl, für den sein seit 25 Jahren ihn betreuender Diener Richard sowie seine Haushälterin Fräulein Zallinger die Stichwortgeber in seinem langen Monolog sind, in dem er – wie immer bei Bernhard – über alles klagt und alles angreift, vor allem das nationalsozialistische

Altaussee und den sozialistischen Semmering, auf den er trotzdem noch lieber auf Urlaub fahren will als nach Altaussee. In diesen Salon hat sein Neffe Viktor 20 bis 40 Gäste, meist ehemalige Adelige, eingeladen, damit sie die über die Ringstraße fahrende englische Königin bestaunen können. Einzige Freunde Herrensteins sind sein Nachbar, der Philosoph Guggenheim, der in Oxford im Exil gelebt hat, und die Gräfin Gudenus. Als der Jubel auf der Ringstraße aufbraust, eilen alle auf den Balkon, der mit der gesamten Gesellschaft abstürzt. (S. 156)

HELGA BLASCHKE-PÁL

ist seit 1986 Präsidentin der Salzburger Schriftstellervereinigung und veröffentlichte im gleichen Jahr das Buch **„Eure Freude"**. Geistliche Betrachtungen – eine Interpretation zunächst in meditativer Form, in Prosa und Vers, frei nach Joseph Haydn, der sieben Worte des Erlösers am Kreuz.

Sie betrachtet in den „Karfreitagsgedanken" das „Kreuz in Blüten" als Trost- und Auferstehungszeichen, bringt vier Gedichte zur „Karwoche" sowie das „Hörbild zur österlichen Zeit": „Und Eure Freude wird niemand mehr von Euch nehmen" mit Texten der Autorin, aus der Bibel und nach Aristoteles.

Die Prosastücke „Meditation unter der Zirkuskuppel" und „Ave Maria", ein Hymnus auf „die Trösterin aller Betrübten", beschließen dieses zeitgemäße Werk, das die Süchtigen und Gewalttätigen, die Dürstenden und Hungernden der Dritten Welt in die „Geistlichen Betrachtungen" mit einbezieht und das Vertrauen auch in einem gescheiterten Leben weckt, weil auch dieses Leben „in die Hand des Vaters" zurückgegeben wird. Ernste und tiefreligiöse Gedanken von sprachlicher Schönheit und unbedingter Gläubigkeit stellen die Verlorenheit und Verlassenheit dem Heil und der Erlösung gegenüber, sie gipfeln vor allem in der Karwoche und im Auferstehungsglauben der Osterzeit. (S. 329)

ALOIS BRANDSTETTER

Die Handlung des Romans **„Die Burg"** (1986) ist einfach: Der Ich-Erzähler Arthur, Assistent für Germanistik, Altes Fach, an einer österreichischen Universität, lebt mit seiner Frau Ginover und seinen zwei Söhnen Georg (4) und Michael (2) in einer engen Gemeindebauwohnung. Als Onkel und Tante dem kleinen Georg eine Playmobil-Burg mit 506 Einzelteilen schenken, wird der Schreibtisch des Vaters im Wohn-Eß-Arbeits- und Kinderzimmer als Unterlage für den Bau der Burg verwendet und der Vater von seinem Arbeitstisch vertrieben. „Hauptbaumeister" dabei wird der Vater. Nicht nur steht die Familie realiter und ideell ganz im Banne der Burg, der Vater ist schon von Berufs wegen mit Burgen und Rittertum befaßt. Auf diese Weise nähert sich Georg, vom Vater behutsam geführt, spielerisch dem Rittertum und der Kenntnis des

Mittelalters, während Michael noch in der „destruktiven" Phase lebt und oft zerstört, was Vater und Georg mühsam aufgebaut haben.

Um diese Fabel ranken sich wie stets bei Brandstetter zahllose heitere bis ironische Exkurse, die alles, was sich in Gegenwart und Vergangenheit tut oder tat, auf das Mittelalter und das Rittertum beziehen, auf Kampf und Turnier, auf Burgbau und Abenteuer. Wie mit dem Bau der Burg ringt der Vater aber auch mit der Universitätsbehörde, die von ihm die Habilitation erwartet, die ihn als Dozenten zum Fixangestellten machen würde. Während der Vater mit dem Mittelalter innigst verbunden ist und seine Vergleiche immer wieder aus alten Schriften, Epen und Heldenliedern herholt, ist die Mutter realistischer veranlagt und sorgt für die Familie und ihr Auskommen. Darum erzieht sie handfest und auch listig ihren Mann wie die beiden Kinder, seine „Knappen", und spart bisweilen auch nicht mit beißendem Spott. Was immer in das Leben heute hereinspielt, von der Schule bis zum Motocross, von Kindererziehung bis zum Einräumen eines Kühlschrankes, von Nostalgie bis zu historischen und theologischen Problemen, von Ausflügen bis zum recht konservativen Leben dieser Familie, wird rückbezogen auf das Mittelalter. Darum ist der Roman geradezu überlagert von Anspielungen, Zitaten und Worterklärungen aus mittelalterlicher wie romantischer Literatur. Das Buch endet mit einem Alptraum über die Habilitation, den als Grundlage die Playmobil-Burg bildet.

Brandstetter gab 1984 **„Österreichische Erzählungen des 20. Jahrhunderts"** heraus und versammelte darin 51 repräsentative österreichische Erzählungen; der älteste Beiträger ist Arthur Schnitzler, der jüngste Peter Rosei. Alle Erzählungen mit Ausnahme der von Hugo von Hofmannsthal sind nach 1900 erschienen.

Weiters veröffentlichte er 1986 **„Österreichische Erzählungen des 19. Jahrhunderts"**, von bekannten und weniger bekannten Autoren wie Ludwig Anzengruber, Ignaz Franz Castelli, Marie Ebner-Eschenbach, Karl Emil Franzos , Franz Grillparzer, Ferdinand Kirnberger, Ferdinand von Saar, Johann Gabriel Seidl, Adalbert Stifter und anderen. Alle Erzählungen lassen sich auf das Revolutionsjahr 1848 beziehen, sie entstammen entweder dem Vor- oder dem Nachmärz. Metternichs Restaurationspolitik hatte diese Autoren geprägt, die mehr soziales Mitleid als Anklage und Freiheitspathos zeigen.

„Kleine Menschenkunde" (1987) sind 23 geistreiche und humorvolle Essays, Feuilletons, eine „poetische Anthropologie", die mit dem Namen Alois und dem immer wieder unrichtig geschriebenen Brandstetter (mit ä) beginnen und nebenbei bis Vater und Großeltern zurückreichen, immer auch sprachwissenschaftliche Weisheiten in leicht verständlicher Weise einfügen und sich oft lateinischer Ausdrücke bedienen. Bisweilen sind sie autobiographisch, wenn der Autor über seine Tätigkeit im Saarland spricht oder berichtet, was ein Klagenfurter in Göttingen erlebt, und was er auf Vortragsreisen von Dänemark bis Südtirol zu sehen und hören bekommt. Er spricht vom Schifahren wie vom Boxen, von der Rapid-Philosophie im Fußball, von den Ferien und von den Lehrern, natürlich auch wieder von Müllern, Rittern und Burgen, vom barocken Menschen, von den Beatles und von Plastik, vom Bartträger als Kulturträger wie vom Erzählen überhaupt. Die Grundfrage aller Texte lautet: Was ist der Mensch? Sehr häufig nähert sich Brandstetter der Antwort durch Selbstbeobachtung. (S. 174)

ELIAS CANETTI

„**Das Augenspiel**", Lebensgeschichte 1931–1937 (1985), bildet die Fortsetzung der beiden Lebensgeschichten „Die gerettete Zunge" und „Die Fackel im Ohr". Es sind die Jahre im Leben Canettis, in denen er seinen Roman „Die Blendung" und seine Komödie „Die Hochzeit" beendet hatte, ein dreißigjähriger, selbstbewußter Autor, der mit Hermann Broch befreundet ist, dem Dirigenten moderner Musik Hermann Scherchen nach Straßburg folgt und sich für kurze Zeit von Anna, der Tochter Gustav Mahlers, geliebt glaubt. Er berichtet von seiner Bekanntschaft mit Fritz Wotruba und der verunglückten Vorlesung seiner „Komödie der Eitelkeit" im Hause Zsolnay, von Franz Werfel, an dem er kein gutes Haar läßt, und Carl Zuckmayer, von Robert Musil und Ernst Bloch, von Alban Berg und Oskar Kokoschka sowie dem geheimnisvollen Dr. Sonne, der auf ihn den größten Eindruck macht.

Inzwischen erscheint sein Roman „Die Blendung" (1935). Er wird in das benachbarte Haus Benedikt („Neue Freie Presse") eingeladen, lernt Emil Ludwig und Richard Beer-Hoffmann kennen und erhält zu seinem Roman einen zustimmenden Brief von Thomas Mann. Die Intensität dieser Begegnungen und die Schärfe, mit der er seine Bekannten, Freunde und Widersacher charakterisiert, gibt den Erinnerungen eine dramatische Spannung. Immer wieder trifft er auf Menschen, bekannte und unbekannte, eitle, gütige, erbärmliche und seltsame – vor allem im Cafè Museum und Herrenhof, in Künstlerateliers, literarischen Salons und Heurigengärten. Das Buch endet mit dem Tode seiner Mutter in Paris 1937.

1984 setzt der Autor seine biographischen Aufzeichnungen fort:„**Aufzeichnungen 1942–1973. Provinz des Menschen**" (1984) und „**Das Geheimherz Uhr. Aufzeichnungen 1973–1985**" (1987). Diese Aufzeichnungen umfassen das Jahrzehnt, in dem Canetti seine mehrbändige Lebensgeschichte geschrieben hat. Es sind rasch aufgezeichnete Gedanken, Aphorismen, selten länger als zwei bis vier Zeilen, abgesehen von kurzen Stücken über Jacob Burckhardt, Ludwig Hohl, Karl Kraus, Stendhal, Franz Kafka, John Aubry, Cezanne oder über den „Aiax" des Sophokles und den „König Lear" Shakespeares. Konzentriert, scharf, nachdenklich sind diese Aufzeichnungen, die sich häufig mit Alter und Tod auseinandersetzen, ernst und ironisch, verdammend und grotesk, immer aber altersweise. (S. 45)

GUSTAV DICHLER

„Der Arm" (1984), so benannt nach der ersten. Geschichte, enthält insgesamt 30 Kurzgeschichten, geteilt in drei Gruppen: Gnade, Menschliche Beziehungen, Kunst und Leben, von denen die erste Gruppe die interessantesten Kurzgeschichten enthält, in denen das verborgene Wirken der Gnade immer zu einem überraschenden Ende führt, Kürzestgeschichten mit prall-vollem Inhalt und Gehalt in schöner poetischer Sprache. Dies gilt auch für die zweite Gruppe „Menschliche Beziehungen", die uns ebenfalls verschlüsselte Ereignisse anbieten, und in denen die Beziehung Mensch zu Mensch in vielen Möglichkeiten variiert wird. In den dritten Teil sind viele biographische und autobiographische Geschehnisse eingeflossen; man erkennt immer deutlich den Dichter, der für eine zwar traditionsgebundene, aber in die Zukunft weisende Dichtung eintritt und das Experiment ausschließt. Stets spielt die Handlung in einer dem Dichter wohlvertrauten Gegend, unter ihm bekannten und befreundeten Menschen.

„Eros und die Maus", Kurzgeschichten und Gedichte (1986). Von den 20 Kurzgeschichten sind 13 dem Eros, die übrigen Apoll gewidmet, handeln also alle von Liebe und Kunst. Jeder Kurzgeschichte korrespondiert ein Gedicht; die Gedichte sind in den strengen Formen der Dezime, Kanzone, Terzine und dem Sonett geschrieben. Die Geschichten zeichnen sich durch ihre Kürze und die äußerste Prägnanz der Darstellung aus. Manchmal sind es schwere Entscheidungen, die von den „Helden" getroffen werden müssen; aber immer durchleuchtet sie ein gesunder Humor. (S. 25)

JEANNIE EBNER

„Papierschiffchen treiben. Erlebnis einer Kindheit" (1987) sind biographische Notizen aus der Kindheit der Autorin, aber nicht in zeitlicher Reihenfolge niedergeschrieben; vielmehr sind es Ereignisse, Gedanken, Gefühle, die sich um plötzliche Erinnerungen ranken: Erinnerungen an den Bruder, den Tod des Vaters, an die Mutter, an Erzieherin und Dienstmädchen, an Erlebnisse in Garten und Wald, auf Spaziergängen, an Krieg und Nachkrieg, an Reichtum und Armwerden, an schriftstellerische Arbeit. Sie bekennt sich zur traditionellen Dichtung, lehnt Provokation durch Dichtung ebenso ab wie die modernen Literaturtheorien, klagt aber zugleich über den Mangel an Einfällen für neue Romane. Ein besinnliches Alterswerk einer noch nicht Siebzigjährigen. (S. 203)

STEPHAN EIBEL

wurde 1946 in Eisenerz geboren, lernte Bürokaufmann, war als Lohnverrechner bei der VOEST-Alpine in Linz tätig, besuchte die

Maturaschule in Wien und verdiente seinen Unterhalt durch verschiedene Gelegenheitsjobs. Nach der Reifeprüfung studierte er Soziologie und Philosophie und wurde Mitarbeiter bei der Sendereihe „literatur im untergrund" sowie freier Mitarbeiter der „Arbeiterzeitung". In Eisenerz arbeitete er in einem Lehrlingstheater, schrieb Kurzgeschichten und nahm an verschiedenen Kulturaktionen teil, so an der Aktion „Aggression" im „steirischen herbst".

Sein erster Roman **„Die geplante Krankheit"** erschien 1985. Die Hauptfigur des Ich-Romanes ist Herwig, er fühlt sich krank und sucht nach den Ursachen dieser Krankheit. Darum kehrt er in seinen Geburtsort zurück, trifft dort verschiedene Freunde, mit denen er zusammengelebt hat, mit denen er aber nach seinem Stadtaufenthalt nichts mehr anfangen kann. Der Ort hat sich außerdem verändert, das Wohnhaus der Großeltern, die Wiesen ringsum sind verschwunden; nur die Wohnung der Eltern ist geblieben, wie er sich erinnert. Aus dieser Erinnerung heraus beginnt er die psychologische Auseinandersetzung mit seinem Arbeiter-Vater, der Tag und Nacht arbeitete, um den Lebensstandard zu verbessern, der ihn schlug, mit dem er nie zurechtkam. Dann geht er wieder in die Anonymität der Großstadt zurück. Die Reise in sein Inneres wird immer intensiver. Die Abrechnung mit seinen bisherigen Erinnerungen führt ihn zur Erkenntnis, daß seine Krankheit geplant war. Vor allem im zweiten Teil des Romans finden sich zahlreiche autobiographische Züge.

ERWIN EINZINGER

wurde 1953 in Kirchdorf an der Krems/OÖ. geboren, studierte Anglistik und Germanistik in Salzburg, ist Lehrer am Bundesrealgymnasium in Kirchdorf und wohnt im benachbarten Micheldorf. Er schrieb bisher einen Skizzenband und einen Roman, sowie den Gedichtband **„Tiere, Wolken, Rache"**.

„Das Erschrecken über die Stille, in der die Wirklichkeit weitermacht" (1983). Die 71 Skizzen, Lebensläufe, nach den Namensüberschriften alphabetisch geordnet, entwerfen jeweils das Porträt eines Menschen; es sind Charakterstücke, die sich aus kleinsten Szenen, genauen Beobachtungen der Umgebung, aus Bewußtseins- und Redefetzen zusammensetzen. Diese Lebensskizzen, oft von beißendem Humor, zeigen einen geschärften Blick für Hohles und Abgründiges und denunzieren es, ob es der Mann vom Altersheim oder der Bauer oder die Frau sind, Einzelgänger meist, die nicht immer mit sich selber fertig werden. Es werden die verschiedensten Berufe, die verschiedensten Menschen geschildert, hinter denen sich immer eine gewisse Unruhe verbirgt. Leicht veränderte Zitate lockern oft humorvoll die Bewußtseinsstruktur dieser Leute auf, die vom Spielerischen in die Angst und dann in die Flucht übergeht.

„Kopfschmuck für Mansfield" (1985) ist ein Roman im Roman, der eine handelt vom Erzähler Sandbach, teils in Ich-, teils in Er-

Form, der auf einer Reise nach Cornwall auf den Ort Looe und dort auf die im Jahre 1923 im Alter von 34 Jahren verstorbene Schriftstellerin Katherine Mansfield stößt, deren Geschichte stückweise erzählt wird. Der andere berichtet von Sandbach – abgebrochenes Studium, Wehrdienst, Sanitätsgehilfe, Pfleger in einer Nervenheilanstalt – diese Geschichte wird erzählt, indem immer neue Geschichten ausprobiert, verworfen werden, mit ihnen gespielt wird. Dies soll daran erinnern, daß Literatur auch ein Spiel sei. Es wird von Mansfields Geburt berichtet, von ihrer Heirat mit George Bowden, den sie am Tag der Hochzeit verläßt, von John F. Murry, mit dem sie zusammenlebt, von ihrer Lungenkrankheit, ihrer Übersiedlung nach London, ihrem Aufenthalt in Cornwall, den Kuraufenthalten in Südfrankreich, von ihren Erzählungen, über die Sandbach reflektiert, von ihrem Tagebuch und der Nachbarschaft des jähzornigen Schriftstellers D. H. Lawrence. Dann erzählt Sandbach wiederum von einer Reise quer durch Nordamerika mit seiner Freundin, die er später heiratet, von Erlebnissen aus seiner Kindheit und Jugend, von seinen Gelegenheitsarbeiten, bis er nach seiner Heirat in einen Gärtnereibetrieb eintritt. So laufen beide Geschichten nebeneinander bis zum Tode der Mansfield, gehen aber auch ineinander über. Es sind Geschichten von zwei Menschen, die immer neue Identitäten ausprobierten. Es sind keine Biographien im üblichen Sinne, denn der Erzähler wendet sich immer wieder sich selbst, der Landschaft, den verschiedenen Menschen und ihren Geschichten, der Natur, Gewesenem und Möglichem zu.

Eigenwillig wie der Titel **„Tiere, Wolken, Rache"** (1986) sind auch die „Gedichte" dieser Sammlung. Denn die in Verszeilen und in Strophen gesetzte Prosa teilt nicht nur zusammenhängende Wortgruppen (Artikel und Hauptwort) in Verszeilen, sondern auch einzelne Wörter immer wieder über zwei Verse und auch zwei Strophen.
Beispiel:
„Schmalen Bahnen ihre Rücken hinunter:
Glitzernd zerfließende Erinnerungs-
Brücken zu Gesprächen, unter den
Kastanienbäumen, während drüben das"
Oder: "Bahn- /Übergang, Rauch- /Fahne, Plötz- /Lich, über- /Einander."
So entstehen immer Sprünge, Brüche, entsteht ein harter, unlyrischer Stil. Vereinzeltes wird nebeneinandergestellt, gezeigt wird, daß das Leben nicht zu fassen, eine Einheit und Harmonie nicht mehr zu erreichen sind.

HELMUT EISENDLE

Die Handlung des Romans **„Die Frau an der Grenze"** (1984) ist einfach: Herr Pollack, Besitzer eines ererbten Hauses an der jugoslawischen Grenze, hat dieses an die Malerin Mariette Wolff vermietet, besucht diese selbständige, emanzipierte Frau und unterhält sich mit ihr einen Nachmittag, einen Abend und eine halbe Nacht auf der Veranda, in der Küche, im Salon, auf der Treppe, im Atelier – auf diese Weise lernt man in den einzelnen Kapiteln nach und nach das ganze Haus kennen – über Leben und Liebe, Sexualität, Moral und Frau-Sein. Je länger die Unterhaltung dauert, je mehr Herr Pollack über Frau Wolff nachdenkt, desto unsicherer wird er. Wer war sie früher? Wer ist sie jetzt? So ersteht das Bild einer resoluten, alleinstehenden Frau, die mit unserer Welt zurande kommt, auf welche die idealistischen oder abschätzigen Vorstellungen der Männerwelt nicht zutreffen. Es kommt zwar zur Begegnung, aber zu keinem Kennenlernen, zu einem Begehren, aber zu keiner Erfüllung. Denn Marietta Wolff ist eine Frau an der Grenze, in ihrem Haus und in ihrem Inneren. Wenn sie am Schluß der offenen Geschichte mit einem Koffer zur Grenze geht, bleibt es ungewiß, ob sie auch die Grenze überschreiten kann. (S. 111)

HERBERT EISENREICH, gestorben 1986.

Werke: **"Die blaue Distel der Romantik"**, Kurzgeschichten (1976), **"Verlorene Funde"**, Gedichte (1976), **"Groschenweisheiten"**, Aphorismen (1985), **"Der alte Adam"**, Aphorismen (1985), **"Die abgelegte Zeit"**. Ein Fragment (1985).

Zahlreiche Preise, u. a. Österreichischer Staatspreis 1958, Anton-Wildgans-Preis 1969, Peter-Altenberg-Preis 1974, Franz-Theodor-Csokor-Preis 1985, Franz-Kafka-Literatur-Preis 1985.

"Die abgelegte Zeit". "Ein Fragment" nennt der Autor den immerhin über 600 Seiten umfassenden Roman über die Generation der in den zwanziger Jahren unseres Jahrhunderts Geborenen, die vor allem nach dem Krieg zu einer gewissen Zufriedenheit gefunden haben. Es ist ein Panorama der Gesellschaft hauptsächlich Österreichs in den Jahren zwischen 1930 und 1953.

Da ist voran der Erzähler, da sind seine Freunde, der Schriftsteller Wurz und Anton Vukovich mit dem im Krieg verstümmelten Arm, gewesener Klavierspieler, jetzt Erzieher in einem Heim für schwer Erziehbare, der Bildhauer Födermaier, dann Uridel und Dr. Loibner sowie seine Verlobte Trude Klingsbigl, dann Erne, "Das Luder" und der Kunsthistoriker Hiller, der im Krieg einen Arm verloren hat. Vukovich hat von einer Cilli Weißenbach Zwillinge, sorgt für sie, hat die Mutter aber nie geheiratet; sie ist inzwischen die Freundin des reichen Kaufmannes Otto Glanz geworden; als Trauzeugen wünscht sie sich den Vater ihrer Kinder, der freudig zusagt. Hat er doch gerade Erfolg bei einem seiner schwierigsten Schüler Wolfgang Bergmann gehabt und sich mit Erne verlobt, die ihm ihr bisheriges Lotterleben gestanden hat; daß sie Ottos Bruder Peter geliebt hat, wird aus dessen Tagebuch klar.

Ein Atelierfest bei der Künstlerin Franziska gibt Gelegenheit, weitere Künstler einzuführen. Der zusammengeschlagene und von Wurz aufgefundene Freund Robert Lazar wird veranlaßt zur

Schilderung seines Lebens und des Endes des Zweiten Weltkrieges im Osten. Lazar war Flugzeugpilot, entkam der Einkesselung durch die Russen zusammen mit dem ehemaligen General Trnka, wurde verwundet, geriet in amerikanische Kriegsgefangenschaft und kehrte, von dort entlassen, zu seinen Eltern nach Enns zurück, trennte sich von seiner Frau Erika, die sich einer Freundin zuneigte, begann in Wien zu studieren und wohnte bei der Mutter seines Freundes Josef Wurz, dessen Schwester Susi in einem gespannten Verhältnis zu ihm ist, weil sie an der Universität von den neuen Ideen einer Sachlichkeit auch in der Liebe beeinflußt ist. Das Studium finanziert sich Lazar zum Teil selber als Vertreter, als Schleichhändler. Mit einer dem KZ entkommenen Lea Bohn geht er ein Verhältnis ein, er wird Ausbildungsoffizier im Libanon. Eingeschoben wird die Geschichte des Rechtsanwaltes Thassilo Bultmann, eines Freundes der Familie Glanz, deren Geschichte nun in dem vielsträngigen, mit zahlreichen Überblendungen versehenen Roman geschildert wird: vom Tod des Vaters und dem Selbstmord der jüdischen Mutter Glanz, vom Tod seiner beiden Brüder und von Otto Glanz, der nach schwerer Verwundung in Rußland den Krieg als einziger überlebt. Auch die Geschichte von Josef Wurz wird weitergeführt, seine gescheiterte Ehe, seine Schreibversuche und seine Liebschaften werden erzählt. Dies gibt Gelegenheit zu einem Exkurs über das erste Schriftstellertreffen (1947?). Ein geselliger Nachmittag im Hause Glanz beendet den Roman: Glanz liquidiert seine Firma, seine Frau eröffnet eine Galerie.

Wie Eisenreich im Nachwort sagt, geht es „um die Alternative, ja oder nein zum Leben, wie es nun einmal ist, zu sagen". Dem einen werde diese Frage im Krieg gestellt, dem anderen in der Gefangenschaft, dem dritten in der Ehe, dem vierten im Beruf. Entsprechend groß ist die Zahl der handelnden Personen und der Schauplätze des Romans. Die Schlüsselfigur ist Robert Lazar, der mühelos Erfolgreiche in der Schule und im Krieg als Jagdflieger, bis er Mißerfolge erleidet und nach langem Suchen als österreichischer Beamter einen neutralen Boden in einer von Parteien regierten Landschaft findet. Der ursprüngliche Titel des Romanes „Sieger und Besiegte" mußte aus verlagstechnischen Gründen zurückgezogen werden. Der Roman meinte auch nicht das Verhältnis von Siegern und Besiegten, sondern stellte die „Kernfrage aller Religionen und Philosophien", ob der Mensch bereit ist, sich besiegt geben zu können, ob er gegen die Wirklichkeit und gegen das Schicksal stehen und daraus seinen persönlichen Triumph ziehen kann. Die Arbeit an dem Roman begann bereits 1956. (S. 142)

HANS FABER-PERATHONER, gestorben 1987. (S. 32)

LEO FRANK

„**Operation Johannesburg**" (1986) ist ein Agententhriller, der in das Österreich der Vier-Mächte-Besatzungszeit führt und zwischen dem sowjetischen Geheimdienst KGB und dem amerikanischen CIA spielt. Ein altes Archiv der Wiener Staatspolizei, der Dr. Hamerlang vorsteht, das noch aus der Besatzungszeit stammt, bekommt plötzlich höchste Bedeutung, als der damalige russische Besatzungsoffizier Antropow Innenminister der Sowjetunion werden soll. Denn mit diesem Archiv könnte nachgewiesen werden, daß dieser Antropow einst in Wien unerlaubte Kontakte zum CIA hatte. Fragmente dieses Archivs spielen die westlichen Geheimdienste den Sowjets zu; nicht unbeteiligt dabei ist Dr. Hamerlang selber sowie seine Sekretärin, die Kopien weitergibt. Einziger lebender Zeuge dieser Besatzungsaffäre ist der Doppelagent Wilhelm Weiß, Österreicher, der den Geheimdienst an den Nagel gehängt hat und nichts anderes will, als weiterhin unter dem Namen eines William Veughdenhill in Johannesburg, Südafrika, zu leben. Die Sowjets beschließen seine Entführung, doch mißlingt sie dadurch, daß sich sein ehemaliger Schulfreund Erich Kilian, sowjetischer Geheimdienstmajor, einschaltet und veranlaßt, daß der falsche Mann, der englische Journalist John Bratt entführt wird. Wie diese für die Sowjets peinliche Affäre wieder in Ordnung gebracht wird und Weiß und Kilian durch erpresserische Versuche entlastet werden, ist der Inhalt des spannend geschriebenen Romans in alltäglicher Umgangssprache; als ehemaliger hoher Polizeibeamter kann der Autor seine Kenntnisse und Einsichten verwerten.

„**Ein Fall für das jüngste Gericht**", Roman (1987). Am 23. Juni 1984 wurde in Beirut auf offener Straße der dorthin abgestellte Kriminalgruppeninspektor Gerhard Loitzenbauer aus Österreich erschossen. Der Roman behandelt diesen Fall des Miky Heidinger (Romanname), der in der Österreichischen Botschaft seinen Dienst als Attaché versieht, und deckt die fast unentwirrbaren Zusammenhänge der verschiedenen moslemischen Gruppen im Libanon und ihre Tätigkeiten auf. Verbunden wird der Fall mit einer Reihe von Ereignissen in Wien, die sich in den Kreisen von Zuhältern, Prostituierten, Rauschgifthändlern sowie Waffenschiebern abspielen und bis hinein in das Innen- und Außenministerium, aber auch bis zu Bundeskanzler Kreisky als Freund der Araber reichen: eine verwirrende Fülle interessanter Einzelschicksale, die sich zu einem Ganzen zusammenschließen um den in Ausübung seines Dienstes ermordeten Kriminalinspektor: Der kriminalistische Alltag im Dienst und im Privatleben wird dabei eingehend geschildert. (S. 145)

ERICH FRIED

arbeitet als Übersetzer aus dem Englischen, Hebräischen und Griechischen (Shakespeare, Dylan Thomas, T. S. Eliot, Sylvia Plath).

Werke: „**Deutschland**", Gedichte (1944), „**Österreich**", Gedichte (1945), „**Gedichte**" (1958), „**Ein Soldat und ein Mädchen**", Roman

(1960), **"Reich der Steine"**, zyklische Gedichte (1963), **"Warngedichte"** (1964), **"Überlegungen"**, Gedichtzyklus (1964), **"Kinder und Narren"**, Prosa (1965), **"und Vietnam und"**, einundvierzig Gedichte (1966), **"Arden muß sterben"**, Operntext (1967), **"Anfechtungen"**, fünfzig Gedichte (1967), **"Zeitfragen"**, Gedichte (1968), **"Befreiung von der Flucht"**, Gedichte und Gegengedichte (1968), **"Die Beine der größeren Lügen"**, Gedichte (1969), **"Unter Nebenfeinden"**, fünfzig Gedichte (1970), **"Die Freiheit den Mund aufzumachen"**, 48 Gedichte (1971), **"Gegengift"**, 49 Gedichte und ein Zyklus (1974), **"Fast alles möglich"**, wahre Geschichten und gültige Lügen (1975), **"So kam ich unter die Deutschen"**, Gedichte (1977), **"Die bunten Getüme"**, siebzig Gedichte (1977), **"100 Gedichte ohne Vaterland"** (1979), **"Liebesgedichte"** (1979), **"Lebensschatten"**, Gedichte (1981), **"Zur Zeit und Unzeit"**, Gedichte (1981), **"Das Unmaß aller Dinge"**, Prosa (1982), **"Das Nahe suchen"**, Gedichte (1982), **"Angst und Trost"**, Geschichten von Juden und Nazis (1983), **"Es ist was es ist"**, Gedichte (1983), **"Vorübungen für Wunder. Gedichte vom Zorn und von der Liebe"** (1987), **"Nicht verdrängen, nicht gewöhnen. Texte zum Thema Österreich"** (1987), **"Am Rand unserer Lebenszeit"**, Gedichte (1987), **"Gedenken in und an Deutschland, Essays und Reden"** (1988).

"Anfechtungen" sind Gedichte in drei Abteilungen: Spiegelungen. Erinnerungen. Segnungen des Zeitlichen und das Langgedicht „Das fünfte Fenster", 50 insgesamt. Die Gedichte verwenden wie stets bei Fried das sprachliche und politische Material der Gegenwart und beziehen immer auch die Vergangenheit ein; sie stellen brennende Fragen, Zwischenfragen und Rückfragen; aber die Ansichten der anderen werden ebenso wie die eigenen in Frage gestellt. „Das fünfte Fenster" sind Überlegungen und Erlebnisse eines jungen Menschen vor einem Fensterblech mit einem Loch irgendwo im IX. Bezirk in Wien. Auch diese Überlegungen kehren zurück zur NS-Zeit, da die Großmutter vergast wurde und jenen, die das taten, beinahe „die ganze Welt gehörte".

"Liebesgedichte" beschreiben freundliche und zarte Gefühle der Liebe an den heutigen Orten der Liebenden, die oft eingeschränkt sind. Behutsame Gespräche schaffen Vertrauen zum anderen und treten ein für Liebe, Freiheit, Frieden.

„Liebesgedichte, Angstgedichte, Zorngedichte" ist der Untertitel der Lyriksammlung **"Es ist was es ist"**, freirhythmische Gedichte, meist in Strophenform, von hohem poetischen Reiz, die von der Gegenwart und von der Zukunft sprechen, vom täglichen Verbrechen, von der Gewöhnung, aber auch Empfindsamkeit nicht scheuen.

"Vorübungen für Wunder. Gedichte vom Zorn und von der Liebe". Die hier zusammengestellten Gedichte sind aus Erich Frieds Gedichtbänden genommen, die zwischen 1979 und 1985 erschienen sind, und bilden eine Einführung in die literarische und politische

Welt des Autors: Zorngedichte und Liebesgedichte, Zuspruchgedichte und Gedichte über die Zukunft, und immer sind natürlich Frieds Gedichte eminent politisch.

„Nicht verdrängen, nicht gewöhnen. Texte zum Thema Österreich". Es geht Fried um große und um fragwürdige Österreicher, um Politik, Gesellschaft und Kultur, um Vergangenheit, Gegenwart und Zukunft seines Heimatlandes. Denn als Österreicher fühlt sich der seit 50 Jahren in London lebende Fried noch immer. Neben Reden und Essays zur Kultur und Politik in Österreich, einschließlich bereits seiner Rede zur Eröffnung des Brucknerfestes 1987 in Linz, beschäftigt er sich kritisch mit bedeutenden österreichischen Künstlern wie Rilke, Trakl, Celan, Bachmann, Aichinger, Jandl, West, Fischer, Eisler, Frohner und Hrdlicka und kritisiert scharf Thomas Bernhard und Rainer; er geht mit ebensolcher Schärfe gegen den Kalten Krieg und die Aids-Angst vor, aber auch gegen Waldheim, da sich Fried im Wahlkampf einseitig für Steyrer engagiert hatte. Mit drei Gesprächen über Österreich mit bekannten Journalisten schließt das engagiert politisch-kulturelle Buch.

„Am Rand unserer Lebenszeit", Gedichte. Auch diese neuen poetischen Texte sind neben einigen Liebesgedichten in der Hauptsache wieder politische Gedichte, in denen sich der Dichter mit Tschernobyl und Gorbatschow, mit Reagan auseinandersetzt – seine Stellungnahme für die UdSSR ist eindeutig –, aber auch mit Paul Celan oder Ernst Fischer. Der Stil bleibt gleich: einfach, prosaisch, leicht verständlich.

„Gedenken in und an Deutschland" sind „Essays und Reden" über die zu bewältigende Vergangenheit, die nicht mit 1945 endet, sondern weiter bis in unsere Gegenwart dauert. Zwanzig Jahre jüngster deutscher Geschichte werden dokumentiert (von Ulrike Meinhof über Vietnam bis zur Hitler-Nostalgie).

1987 erhielt Erich Fried den Georg-Büchner-Preis. (S. 19)

BARBARA FRISCHMUTH

In dem Roman **„Kopftänzer"** (1984) führt Frischmuth das Leben zweier Menschen in einzelnen Kapiteln nebeneinander vor. Die Journalistin Dinah wurde von ihrer Zeitung gekündigt, gerade als sie die ersten Spuren einer seltsamen Gruppe, „Die Freunde", entdeckt hat, die das Wissen der Menschheit zurücknehmen, zu einem Geheimwissen weniger Elitärer machen und darum durch gewaltsame Aktionen gegen Bildungsstätten eine Änderung der Gesellschaft herbeiführen wollen. Von ihrer Abfertigung lebend, begibt sich Dinah mit ihrem Hund Etzel auf eine Reise ins Ungewisse, um zu sich selber zu finden. Schließlich kehrt sie auf Anraten ihres Journalistenfreundes Gustav in einem Meierhof und Gästehaus der Jesuiten ein und will in Gesprächen mit Pater Springer der Wirklichkeit auf den Grund kommen. Von hier holt sie

Gustav ab und bittet sie, auf dem Rückweg im Hause Dans, das er vor einem Jahr nach dem Tode seiner Mutter verlassen hat, vorbeizuschauen.

Dan ist die zweite Person, ein junger Mann, der gerade die Schule abgeschlossen hat und sich zu keinem Beruf entschließen kann. Er lebt bei dem ehemaligen Freund seiner Mutter, Zatz, eigentlich Dr. Eisenberger, jenem Journalisten Gustav und Freund Dinahs, der ihre Aufklärungsarbeit über „Die Freunde" fortsetzt und immer aufs neue recherchiert. Dan spielt bei ihm den Hausmann und gerät durch Simon in den Kreis einer seltsamen Gruppe, die völlig geheim und mit aller Vorsicht ihre Zusammenkünfte jeweils an einem anderen Ort hat. Es sind andere Freunde, die gewaltlos durch Denken die Welt ändern möchten.

Im Hause seiner Mutter führt die Autorin Dan und Dinah zusammen, wohin er seine Freunde eingeladen hat. Hier werden die beiden eins, aber auch diese Einheit wird nicht von Dauer sein. Doch wenn sie sich trennen, werden beide klarer sehen, denn sie haben einander „erkannt".

In der „Erzählung" **„Herrin der Tiere"** (1986) berichtet Frischmuth von dem Gestüt eines Trabrennfahrers in einem verlassenen Dorf an Österreichs Ostgrenze. Hier lebt und arbeitet neben dem Trainer, dem Stallburschen Bodo, dem Lehrling Philipp und der Ausländerin Lara, die ihre Liebe dem Trainer zugewandt hat, ohne Erwiderung zu finden, die junge Frau, die als Pflegerin und Fahrerin beschäftigt ist, eine besessene Pferdeliebhaberin, die Beruf und Karriere deswegen aufgegeben hat. Die wirtschaftlichen Umstände des Gestütes stehen nicht zum besten, Pferde müssen verkauft werden; die Beziehung der Menschen, die keinerlei Abwechslung kennen, birgt Gefahren. Alle hängen Träumen nach Geld, Karriere und Selbständigkeit nach, Träume, die zugleich Erinnerungen sind. Einzige Gesprächspartner sind die beiden Biologen Gitta und Jurek, die eine Versuchsstation zur Trappenaufzucht leiten. Als eines Nachmittags Viktor, Flüchtling aus dem Nachbarland, auftaucht, wird die junge Frau seine Geliebte. Lara hingegen hat einen Selbstmordversuch unternommen und wird in das Krankenhaus und anschließend in eine psychiatrische Klinik eingeliefert. Die junge Frau aber wird warten, bis der Flüchtling, ein Agronom, aus dem Auffanglager zurückkehrt. Die Wirklichkeit führt sie aus ihren Träumen wieder zu sich selber zurück.

„Über die Verhältnisse", Roman (1987). Der Titel „Über die Verhältnisse" meint zweierlei: Einmal schreibt Frischmuth über die gegenwärtigen Verhältnisse in Österreich, zum anderen aber lebt dieses Österreich immer über seine Verhältnisse.

In ihrer Jugend war Mela, eine Frau, die mitten im Leben steht und als Wirtin des Restaurants „Spanferkel" einen guten Ruf genießt, mit einem Jungen liiert, von dem sie die Tochter Frô hat, ohne daß dieser davon weiß; er ist inzwischen Politiker und nach dem Abgang des alten Kanzlers Regierungschef geworden. Noch verkehrt er weiter in dem nahe dem Bundeskanzleramt gelegenen Restaurant, wie auch sein junger Intimus, der inzwischen die Nachfolge bei Mela angetreten hat. Aber die Tochter Frô steht jetzt vor der Lebensschwelle, die von zu Hause wegführt; gerade das kann Mela nicht begreifen, wenn ihr auch ihre ungarische Freundin Borisch, die mit dem polnischen Archivar Edvard verheiratet ist – auch diese Reste des einstigen Vielvölkerstaates gehören zu den österreichischen Verhältnissen –, dies immer aufs neue klarmachen will. Als Frô bei einem Arbeitsessen des Chefs den karrieresüchtigen, von einer türkischen Mutter stammenden Beamten des Außenministeriums Heyn kennenlernt, springt der Funke der Liebe auf beide über. Ohne Abschied folgt Frô dem Geliebten in die Türkei, heiratet ihn und meldet sich nur sporadisch mit Kartengrüßen aus dem Osten. Mela begibt sich auf die Suche nach ihr, von Borisch begleitet, vom Chef diskret unterstützt, dem sie nun seine Tochter gesteht. Lange müssen sie in Istanbul warten, bis Frô mit ihrem Mann zurückkehrt. Zwar begleitet sie die inzwischen vor Kummer kranke Mutter nach Hause, doch muß Mela einsehen, daß sie die Tochter für immer verloren hat.

Zugleich ist dieser Familienroman eine strenge Diagnose von den Waffenlieferungen bis zum Präsidentenwahlkampf. Die Verantwortungslosigkeit einer eigensüchtigen Gesellschaft wird die notwendige Verantwortung menschlicher Bindungen gegenübergestellt. (S. 214)

MARIANNE FRITZ

wurde 1948 in Weiz/Steiermark geboren, absolvierte eine Bürolehre und widmete sich anschließend dem zweiten Bildungsweg. Ihr erster Roman **„Die Schwerkraft der Verhältnisse"** erschien 1978 und wurde mit dem ersten Robert-Walser-Preis ausgezeichnet.

„Die Schwerkraft der Verhältnisse" ist die Geschichte der Berta und spielt in den Jahren zwischen 1945 und 1963 in der Stadt Donaublau. Gegen Ende des Zweiten Weltkrieges verliebte sich Anna in den Obergefreiten Rudolf, heiratete dann aber Wilhelm Schrei, der ihr die Nachricht vom Soldatentod Rudolfs überbrachte und bei ihr blieb. Doch erwartete Berta bereits ein Kind von Rudolf, das sie Klein-Rudolf nannte, während ihr und Wilhelms Kind fünf Jahre später als Klein-Berta zur Welt kam. Wilhelm ist Chauffeur; mit ihnen zusammen lebt die Putzfrau Wilhelmine in kleinbürgerlichen Verhältnissen. Gegenüber der praktisch-zielstrebigen Freundin Wilhelmine kann sich die nachdenkliche und besinnliche Berta nicht durchsetzen, aber auch gegen ihren immer lächelndfreundlichen Wilhelm, dem „Geh-her-da"-Mann, der sein Chauffeuramt bei einem reichen Grundbesitzer und seine Fahrtüchtigkeit zur Lebensmaxime erhoben hat. Bei der „Schwerkraft der Verhältnisse" müsse man immer Kollisionen vermeiden wie beim Autofahren. Darum ist Wilhelm für Berta „der geborene Träumer, der nicht träumt", und damit ein „würdiger Repräsentant seiner Nation". Ihre Hilflosigkeit verkürzt sich in ihrer sprachlichen

Kommunikation auf den Satz „Ein Mann, ein Wort, und du bist verloren" und schließlich nur noch auf ein „So, so". Um wenigstens ihre Kinder vor dem Zugriff der Verhältnisse zu bewahren – beide sind Sonderschüler – behält sie sie ganz bei sich, doch ihre Alpträume „Die Leich im Haus" und „Der Sohn Rudolf am Kreuz" werden immer zerstörerischer. Um sich und die Kinder vor der „Schwerkraft der Verhältnisse" zu retten, tötet sie beide und versucht einen Selbstmord. Seither lebt sie sprachlos in einer Anstalt, der „Festung", wo sie am 13. Jänner 1963, ihrem Geburtstag, von Wilhelm und Wilhelmine besucht wird, die inzwischen geheiratet haben. Dabei erhält Wilhelmine von Berta jenes Halskettchen mit der Blechmadonna, das die letzte Bindung zwischen Wilhelm und Berta gewesen war. Eingeschlossen in ihre „Festung", gibt Berta das Grübeln über den bösen Traum Leben auf. Die einfache Geschichte wird in sich überlagernden Zeitebenen erzählt in einfacher, eindringlicher Sprache, in der sich Komik und Mitleid mischen.

„Das Kind der Gewalt und die Sterne der Romani" (1980). Der umfangreiche Roman in 5 Teilen, 28 Kapiteln und 223 Unterteilungen mit einem Glossar österreichischer Ausdrücke spielt in dem österreichischen Dorf Gnom, das zum Ort Neiz am Grünbach und zu der schon aus ihrem ersten Roman bekannten Hauptstadt Donaublau gehört. Die Rahmengeschichte ist einfach: Der 1896 geborene Bauer Kaspar von Zweifelhof am Scheidewandbergl hat nach einer Wahlversammlung – er ist Gemeindemandatar – eine Zigeunerin geschändet; die Zigeuner lagerten mit Bewilligung des Gastwirtes Vlastymil Franz, des Schwagers Kaspars, auf seinem Grund und Boden. Die Verwirrung ist groß: Der trunksüchtige Totengräber und Mesner Faust, der Schweinehirt vom Zweifelhof, ein „Dodel", und der Gastwirt werden eingesperrt. Die Kinder verstecken sich oder werden krank. Die Zigeuner haben sofort nach dem Vorfall das Dorf verlassen, um einem Pogrom zu entgehen, welches der Kaspar Zweifel vorbereitete – die Zigeuner sind „die Juden von heute". Das alles ereignet sich in einer Septembernacht des Jahres 1921. Neun Monate später kehrt die Romani-Mutter, Oberhaupt der Zigeuner, in das Dorf zurück und legt das „Kind der Gewalt", das aus der Vergewaltigung entsprang – den Sohn Kaspars – vor dem Altar der Kirche nieder und verschwindet wieder.

In diese Geschichte sind die Bewohner des Dorfes mit eingeschlossen, sodaß eine Art „unheiler" Dorfgeschichte entsteht: der Zweifel-Kaspar und seine erste Frau Magdalena, die er gegen den Willen der Mutter geheiratet hat, und die ihm Zwillinge, Klein-Kaspar und Klein-Magdalena, gebar und stirbt. Von Kaspars Soldatenzeit an der Isonzofront wird berichtet, von der er heimkehrt, nicht von Amerika, wie er es als Jugendlicher erträumt hatte; seine zweite Frau Notburga, eine halbe Heilige; seine Schwester Kreszentia, Wirtin „Zum armen Spielmann", die den dahergelaufenen Vlastymil Franz heiratete; der Lehrer von Gnom, der „Neunmalgescheite mit dem städtischen Gestell" auf der Nase; der „Saujud" Müller-Rickersberg, der „Dackel von einem Juristerl"; der Gendarm Michael, der kommende Kriminalkommissar von Donaublau; der Schweinewirt vom Kasparhof, ein „Dodel" mit seinen Lauten I, A, O, U, E; dann die Zigeuner: die Romani-Mutter, die schwarze Esmeralda, das Nina-Kind und das Wuzerl und andere „Schwarzzottelige".

Was sich aber wie eine Dorfgeschichte gibt, ist zugleich ein Roman über die Entstehung der österreichischen Republik: Der Erste Weltkrieg ist vorbei, die Monarchie ist zerbrochen. Der Krieg hat die Menschen ihres Weltverständnisses beraubt, alle Werte umgewertet; man muß sich in den neuen Verhältnissen erst zurechtfinden.

Die österreichisch eingefärbte, holzschnittartige Sprache vermeidet auf weite Strecken das finite Verb und setzt an dessen Stelle Partizipialsätze; die Personen sind entpsychologisiert, machen keine Entwicklung durch. Kennzeichnend sind die immer wiederkehrenden Appositionen zu den Personen – es ist insgesamt eine Sprache der Wiederholung, die mit Archetypen arbeitet und so eine große „mythische Geschichte" entstehen läßt.

Es ist ein einmaliges literarisches Ereignis, daß von der Autorin im Frühjahr „‚Was soll man da machen.' Eine Einführung zu dem Roman ‚Dessen Sprache du nicht verstehst.'" (1985) erscheint, während der Roman erst für den Herbst des gleichen Jahres angekündigt ist. Der Inhalt der Einführung umfaßt eine Einleitung von Heinz F. Schafroth, Stellen aus Briefen der Autorin an den Lektor, das erste große Kapitel des Romans **„Dessen Sprache du nicht verstehst"**, dazu eine Inhaltsangabe des ganzen Romans mit Angabe aller Abschnitte, Unterabschnitte, Kapitel und Unterkapitel, sowie ein Register zu dem Roman, in dem auf 50 Seiten die seltsamen, oft vieldeutigen Namen in alphabetischer Reihenfolge erklärt werden.

In dem Roman selber wird, wie Schafroth einleitend feststellt, die ewige Konstellation der Geschichte dargestellt (Konstellationen zwischen Macht und Ohnmacht, Täter und Opfer, Jäger und Gejagtem). Die Vorstellung, diese könnten einmal ein Ende haben, wird zur Utopie. Eine der Hauptgestalten ist der „Bänkelsänger", auch „Sohn des Steinenmeeres" oder „Zeitung des Landes" genannt; der aber trotzdem immer wieder sagt: „Es ist ein gutes Land"; zu ihm tritt Johannes Null aus Nirgendwo, der Revolutionär. Beide stehen auf der Seite der Unterdrückten und Gedemütigten; die Parteinahme für die Verfemten und Verfolgten solle sich durchsetzen, ist ihr Ziel.

Der Roman spielt 1914 – Hauptstadt ist wieder Donaublau –, aber auch nach dem Ersten und Zweiten Weltkrieg. Doch ist keineswegs eine Zeitenfolge eingehalten, vielmehr überlagern sich die Zeitschichten. Und manchmal spielen 1 000 Seiten später andere

Ereignisse in der gleichen Nacht, im gleichen Wald, am gleichen Teich, aber nicht im August 1914, sondern im Frühjahr. So fehlt dem Roman jegliche Ökonomie, wie dies bereits das erste Kapitel zeigt: Entscheidungen und Handlungen werden abgebrochen, wieder aufgenommen und später weitergeführt.

Verstörung beim Leser aber bringt nicht so sehr der Inhalt wie vielmehr die Sprache, die ständig gegen alle grammatikalischen Regeln verstößt. Was den Rhythmus ihrer Sprache stört, läßt Fritz einfach weg (Hilfsverben, Pronomina, das „zu" vor der Nennform). Partizipien ersetzen zusammengesetzte Verbalformen und ganze Relativsätze. Eigenwillig und ungewöhnlich setzt sie die Satzglieder, ebenso ungewöhnlich werden die Satzzeichen verwendet oder Formen wie „und aber", „und oder".

Beispiele: „dieser: Stimme", „und kriegen: nie genug; von eurem Käse.", „und was bleibt Euch; der Strick.", „ich hätte dich; ersäufen sollen.". So wird der natürliche Fluß des Satzes ständig unterbrochen, wodurch einzelne Wörter, die immer die gleichen Beifügungen haben, einen unausweichlichen Stellenwert im Satz erhalten.

1986 erschien der gesamte Roman **„Dessen Sprache du nicht verstehst"**, in 12 Bänden mit 3 000 Seiten. Er ist auf jede Weise der auffälligste Roman des Jahres, der seine Perspektive ausschließlich auf die Welt des Landproletariats und der Arbeiter richtet bis hinein in die Redeweise und in die Gefühle dieser Menschen. Es gibt keine Helden, nur Leidtragende. Der Sprache bemächtigt sich die Autorin radikal, kündigt alle Konventionen der Grammatik und Interpunktion auf und verwebt Pathos, Alltagssprache und Dialekt unentwirrbar ineinander. Zwar scheint der Fantasie des Lesers freier Raum gelassen zu sein, aber trotzdem bindet sie die Gesamthandlung bis in Kleinigkeiten ein in ein aufeinander wohldurchdachtes Strukturgebilde.

Im Mittelpunkt der „Handlung", wenn von einer solcher geredet werden kann, steht die Familie Null, die um die Mitte des Jahres 1914 im Nullweg in Nirgendwo wohnt. Diese Null sind wirklich „Nullen" der Gesellschaft und sie haben sprechende Namen wie die „Steinbeißerin", ein junges Mädchen, das Steine zu Sand zermahlen möchte; „die Zeitung des Landes" ist der Bänkelsänger, der die für das Volk wichtigen Nachrichten in seinen Liedern verbreitet. Die Null sind keine Bauern mehr, sondern Land- oder Fabriksarbeiter. Der Vater Josef I ist 1900 während einer Arbeiterdemonstration erschossen worden. Seine Frau Barbara mit den roten Haaren will ihre fünf Söhne durchbringen und sie auf den rechten Weg führen. Weil ihr die Umstände das unmöglich machen, kommt sie zum Schluß in die „Festung", die Irrenanstalt der Stadt Donaublau. Matthias, der einzige verheiratete Sohn, der selber fünf Kinder hat, begeht 1912 in Donaublau Selbstmord, die Kinder kommen in eine Erziehungsanstalt. Franz lebt als Arbeitsloser in Donaublau, meldet sich 1914 zum Militär, um „den Kopf zu verlieren". Josef II ist

Arbeiter in der Fabrik der Familie Schwefel und wird 1914 erschossen, als er für die Rechte der Arbeiter eintritt. Der Landarbeiter August, Anarchist, erschießt die Eltern seiner Freundin Wilhelmine und flüchtet auf den Kirchturm von Nirgendwo, von wo er auf die Bevölkerung schießt. Auch er kommt in die „Festung". Der Jüngste, Johann, flieht vor dem Militärdienst und wird vogelfrei. Von den Soldaten verfolgt, flieht er schließlich zum Pfarrer Pepi Fröschl, wird von ihm verraten und erschossen. Das Haus der Null am Nullweg wird abgerissen.

Das Leben dieser Familie ist eingebettet in das Leben der Bauern Rundum, Spieß und Kienspan, in das Leben der verschiedenen Gastwirtschaften, des Kaufladens Kern, des Uhrmachermeisters Johannes Todt, des Malermeisters Ikarus, des Zahnarztes Helmut Morpheus, der Familie des Bürgermeisters Alexander Glatz, der Fabrikantenfamilie Schwefel sowie der kirchlichen Würdenträger, vor allem von Pepi Fröschl, der selbst aus einer Arbeiterfamilie stammt, nach seinem Studium in die führenden Kreise aufsteigt und die Wege in Himmel, Hölle und Fegefeuer kennt. Es kommt zu Konflikten zwischen Konservativen und Progressiven, zwischen Anarchisten und Leuten, die vermitteln wollen, zwischen Macht und Ohnmacht.

Über den Ortsteil Sonnenklar und den Spießern Steinbruch weitet sich das Geschehen Nirgendwos aus bis in die Dörfer Gnom und Transion und bis zur Marktgemeinde Dreieichen mit dem Internat für angehende Priester, und bis in die große Stadt Donaublau, in der die Macht wohnt, wohin diejenigen ziehen, die daheim nicht mehr zurecht kommen. Dieses Land hat seine Bauern und Handwerker, Selbständige und Fabrikbesitzer, geistliche Würdenträger und Militär und reicht bis in „das Land von Chen und Lein", in dem „die Erdfarben" wohnen. Ein breiter sozialer Kosmos mit den Spannungen zwischen den am Alten hängenden und den das Neue vorantreibenden Gruppen, zwischen Städtern und Bauern, zwischen Arbeitern und Kapitalisten, zwischen Juden und Christen. Damit weitet sich der Roman zu einem großen Epos, das zwischen dem Beginn des Ersten Weltkrieges und der Zerstörung des alten Europa spielt.

GERTRUD FUSSENEGGER

„**Nur ein Regenbogen**" (1987) sind „17 Erzählungen aus fünf Jahrzehnten", die zum 75. Geburtstag der Dichterin erschienen sind; die älteste stammt aus dem Jahre 1936, die jüngste aus dem Jahre 1986, Nebenprodukte, wie die Dichterin sagt, ihrer großen Romane, dennoch eigenständige, kürzere und längere dichterisch ausgeformte Geschichten, meist tragischen Genres, viele mit autobiographischen Zügen, einige aus der Zeit des Nationalsozialismus und der Nachkriegszeit. „Alles, was ich in Literatur hervorgebracht habe, umkreist im Grunde ein Thema: die Spannung zwischen Ordnung und Unordnung, Gesetz und Chaos, zwischen verantworteter Lebensentscheidung und ungebunden schweifender Spontaneität." Dieser Ausspruch der Autorin, die sich auch mit der Poesie und dem poetischen Schaffen und seinen Gesetzmäßigkeiten auseinandersetzt, gilt für alle Erzählungen dieser Sammlung. (S. 137)

REINHARD P. GRUBER

1984 schrieb er das Kurzdrama „**Space Travel oder Nietzsche in Goa**", in welchem er in Goa, Calanguate Beach im Jahre 1983 neben deutschen und französischen Touristen sowie indischen Bettlerkindern und Verkäufern und Verkäuferinnen im Hotel vier Reisende versammelt, alle um die 40 Jahre alt: Viktor, den Drehbuchautor eines Nietzsche-Filmes, der stets mit Nietzsches „Also sprach Zarathustra" herumläuft und aus dem Buche zitiert; die Angestellte beim Fernsehen Gabi; den Architekten mit Magengeschwür Erich und seine Frau Liese. Ihre Gespräche drehen sich wie üblich im Urlaub um Essen, Trinken, Preise, Bedienung, Sehenswürdigkeiten und Stranderlebnisse. Viktor mit seinem Nietzsche-Syndrom aber wird am Ende gewalttätig, denn Wahnsinn schlummere in Vernunft und etwas Vernunft auch im Wahnsinn (nach Nietzsche); er erschlägt Erich und erdrosselt Gabi und Liese. Leben bedeutet für ihn nur einen Übergang.

1985 folgte das Thaterstück „**Heimatlos**".

„**Vom Dach der Welt. Schicksalsnovellen**" (1987) sind 110 Texte, die, von zwei Zeilen bis zu höchstens zwei Seiten reichend, alles aufs Korn nehmen, was in der Steiermark vor allem, aber auch sonst in der Welt geschieht. Sie zeichnen sich durch ihren oft skurrilen Humor aus und regen zum Nachdenken an. Weder die Politik noch die steirische Literatur (Bauer, Kolleritsch, Roth) werden von Gruber verschont. Er sieht immer genau hin und prangert an, was ihm an Alltäglichem vor seine „spitze Feder" bzw. seine Schreibmaschine kommt. (S. 196)

FRITZ HABECK

„**Wind von Südost**" (1979) ist der Roman der Bauunternehmerfamilie Rabener in Roppendorff an der Thermenlinie zwischen Baden und Mödling mit dem strengen Patriarchen Andreas Rabener, der das Unternehmen in seiner hundertjährigen Geschichte rund 30 Jahre nach persönlich-konservativem Brauch leitete und eben Selbstmord begangen hat, nach dessen Ursache der einst verstoßene Sohn Gernot, Dozent für Geschichte in Deutschland, recherchiert, nachdem er von Hertha, der Frau seines Bruders Gunther, der eigentlichen Firmenchefin, Managerin und Diplomkaufmann, herbeigeholt wurde, um eine Festschrift zur Hundertjahrfeier der Firma zu schreiben. Familienmitglieder werden mit den Nibelungen verglichen: Da ist neben dem ältesten Sohn Gunther noch die Schwester Kriemhild, dann der jüngste Sohn Gerhard, der nicht mehr Giselher genannt wurde, weil seine Geburt nach 1945 fiel. Die

Abfassung der Festschrift gibt Gernot Gelegenheit, sich mit der Familiengeschichte auseinanderzusetzen: mit Gunther, der seiner Frau hörig ist und sich nur für Sport interessiert; mit Gerhard, der ausgeflippt ist, und mit Hertha (Brunhild), die Gernot einst liebte und seinem Bruder Gunther abtrat, deren Liebe zu ihm aber nicht erloschen ist, und die ihn wieder in ihren Bann zu ziehen versucht. Die Familie nennt Gernot einen „verpatzten Nibelungen", weil er die Wahrheit nicht scheut, die Wahrheit über den Tod des Vaters, das Doppelspiel Herthas, über die junge Hausangestellte Toni Steiner, die der Vater liebte, und die Gernot als Frau heimführen will, nachdem ihm seine Frau Brigitte nach Amerika durchgegangen ist und ihm ihren unerzogenen Sohn Heinz zurückschickt.

Wie das Nibelungenlied endet der Roman mit Schrecken: nicht nur, daß die uralte Großmutter (Ute) gestorben ist, Gunther kann die Wahrheit, die Gernot herausgefunden hat, nicht ertragen, er erschießt seine Frau, seine drei Kinder und sich selbst. Roppendorff, wo eine Ölquelle aufgebrochen ist, wird verkauft werden, die Familie der Nibelungen löst sich auf.

Der fantastische Ich-Roman **„Der Gobelin"** (1982) stellt in den Mittelpunkt den Fernsehkommentator für Weltnachrichten Dr. Thomas Greith, der im Alter von 50 Jahren erkennen muß, daß er seine Zukunft schon hinter sich hat. Aber nicht die vielbesprochene midlife crisis allein ist der Inhalt des Buches, sondern auch der Generationskonflikt, wie sich der Roman überhaupt zu einem Abbild der politischen, wirtschaftlichen, sozialen und weltanschaulichen Verhältnisse der späten siebziger Jahre ausweitet. Abgeschoben auf einen Versorgungsposten in der Direktion, wird Greith auch von Familienkonflikten bedrängt: Seine Frau Helga, sich stets zurückgesetzt fühlend, ist Alkoholikerin, seine beiden Söhne Konrad und Christoph sind Versager; beide haben die Matura nicht geschafft, der eine wird Croupier und macht dunkle Geschäfte, der andere gerät in eine rechtsradikale Gruppe und wird kurzfristig verhaftet. Aus diesen Konflikten flüchtet Thomas in eine Traumwelt, den Apostelhof in Mödling, den er von seinem Onkel geerbt hat, vor den sagenhaften Gobelin und in eine Gesellschaft von sieben in historischen Kostümen auftretenden, in der Vergangenheit lebenden Greisen, die sich täglich vor dem Gobelin versammeln, und zu einer Geliebten Marion. Die Ehe wird geschieden, Dr. Greith verschwindet spurlos. Seine Schwägerin Sandra vollendet den Bericht.

Durch die Vielzahl der Motive entsteht ein Panorama unserer Zeit. Der Hintergrund der zahlreichen, miteinander zusammenhängenden Differenzen wird mit einer magischen Welt verbunden. Die banale Gegenwart wird historisch vertieft und erfährt zugleich eine magische Erhöhung zu einem Weltalltag. Darum wechseln sehr reale mit irrealen Kapiteln; Wirklichkeit und Unwirklichkeit, Materielles und Ideelles, Gegenwärtiges und Vergangenes vermischen sich nahtlos miteinander.

„**Die drei Kalender**", Roman (1986). In den Geschichten von „Tausend und einer Nacht" wird unter anderem auch das Märchen von den drei Kalendern erzählt: Drei Derwische finden in Bagdad bei drei Damen Aufnahme, jeder erzählt seine Geschichte, auch die drei Damen antworten mit ihren Geschichten. Auch Fritz Habeck erzählt in dem Roman drei Geschichten: die von Gottfried Penz, Gebrauchtwarenhändler in Wien; die von Max Taferner, Gewerkschaftssekretär in Wien, und die seines Bruders Hermann, Söhne Taferners; dazu kommen die Geschichten der drei Damen: Lindys, Reginas, der beiden Schwestern, Töchter Taferners, und Livias, der geschiedenen Gattin des Richters Dr. Lorenz Taferner.

Der Roman spielt in der Gegenwart in dem oberösterreichischen Markt Leynsam, der an den Fremdenverkehr Anschluß finden möchte. Hierher hat sich der Richter Rat Taferner zurückgezogen und sich ein schloßartiges Haus erbaut; seine Frau Livia hat ihn verlassen, und nun haust er mit seinen Büchern, mit ein wenig Jagd und Fischerei, zusammen mit seiner Tochter Lindy und deren Kind, die nach ihrer Scheidung zu ihrem Vater gezogen ist und ihn betreut. Nun aber will diese Herrn Penz heiraten und wegziehen; andererseits bemüht sich eine unbekannte Gesellschaft, Taferners Haus zu kaufen. Weil er nicht zustimmt, stellt man ihm verschiedene Hindernisse; doch diese Lausbubenstreiche beantwortet Taferner mit ähnlichen Max-und-Moritz-Streichen und setzt den ganzen Ort damit der Lächerlichkeit aus. Seine vier Kinder und der Schwiegersohn bemühen sich, den Vater umzustimmen; selbst Livia und die spätere Geliebte Katja werden dazu bemüht – vergeblich. Auch eine Brandstiftung, die einen Teil seines Hauses vernichtet, kann ihn nicht daran hindern, in Leynsam seinen Lebensabend zu verbringen. Er baut das Haus wieder auf und wird von Katja betreut. (S. 149)

PETER HANDKE

hat im Auftrag der Salzburger Festspiele den „Gefesselten Prometheus" des Aischylos ins Deutsche übertragen unter dem Titel **„Prometheus gefesselt"** (1985).

„**Gedicht an die Dauer**" (1986). Der Autor fragt sich, was Dauer sei, und erfährt, was sie bedeutet: in der Vergänglichkeit, in der Nichthaltbarkeit erkennen, was unvergänglich, was haltbar ist, und dies in einem Gedicht aufzuschreiben.

> „Dauer, meine Ruhe,
> Dauer, mein Rastplatz."

Ob Handkes Heimat Griffen und der Griffener See damit gemeint sind oder die Porte d'Anteuil in Paris und die Fontaine Sainte-Marie: Dauer ist ein Geschenk, gründend auf der Vergangenheit, entstanden in der Gegenwart, vollendet in der Zukunft.

„Die Wiederholung" (1986) ist eine Erzählung in drei Teilen, Erzählung und zugleich Erforschung der Erzählung, deren Entstehung und Bedeutung. Im 1. Kapitel „Das blinde Fenster" erinnert sich der Ich-Erzähler Filip Kobal – die Geschichte geht manchmal in die Er-Form über –, wie er, noch nicht 20 Jahre alt, im Sommer 1960 von seinem Heimatdorf Rinkenberg vom alten Vater, der kranken Mutter und der verwirrten Schwester in die jugoslawische Republik Slowenien aufbrach, um seinen verschollenen älteren Bruder Gregor zu suchen. Seine Erinnerungen gehen zurück in seine eigene Kindheit, in die Schulzeit und das Internatsleben im Gymnasium, an den Übertritt in das öffentliche Gymnasium in Klagenfurt, den Aufenthalt der Mutter im Krankenhaus und die Rückkehr der Todgeweihten. Das blinde Fenster im österreichischen Grenzbahnhof erinnert ihn, wie der Vater den an „Augenfieber" erkrankten Bruder einmal zum Arzt nach Klagenfurt brachte; jetzt wird es ihm zum Zeichen der Umkehr. Das Wiederholen wird zu einem „Wieder-holen", einem neuen Anfang.

Das 2. Kapitel „Die leeren Viehsteige" erzählt vom endgültigen Aufbruch Filips nach dem Süden über die Grenze Österreichs nach Slowenien. Wie zuerst das blinde Fenster werden ihm nun die zwei „Bruderbücher" zum Geleit, die der ältere dem jüngeren Bruder vererbt hat: ein Werkheft des Bruders aus der Zeit seines Studiums an der Landwirtschaftsschule in Maribor und ein slowenisch-deutsches Wörterbuch aus dem Jahre 1895; das eine erzählt von der Anlage eines Obstgartens durch seinen Bruder, der für Filip ein besonderer Ort wurde; im Wörterbuch hatte der Bruder Stelle für Stelle angestrichen. Dabei erinnert er sich an den Aufbruch des Bruders anläßlich eines Militärurlaubes in das Unbekannte. Zugleich wird ihm die „Bedeutung" der Wörter klar, die den Zusammenhang stiften. Ein vom Bruder angestrichenes Wort läßt ihn die leeren Viehsteige auf einem pyramidenförmigen Hügel sehen, für ihn ein Sinnbild des Untergangs von Tieren und Völkern.

Im 3. Kapitel „Die Savanne der Freiheit und das neunte Land" verbinden sich die Landschaften der Wörter. Der Erzähler ist am Ziel seiner Reise, im Karst über dem Golf von Triest. Aus der Landschaft der Wörter tritt er in die „Savanne der Freiheit". Eine von Menschen bearbeitete Doline wird ihm zum Modell einer möglichen Zukunft, zu einer Wieder-holung, die einen Atombombenabwurf überdauern und eine Stätte des Neubeginns werden kann. Dies Bild bleibt ihm auch bei seiner Heimkehr.

„Nachmittag eines Schriftstellers", Erzählung (1987). Nach einem Vormittag, an dem er eifrig an seiner neuen Erzählung gearbeitet hat, begibt sich der Schriftsteller am Nachmittag eines Spätherbstages – erste Schneeflocken fallen – auf einen Gang durch die Stadt, über Höfe, Plätze und Gassen in die Mitte der Stadt und wieder zurück an die Peripherie. Als längst das Dunkel hereingebrochen ist, kehrt er nach Hause zurück. Die Genauigkeit der Topographie entspricht der Genauigkeit eines Ganges in sich und durch sich selbst, durch Leben und Schriftstellertum, auf der Suche nach einem eigenen Gesetz. Nur wenig ereignet sich auf diesem Gang: Er findet eine zusammengebrochene Alte, wird erkannt und fotografiert, sitzt in der „Kaschemme" bei anderen, die er schon kennt, trifft noch seinen Übersetzer, der aus Angst vor dem Schreiben das Schreiben aufgegeben hat. Dieser Gang durch die Stadt und durch sich selbst wird mit einem Willen zur Darstellung geschildert, der zugleich ein Wille zur Kunst ist.

Im Gespräch mit Herbert Gamper: **„Aber ich lebe nur von den Zwischenräumen"** (1987). Während vier Tagen im April 1986 erzählt Peter Handke dem Schweizer Germanisten Herbert Gamper vom Glück und von den Schwierigkeiten des Schreibens, von der Entstehung einiger seiner Bücher („Langsame Heimkehr", „Die Lehre der Sainte Victoire", „Die Geschichte des Bleistifts", „Der Chinese des Schmerzes"), von seinem Leben als Schriftsteller. Er antwortet Gamper auf seine Einwände. Daneben geht es aber auch um das richtige Lesen, um Lese-Erfahrung, und wie sich diese im Leben des Lesers auswirken kann. Verbindliche Antworten gibt Handke nicht, stellt aber überkommene Ansichten und Erwartungen immer wieder in Frage.

„Die Abwesenheit" (1987). Sie haben keine Namen, die vier Personen, die aus dem Alltag ausgebrochen sind und zunächst vorgestellt werden: der Alte, die Frau, der Soldat und der Spieler. Im Abteil eines Zuges treffen sie aufeinander, fahren bis zum Kopfbahnhof und werden, zunächst vom Spieler geführt, zu einem versteckten Haus geleitet, von wo sie mit einem Wohnmobil weiterfahren und schließlich, vom Alten angeführt, über eine Hochebene zu einer Wohnhöhle kommen. Ob diese Reise Tage oder Wochen dauert, ist ebenso unbekannt wie die Zeiten und Kontinente, die Epochen und Länder, durch die sie reisen, obwohl diese mit geradezu peinlicher Akribie beschrieben, aber nie beim Namen genannt werden. Sie überschreiten Grenzen, folgen ihrer Sehnsucht und befinden sich in einer Abwesenheit, die jedes reale Geschehen übersteigt. In den Ausbrüchen der vier Personen, ihren Monologen – der Soldat bricht als letzter das Schweigen – legen sie ihre Geschichte bruchstückweise dar. Eines Tages ist der Alte verschwunden, Wegzeichen hat er anscheinend hinterlassen, welche die drei – der Autor redet nun, sich selbst einschließend, von „wir" – in ein Dorf und dann in eine Stadt am Meer führen, wo sie in einem Hotel untergebracht und bewirtet werden. Wenn sie sich trennen in dem Bewußtsein, einmal den Alten und sein Merkbuch, in das er tagtäglich geschrieben hat, wiederzufinden, endet das „reale Märchen", das insgesamt hermetisch wirkt, indem es die Realität in Märchenform zu deuten sucht. (S. 85, S. 114)

MARLEN HAUSHOFER

„Eine Handvoll Leben" (1955), Haushofers erster Roman, ist die Geschichte von Elisabeth (Betty), die unerkannt in ihre Vaterstadt und in ihr Vaterhaus zurückkehrt, um dieses von dem jetzigen Besitzer, ihrem Sohn Toni Pfluger, zu kaufen, weil dieser Geldsorgen mit seiner Fabrik hat, und unerkannt das Haus wieder verläßt. In der einen Nacht, die sie in dem Haus verbringt, zieht ihr ganzes Leben an ihr vorüber: ihre Kindheit, die Erziehung in einem klösterlichen Internat, das Verhältnis zu zwei gegensätzlichen Freundinnen Margot und Käthe, das seltsame Verhältnis zur Lehrerin Elvira, die Handelsschule und der Sekretärinnenposten, die Heirat mit ihrem Chef Anton Pfluger, die Geburt des Sohnes Toni, der Ehebruch mit dem Geschäftsfreund Lenart, mit dem sie keine Liebe verbindet, ihr vorgetäuschter Selbstmord im Fluß, die Heirat mit Mr. Russel, der tödliche Unfall ihres ersten Gatten, der inzwischen ihre Jugendfreundin Käthe geheiratet und eine Tochter mit ihr hatte. Sie ist eine Frau, die keinen einzelnen lieben kann, weil sie die ganze Welt lieben möchte, eine Frau, die ihre Vergangenheit nicht los wird, obwohl sie diese belastet, die weiß, wie immer sie auch gelebt hätte, falsch gelebt zu haben. „Das Leben ist einfach zu stark, um bewältigt zu werden." (S. 208)

PETER HENISCH

„**Pepi Prohaska Prophet**" (1986) ist ein Ich-Roman von Engelbert über seinen Freund Pepi Prohaska, P. P., angefangen von ihrer gemeinsamen Kindheit und teilweise miteinander verbrachten Schulzeit, mit eingelegten Briefen und Aufzeichnungen P. P. s. Auffällig war P. P. von Anfang an: Der Vater ein Maler, der Bub ein verunglückter Fußballer, ein mäßiger Schüler. Etwas Apartes, Selbstgewisses war schon immer an ihm, er ist aufdringlich und anziehend und hat besonderen Einfluß auf Mädchen. Er verehrt seine Oma, mit der er zehn Sommer lang auf die Hohe Wand auf Urlaub fährt. Über Gott und die Welt diskutieren die Freunde, P. P. ist äußerst belesen, hat aber schon immer seine eigenen Vorstellungen von allem.

Seine Geliebte Susi verläßt P. P., der Freund tröstet sie und wird, ohne es zu wollen, P. P. s Nachfolger bei ihr, heiratet sie und hat mit ihr ein Kind Sascha. Der Erzähler folgt einem Ruf nach Amerika, wo Susi mit dem Kind zurückbleibt. Inzwischen ist P. P. in der Türkei und in Frankreich, wird ein Psychotherapeut besonderer Art und schließlich der Prophet P. P. P. Er zieht sich in eine alte Hütte zurück und beginnt, als diese abbrennt, auf dem Stephansplatz zu predigen. Eine Schar Anhänger folgt ihm bei der Besetzung der Wienerberger Ziegelwerksruine, wo sie eine Kommune bilden. Das Auf und Ab in P. P. s Leben geht weiter, er arbeitet in der Bücherei, in der auch der Erzähler angestellt ist, heiratet Paula, mit der er das Mädchen Pippi hat, hat auf der Frankfurter Buchmesse unerwarteten Erfolg, läßt sich von Paula scheiden, geht ein Verhältnis mit der Soziologiestudentin Seidl ein und verschwindet, nachdem diese eine Gegenkundgebung gegen den Papstbesuch in Wien eingeleitet hat, spurlos.

Verwicklungen, Überraschungen, Komik und Satire zeichnen diesen ironischen Gegenwartsroman aus, in dem die gesellschaftlichen, politischen und sozialen Verhältnisse der fünfziger bis zu den achtziger Jahren beleuchtet werden: ein Schelmenroman mit tiefer Bedeutung. (S. 182)

FRITZ HOCHWÄLDER

Ernennung zum Ehrenbürger der Stadt Wien. Gestorben 1986 in Zürich.

„**Der verschwundene Mond**" (1985) ist ein Märchenstück, das schon 1951 unter dem Titel „Der gestohlene Mond" konzipiert wurde, aber 1982 unter dem Eindruck der Wiederentdeckung des deutschen Vagantendichters Jakob Haringer (1898–1948), einer Villon-Figur, völlig neu bearbeitet wurde. In der Hauptgestalt des Clochards Gustave in Paris kehrt dieser Haringer wieder; die von Gustave gesprochenen Verse sind Originalgedichte Haringers. Der Mond verkörpert in dem Märchenstück die hohe Poesie, die das Genie Haringer erreicht, während sein Freund, Mitglied der Französischen Akademie, der Gelegenheits- und Vielschreiber Pivert, sein Scheitern erkennen muß. Symbol für das Genie ist es, daß Gustave den Mond verschwinden und wieder erscheinen lassen kann. Als er seine Jugendgeliebte Blanche wieder trifft, will Gustave den Mond verkaufen; bei dem Grundstücksmakler und Betrüger Rachman hat er keinen Erfolg, dieser stirbt an einer Herzattacke. Aber der amerikanische Geschäftsmann Smith zahlt ihm dafür eine Million. Gustave kleidet sich neu ein und zahlt das restliche Geld für Blanche, die Prostituierte des Etablissements der Madame Biffine. Als aber Gustave zu Blanche vordringt, sieht er voller Schrecken die an Schultern und Rücken mit Warzen und Schwären bedeckte Blanche, eine abscheuliche Hure, wie sie der Maler Felicien Rops gemalt hat. Geld und Genie hat Gustave vertan. An den Ufern der Seine stirbt er, betreut von seinem Freund, dem Clochard Clodo. Ein Märchen, „voll Liebe und Sehnsucht und Heimweh" nennt Hans Weigel im Nachwort dieses Spiel. „All dies muß Hochwälder immer schon in sich gehabt haben, vielleicht unbewußt, vielleicht verdrängt."

„**Die Bürgschaft**" (1985). Die Grundvoraussetzung für diese „antikisch verkleidete" politische Satire ist die Erzählung des lateinischen Schriftstellers Hyginus, die Schiller in seine bekannte gleichnamige Ballade umgeformt hat. Auch im Stück begegnet uns der grausame, machtbesessene Tyrann Dionys von Syrakus, dessen Hofstaat ebenso verkommen ist wie er selber. Auch hier bittet der Attentäter Hilaris um drei Tage Urlaub, damit er seine Schwester verheiraten könne. Auch hier wird ein Bürge gefordert; der Lehrer und Philosoph Agathon, der einen Staat fordert, der auf Geist und Macht beruht, wird als solcher gestellt. Doch Hilaris, für den die Sklaven (Fremdarbeiter, wie sie der Autor nennt) das Kreuz schon errichtet haben, hat sich den Urlaub erbeten, um sich mit seinen Gesinnungsgenossen zu vereinigen und nach Syrakus zu marschieren, um den Tyrannen zu stürzen. Doch zwei weitaus gewalttätigere Verschwörer, Moerus und Damon, kommen ihm zuvor. Dionys gelingt es, mit dem Staatsschatz zu Schiff zu flüchten. Dafür wird Agathon, der ihm als Bürge und Freund behilflich war, zum Kreuzestod verurteilt, und auch Hilaris, der sich für ihn einsetzte, erleidet seine Strafe. Das personenreiche Stück (35 Darsteller und Volk) ist eine beißende politische Satire, die lehrt, daß, wenn Gewalt durch Gewalt beseitigt wird, diese sich wieder etabliert. Weder Aufstand noch Revolution können etwas an der Herrschaft der Macht und der Mächtigen verändern. (S. 51)

GERT HOFMANN

Der Roman „**Unsere Eroberung**" (1984) erzählt die Geschichte dreier Kinder am ersten Tag nach „unserer Eroberung", also am 8. Mai 1945, von der Sicht der Kinder aus. In ausführlichen Schilderungen werden die Ereignisse dieses einen Tages von Mittag bis in die halbe Nacht hinein berichtet, in Rückerinnerungen wird von den Bombennächten im Keller erzählt, vom Vater Imbach, der eine Peitschenfabrik besaß und nun vermißt ist, von Edgar, der sich den beiden Imbach-Kindern anschließt, weil sein Vater gefallen ist und seine Mutter unter Bombentrümmern begraben liegt; es wird von ihren Hungertagen und ihrer Entkräftung berichtet und von dem Auftrag, mit dem sie die Mutter in den Schlachthof schickt, wo es angeblich Butterschmalz geben soll, und zu Frau Henne, damit sie einen Anzug ihres gefallenen Mannes erbetteln, sowie zu Herrn Schellenbaum mit einem Brief unbekannten Inhaltes. Aber die Kinder machen Umwege, wollen die Amerikaner sehen, die mit ihren Panzern duch das Städtchen gefahren sind, werden vom Schlachthofverwalter und einem Schlächter zurückgehalten, weil sie sie bei anscheinend unerlaubter Tätigkeit überrascht haben, treffen im Park eine Bettlerin, durchstreifen den Amselgrund, ein an die Stadt grenzendes Waldgebiet, wo Edgar sein verstecktes HJ-Messer ausgräbt, mit dem sie sich stellvertretend für den Vater Wunden zufügen, weil dieser in eine unangenehme Affäre mit tschechischen Arbeitern in seiner Fabrik verwickelt war – man redet immer wieder vom „Tschechengrab" –, und erhalten schließlich von Frau Henne einen Anzug, besuchen die Kirche und werden vom Pfarrer zu Aufräumarbeiten angehalten, entgehen den Annäherungsversuchen eines alternden abseitig veranlagten Schauspielers im Theater und finden schließlich Herrn Schellenbaum, der wohl Ortsgruppenleiter war, vergiftet in seinem Hause. Mit Kinderaugen werden die Untiefen und Übeltaten, die Fährnisse dieses einen Tages geschaut, mit dem Unverständnis von Kindern aufgenommen.

„**Der Blindensturz**", Erzählung (1985), knüpft an das gleichnamige Bild von Pieter Brueghel an. Sechs Blinde schlafen in einer Scheune, es klopft ans Tor, der Klopfer weckt sie, die langsam aus dem Traum in die Wirklichkeit zurückfinden. Sie sollen, sie wissen nicht warum, gemalt werden, aber niemand hilft ihnen, das Haus des Malers zu finden, ja sie werden in die Irre geführt, gehen im Kreis. Mit Ripolus an der Spitze, der das Helle vom Dunklen noch unterscheiden kann, ziehen sie fort: Malente, Bellejambe und der Ausgeschälte, dem wegen eines Diebstahls die Augen ausgestochen und die Ohren abgeschnitten wurden, sind namentlich angeführt. Nach vielen Irrwegen gelangen sie endlich zum Hause des Malers, der in einem Bild zusammenfassen möchte, was er der Welt zu sagen hat, die Menschen „im Sturz zu zeigen, auf einer Brücke, an einem Abhang hin, als düsteren Zug nach unten", hinein in einen Bach. Damit ihm das Bild gelingt, müssen die Blinden, seine Modelle, immer aufs neue stürzen und schreien. Als das Bild fertig ist, werden die Blinden wieder in ihre Scheune zurückgeführt.

Es ist die frei erfundene Geschichte der Entstehung des Brueghel-Bildes, eine Geschichte, die zugleich „die Orientierungs- und Wahrnehmungskräfte der Menschen, ihre Tauglichkeit für die Welt also" in Frage stellt. Was bisher im Bilde nur betrachtet werden konnte, fängt zu reden an.

„Veilchenfeld", Erzählung (1986). Die Darstellung der Hauptfigur der Geschichte, Isaac Veilchenfeld, geschieht aus der Sicht zweier eben schulpflichtiger Kinder, Hans und Grete, Kinder eines Arztes in der sächsischen Kleinstadt Limbach. Mit dem Abtransport der Leiche des emeritierten Professors für Philosophie Veilchenfeld beginnt die Ich-Erzählung und endet sie. Berichtet wird, wie es so weit kommen konnte, daß ein jüdischer Intellektueller (das Wort „Jude" wird nie gebraucht) nichts anderes mehr tun konnte, als Gift zu nehmen. Die beiden aufgeweckten Kinder sind neugierig; aber was sie jeweils zu sehen und hören bekommen, übersteigt ihr Fassungsvermögen, weil sie diese Verfolgung eines einsamen Menschen nicht verstehen. Veilchenfeld ist zwangsverlegt nach Limbach. Wer sich mit dem Mann abgibt, mit ihm redet, begibt sich in Gefahr. Der Vater der beiden Kinder betreut den alten Mann ärztlich; als er ihn einmal zum Abendessen einlädt, werden ihm die Fenster eingeworfen. Daraufhin zieht sich der ruhige, schüchterne und in sich gekehrte Professor noch mehr zurück und verbringt die Tage bei seinen Büchern. Trotzdem wird er wie ein Verbrecher behandelt. Jugendliche überfallen und besudeln ihn, rasieren ihm die Haare. Seine Bittgänge zu den Behörden um eine Ausreisegenehmigung werden zu Verfolgungsjagden. Was wird ihm angelastet? Eine fremde Denkungsart, beruhigt die Mutter die Kinder. Seine Bücher werden geplündert und vernichtet, sein Lebenskreis wird immer enger, sodaß er sich vergiftet, während die Stadt gerade das jubelnde Gründungsfest feiert. Aus den Beobachtungssplittern der Kinder, aus ihren Fragen an die Eltern und aus deren ausweichenden Antworten wird die Mentalität des Opfers ebenso wie die seiner Verfolger, der Mitläufer und der eingeschüchterten Gegner erfahrbar gemacht.

„Unsere Vergeßlichkeit", Roman (1987). Drei Lebensgeschichten sind kunstvoll ineinander verwoben: Die Geschichte des Schriftstellers und seines Vaters, die Geschichte des Romanhelden Fullroth, an der der Schriftsteller schreibt, und die Geschichte des Reizer oder Reißer, den der Schriftsteller trifft, als er den Roman zu seinem Schulfreund und Verleger Quatember bringen will; diesem Reißer begegnet er am Flugplatz, und dieser begleitet ihn bis zur Lindenstraße, in der der gesuchte Verlag liegt, in der er aber nie ankommt. Der Held des Romans steht eines Tages mit dem Staubbesen vor dem Sofa und weiß nicht mehr, ob er es abgestaubt hat oder nicht. Von dieser Schrecksekunde an merkt er, daß sich die Vergeßlichkeit in ihm „aufgetan" hat; so beginnt er, der sein Geld als Masseur verdient, zu schreiben, heiratet Elisabeth, die für ihn ein zweites Gedächtnis sein soll, und zeugt einen Sohn, der sich später freilich nicht mehr an seine Kindheit erinnern will. Von Elisabeth läßt er sich scheiden, als sie mehr aus Zufall ein Verhältnis mit einem Polen und dann mit ihrem Englischlehrer beginnt. So bleibt Fullroth nach wie vor auf sich gestellt. Allein der Begleiter des Schriftstellers Reißer leidet an seinem Gedächtnis; seine Familie ist bei einem Bombenangriff umgekommen; von diesen Kriegserinnerungen und drei Gehenkten kann er sich auch dreißig Jahre später nicht befreien. Beide, der Masseur-Schriftsteller mit seinem Roman um Fullroth und Reißer, gehen an einem heißen Sommertag durch die Stadt F., ihre abwechselnden Gespräche gehen um Grunderfahrungen des Menschen: um Liebe, Eifersucht und Tod. (S. 146)

BERNHARD HÜTTENEGGER

„Der Glaskäfig", Erzählung (1985). Der Versicherungsangestellte Lesski ist ebenso wie sein Kollege Holzer auf dem Abstellgleis gelandet in einer von der Zentrale aufgegebenen Kleinstadtfiliale. Arbeit gibt es nicht mehr, sie wird von der Zentrale besorgt. Darum verliert sich Lesski in Träumen, flaniert wahrnehmungshungrig in den Geschäftsstraßen der Kleinstadt, aber er erlebt die Außenwelt wie hinter Glas, er ist ein passiver Träumer, während sich Holzer immer wieder in den Rausch flüchtet. Als sich Lesski in die Apothekerin zu verlieben meint, wechseln Erwartung und Enttäuschung einander ab. Der Besuch eines Zirkus, in dem zwei Bikini-Mädchen im Spiel mit drei Haien in einem gläsernen Aquarium schwimmen, gibt dem sonst passiven Lesski neuen Schwung. Er macht sich in das Dorf auf, in dem die Apothekerin wohnt, gerät in ein Pandämonium des Faschingstreibens und erfährt darin den Höhepunkt seines Kontaktes zur Welt. Widrige Umstände und sein eigenes Ungeschick lassen ihn stolpern. Halb betrunken verursacht er einen Verkehrsunfall, wird gekündigt, schließt sich für Wochen in seinem Zimmer ein, glaubt am Telefon die Stimme seiner Angebeteten zu hören, erfährt von der Krankheit seines Kollegen Holzer, besucht ihn und widmet sich von da wieder der Welt außerhalb seines Zimmers. Die Filiale wird geschlossen, ein Ende der Geschichte wird nicht gegeben. (S. 198)

ERNST JANDL

Georg-Büchner-Preis 1984. (S. 37)

ELFRIEDE JELINEK

erhielt 1986 den Heinrich-Böll-Preis.

„Wie ein Stück" nennt Jelinek ihr Drama **„Krankheit oder Moderne Frauen"** (1984), das sich auf zweigeteilter Bühne ereignet: einer Arztpraxis, die später ein Schlafzimmer mit Särgen und schließlich ein Damen-WC mit Waschraum wird, und einer wilden Heidelandschaft, die sich am Ende in eine riesige Müllhalde mit militärischem Abfall, eine Endzeitvision, verwandelt. Hier versammelt Jelinek: Emily, Krankenschwester und Vampir; Carmilla, Hausfrau, Mutter und Vampir; den Facharzt für Frauen- und Kieferheilkunde Dr. Heidkliff sowie Carmillas Mann, den Steuerberater Dr. Benno Hundskoffer, und ergänzt diese Gesellschaft durch fünf Kinder auf Rollschuhen, zwei Hunde, Frauen in schönen Kleidern, ein Doppelgeschöpf, einen Heiligen und eine Baby-Puppe. Emily, lesbischer Vampir, die sich an Dr. Heidkliffs Blutkonserven gütlich tut, macht Carmilla durch ihren Biß zum Vampir. Diese gebiert eben ihr sechstes Kind, eine Totgeburt. Die beiden Männer haben kein Blut in den Adern, auch wehren sie sich mit dem Kreuz gegen die weiblichen Vampire. Sie sind lieber mit Gewehren ausgerüstete Krieger. Ein zusammenhangloser Dialog zwischen den beiden Frauen und den zwei Männern, die gegen Ende hin ins Stammeln geraten, und ein Monster mit den beiden Köpfen Emilys und Carmillas – totale Vereinigung der Lesbierinnen –, auf das die Männer mit ihren Gewehren losgehen: das alles geschieht in dem Drama, das „wie ein Stück" ist. Das Vampirmotiv wird getreu nach Bram Stocker und Sheridan Le Fanu in allen Variationen durchgespielt. „Spiegel", Hörfunk und Fernsehen nennt Jelinek neben anderen wie Joseph Goebbels und Robert Walser als Vorbilder.

„Oh Wildnis, o Schutz vor ihr", Prosa (1985). „Als Gegenentwurf zur neuen Naturmystik in der zeitgenössischen Literatur" sieht die Autorin ihren Roman. Durch alle drei Teile des Romans geht die Figur des Holzknechtes Erich aus der Steiermark, den seine Frau mit ihren zwei Kindern verlassen hat; er leidet an der durch seine Arbeit zerstörten Natur.

„Außen. Tag". „Ein Gedicht". So heißt der erste Teil und ist eine Assoziationskette, bestehend aus Sentenzen, Sprachklischees, Redewendungen, Handlungsdetails, Situationen: letztes Prügeln der Kinder durch Erich, Delikte an stillen Orten, die krebskranke Schwester, die Begegnung mit einer Managerin aus der BRD. Daneben schildert der Prosatext den Gang des Holzknechtes zur alten Dichterin Aichholzer am Ende eines Hohlweges und weitet sich aus zu sozialen Herrschaftsverhältnissen.

„Innen. Tag". „Keine Geschichte zum Erzählen" betitelt sich der zweite Teil, der die alte Dichterin, die Geliebte eines berühmten österreichischen völkischen und naturverbundenen Philosophen, in den Mittelpunkt stellt. Dies gibt der Autorin Gelegenheit, den Kulturbetrieb in Österreich scharf zu kritisieren. Die Aussage wird politisch: Es geht um Ausländerhaß, gegen Volkstumskundler und Neue Rechte.

Der dritte Teil „Außen. Nacht" hat den Untertitel „Herrliche Prosa! Wertvolle Preise!" und wechselt ständig zwischen zwei extremen sozialen Schichten, den Einheimischen und der Jagdgesellschaft um den Kaufhauskönig. Das Verhältnis zwischen der Managerin eines deutschen Industrieunternehmens und dem schönen Holzfäller Ernst nimmt deutlich Formen an. Zwischen Waldschützern und Waldbesitzern ergibt sich eine Einheitsfront. „Millionen unterschrieben indessen Volksbegehren für eine schöne Natur, die den Millionären gehört." (S. 220)

JOHANNA JONAS-LICHTENWALLNER

wurde 1914 in Wien geboren, wuchs im Waldviertel auf, studierte nach der Matura an der Wiener Universität Germanistik, Geschichte, Latein, Philosophie und Religionsphilosophie, heiratete 1938 und brach das Studium ab. 1944 wurde ihr Gatte in Jugoslawien vermißt. Seit dieser Zeit übt sie ihre ständige publizistische und schriftstellerische Tätigkeit aus, zunächst in Zeitungen und Zeitschriften, gestaltet Lese- und Dichterabende, betreut rund 300 Schriftsteller, gab mehrere Anthologien heraus und hielt zahlreiche Lesungen in Vereinen und im ORF. Neben verschiedenen anderen Preisen und Auszeichnungen erhielt sie den Titel Professor und das goldene Ehrenzeichen der Republik Österreich.

Werke: **„Weg durch die Zeit"**, Gedichte (1965), **„Waldviertler Sagen"** (1970), **„Staubkorn im Raum"**, Gedichte (1976); zwischen 1965 und 1981 erschienen außerdem die Gedichtbände: **„Schattenrisse"**, **„Die Sanduhr"** und **„Gesang der Gräser"**; **„Wiener Sentimentalitäten"**, Feuilletons (1978), **„Neue Sicht unseres Gottesbildes"**, weltanschauliche Abhandlung (1979), **„Gedicht im Brief"** (1980), **„Sonnengesang"** (1981), **„Waldviertel – Ahnenheimat"**, Gedichte (1981), **„Der Mensch spricht mit Gott"**, Gebetsanthologie (1982), **„Weg durch die Zeit"** (1982), **„Wort und Widerhall"**, Wechselgedichte mit der jungen Autorin Judith Thoma (1982), **„Fest der Liebe"**, Weihnachtsgeschichten und -gedichte (1983), **„Waldviertler Sagen"** (1983), **„Mutter und ich"** (1984), **„Die unwahrscheinlichen Dinge"**, Feuilletons, Essays, Glossen (1977/83), **„Aphorismen"** (1985), **„Neonlicht und Kerzenschimmer"**, Gedichte zusammen mit Norbert Mussbacher, Judith Thoma und Edith Sommer (1985), **„Späte Lieder"**, Gedichte (1986).

Romane: **„Das Osternachtswunder"** (1968), **„Die Schuld der Lina Besenböck"** (1969), **„Der Jäger vom Birkwald"** (1974), **„Irmengardis"** (1985).

Die Autorin trat auch als Sammlerin österreichischer Lokalsagen hervor, die sie in einfach-poetischer Sprache nacherzählt. Ihre **„Mühlviertler Sagen"**, 20 an der Zahl, erschienen 1971 bereits in dritter Auflage. Es sind an bestimmte Örtlichkeiten des Mühlviertels gebundene Lokalsagen, ätiologische darunter, die die Herkunft einer Erscheinung erklären, es sind Teufelssagen und Geschichten von Verstorbenen, die ihre ungesühnte Schuld abbüßen. Natürlich gibt es auch Geister- und Spukgestalten, die ihr Unwesen treiben. Daß Kreuzeszeichen und Gebet diese verscheuchen können, gilt im Mühlviertel genauso wie sonst überall. Aber auch „Ankündigungen", Vorahnungen gibt es. Viele Sagen ranken sich um einen Ort, etwa um den Gretenberg oder um Oberkappel oder um den Ameisberg. Zwerge, Wichtelmänner und der Riese fehlen nicht in den mündlich überlieferten, von Jonas-Lichtenwallner erstmals aufgezeichneten Sagen.

„Staubkorn im Raum" sind Gedichte mit den Abteilungen: Das Maß. Der Mensch. Das Land. Stunde des Gebets. Jetztzeit. Gedichte in freien Rhythmen, in Strophen und auch gereimt, ein großartiger Rückblick auf das lyrische Schaffen der Dichterin. Das Maß ist Grundgesetz des Lebens, ihm sind Mensch und Land und Zeit untergeordnet. Besonders subjektiv sind die Gedichte des zweiten Teiles, wenn sie von ihrem gefallenen Gatten spricht; aber nicht der Schmerz, sondern das Verstehen, die Versöhnung sprechen aus ihr. Das Warten auf die Ewigkeit hat sie zeit ihres Lebens gelernt („Ich lernte..."). Stadt und Land werden besungen, es fällt auf, daß häufig der Herbst die bevorzugte Jahreszeit ist. Bezeichnend auch, daß wiederholt die Nacht besungen wird, daneben „Allerseelen" und der Tod des Vaters und Christine Lavants. Hier wie in der Jetztzeit hilft nur „die Stunde des Gebets". Denn die Jetztzeit wird umschrieben mit Asphalt und Beton; hier werden die Gedichte kritisch und mahnend. „Unter den Tritten unseres Fortschritts / zerbrechen die gläsernen Brücken zu unserer Zukunft." „Laß sie wieder neu gebären deine Erde, Herr", ruft sie aus. Nur er und die Liebe können helfen. So glaubt, hofft und ängstigt sich die Dichterin, resigniert, kritisiert und wird doch wieder hoffend, weil sie glaubt.

„Die unwahrscheinlichen Dinge", Feuilletons, Essays, Glossen, ist eine Sammlung von köstlichen, in poetischer Sprache verfaßten Texten, die sich mit Kunst und Künstler, auch mit dem Dichter im besonderen beschäftigen und echten Humor zeigen. „Der Humor ist es, der uns von den Tieren unterscheidet und drum Dichter: schreibt euch eure und Anderer Sünden von der Seele, indem ihr Humor beweist..." Aber auch mit anderen zahlreichen Erscheinungen des Alltags beschäftigen sich diese Texte und versuchen zu ergründen, warum die Menschen von Käuzen reden oder vom „einen-Vogel-haben". Stille Märchen stehen neben harten Auseinandersetzungen mit modernen Menschen und Städten aus Glas und Beton. Ernst werden die Glossen, wenn die Dichterin auf die Gegenwart und ihre Menschen zu sprechen kommt, ein Reigen dieser Menschen zieht vorüber, kaum ein Charakter, der nicht mit wenigen Strichen gezeichnet wäre. Kleinigkeiten wie der Punkt oder der Strich geben ihr Anlaß zu geistreichen und Nachdenken ankündigenden Essays: ein sehr gescheites Buch.

„Wiener Sentimentalitäten", lyrische Feuilletons. Wie schon der Titel sagt, sind es sentimentale Erinnerungen an Kindheit und Jugend in Wien. Da sind die vierzehn Kinder des Achtzehnerhauses und ihr Pfirsichbaum im Hof mit den wenigen Früchten. Da erinnert sie sich, wie sie als Kind am Abend Liebespaare im Park erschreckte, denkt an das Wasserleitungshäuschen im Hof, an erste Veilchen in Schönbrunn und erklärt das Altwiener Wort „bitzeln", das mehr als bloß zornigsein bedeutet, oder das Wort „Breverl" für etwas Winzigkleines. Ein Brief an die tote Mutter ist ebenso vergeblich wie die Erinnerung an nächste Verwandte, die sie nie besucht hat. Aber auch die Helden der Kinderzeit Rolf Torring, Jonny Weissmüller und die Sängerin Rosita Serrano werden beschworen. Mit wenigen Strichen werden Leute charakterisiert wie der Fotzilo-Poldl, der Pinkl-Jud, der Schuhmacher im Gassenlokal. An Weihnacht und Neujahr erinnert sie sich an das geliehene Fahrrad, und großartig deutet sie das „Ende der Symphonie" als Schluß ihrer Erinnerungen an vergangene Zeit.

„Sonnengesang" sind strophisch gegliederte, ungereimte Gedichte an die Sonne und ihre Macht, an ihre lebenspendende und vernichtende Kraft, da sie das Gute und das Böse in sich vereinigt. Sie wird besungen am Morgen wie am Abend, versteckt sich hinter Regenwolken, ist aber auch Gott Aton: Denn die Sonne ist das Göttliche, das sich ewig drehende Rad, das alles Leben ermöglicht. Und doch gibt es noch ein Größeres: „das unendliche Wesen Gott".

„Waldviertel – Ahnenheimat" ist eine poetische Ergänzung zu ihren „Waldviertler Sagen". Zahlreiche Gedichte sind in Bärnkopf, der Heimat ihrer Ahnen, beheimatet. Die teilweise strophisch gegliederten, teilweise freirhythmischen, teilweise gereimten Gedichte folgen dem Jahreslauf im Waldviertel, sind Erinnern und Betrachten, deuten das kleine Glück im Wald und auf der Sommerwiese, haben Wiesenblumen ebenso zum Motiv wie Lokalitäten, bleiben aber nie bei einer bloßen Beschreibung, sondern erheben sich immer zur geistigen Aussage, weil sie in der tiefen Naturverbundenheit der Autorin wurzeln.

Die Gedichtsammlung **„Weg durch die Zeit"** gliedert sich in die Abschnitte: Aufbruch. Frühling. Großstadtheimat. Sommer. Herbst. Abgesang. Zwar folgt die Dichterin dem Jahreslauf, aber ihre Gedichte sind keine Jahreszeitgedichte im engeren Sinne.

Häufig sind es Liebeslieder, aber auch Lieder einer Bescheidung, eines kleinen Glücks, spirituelle Aussagen. Auch die Großstadt ist ihr Heimat, wie die schönen Gedichte an Wien, ihre zweite und endgültige Heimat, zeigen. Denn auch hier entdeckt sie in all dem Lärm und dem Hetzen der Menschen noch da und dort die Stille, Freude und ein Zuhause. Auffällig ist, wie gern die Nacht besungen wird, in der alles zur Ruhe geht, wie auch der Weg durch die Zeit im Dunkel endet, auch wenn die Sterne hell leuchten und doch noch den rechten Weg weisen.

„Fest der Liebe" nennt die Autorin „Mein kleines Weihnachtsbuch". Denn „die Tat der Liebe zählt, / und nicht allein das Wort". Es sind Weihnachtsgedichte, -erzählungen und -märchen. „Der Weg übers Moor" eines kleinen verirrten Mädchens endet glücklich, die Kriegsweihnacht wird geschildert und unter dem Titel „Das Kerzenflämmchen" der Teil eines Feldpostbriefes an den Gatten 1944 eingeschaltet. Es wird berichtet, wie das Kind noch an das Christkind glaubte, „Der Brief an das Christkind" ist ein „modernes Märchen" vom Postamt Christkindl bei Steyr, das manchmal Wünsche wahrmachen kann. Zwei Räuber werden entdeckt, als sich der kleine Bub in der Christnacht in den Stall schleicht, um die Kühe zu hören, die angeblich in dieser heiligen Nacht reden können. Auch von zwei Ausreißern aus dem Erziehungsheim wird berichtet, die zurückfinden. Die Gedichte mahnen in poetischer Diktion zur Besinnung, zur Einkehr und zum Frieden, legen aber auch die Heuchelei bloß, welche die Menschen Kriege führen und morden und zugleich die Geburt Christi feiern läßt, der seinen Mördern noch am Kreuze vergab.

Wie im Mühlviertel erforschte die Autorin auch im Waldviertel, in dem sie aufgewachsen ist, die Sagen und gab sie unter dem Titel **„Waldviertler Sagen"** heraus, vergleicht oder ergänzt sie aus alten Chroniken. Die meisten Sagen wurden ihr mündlich berichtet von ihren Eltern und Großeltern, die sie wieder aus Erzählungen ihrer Vorfahren kannten. Es sind Sagen über seltsame Begegnungen und Erscheinungen, Teufels- und Hexensagen, Sagen, die an nicht mehr vorhandene Wahrzeichen wie Wegkreuze oder Kapellen erinnern oder durch die Beschaffenheit des Bodens (Wackelsteine, Teiche und Moore) entstanden sind. Aber auch Totenerscheinungen kehren wieder wie die aus Kriegszeiten hergeleiteten Räubersagen. Interessant ist die Sage vom Schlosse Weinsberg, die in drei verschiedenen Fassungen endet. Mit diesem Sagenbuch ist ein wesentlicher Grundstein zur Erforschung der Sagen des Waldviertels gelegt.

„Späte Lieder" sind Summe und Lese aus dem Schaffen der letzten Jahre. Grundtenor der Gedichte sind Erinnerung, Rückblick, Abend, Sich-bescheiden, Freude an den kleinen Dingen, ist aber nicht Resignation, sondern immer noch Hoffen in der Altersweisheit des Wissens um die letzten Dinge.

„Die letzte Schönheit in der Stille vor der Dunkelheit!
Daß ich dich sehen darf,
daß ich das eben wissend trug,
ist Lohn für alles und ist Dank
im Händefalten, daß ich sagen darf
am Ende aller Tage: Es war genug!"

Die eine Anthologie **„Der Mensch spricht mit Gott"**, Gedichte und Meditationen, bringt von mehr als 100 Schriftstellern, von denen der älteste 1887, der jüngste 1969 geboren ist, Bitten, Gebete, Aussagen, Klagen, Anklagen, Zweifel, Liebe, Widerstand, Ergebung, Verzweiflung und Vertrauen, immer eine Auseinandersetzung mit Gott, an den diese Menschen glauben, auch wenn sie manchmal irre an ihm werden. Es ist ein großes Besinnungsbuch, das seinesgleichen sucht.

Die zweite Anthologie **„Mutter und ich"** – das Mutterbild im Wandel der Zeit – gab sie gemeinsam mit Judith Thoma heraus. Von mehr als 150 lebenden Dichtern und Dichterinnen (zwei sind verstorben) sind Gedichte gesammelt, welche das Mutterbild von seiten der Mutter sowie des Kindes darstellen und die Wandlung aufzeigen, die in den letzten Jahrzehnten mit diesem Bild vor sich gegangen ist. Die Gedichte reichen vom Lob bis zur Kritik, es überwiegt aber die selbstlose Liebe, die immer von der Mutter gefordert wird.

Mit drei anderen Dichtern gab sie die Anthologie **„Neonlicht und Kerzenschimmer"** (1985) mit den Abteilungen: Stadt, Land, Dom, Dorf heraus. Jonas-Lichtenwallner hat den Teil „Land" übernommen und eine Reihe von Gedichten darin vereint.

„Das Osternachtswunder" ist eine Erzählung über das Bergbauerntum und seine Probleme. Die junge Witwe Magdalena lebt nach dem Tod ihres wesentlich älteren Mannes zurückgezogen auf ihrem kleinen Waldhauserhof im hochgelegenen Annental. Das Werben des Sohnes aus dem verfallenen Nachbarhof, Christian Lehner, schlägt sie aus, weil er ein Tunichtgut ist, ihren und seinen Hof verkaufen und in die Stadt ziehen möchte. Da rächt sich Christian, indem er das Gerücht verbreitet, Magdalena sei am Tod ihres Gatten in der Talschlucht nicht unschuldig. Aber ihr Jugendfreund Martin Siegler glaubt diesen Gerüchten nicht, wirbt um Magdalena und heiratet sie gegen den Willen seiner Eltern, mit denen es zum Bruch kommt. Martin war von Beruf Buchhalter und rechte Hand des Chefs vom Grandhotel im Dorfe; er erkennt rechtzeitig die Probleme der Bergbauern, die Gefahren, daß die Höfe verlassen werden, und erhält sie ihnen, indem er erreicht, daß eine Straße gebaut und Elektrizität eingeleitet wird, um in dieses schöne Einödgebiet Fremde zu locken. Das Dorf sieht, wie tüchtig das junge Ehepaar wirtschaftet. Als in der Osternacht Martin auf dem Heimweg durch die Schlucht in Lebensgefahr gerät und gerettet wird, wendet sich alles zum Guten, die Eltern versöhnen sich mit ihm. Christian zieht mit der ungeliebten Klara in die Stadt. Das Hochtal blüht auf und wird eine wirtschaftlich ertragreiche Gegend.

„Die Schuld der Lina Besenböck", Roman aus dem Mühlviertel. Der Roman umfaßt zwei Generationen von Menschen und erstreckt sich vom ausgehenden 19. Jahrhundert bis in die zweite Hälfte des 20. Jahrhunderts. Seit Jahrzehnten liegt ein Geheimnis über dem alten Finstereckerhof am Amesberg im Mühlviertel. Vier alte Leute: die älteste Tochter Gilda, ihr Mann Franz Müllebner und ihre beiden Brüder Florian, der vom Krieg krank heimgekommen ist, und Robert, der seine Frau Rosei im Wildbach verloren hat, betreuen den Hof und bearbeiten die Felder. Einst war aus einer Kinderfreundschaft zwischen der Bauerntochter Gilda und dem Medizinstudenten Norbert Schmelzer die große Liebe geworden, und als der junge Doktor in den Weltkrieg ziehen mußte, hatte sich Gilda ihm hingegeben. Der strenge Vater aber wird das erwartete „uneheliche" Kind niemals auf dem Hofe dulden – Norbert ist im Krieg vermißt und kommt nicht mehr zurück. Da weiß der alte Lehrer Besenböck, Gildas Vertrauter, einen Ausweg. Er bringt Gilda zu seiner in Linz verheirateten Tochter, der Gattin des Ingenieurs Ritter, der seine Frau abgöttisch liebt. Hier wird der Knabe Norbert geboren und Lina zur Pflege überlassen. Diese aber, selbst unfruchtbar, gibt das Kind als das ihre aus – die Zeit deckt sich mit dem Urlaub ihres Mannes – und erreicht, daß die Familie Linz verläßt und nach Südamerika auswandert.

Als Gilda nach langem vergeblichem Warten auf ihren Bräutigam endlich Franz Müllebner heiratet, will sie das Kind aus Linz zurückholen – aber es ist mit seinen „Eltern" verschwunden. Unglück über Unglück bricht über den Finstereckerhof herein. Der Bauer von der anderen Seite, Zinnebner, will den Hof erwerben und ein Hotel an seiner Stelle bauen, denn eine Straße auf den Amesberg wird gebaut. Aber Gilda und ihre Geschwister halten an dem Hof fest, denn sie will ihn für ihren Sohn Norbert bewahren. Tatsächlich kehrt dieser als Straßenbauingenieur Ritter unerkannt in seine Heimat zurück. Gildas Geständnis deckt die Zusammenhänge auf: Norbert ist der Erbe des Finstereckerhofes und heiratet Müllebners Stieftochter Ingrid, der Hof wird modernisiert. Zahlreiche Schicksale, Sagen und Gerüchte sind in das Geschehen verwoben, das letztlich zum guten Ende und zur Bewahrung eines Stückes bäuerlicher Heimat wird.

„Irmengardis", Roman einer heiligen Frau in einer unheiligen Zeit. In wohltuend einfacher, nicht altertümelnder Sprache erzählt die Autorin auf dem Hintergrund der Kämpfe im fränkischen Reich des 9. Jahrhunderts, daß die drei Söhne Lothar, Ludwig und Pippin gegen ihren Vater kämpften und Ludwig der Bayer gegen die Madjaren ziehen mußte, weil sie die Ostflanke seines Reiches bedrohten, da Krieg und Krankheit, Not und Hunger herrschten, weiters von Ludwigs frommer Gattin Henna, die unerkannt die

Armen unterstützte, und von ihrer Tochter Irmengardis, die sie auf diesen Almosengängen begleitet. Sie schildert aber auch das Volk, etwa in der Gestalt des jungen Korbflechter-Hannes oder des alten Ruodi, die beide in die Residenz-Stadt Regensburg geladen werden, weil die Königin den weisen Alten kennenlernen will; Hannes wird Knappe beim König, sein Bruder betreut Mutter und Schwester Magdalena im Korbflechterhaus. Irmengardis und ihre Schwester werden Klosterschülerinnen, die Söhne folgen dem Vater. Doch der Krieg zwischen ihnen und dem Vater nimmt kein Ende. Dazu kommen auch noch die Ansprüche Karls des Kahlen von Frankreich und die dauernden Einfälle wilder Völker im Osten. In diesen Zeiten erblüht die liebende Verehrung des inzwischen zum Waffenmeister gewordenen Hannes zu Irmengardis und die Liebe des Junkers Adelbrecht zu dessen Schwester Magdalena. Es muß der Aufstand der Sachsen, welche die zu ihnen gesandten Mönche gehenkt haben, niedergeworfen werden. Geschichte und Privatleben greifen tief ineinander. In früher Jugend wird Irmengardis Äbtissin des Klosters Frauenwörth am Chiemsee. Adelbrecht muß auf Ludwigs Befehl eine Witwe heiraten und die ihm anvertraute Burg gegen Osten schützen; die darob unglückliche Magdalena wird Novizin in Frauenwörth. Hannes hat im Krieg ein Bein verloren. Zwischen den stets streitenden Verwandten vermittelt Irmengardis, im übrigen geht sie völlig im Dienste der Armen und Kranken auf und stirbt einen seligen Tod, nachdem sie noch den einbeinigen Hannes zum Klosterfährmann bestellt hat. Ein großer historischer Bilderbogen um die 1928 selig gesprochene Irmengardis. (S. 341)

WALTER KAPPACHER

„Rosina" (1980) ist der Roman der jungen Frau Rosina Gall aus Saalfelden, die in dem ländlichen Kaufgeschäft Perner in ihrem Heimatort als Lehrling beginnt, gegen den Willen ihrer Mutter, die ihrer unehelichen Tochter ein gleiches Schicksal ersparen will, wie sie selbst es erlebt hat, nach Salzburg übersiedelt und nach einer Zwischenarbeit im Geschäft Fiedler in das Autofachgeschäft Fellner überwechselt, wo sie im Laufe der Jahre zur Chefsekretärin aufsteigt und die Donnerstag-Geliebte ihres verheirateten Chefs wird; dieses Verhältnis nutzt sich in den Jahren ab und hört schließlich auf, als die Arbeitslast Rosinas immer größer wird, sie selber in immer größerer Gereiztheit und Nervosität zur Trinkerin und drogenabhängig wird und schließlich alkoholisiert einen Verkehrsunfall verursacht; vier Monate Krankenhausaufenthalt und Rekonvaleszenz lassen sie ihr Leben überdenken, bei Fellner kündigen und bei der Versicherungsgesellschaft Allianz neu beginnen. Beschrieben wird in Rückblenden, ohne historischen Ablauf, vor allem auch Rosinas Zusammenleben mit den Kolleginnen und Kollegen in der Firma, die Eifersüchteleien, der Arbeitsalltag, das langweilige Wochenende, die seelische Erkrankung Rosinas im Arbeitsstreß sowie nach dem Unfall der Versuch einer Selbstfindung.

Die Erzählung **„Der Gipskopf"** (1984) spielt in der Hauptsache in der Landes-Nervenheilanstalt Salzburg unter Patienten und Pflegern. Hauptgestalt ist Bartl, der Psychologie studiert hat, seine Praxis in der Anstalt ablegt und am Ende Fürsorgebeamter wird. Hier lernt er die Kameradin Ilse kennen, glaubt von ihr geliebt zu sein, muß aber bald erkennen, daß sie sich in den intelligenten, nach Depressionen und einem Fenstersturz in die Anstalt eingewiesenen Klaus Größwang verliebt, sich in jeder Weise für ihn einsetzt und schließlich mit ihm verschwindet. Daraufhin wendet sich Bartl ihrer Schwester Rosmarie zu, die ein Baby von einem „Hasch-Jungen" aus einer Wohngemeinschaft hat. Mit ihr und ihrer von Henry geschiedenen Mutter will er für vierzehn Tage auf Urlaub nach Jesolo fahren. Aber eine Radio-Nachricht von einer aufgefundenen Mädchenleiche, in der die nervöse Mutter wieder einmal die verschwundene Ilse vermutet, verhindert die Fahrt. Enttäuscht fährt Bartl davon, gerät in einen Unfall und wird bewußtlos in die Nervenheilanstalt gebracht; die Liebe zu Rosmarie zerbricht. Ilse und Größwang werden als Sektenangehörige in Italien gefunden. Es ist eine Erzählung unter Reichen und Armen, unter Depressiven und Unfallopfern sowie geistig Behinderten. (S. 172)

ALFRED KOLLERITSCH

„Gespräche im Heilbad" (1985) bezieht den Titel von der letzten und längsten der acht Geschichten, die alle von dem Verhältnis des Einzelnen zum Allgemeinen handeln, von der Unmöglichkeit ihrer Verbindung und von der Distanz zwischen den Menschen. Dieses Verhältnis kann zwischen Liebenden herrschen („Das Einzelne und das Allgemeine oder Die grünen Täler der Dummheit") oder zwischen einzelnem und dem Staat, wie in der autobiographischen Geschichte vom Erlebnis des Faschismus („Von der Unwahrheit der Wahrheit"). „Von der schwarzen Kappe" ist eine Erzählung über den Oberlehrer vor und während der NS-Zeit und seiner Hinrichtung nach dem Ende dieser Zeit, mit eingeschobenen „Turnstunden" und „Erinnerungen an Turnstunden". „Die Ebene" schildert das Verhältnis des jungen Erzählers zur neuen Lehrerin und zu dem von ihr propagierten Schilauf, mit dem er sich nicht anfreunden kann. In dem Essay „Die Gleichheit als Feind" nimmt er anhand von drei Geschichten – Julfeiern rechter Vereine, erzwungener Meinungswechsel des Oberlehrers, der Sohn einer Lehrerin – Stellung zur allgemeinen Diskrepanz zwischen Vergangenheit und Erinnerung an sie, zwischen Staat und Ich. Der „Brief an Julian", seinen sechzehnjährigen Sohn, gibt keine Lebensregeln, sondern läßt alles offen. In „Fiktionen" vergleicht er anhand der am Zuge vorbeihuschenden Landschaft und eines Bildes davon Realität und Fiktion. „Gespräche im Heilbad" ereignen sich an sechs Badetagen zwischen zwei Freunden Agebrand und Zählingsar über Ereignisse der Vergangenheit, holen diese in die Gegenwart, indem Geschichten aus ihrem Leben erzählt werden.

Mit den Gedichten „**Augenlust**" (1986) setzt Kolleritsch seine Gedichtbände fort; er sagt dazu: „Ich will in Gedichten nichts nacherzählen, keine Schlaglichter auf die Wirklichkeit werfen und ihr die Moral vorsagen. Ich schaue mit den Gedichten auf die Krallen, mit denen wir uns festhalten an der Zeit. Ich will die Krallen öffnen und das Ereignis des Absturzes erzeugen und im Moment des Fallens mit dem Gedicht die Hoffnung eines neuen Haltens fördern." Die Gedichte zeigen, daß das Sehen allein nicht mehr die Welt erfaßt, sondern bloß an der Oberfläche bleibt; diese aufzureißen, den Blick in das Innere zu tun: Das ist die Aufgabe der Gedichte des Autors. (S. 170)

HERMANN KUPRIAN

1979 erschien die Gedichtsammlung „**Woraus das Schicksal mein Brot bäckt**", Gedichte, die ein harter Zug durchzieht, wenn er damit beginnt, daß sein Vater Arbeiterbauer war, und er das schwere Los seiner Eltern aufzeigt. Hart sind auch die Anklagen, die er gegen seine Neider, gegen die Feinde des Geistes erhebt. Ein Gefühl der seelischen Verwundung ergreift den Dichter immer wieder, Tröstung bringt ihm seine Zurückgezogenheit in die Landschaft von Obtarrenz, Tröstung vor allem aber die Ehrfurcht vor dem großen Ichbin, vor der Gottheit. Daher werden im letzten Teil der Sammlung Leben und Tod eins, Stoff und Geist lösen sich auf; der Dichter besteht den Kampf gegen das Leben im Geiste und wird an der Welt nicht irre.

Unter dem Titel „**Distel und Mond. Osat en mesec**" erschien 1983 eine Auswahl alter und neuer Gedichte Kuprians in deutscher und slowenischer Sprache.

„**Bruder, hab ich recht getan?**", Gedichte (1984). So lautet die Frage, die Kuprian am Ende des Buches stellt, in dem er in gereimten und reimlosen, oft strophisch gegliederten Versen Gedichte von früher ändert und durch neue ergänzt. Nach den vier Jahreszeiten sind die vier Teile des Buches benannt, der Frühling eröffnet die Reihe. Aber selbst in den Frühlingsgedichten, welche die Natur oft nur andeutungsweise besingen, herrschen Schmerz und Trauer: „Die Rose meines Lebens / pflückt der Tod", heißt es da, oder: „Über dem Abendschrei / des Hähers / stößt ein Messer / in meine Seele." Auch die Naturgedichte werden zu Dokumentationen eines oft grausamen Lebens, von einer schöneren Welt bleibt nur die Vision. Träume werden Realität, diese wird oft Anklage. Hoffnung bleibt als „Wahnbild" der Schönheit. So ist der Grundton dieser Gedichte melancholisch, und wenn Kuprian im Alter nun sein Leben und Schaffen überblickt, und wenn er die Frage nach dem Sinn seines Lebens und nach der Verantwortung des Dichters stellt, bleibt ihm als Antwort die zweifelnde Frage: „Bruder, hab ich recht getan?"

„Die Peitsche der Worte" (1985), bestehend aus den beiden Zyklen „Die Peitsche der Worte" und „Obtarrenzer Optimien" sowie den Abschnitten „Im Zorn der Zeit", „Landschaft, Leid und Liebe" und „Wo zu landen Traum und Dichtung...?" vereinigt Gedichte aus früher und später Zeit, in denen man die Entwicklung vom hoffnungsfroh gereimten Naturlied der Frühzeit zum freirhythmischen Gedankengedicht der Spätzeit verfolgen kann. Es ist ein langer Weg durch Hoffungslosigkeit, Leid, Mühsal und Zweifel bis zu dem zuletzt errungenen Glauben:

> „Ich fühle
> mich geborgen
> im waltenden Ichbin."

„Vater unser – Padre nostro", (o. J.) deutsch und spanisch (übersetzt von Narciso Sanchez Morales), erläutert in einzelnen Gedichten die Bitten des Vaterunsers, schließt daran ebenso das Ave Maria sowie Teile der Bergpredigt und Hymnen an den Heiligen Geist. Es sind Gedichte von tiefer Gläubigkeit und hoher Spiritualität, in denen der Dichter, wie er selber sagt, nach langem Irren zurückgefunden hat zu Gott, als dessen Sohn er sich fühlt:

> „Ich möchte nun im letzten Hafen landen
> und will Dein Boot betreten..."

„Na endlig scheint dia Sunn" (1988) ist eine Sammlung von Gedichten in Tiroler Mundart mit den Abteilungen „Wos i schreib", „Wia i bin", „A liabs liab Hobe", „Land und Leit" und „Sinnieregs", reimlose Mundartgedichte in freien Rhythmen, die Mundart auf moderne Lyrik anwenden.

Das Drama **„Ahasver"** (1984) zeichnet den ruhelosen Weg des Ewigen Juden in sechs Stationen, die zugleich entscheidende Wegmarken in der Entwicklungsgeschichte der Menschheit sind. Das 1. Bild zeigt den Fußtritt, den Ahasver dem Erlöser gibt, Ursache der ewigen Wanderung, das 2. Bild schildert die Begegnung Ahasvers mit Mohammed, die 3. Szene führt in das Palermo Friedrichs II. In der 4. Szene sucht Ahasver im 16. Jahrhundert in der Auswanderung nach Amerika vergeblich Erlösung, die 5. Station spielt in Paris während der Französischen Revolution, während die letzte Szene zum Anfang zurückführt: Der Staat Israel wird ausgerufen, Ahasver erblindet, sieht aber in seiner Dunkelheit die Vision des kommenden Reiches des Erlösers aufsteigen. Mit Ahasver ist jeder von uns gemeint, denn Ahasver ist nach Kuprian nicht nur der Ewige Jude, sondern der ewige Mensch, der, ruhelos durch die Zeiten wandernd, nach seiner Erlösung sucht. Das Stück wurde auch in Israel aufgeführt.

„Papa Bernd oder Die Angsthasen" (1986) ist ein dreiaktiges Libretto für eine Kinderoper, in der die Stofftiere des Stephan Hart, der Bernhardinerhund Papa Bernd, der Himmelsvogel Garuda, der Hase Karnick und das Schweinefräulein Porcelet ebenso zum Leben erwachen wie die Bilder eines überdimensionalen Bilderbuches. Grundtenor ist der Streit zwischen Stephans Eltern, zwischen denen der Bub steht, und ihre Versöhnung, als sie den verloren geglaubten Sohn suchen. Arien, Duette und Ballette der Tiere bereichern das über Sommer, Herbst und Winter reichende Stück.

Die Komödie **„Wahl in Wolkenheim"** (1986) ist eine Umarbeitung seines früheren Stückes „Die Romanze vom goldenen Leben", ein „mehrschichtiges Lehrstück unserer Zeit", dessen Personen der Faszination unserer Leistungsgesellschaft nachjagen, dem „goldenen Leben", das letztlich nur der Kellner Holder erreicht, weil er darauf verzichtet hat. In possenhafter Weise wird mit den Wahlmethoden ebenso abgerechnet wie mit Fremdenverkehr, Sport und moderner Dichtung.

„Die Hexe lag im Bette...", Balladen (o. J.). 48 Balladen teils aus Kuprians dichterischen Anfängen, teils aus späterer Zeit stammend, setzen jene Dichtungsgattung fort, die mit dem Österreicher Franz Karl Ginzkey zu Ende zu sein schien. Es sind Ideenballaden, Naturballaden und Balladen um Sagen aus des Dichters Geburtsort Tarrenz in Tirol, wie er sie von seinen Eltern gehört hat. Strophen in gereimten Versen mit im täglichen Sprachgebrauch ungewohnten Wörtern, Rede und Gegenrede, Wiederholungen, knappste Beschreibung, Aberglaube in Lokalsagen, Volksgut, Historie wie die Balladen um den Starkenberger: Das ist der Inhalt der Heimatballaden. Heimat ist für Kuprian aber auch geistige Heimat, und diese liegt im Humanismusbegriff des Dichters. Aus ihr stammen die Balladen um den unglücklichen Dichter Christian Günther, um den Griechenfreund Hölderlin und um die Griechen Kriton und Sokrates. Diese vor allem sind einbezogen in die Weltschau des Dichter-Philosophen und werden damit zu Weltanschauungsdichtungen, wie es auch seine Griechendramen sind.

„Larven", historisches Schauspiel aus Tirol (1987). Das große historische Schauspiel, in Konstanz, Imst und Meran spielend, zeigt einen umfangreichen Ausschnitt aus dem Zeitalter des Kaisers Sigismund von Luxemburg, des Tiroler Herzogs Friedrich IV. von Habsburg und der drei Päpste sowie des Konzils von Konstanz, das mit der Wahl des Kardinals Colonna zum Papst Martin V. das Schisma beendete. Die Auseinandersetzungen zwischen Kaiser und Herzog, ihr Verhältnis zu der koketten Sabina Jäger-Hausen, die Stellung des Minnesängers Oswald von Wolkenstein zwischen den rivalisierenden Herrschern, aber auch zwischen Sabina und Wolkensteins Verlobter Margareta von Schwangau; seine Gefangenschaft und Befreiung endet mit dem Verzicht des Kaisers auf die Krone und deren Übergabe an Herzog Albrecht von Habsburg sowie der Verbindung der beiden Herrscherhäuser Habsburg und Luxemburg. Ein von Ereignissen überquellender historischer Bilderbogen, in den der Imster Schemenlauf sinnbildhaft eingegliedert ist, der dem Stück den symbolischen Titel gibt: Denn Larven tragen alle Menschen, die immer anders scheinen wollen, als sie wirklich sind.

„Der Mönch und die Muschel", zwei Dramulette (1987). Zwei Einakter, ein „kleines Spiel", **„Der Mönch und die Muschel"** und **„Niobe"**, „Kurze Oper für die kleine Waldarena", sind verbunden durch das Problem der Hybris, das eine Spiel auf einer fernöstlichen Insel, das andere in der griechischen Antike spielend.

Im ersten ist der Student CoGo sosehr von Mathematik und Physik, von der Raumfahrt, dem realen Wissen fasziniert, daß er darüber fast sein träumerisches, den Gefühlen ergebenes Mädchen SuèNo vergißt; der Mönch aber, dem das Rauschen seiner Muschel zur Botschaft des Seins und des gesamten Kosmos wird, führt die beiden wieder zusammen.

„Niobe" verarbeitet die bekannte Sage von der hochmütigen Königin und ihrem Gatten Amphion, deren drei Söhne und drei Töchter Apollo tötet, weil Niobe seine Mutter Leto geschmäht hat; darum verfällt sie dem Untergang, wird zu Stein und muß auch als solcher noch weinen.

1988 veröffentlichte Kuprian einen „Zyklus handgeschriebener Gedichte" unter dem Titel **„Flutende Zeit"**, neue Lyrik in vollendeter Form, von großer Schönheit und hohem geistigen Gehalt. (S. 58, 341)

FRIEDERIKE MAYRÖCKER

„Reise durch die Nacht" (1984). „Immer ist die Angst da, die Angst vor dem Erzählen, ich habe Angst vor diesem Feuerrad in meiner Brust"; und doch wird erzählt, denn die „Schreibarbeit" tritt gegen den Unwillen an, eine Geschichte zu erzählen. Berichtet wird von einer Reise aus Frankreich nach Wien, im Schlafwagenabteil, zusammen mit Julian, vielleicht auch mit Lerch; denn beide Figuren überschneiden sich. Wie der Zug in jeder Sekunde den Standort wechselt, so wechseln von Augenblick zu Augenblick die Bilder des Bewußtseins der Ich-Erzählerin. Es sind Lebensnotizen ohne Bindung an die Landschaft, durch die der Zug fährt, es ist die Bestandsaufnahme des Bewußtseins in Einzelbildern über eine Reise in die noch verbleibende Zeit, „bis wir alle unser Ziel erreicht haben werden, nämlich Meister des Vergessens geworden zu sein und allesamt Meister der Erinnerungslosigkeit geworden sind und jenen endgültigsten aller endgültigen Zustände erreicht haben werden, also den endgültigsten Grad unseres endgültigen Zerfalles..." Das Nicht-vergessen-können und das Vergessen-wollen: das ist der Inhalt dieser Reise durch die Nacht, in Wirklichkeit einer Reise in die vergehende Zeit.

„Das Herzzerreißende der Dinge" (1985). Die 16 Texte mit seltsamen Überschriften sind eine Fortschreibung ihrer Autobiographie, die sie mit „Reise durch die Nacht" begonnen hat. „Nur keine Anekdoten, ich fürchte mich vor Anekdoten", heißt es einmal und dann: „Nur keine Story! Auf keinen Fall eine Story zulassen! Das Äußerste einen Erzählverlauf, wie Lebenslauf, also keine Geschichte, keine Lebensgeschichte..." Daher werden diese Texte auch keine nacherzählbare Geschichte im herkömmlichen Sinn. Denn das Leben ist zu vielseitig, als daß man es einfach beschreiben könnte. Das Leben ist eine überschäumende Flut aller Dinge, eben „Das Herzzerreißende der Dinge". Wahrnehmungen, Zustände, Stimmungen, Vergangenes und Gegenwärtiges, auch Künftiges durchkreuzen einander. Fixpunkt ist nur die Trennung von ihrem Geliebten M. S., und es sind die Erinnerungen, die ihre Jugendfreundin Rosi in ihr wachruft, und immer wieder Dalì, der ihr Vorbild wird. Es sind Berichte aus Freude, aus Liebe, aber ebenso aus Furcht, Angst und Verzicht sowie aus „Atemnot", auch aus ihrem Schreiben, das eine „Reinschrift" wird aus ihrer „Naturexistenz". Die Fülle des Stoffes ergibt aber schließlich doch einen, wenn auch schwer überschaubaren Lebenslauf.

„**Winterglück**" (1986) vereinigt 108 Gedichte, die zwischen 1981 und 1985 entstanden sind. Sie sind gekennzeichnet durch ihre verschlüsselten Bilder, die Hermeneutik der Aussage, durch Wortspiele („Orchideen, Iden, Ideen"), durch den offenen Schluß (viele Gedichte enden mit einem Bindestrich, einem unvollendeten Satz also), durch Stabreime. Traum und Nichttraum, Dinge, Orte, Kindheit, Liebe, Landschaften sind Themen. Freundlichkeit, Glück, Liebe werden entzaubert. Die Natur wird zur überwältigenden Verführerin, Aufzählungen machen die Gedichte zum Spiel: Phlox, Dahlie, Ehrenpreis, Kamille, Zichorie. Entscheidend für die Glaubwürdigkeit dieser Natur ist der Gedanke, daß wir selber ein Teil von ihr sind. Jedes Gedicht bedarf einer eigenen Interpretation der zahlreichen Wortneubildungen, Wortzusammenstellungen, Symbole, magischen Bilder. Verschlüsselt wie die Gedichte sind auch deren Überschriften: „das Anheben der Arme bei Feuersglut", „das eine Auge verdeckt von China".
Beispiel:

> „im Garten von Baden
>
> meine Gehirn-
> sporen in der Minderheit, Diaspora
> Samen mit roten
>
> Herzwellen Rosen, zersplittertes
> Ohr fast ohne
> Fußwurzel" (S. 39)

INGE MERKEL

wurde 1922 in Wien geboren und lebt als freie Schriftstellerin in Wien. Sie studierte in Wien Germanistik, Geschichte und Altphilologie, war zunächst am Seminar für klassische Philologie an der Universität Wien und dann im AHS-Schuldienst tätig.

Werke: „**Das andere Gesicht**" (1982), „**Zypressen**" (1983), „**Die letzte Posaune**" (1985), „**Eine ganz gewöhnliche Ehe**" (1987).

„**Das andere Gesicht**", Roman. An einem Tag mit merkwürdiger Wolkenstimmung im März 1979 treffen sich auf dem Wiener Heldenplatz Herr S. O. Singer und Frau Dr. I. M., woraus sich ein Briefverkehr entwickelt, der vertraglich ein persönliches Zusammentreffen ausschließt. Die Frau arbeitet an Spuren mythologischer Urschichten im eigenen Leben, der Mann in der Congregatio judaica atque katholika gegen die Infiltration der heidnischen großen Muttergötzin. Im Laufe ihrer Briefe und Berichte sowie tagebuchartigen Aufzeichnungen wird ihre Lebensgeschichte aufgerollt, angefangen bei den Großeltern.

Die Großeltern der Frau waren Lebzelter und Wachszieher, der Vater kam nach Wien und wurde k. k. Steuereinnehmer. Sie wohnten in dem einzigen dreistöckigen Miethaus am Türkenschanzpark, in der Nähe der „Gstättn". Des Mannes Großeltern waren „Tandler", kleine Händler, die alte Sachen sammelten, kauften und verkauften; der Vater stieg auf in die Textilbranche; jetzt bewohnen sie bereits eine Villa am Türkenschanzpark und haben Dienstboten, wie es sich für eine gutbürgerliche Familie ihrer Zeit gehört. Erste Liebesgeschichten der bereits Schulpflichtigen werden berichtet; sie verliebt sich in Osren, einen aus Kroatien stammenden fernen Verwandten, er in ein häßliches Mädchen aus der „Gstättn". Freundschaften, Gymnasialbesuch, Erfolge ihrerseits in Latein und Mißerfolge in Mathematik, erste Aufklärungen durch die Dienstbotin Anni bei einer Freundin folgen in ihrem Leben, in seinem die Freundschaft mit einem Mitglied des „Wandervogels", der sich dem Nationalsozialismus zuwendet. Im Jahre 1937 beginnen sich überall erste Anzeichen der neuen Bewegung bemerkbar zu machen, der Freund wendet sich brüsk von dem Juden ab. Frühling 1938: das „Abtrittbraun" der neuen Kolonnen marschiert, Bücherverbrennungen finden statt. S. geht mit seiner Familie nach Amerika, wo der Vater bereits für ein erträgliches Auskommen vorgesorgt hat, er meldet sich freiwillig zur Armee, kehrt mit den Landungstruppen nach Europa zurück und findet in einem französischen Kloster seinen dort untergetauchten Großvater als Kellermeister. Sie meldet sich nach der Matura und begonnenem Studium 1942 zum Ernteeinsatz nach Polen, wird in geheime Aufträge verwickelt und erleidet Schiffbruch.

Eine „Wiener Apokalypse", in der über Wiener und Wiener Juden Gericht gehalten wird, beendet die Auseinandersetzungen der beiden mit dem bekannten Wiener Spruch: „Gemma, und sag ma, es war nix", mit dem die Wiener auch das Jüngste Gericht überleben.

„**Zypressen**" (1983). Alle drei Erzählungen handeln von der „Liebe, für die es keine Erfüllung gibt. Denn die Seele kann man nicht besitzen. Man kann sie nur erkennen und vertraut werden mit ihr". Von dieser Vertrautheit als der „höchsten Annäherung an den Geliebten" erzählt „Der Mentor", die Geschichte des Kulturhistorikers Kolberg und seiner Schülerin, zu der der Alternde eine tiefe

Neigung faßt, die sich aber in Eifersucht zerfleischt, als sie mit dem Kollegen Barenbach in der Fremde eine Ausstellung einrichtet. In nächtelangen Spaziergängen zerfasert und analysiert Kolberg der Schwester der Geliebten die Briefe und Karten, bis diese selber zu seiner Vertrauten wird. Schließlich gibt sich Kolberg selber auf und „erlischt". Zwar fühlt sich die Schwester nun frei von den martervollen Spaziergängen, doch Kolberg wird für alle Zeiten ihr Mentor bleiben.

Die „Jüdische Sappho" ist eine nach sieben Jahren Verbannung, in der sie als Nonne arbeitete, zurückgekehrte Universitätslehrerin, zu der die junge weibliche wissenschaftliche Hilfskraft eine verehrende Zuneigung faßt; auch sie wird auf Spaziergängen und bei Kaffeehausbesuchen von ihr erzogen. Diese Verehrung zerbricht in dem Augenblick, als die Junge einen Mann kennenlernt, mit dem sie ins Ausland geht. Die gekränkte Abweisung, mit der sie entlassen wurde, macht der Jungen jahrelang zu schaffen. Klare Sicht erreicht sie erst nach dem Tode der Lehrerin.

„Pygmalion" ist die Geschichte der Schriftstellerin M., deren erfundener alter Jude ihres Romans anläßlich einer Amerika-Reise zur Hochzeit ihrer Tochter leibhaftig Gestalt annimmt, zur Wirklichkeit zu werden droht, und den sie auf einer Autofahrt nach Mexiko neben sich im Auto zu sehen glaubt.

„Die letzte Posaune", Roman (1985). Der Psychiater Dr. E. H. Schlesinger glaubt nicht recht daran, daß seine Patientin Dr. Antonia Pictor, Altphilologin an einer AHS in Wien, um die sechzig, nicht ganz richtig im Kopf sei, obwohl er sie nur zweimal zu Gesicht bekommen hat und nur einmal mit ihr sprechen konnte. Seine Beobachtungen bezieht er aus Tonbändern, in denen die Sitzungen von Dr. Heinrich Kreutzer, Archäologe, festgehalten sind, der als „Wahlbruder", aus einer geschiedenen Ehe stammend, zusammen mit Antonia erzogen wurde. Er hat nach dem Tod ihres Vaters ihr merkwürdiges Verhalten festgestellt. Sein beneidenswertes Gedächtnis kann ganze Passagen der Gespräche mit Antonia wiedergeben. Dazu kommen Monologe, die Antonia vor der Kammerschauspielerin L. in angeheitertem Zustand gehalten hat, welche diese dem Psychiater zukommen läßt; weiters tagebuchähnliche Aufzeichnungen Frau Pictors, die sie unmittelbar nach der Niederschrift wegzuwerfen pflegt, und die ihr Gatte aus dem Papierkorb hervorholt und zur Verfügung stellt; gelegentlich auch ein kurzer Briefwechsel mit dem „Wahlbruder".

Aus diesen Fragmenten und klinischen Berichten, die alle „o. B." sind, setzt sich der Roman zusammen, und in all diesen Berichten zeichnet sich mit zunehmender Deutlichkeit das Bild der Frau Pictor ab, das wirklich besorgniserregend ist. Aber dieser Zustand betrifft nicht so sehr die „Patientin", wenn ihr Leben auch offenkundig schwierig ist, wie etwa das Verhältnis zu ihrem Gatten oder auch zu ihren Schülern, sondern vielmehr die ganze Welt, die sich nur allzugern Täuschungen hingibt. Daß sie in der Schule den

Lehrplan nicht erfüllt – an einer Livius-Stunde und einem Ausflug nach Carnuntum wird dies gezeigt –, daß sie von der Schule fernbleibt und man ihr schließlich die frühe Pensionierung nahelegt, sind äußere Erscheinungen am Rande des Geschehens; vielmehr setzt sie sich mit der Welt auseinander, die reich ist an Geschichte und Mystifikation. Vor allem sind es in einer säkularisierten Welt die Rudimente religiöser Erziehung, die noch immer die unausweichlichen Wurzeln unserer Kultur ausmachen. Von der Religion bis zur Jugendfrage, vom Gegensatz Alter-Jugend, von der Politik bis zur Technik: nichts fehlt in dem Gesamtbild einer von Erinnerungen, Fantasien, Ängsten und Hoffnungen erschütterten Welt der Gegenwart.

"Eine ganz gewöhnliche Ehe. Odysseus und Penelope", Roman (1987). In teilweise ironischer Form erzählt Merkel noch einmal die Geschichte von Odysseus und Penelope, eine Ehe, die vor dem Trojanischen Krieg und den zehn Jahren Irrfahrten insgesamt ein Jahr gedauert hat, und der der Knabe Telemach entsprossen ist. Eng an die Geschichte Homers sich haltend, berichtet sie die Geschicke des „göttlichen Dulders", der in die Ferne will, um sich zu bewähren in der Welt der Männer durch seine Klugheit und auch nachher in der Welt der Frauen und Nymphen, wozu ihm die Götter reichlich Gelegenheit geben. Die Jahre vor Ilion und die Eroberung der Stadt durch des Odysseus Plan, seine Irrfahrten und die sieben Jahre bei Kalypso auf Ogygia werden ebenso erzählt wie die Heimkehr und die Ermordung der 100 Freier, die letzten Lebensjahre daheim und der Tod des Odysseus. Freilich weicht Merkel bisweilen recht stark von der Heldenhaftigkeit der Männer vor Troja ab, schildert Grausamkeiten und Schwächen und die Blutrünstigkeit ihrer „Taten". Sie kann kein rechtes „Heldentum" finden. Daneben Penelope, die warten gelernt hat, zwanzig lange Jahre, weil sie es als Frau lernen mußte in einer „ganz gewöhnlichen Ehe" – das ist natürlich ironisch gemeint. Sie interessieren weder Schlachtbeschreibungen noch hohe Politik, auch wenn sie den Prahlereien des Odysseus geduldig zuhört, für sie gilt, was Menschen einander antun. Zwischen dem Kennenlernen der beiden und dem Tod des Odysseus entfaltet sich eine vielseitige Geschichte von Güte und Verstehen, von Kummer und Verzweiflung, aber auch vom gemeinsamen Gelächter dieser beiden Menschen, denn nicht immer nimmt sie ihren Gatten ernst, für den die Neugierde der Frauen zur Wißbegierde der Männer wird.

WALTRAUD ANNA MITGUTSCH

wurde 1948 in Oberösterreich geboren, studierte Germanistik und Anglistik in Salzburg und war nach dem Studium Assistentin am Institut für Amerikanistik in Innsbruck. Längere Aufenthalte nahm sie in Israel, Nordamerika, Afrika und vor allem im Mittleren und Fernen Osten. Seit 1979 lebt sie mit ihrem kleinen Sohn in Boston, wo sie deutsche Sprache und Literatur unterrichtet. Sie veröffentlichte bisher Essays über deutsche, englische und amerikanische Lyrik. Ihr erster Roman erschien 1985:

„Die Züchtigung". Ein kleines Mädchen schaut eines Tages ihrer Mutter bei der alltäglichen Arbeit zu und stellt die unvermutete Frage: „War Deine Mutter auch so wie Du?" Da beginnt die Erzählerin, die Mutter Vera, zurückzublicken und folgt den Spuren der Entwicklung bis zu Großmutter und Mutter Marie. Diese kam als ungewolltes und ungeliebtes Kind einer Großbauernfamilie an der österreich-tschechischen Grenze zur Welt, wurde vom Vater geprügelt, von den Geschwistern tyrannisiert, galt als häßlich und fühlte sich mit Recht stets zurückgesetzt, lebte in einer Welt der ständigen Angst. Als der Kleinhäuslersohn Friedl Kovacz um sie wirbt, sagt sie ja, nicht aus Liebe, sondern um dem ungeliebten Elternhaus zu entfliehen. Aber die Ehe zwischen der Großbauerntochter und dem Kleinhäuslersohn kann nicht gutgehen. Das Brautbukett muß sie sich selber auf den heimischen Wiesen pflücken. In der nahen Kleinstadt, in der Friedl als Autobuschauffeur arbeitet, beziehen sie eine armselige, feuchte Zweizimmerwohnung. Sie hungern und frieren in der Nachkriegszeit, der Bauernhof erscheint Marie oftmals als Verlockung. Aber wenn sie dorthin zurückkehrt, wird sie nur als Arbeiterin ausgenützt, bekommt zwar das üppige Bauernessen, darf aber nichts für ihren Mann mit heim nehmen.

Als Marie die Tochter Vera zur Welt bringt, beschließt sie, diese streng und ordentlich zu erziehen; Prügel verabreicht sie nicht im Zorn; körperliche Züchtigung ist ein bewußt angewandtes Erziehungsmittel. Die Ehe ist längst zerbrochen, aber nach außenhin wird die Fassade einer wohlfunktionierenden Familie gewahrt. Denn nichts ersehnt Marie mehr, als den Aufstieg aus dem Arbeitermilieu in die Bürgerlichkeit. Als Vorzugsschülerin setzt Vera erstmals ihren Willen durch und besucht das Gymnasium: natürlich wieder eine teure Privatanstalt, in der die Töchter der angesehenen Bürger studieren. Nach der Pubertätskrise, die mit viel Schwierigkeiten überwunden wird, maturiert sie mit Auszeichnung; denn ihr ganzes Leben widmet sie dem Studium, seit sie eine arge Enttäuschung in der Tanzschule erlebt hat. Zwar können sich die Eltern noch ein kleines Haus mit Garten kaufen, zwar versieht Marie den genau geregelten Dienst als Hausfrau und Mutter von früh bis abends, ihr Mann aber hat sich völlig von ihr zurückgezogen. Die Liebe, nach der Marie verlangt, kann ihr niemand geben; auch ihr Plan, ihre Tochter zur Klosterlehrerin zu machen, scheitert: Diese geht an die Universität und landet in der Boheme. Kaum 40 Jahre alt, stirbt Marie an Krebs. Doch Vera ist durch die Erziehung ihrer Mutter so beeinflußt, die immer sagte, alles nur aus Liebe zu ihrer Tochter zu tun, daß sie kaum zu sich selber finden kann. Vergeblich versucht sie, ihrer eigenen Tochter eine Kameradin zu werden. So wird der Roman zur Geschichte einer anscheinend nicht möglichen Emanzipation der Frau.

„**Das andere Gesicht**" (1986) ist der Roman um die beiden Frauen Sonja und Jana und den Mann Achim, einen Künstler, der immer auf die große Inspiration wartet, es ist aber doch keine Dreiecksgeschichte. Nicht in historischer Reihenfolge, sondern in gedanklichen Assoziationen werden die Ereignisse und Schicksale der drei Personen erzählt, von ihrer Kindheit bis in die Mitte ihrer dreißiger Jahre. Es sind Gestalten der Nach-68er-Generation, die, fremd und ungeborgen in unserem Alltag, nur in der ganzen Welt zuhause zu sein scheinen, die mit wenig Geld und Gepäck in ferne Länder trampen, die halbe Welt durchreisen, immer auf der Suche nach dem Sinn des Lebens, den sie nie erreichen können.

Als Kind kommt Jana mit ihren Eltern, dem Vater, einem realistischen Optimisten, der es in der neuen Heimat wieder zum angesehenen Baumeister bringt, und der lebensfremden, immer in Angst lebenden Mutter sowie ihrer Schwester Eva, die dem Vater nachgerät, in die neue Heimat, fühlt sich fremd unter den Kindern, wird beiseite geschoben, während Eva angenommen wird, findet in Sonja eine Freundin und Beschützerin. Diese Freundschaft dauert mit Unterbrechungen durch Jahrzehnte. Immer wieder trennen sie sich, trampen wieder miteinander durch die Welt, bis Jana Achim kennenlernt, dem sie sich nach einer Behandlung in einem Nervensanatorium bedingungslos ergibt. Sie zwingt ihn durch ein Kind zur Heirat. Aber die Ehe dieser nicht zueinander findenden Menschen scheitert schon am Anfang. Immer gibt es Streit, immer verläßt Achim seine Frau, verkehrt mit anderen, widmet sich seiner „Kunst"-Welt. Mitsammen verlassen sie die neue Heimat, in der ihnen Eva und Sonja eine kleine Wohnung eingerichtet haben, ziehen wieder in die Tropen, verkommen immer mehr, weil Jana in Achim, dem Trinker, nicht das Ziel gefunden hat, das ihr ihre Freundin, die Psychologin Karin, prophezeit hatte. Trennung und Wiederfinden, Besuch Sonjas, deren sich Achim für eine Nacht „bedient", um die Leidenschaft zu einer Frau zu vergessen, die er geliebt zu haben meint. Abreise Sonjas, die Liebe und Verständnis für Achim verloren hat, sind weitere Stationen, bis der Sohn Daniel am Tropenfieber stirbt, Jana selbst sterben möchte und von der Urlauberin Leah gerettet wird. Wenn beide zusammen nach Europa zurückkehren, leuchtet ein ferner Schimmer der Hoffnung auf – nach Jahren der Einsamkeit in Liebe und Ehe, in den „Wander"-Jahren.

FELIX MITTERER

lebt seit 1977 als freier Schriftsteller; zahlreiche Fernsehaufträge, darunter „**Die fünfte Jahreszeit**" (1985). Derzeit arbeitet er an der Fernsehverfilmung des Romanes „**Erdsegen**" von Peter Rosegger.

„**Besuchszeit**" (1986). Es sind vier Einakter, Geschichten über Menschen, die abgeschoben wurden, weil sie alt geworden sind, weil sie es nicht mehr ausgehalten haben und bis zum Selbstmordversuch gegangen sind, weil sie Widerstand bis zum eigenen Wahnsinn geleistet haben, weil der Körper nicht mehr mitgemacht hat: „Abstellgleis" spielt in einem Altersheim, „Verbrecherin" in einem Gefängnis, „Weizen auf der Autobahn" in einem Narrenhaus, „Man versteht nichts" in einem Krankenhaus.

Sein Tiroler Zaubermärchen für Menschen von „8 bis 88" **„Der Drachendurst"** (1985) hat der Autor ins Hochdeutsche umgearbeitet unter dem Titel **„Schwarz auf Weiß, Geld und Brot, Leben und Tod"** (1986), in dem es bisweilen recht grausig zugeht.

1986 wurde außerdem **„Die wilde Frau"** uraufgeführt. Das Stück verarbeitet die Sage von den „Saligen Frauen", deren verschiedene Versionen der Autor am Ende des Buches genau zusammenstellt. In die Holzhackerhütte, in der im Winter die Holzfäller leben – Jogg, der Anschaffer, Hias, der Siebzigjährige mit seinen Volksweisheiten, Much und der Zuchthäusler und Wilderer, der rauflustige Lex sowie der siebzehnjährige Wendl, der für sie kocht –, kommt eines Winterabends eine fremde Frau, deren Schönheit die Holzknechte ebenso reizt wie ihre Sprachlosigkeit. Einer nach dem anderen beansprucht sie für sich – natürlich kann das nicht gutgehen. Nach dem Tod von Hias kommt es zum Kampf der drei, die sich gegenseitig erschlagen. Die Frau verschwindet; zurück bleibt der unschuldige Wendl.

„Kein schöner Land", Theaterstück (1987), behandelt vor dem historischen Hintergrund der Jahre 1933 bis 1945 in einem Tiroler Dorf in verfremdeter Form das Schicksal des jüdischen Mitbürgers Rudolf Gomperz von St. Anton am Arlberg, der dort den Fremdenverkehr aufgebaut hatte und wahrscheinlich im KZ in Minsk umgekommen ist. Im Stück ist der einzige Jude des Dorfes der Viehhändler Adler, dessen Sohn Hans schon als Illegaler der SS angehört, wie sein Freund Erich der SA, Sohn des Wirtes und Bürgermeisters Rudolf Holzknecht, der es versteht, sich jeweils anzupassen und vor 1938 und nach dem „Anschluß" sowie wieder nach 1945 Bürgermeister des Ortes bleibt. Er scheut sich nicht, seinen eigenen Sohn zu verraten und ins Anhaltelager zu bringen, Erich ins „Altreich" zu vertreiben, will aber nach 1938 auch Adler helfen, dessen Frau Maria sich zum Schein von ihm lossagt, und um die Kinder zu retten, angibt, sie seien nicht von ihm (wie es auch Frau Gomperz getan hat). Sie erniedrigt sich so weit, auch noch den Schulmeister und Ortsgruppenleiter zu heiraten. Die Greuel der Gestapo-Verhöre werden ebenso vorgeführt wie die früheren der Heimwehrleute. Schließlich werden Adler wegen seiner jüdischen Abstammung und Pfarrer Gruber wegen einer aufrührerischen Predigt aneinander gefesselt ins KZ abgeführt. Der Sohn Adlers, Hans, als SS-Aufseher im KZ, erkennt in dem Todgeweihten seinen Vater und erschießt ihn und dann sich selbst. Erich ist im Krieg gefallen. Es ist ein Stück „über Opportunismus, Feigheit, Mitläufertum, Eigennutz und politische Verblendung". (S. 83)

ERNST NOVAK

„**Addio, Kafka**" (1987). Der Text liefert keine durchgehende Erzählung, vielmehr sind es Träume, Erinnerungen, Augenblicke, Räume, Gesichter, Körper, Landschaften, Gegenstände, Tätigkeiten, die in Einzelabschnitten bis in Einzelheiten genau erfaßt und beschrieben werden: Männer und Frauen, Mutter und Vater und das eigene Ich. Zwischendurch werden Abschnitte mit oft gebrauchten Redewendungen, Zitaten auch aus Büchern eingestreut. Es ist ein Spiel, vielleicht um den Dichter Franz Kafka, der selber solchem Spiel verfallen war. (S. 184)

ANDREAS OKOPENKO

Der Roman „**Kindernazi**" (1984) in 62 Episoden reicht vom 1. 4. 1945 bis zum April 1939, erzählt also die Geschichte des kleinen Anatol, der viele Züge des Kindes Okopenko trägt, in verkehrter Reihenfolge. Es ist die Geschichte eines fünfjährigen Kindes, das mit den Eltern als Flüchtling nach Österreich kommt, hier Pimpf und Hitlerjunge wird, die Kinderlandverschickung und das Kriegsgeschehen in Wien erlebt. Das Buch ist gegen die Chronologie erzählt; vielleicht, so meint der Verfasser, begreife man dann besser, was damals während der NS-Zeit geschah, wenn man der Reihe nach von hinten her erfährt, wie alles gekommen ist, was schon so oft geschildert worden ist. (S. 23)

WILHELM PELLERT

wurde 1940 in Wien geboren, war bereits während seiner Gymnasialzeit Regieassistent und Darsteller an Kleinbühnen, studierte Theaterwissenschaften und Germanistik und promovierte zum Dr. phil. Zusammen mit Helmut Korherr (Jahrgang 1950) gründete er die Gruppe BOROBYA, eine Arbeitsgemeinschaft für Theaterkunst, Film, Malerei, Graphik und Musik.

Gemeinsam begannen die beiden, Kurzgeschichten und Volksstücke zu schreiben. Nach der gleichnamigen Erzählung von Ludwig Anzengruber entstand das Volksstück „**Sein Spielzeug**" (1971) in hochdeutscher Sprache, in dem aus der letzten Rede eines Sterbenden seine Frau erfährt, daß sie des Mannes liebstes Spielzeug und daß ihm alles im Leben ein Spiel gewesen sei. Es folgten die Wiener Volksstücke „**Durchs Reden kommen d'Leut zsamm**" (1973), das den Witz daraus bezieht, daß in den drei Szenen kein Wort gesprochen wird; „**Wiener Umweltschutz**" (1973), „**Dr. Tschiker und Herr Heut**" (1973), das sie als ein „Neuwiener Schauermärchen" bezeichneten, und die „Rhapsodie in Schwarz" „**Letzte Hilfe**" (1973), womit ein Institut gemeint ist, das allen Freitodsuchenden Hilfe und Möglichkeiten zum Selbstmord anbietet.

Am bekanntesten wurde das 1974 aufgeführte und verfilmte Stück **„Jesus von Ottakring"**. Anlaß dazu gab eine Zeitungsnotiz, daß in einem Wiener Elendsquartier ein Gastarbeiter von mehreren Wiener Arbeitskollegen erschlagen worden sei, weil sie annahmen, er hätte einen Betrag von 50 Schilling gestohlen. Der moderne Jesus von Ottakring ist ein Arbeiter, Menschenfreund und Opfer bürgerlichen Mißtrauens, ein Außenseiter, der wegen seines Andersseins, ohne etwas verbrochen zu haben, mit den gesellschaftlichen Instanzen in Konflikt gerät. Die einzelnen Verwarnungen, die er von der Gesellschaft erhält, sind zusammen letzten Endes tödlich. Bestürzt und vom schlechten Gewissen geplagt, funktionieren ihn die potentiellen Mörder zum Idol um, nachdem sie ihn bei Lebzeiten verfemt hatten; sein Grab wird zur Pilgerstätte derer, die ihn getötet haben. Mit dem Evangelium von der Verurteilung Jesu durch Pilatus schließt das im Wiener Slang geschriebene Stück.

1984 veröffentlichte Pellert seinen ersten Roman **„Fahr wohl ins Leben"**, die Lebensgeschichte des Autors von seiner Geburt bis zu seinem 30. Lebensjahr, also die Zeit zwischen 1950 und 1980 umfassend. Der 30jährige Pellert kommt vom Begräbnis seiner Großmutter; zusammen mit seiner Freundin Esther räumt er die Wohnung der Verstorbenen, sieht Fotos an: Die Kindheit wird lebendig, die Jugend, an die Eltern erinnert er sich, an die beiderseitigen Großeltern, an die kleine Wohnung der Mutter. Der Vater war kurz vor seiner Geburt an einem Kriegsleiden gestorben. Es ist die Geschichte eines Kindes, das in der Besatzungszeit aufwächst, Wiederaufbau und Wirtschaftswunder erlebt; das Jahr 1955 mit dem Staatsvertrag und das Jahr 1968 mit seinen Unruhen ziehen vorüber; Beziehungen zu den politischen, gesellschaftlichen und sozialen Verhältnissen werden hergestellt, eine Generation wird also geschildert, die sich in der Gegenwart zu etablieren beginnt. Der Roman ist in betont einfacher Sprache, oft der Wiener Umgangssprache mit all ihren grammatikalischen Fehlern angenähert, geschrieben.

ERNST PETZ

wurde 1947 in Villach/Kärnten geboren und lebt derzeit in Wien; er arbeitet in der Fernsehspielabteilung des ORF als Dramaturg und veröffentlichte in verschiedenen Zeitschriften Kurzprosa und Hörspiele. Sein erster Roman erschien 1985:

„Vom freien Fall". Der Ich-Roman spielt in Wien von 17 Uhr 15 bis 7 Uhr 45 am Morgen, von der Ankunft des Ich-Erzählers Georg aus einem kleinen Dorf im Süden Österreichs in der großen Stadt Wien und ereignet sich am Südbahnhof, in der Schnellbahn, im Prater und auf dem Donauturm. Aber in diese kurze Nacht wird das ganze Leben Georgs eingeblendet. Er ist daheim wie in der Stadt ein Hoffnungsloser, der seine letzte Chance sucht, ohne genau zu wissen, was diese Chance sein könnte. Georg hat weder die

Schule noch die Lehrzeit beendet, wurde Laborant in einer Zementfabrik, heiratete Erika, die ihm die Tochter Angela gebar, begann ein Haus zu bauen, verlor seine Stelle aus Nachlässigkeit, wurde in der gleichen Fabrik Hubstapelfahrer. Als er einen Unfall in Trunkenheit verursachte, wurde er Arbeiter im Staubkeller, und als die Fabrik Pleite machte, arbeitslos. Immer schon ein starker Raucher und Trinker, findet er seine Zuflucht stets bei seinen Freunden im Gasthaus, aber es geht immer weiter bergab mit ihm: „Wannst einmal fallst, dann fallst." Es kommt zu dauernden Streitigkeiten mit seiner Frau, zu Tätlichkeiten, bis sie ihn verläßt und samt Tochter zu den Eltern zurückkehrt. Da verläßt er sein Dorf, findet aber auch in Wien nicht, was er sucht. Alles bleibt ihm flüchtig, ein Rätsel wie sein ganzes Leben, das er als Versager und Angeber geführt hat, der sich selber bemitleidet und die Schuld nie bei sich, sondern immer nur bei den anderen sucht. Immer wieder fallen ihm gleiche Stationen aus seinem Leben ein, gleiche Gesichter, gleiche Krisen, kaum ein Augenblick des Glückes. Sein letztes Geld gibt er aus im Speisewagen mit neuen „Freunden", Sandlern, am Südbahnhof, im Prater mit einer Prostituierten und ihren Freunden. Am Morgen fährt er auf den Donauturm und ist dabei, sich „im freien Fall" in die Tiefe zu stürzen. Dauernde Wiederholungen machen Sprache und Handlung eindrucksvoll.

FRANZ PÜHRINGER

„**Die Schmetterlingswolke**", Erzählungen (1988). Aus dem Nachlaß erschienen die ersten Erzählungen Pühringers, die mit einer umfangreichen Biographie des Dichters, verfaßt von Traude M. Seidelmann, eingeleitet sind. Die 14 Erzählungen umfassen den gesamten Schaffenszeitraum des Autors. Vor allem die erste und zugleich längste Erzählung, welche dem Buch den Titel gegeben hat, ist eine – zwar Fragment gebliebene – Autobiographie des Erzählers. Die jüngste Geschichte „Fasching" stammt aus dem Anfang der zwanziger Jahre, „Die Schmetterlingswolke" wurde zwischen 1960 und 1965 geschrieben, die „Bemühungen um den Pfeffermichling", im Gegensatz zur ersten lyrischen Geschichte eine ironisch-distanzierte Darstellung, ist der nach 1968 geschriebene letzte Prosatext des Dichters. Damit umfaßt die Sammlung fünf Schaffensjahrzehnte und gibt einen wichtigen Überblick über Pühringers bisher fast unbekannte Prosaarbeiten, da nur sechs der Texte bereits früher in Zeitschriften oder Zeitungen erschienen waren. (S. 43)

ELISABETH REICHART,

geboren 1953 in Steyregg/Oberösterreich, studierte Geschichte und Germanistik an der Universität Salzburg und lebt seit 1982 in Wien. 1984 veröffentlichte sie ihr erstes Buch „**Februarschatten**", 1988 folgte die umfangreiche Erzählung **„Komm über den See"**. Sie erhielt mehrere Förderungspreise.

„Februarschatten". Der historische Hintergrund dieses Romans ist die sogenannte „Mühlviertler Hasenjagd", welche auf die in der Nacht zum 2. Februar 1945 ausgebrochenen 500 russischen Häftlinge, hauptsächlich Offiziere, aus dem KZ Mauthausen veranstaltet wurde, von denen nur 17 entkamen. Der Rest wurde grausam niedergemetzelt. Nach diesen Ereignissen recherchiert Erika vor allem bei ihrer Mutter Hilde, die das alles miterlebt hatte und vergessen wollte. Erika, Jungkommunistin, Studentin und Schriftstellerin, will diese grausame Tat zur Auseinandersetzung mit der Gegenwart machen. Daraus entsteht eine qualvolle Beziehung zwischen Mutter und Tochter. Es wird auch zur Geschichte der Mutter Hilde, eines Arbeiterkindes, ihres trinkenden Vaters, des Hauses, das Hilde mit ihrem Mann Anton erbaut hat, der mit den NS-Schergen nichts zu tun haben will und, vom Ortsgruppenleiter Pesendorfer eingesetzt, keinen Russen aufstöbert oder tötet, der deshalb geschmäht wird, während sein Sohn Hannes, der einen Russen versteckt hatte, an einem Baum gehenkt wird. Nach der Schuld wird gesucht, von der Tochter Erika wie von der Mutter Hilde, nach der Mitschuld des Zuschauers, nach der Schuld des Nicht-Vergessen-Wollens und des doch nicht Vergessen-Könnens.

„Komm über den See" ist ein Buch über die fremdsprachenbegabte Ruth Berger, die viele Jahre als Dolmetscherin in Wien, Spanien und England erfolgreich arbeitete, bis ihr das dauernde Übersetzen und Nachreden von Sätzen zu viel wurde, sie diesen Beruf aufgab, sich scheiden ließ und das Lehramt für höhere Schulen machte. Nach dem Probejahr erhält sie eine Vertretungsstelle für ein Jahr in Gmunden. Dieser Wechsel ist unbewußt bedingt durch ihre Sehnsucht, über sich selbst und über die Vergangenheit mit sich ins reine zu kommen. Ihr Mann war ihr fremd geworden, weil er als Jurist Leute wegen Rauschgifthandels verurteilte, während er selbst Rauschgift nahm. Mit Eva hatte sie studiert, diese aber hatte den Prüfungsdruck nicht ausgehalten und Selbstmord begangen. Eine andere Freundin, Martha, verweigerte sich der normalen Sekretärinnentätigkeit, lieferte nur noch leere Blätter ab und endete in einer geschlossenen Anstalt. Auch der Besuch bei ihr wird wichtig in ihrer Vergangenheitsbewältigung; noch wichtiger aber ist ihr die Frau, die in der NS-Zeit Widerstand leistete. So auch ihre Mutter, die sich weigerte, ihrem Mann, einem berühmten Schauspieler der NS-Zeit, nach Berlin zu folgen, dafür aber im alltäglichen Widerstand mitwirkte; sie starb bald nach ihrer Gestapohaft. Auf der Suche nach Überlebenden des weiblichen Widerstandes trifft sie auf Anna Zach, von der sie erfahren muß, daß ihre Mutter unter der Folter andere verraten hatte.

Erinnerungen, Assoziationen und Träume bilden den Hintergrund dieser intensiven Erzählung über den weiblichen Widerstand in einer Männerwelt.

FRANZ RIEGER

Der Roman **„Schattenschweigen oder Hartheim"** (1985) wurde mit dem vom Verlag Styria und von der „Furche" ausgeschriebenen Preis beim Wettbewerb für christliche Literatur 1984 / Roman ausgezeichnet. Er setzt sich mit der Ohnmacht des einzelnen, wo immer er auch steht, gegenüber einer totalitären Macht, im konkreten Falle mit dem Nationalsozialismus auseinander. Der Autor schreibt dazu: „An der Peripherie eines oberösterreichischen Dorfes, südlich der Donau, befindet sich Schloß Hartheim, ein Renaissanceschloß aus dem 16. Jahrhundert. Während der NS-Zeit wurden dort Menschen, Insassen anderer Konzentrationslager, Regimegegner und Geisteskranke, die unter die Devise des sogenannten unwerten Lebens fielen, vergast. Dies die bekannte historische Tatsache", die die Grundlage des Romans bildet.

In je zwei verschränkten Kapiteln wird einerseits die Geschichte der Kleinbauernfamilie Doblauer aus einem Nachbarweiler erzählt, andererseits macht der Pfarrer des Dorfes, in dem das Schloß liegt, seine fortlaufenden heimlichen Aufzeichnungen, sowohl über seine Beobachtungen, die er jeweils vom Kirchturm aus macht, als auch über seine Begegnungen mit Menschen, seine eigene Einstellung und seine Gewissensprüfung gegenüber den bekannten Tatsachen.

In der Familie Doblauer stimmt vieles nicht: Der Vater möchte seine tüchtige Tochter Maria als Hoferbin, die Mutter Elisabeth ihren Sohn Andreas, der, wie der Vater meint, nicht zum Bauern taugt. Als aber der Sohn Andreas von seiner Mutter mit Valerie, der Tochter eines Kleinbauern und Trinkers verheiratet wird, ist für den Vater kein Platz mehr auf dem Hof. Er verdingt sich bei seinem Bruder als Knecht, während Maria mit ihrem ledigen Kind eine Stelle als Köchin in der Stadt findet. Mit beiden hatte sich Valerie angefreundet, nun ist sie ihrem jähzornigen Mann, einem Spieler und Trinker, ausgeliefert: Sie beginnt an Paranoia zu leiden. Je unansprechbarer sie wird, desto gewalttätiger wird der Mann zu ihr, während sie Mutter Elisabeth immer mehr in Schutz nimmt.

Damit korrespondieren jeweils die Aufzeichnungen des Pfarrers, der, wie viele Dorfbewohner, von den Vergasungen und Leichenverbrennungen weiß. Niemand aber will etwas wissen, jeder denkt nur an sich, keiner kann schließlich etwas gegen die Übermacht unternehmen. In Aussprachen mit seinem evangelischen Kollegen Wohlschläger, mit dem Apotheker, dem Arzt, einem Schreiber aus dem Heim mit seinen Gewissensnöten, mit dem Mann, der meint, der Pfarrer hätte Zutritt zum Schloß und damit zu seiner dort eingelieferten Schwägerin, mit dem Versicherungsvertreter und schließlich mit dem Bischof selbst wird ihm klar, daß er mit seinen Gewissensnöten zwar nicht allein dasteht, daß ihm dabei aber niemand helfen kann, daß es nur um ein „Schattenschweigen" geht; denn die Kirche sieht die Tatbestände nicht von einer „kleinen" menschlichen Sicht aus, sondern von einer höheren Diplomatie. Als schließlich Valerie nach Hartheim geholt wird, setzt sich zwar der

Pastor mutig, aber vergeblich für sie ein: Der Gauleiter empfängt ihn nicht einmal. Der Pfarrer wird mit Jahresbeginn versetzt, die Kirche kann ihn dort nicht mehr brauchen, wo er seine berechtigten Zweifel angemeldet hat. Ob die Kirche richtig handelte, bleibt offen.

„**Internat in L.**" „Darstellung eines empfindsamen Charakters" (1986). Es ist unverkennbar Linz und das geistliche Internat am Abhang des Pöstlingberges, in das der dreizehnjährige Albert von seiner Mutter gebracht wird, womit er die Geborgenheit des Elternhauses – der Vater ist Lehrer und Organist, die Mutter musikbegabt – mit dem Zwang der Hausordnung eines Knabenseminars vertauscht. Er selber will nicht Geistlicher werden, aber er folgt dem Wunsch seiner Eltern. Eineinhalb Jahre verbringt er in dem von Priestern geleiteten Institut, besucht das Gymnasium und trifft hier auf eine Ordnung, die er nicht versteht, und die ihn dann, wenn er sie versteht, doch nicht überzeugen kann. Er erkennt die inneren Schwächen dieses Systems eines unbedingten Gehorsams, des Schweigegebotes, der wöchentlichen Beichte, der Exerzitien, aber er sieht auch die Schwächen der Menschen, die dieses System repräsentieren: Des Präfekten Teuschl, des Lateinlehrers Lämpl, des Mathematiklehrers Dr. Schär; allein der Musiklehrer Baumann zeigt für den musikbegabten, vortrefflichen Sänger Albert Verständnis. Albert gehorcht, wird Mitglied der Marianischen Kongregation, Ministrant, ist ein schwacher Schüler. Hinter diesen Äußerlichkeiten aber verbirgt sich sein zweites geheimes Leben, von dem niemand etwas weiß, das durch das blaue Quartheft verkörpert wird, in das er seine Gedanken, Träume und Stimmungen einträgt. Der Einmarsch der Nationalsozialisten in Österreich beendet abrupt dieses zwiespältige Leben. Da Rieger selber Internatszögling war, dürfte vieles aus seiner eigenen Auseinandersetzung mit den Spannungen im Internat in das Buch eingedrungen sein. (S. 143)

FRIDA INGEBORG ROMAY

Der Gedichtband „**Der Krähenbaum**" (1984) schließt an die vorhergehenden Bände nahtlos an, bewahrt er doch die eingeschlagene konservative Richtung in Inhalt, Gehalt und Form, indem die Dichterin wunderschöne, strophisch gegliederte und gereimte Verse schreibt. Wiederum beeindrucken die Sprachmächtigkeit und die Eigenwilligkeit der Dichterin in Ausdruck und Wortwahl. Auffallend ist der melancholische Grundton der Gedichte, die sich von der Naturbetrachtung immer zum allgemeingültigen Geistig-Menschlichen erheben. Dem Ich wird mehr Raum gegeben, das Du wird angesprochen; Herbst und Winter sind in der bedrohten, von Angst erfüllten apokalyptischen Welt die bevorzugten Jahreszeiten.

„**Zwischen Mauern**" (1985). Unbelastet von jeder modischen Richtung schreibt Romay ihre qualitätvollen Gedichte von höchster Ausdruckskraft in Strophen und Reimen, selten verwendet sie den freien Rhythmus, der aber dann auch wirklich rhythmisch ist. Die außerordentlich kraftvollen Bilder gemahnen bisweilen an Christine Lavant. Vergangenes, Gegenwärtiges und Zukünftiges nehmen Gestalt an. Krieg, Verfall, Vernichtung, Verwesung, Ausgestoßenheit sind die herausragenden Themen des Gedichtbandes, in dem vor allem die Zyklen „Verfall" in zwölf Gedichten, „Hinter Mauern" in zwölf Gedichten und „Fronzeit" in acht Gedichten herausragen. In Kurzverse gepreßt ist die Gedankentiefe in „Der Stier" und „Gäas Tod".

Anmutig leicht und duftig beginnen fast alle Gedichte in dem Lyrikband **„Wiesensommer"** (1986), tänzerisch geben sich bisweilen die Verse, doch immer wieder mischt sich Trauer und das Wissen um die Vergänglichkeit alles Schönen ein, das der Sommer mit seiner Blütenpracht anbietet. Bei aller Zartheit, mit der die Aquarelle von Theresia Maria korrespondieren, bleiben Bildhaftigkeit, Sprachmächtigkeit und Symbolkraft erhalten. Mag die Grundstimmung der Gedichte auch heiter sein, auch den schwülen Sommer durchziehen Wetterleuchten und Gewitter.

Ähnliche Naturgedichte, von vielleicht noch heiterer Art, enthält auch der zweite, 1986 erschienene Gedichtband **„Der Waldbrunnen"**, der einem „beglückenden Naturgefühl" in einer farbigen Versmelodik Ausdruck verleiht. Im Mittelpunkt steht der Waldbrunnen vom Frühjahr bis zum Winter, vom ersten Sprudeln bis zum Erstarren in Eis und Schnee. (S. 346)

ROMAN ROMAY

gab 1984 **„Zwischen Licht und Finsternis. Aphorismen und ein Oratorium"** heraus. Die in prägnanter Diktion und knappster Sprache formulierten Aphorismen basieren auf christlichem Geist; ihre Thematik ist der Kampf zwischen Licht und Finsternis, ihre Aufgabe, Licht in die Finsternis zu bringen, wie dies auch das szenische Oratorium in gereimten Versen „Zwischen Licht und Finsternis" tut. Darum stehen den drei Dämonen Satanas, Gorgas und Arias die drei Genien Michael, Raphael und Gabriel wie der Chor der Dämonen dem der Engel gegenüber. Seit es Satanas gelang, durch Eva Finsternis in das Licht der Schöpfung zu bringen, seit Kain zum ersten Mörder wurde, tobt dieser Kampf, in dem der Chor der Richter und der Bettler als Rächer auftreten; doch Isaias verweist sie auf die Güte Gottes und seine Barmherzigkeit. Das symbolhafte Stück weist in seiner dramatisch-monumentalen Handlung auf das Licht im Transzendenten hin.

„Eh' der Schatten wächst" (1985) sind sehr besinnliche Gedichte voller Glaubenszuversicht. Der Dichter scheut sich nicht, neben freien Rhythmen die geschlossene Strophenform mit Endreim zu gebrauchen, ohne daß er in ein Reimgeklingel verfiele. Weil er sich keiner modernen Richtung ergibt, schafft er Verse von bleibendem Wert; dies gilt besonders auch für seine modernen Balladen, die er wieder zum Leben erweckt. „Seelische und geistige Tiefe, persönliche Eigenart und Macht der Aussage sind die Diagonalen des künstlerischen Spannungsfeldes der intuitiven Lyrik", sagt zurecht das Vorwort.

Der Gedichtband **„Die Stunde der Fluren"** (1986) vereinigt Gedichte, Balladen und Aphorismen in schöner Einheit, die seelische Vorgänge ebenso gestalten, wie sie die ewig neuen Themen der Lyrik: Einsamkeit, Freundschaft, Heimat, Liebe und Natur in ihrer Schönheit und Vergänglichkeit in gereimten Versen abhandeln. Trauer kommt auf, aber nie Trostlosigkeit. Denn der Dichter weiß sich geborgen in seiner Gläubigkeit, in der großen Alleinheit.

Ebenfalls 1986 erschien der Band **„Verklungenes"**, der acht Märchen von eigenartig düsterem, dämonischem und bedrohlichem Charakter vereinigt, ob es sich um das Eingeschlossensein in tiefer Höhle, im Eise, um nächtliche Totenumzüge handelt. Das bekannte Märchen von Hans im Glück wird rückverwandelt zum „Hans im Unglück". Mehrere Gedichte und Balladen runden das Buch ab.

Gleich drei Prosabücher veröffentlichte Romay im Jahre 1987: **„Humoristische Erzählungen"** sind acht Geschichten von leisem Humor und zarter Ironie über Menschen des Alltags und ihre kleinen, für sie oft gar nicht so angenehmen Erlebnisse; Geschichten, die keinen lauten Spott, sondern zu Herzen gehendes stilles Lachen hervorrufen.

„Der Weg" sind drei Erzählungen; die erste berichtet von der Berufung eines französischen Mädchens in einen Orden, die zweite von der Errettung bei einem Fliegerangriff, die dritte ist die schon 1949 erstmals veröffentlichte und hier in 5. Auflage vorliegende Geschichte der Bernadette Soubirous, des Mädchens von Lourdes.

„Aicham" ist neben der kurzen einleitenden Dreikönigserzählung „Joachim" die Neubearbeitung einer frühen Dorfgeschichte von Florian, dem frühverwaisten Häuslerkind, und Vroni, der Großbauerntochter, deren Liebe alle Nachstellungen und Gefahren vom Lawinenunglück über Wilddieberei bis zur Brandstiftung überwindet und sie nach vielem Leid zu einem glücklichen Paar werden läßt. (S. 347)

PETER ROSEI

Rosei nennt seinen kurzen Ich-Roman **„Komödie"** (1984). In einer Stadt im Osten zwischen Gebirge und Fluß, wo einmal das Land von „Tausend und einer Nacht" lag, lebt der Erzähler als Reiseführer und Sprachlehrer. Als ihm eines Tages auf dem Heimweg ein kleines Mädchen folgt, nimmt er es zu sich und als Tochter an. Jahre vergehen, das Mädchen wird älter, kommt in eine Internatsschule; auch die politischen Verhältnisse ändern sich. Eine Revolution hat die neuen proletarischen Machthaber ans Ruder gebracht; viele Tote gab es. Der Mann wird älter, arbeitet in der Rezeption des Hotels, sein Diener Ford ist in den Revolutionswirren verschwunden, seine Tochter steht als Pionierin zur neuen Regierung. Einmal besucht sie ihn, doch bleibt er ein Einzelgänger, reicher geworden durch Wünsche, Erfahrungen und Hoffnungen.

Die Erzählung **„Mann & Frau"** (1984) beginnt dort, wo viele Geschichten aufhören: Murad hat seine Frau Susanne und seine kleine Tochter Almut verlassen. Beide, Mann wie Frau, probieren nun das Leben allein. Er zieht in eine weitentfernte Stadt, mietet eine Wohnung, erwirbt ein Haus, arbeitet in einem Anwaltsbüro und fühlt sich einsam. Sie ist von ihrer Tätigkeit in einer Klinik in ein Büro für Umschulung von Arbeitern übergewechselt, wohnt weiterhin mit ihrer Tochter in ihrem Reihenhaus, fühlt sich frei, kann aber doch nicht immer allein sein, verkehrt mit dem Mann von gegenüber, Helmut, lernt kurzfristig auch andere Männer kennen. Almut wächst heran, Schulbesuch und erste Arbeitsstelle folgen. Am Heranwachsen ihres Kindes merkt Susanne ihr eigenes Altern. Murad will seine Einsamkeit überwinden, gibt Zeitungsinserate auf. Ein Happy-End fehlt, Zweifel und Hoffnung wechseln ab. Ob die Verbindung „Mann & Frau" die Lösung ist, beantwortet Rosei nicht.

„15 000 Seelen", Roman (1985), ist eine Gesellschaftssatire, in deren Mittelpunkt der Handlungsreisende Klokman (eigentlich Klockmann) steht, Reisender in Sachen Weltrekord, der dabei seine verschiedenen Abenteuer erlebt: Rekordrasieren im Geschäft des Großunternehmers Palek und sein Abenteuer mit der Sekretärin Katz; das Erstellen des größten Achters bei Smunk, Leicht und Vaselin; ein neuer Rekordtraum führt ihn in den Zirkus von Frau Ragusa mit der größten Schau der Welt. Mit Dr. Diamant besucht er den größten Hobby-Fleischladen sowie sein Hochhäuserschach mit lebenden Bergsteigerfiguren. Die vorletzte Station führt ihn mit Misterioso in eine Höllen- und Endzeitlandschaft mit unendlichem Zivilisationsgerümpel. Geld und Geldröhren sind die letzte Station Klokmans in der für die Weltrekordagentur gemachten Reise. Das ist ein in unerhörten Bildern schwelgendes Fresko, ein „sich zunehmend beschleunigender Höllensturz", auf dessen schiefer Bahn alles – Moral, Zivilisation, Kultur – ins Rollen kommt. Menetekel und Gelächter, gefahrvoll und schrill: so endet dieser Roman eines grauenvollen Abbildes der rekordsüchtigen Menschheit.

„Die Wolken" (1986). Die dreiteilige Erzählung beginnt mit einer Idylle, dem bürgerlichen Glück des Richters Reinhard in einer ländlichen Kleinstadt, seiner Frau Eva und seinen beiden Kindern Georg und Hans. In diese Idylle tritt ein Besuch aus Reinhards Studienzeit, Gobbo, der eine Boutiquenkette in vielen Orten betreibt, ein erfolgreicher Geschäftsmann; er wird zum Eindringling, der die scheinbare Harmonie stört. Denn zwischen ihm und Eva entwickelt sich eine Liebesgeschichte mit Reisen nach Frankreich und Italien. Im letzten Teil scheint, ohne jede leidenschaftliche

Auseinandersetzung, die Familienharmonie wiederhergestellt. Eva ist zurückgekehrt, Reinhard hat sich seinen ersehnten Garten angelegt. Die Wolken, die in der Erzählung immer wieder beschworen wurden, brachten kein Gewitter, sie haben sich verzogen. Die Erzählung ist in bewußt einfacher Prosa mit kurzen Sätzen geschrieben.

„**Der Aufstand**" (1987) berichtet in Ich-Form die Geschichte des desillusionierten Hochschulprofessors für Nationalökonomie Herbert, der bei einem Fahrradunfall nach einem Kinobesuch den Studenten Markus kennenlernt, zu dem er in ein Nahe-Verhältnis tritt. Wie sein Freund Plavatsky, ebenfalls Hochschulprofessor, beginnt er zu trinken. Sein Verhältnis zu dem Studenten scheitert, weil dieser vom Nihilismus des Professors abgestoßen wird. Durch die drohende Arbeitslosigkeit hervorgerufen, bricht ein Aufstand aus, die Studenten besetzen das Rektorat; daran beteiligen sich Markus wie auch der Professor. Die 68er Generation, vertreten durch die beiden Professoren, und die akademische Jugend der 80er Jahre können aber nicht mehr zueinander finden. (S. 191)

GERHARD ROTH

Der fast 800 Seiten umfassende Monumentalroman „**Landläufiger Tod**" (1984) schließt im 1. Teil dunkle Erinnerungen an Gestalten früherer Romane ein, des „Circus Saluti" und des „Stillen Ozean", und führt ihre Lebensläufe weiter. Er spielt in der Landschaft Weststeiermarks, im Dorf Pölfing-Brunn und hat den 20jährigen stummen Sohn eines Bienenzüchters, Franz Lindner, zur Hauptgestalt, dessen Freund ein Jusstudent und Sohn des Sägewerksbesitzers ist, bei dem Lindner durch einen Unfall seine Stimme verloren hat. Die Behinderung macht ihn zum Außenseiter und zwingt ihn zu genauerer Beobachtung und zum Nachdenken über alles, was für ihn und andere wichtig ist, und dies alles aufzuschreiben. Der Besuch des Circus Saluti und des dreifachen Mörders Lüscher in einem Grazer Gefangenenhaus leiten die Geschichten aus dem Vorleben Lindners ein, dazu am Tag vor Allerheiligen ein Gang auf den Friedhof mit der Tante, die ihm ihr Leben erzählt; weiters immer wieder Geschichten von seinem Vater und schließlich der Selbstmord des einsamen Landarztes Dr. Ascher. Bis hierher reichen die Lebensläufe früherer Romangestalten.

In der Irrenanstalt am Feldhof, in die Franz freiwillig gegangen ist, um seine Stimmen loszuwerden, schreibt er sieben nicht abgeschickte Briefe („Berichte aus dem Labyrinth"), in denen er sich eine neue Schöpfung und Vertreibung aus dem Paradies in großen melodischen Gesängen mit vielen Metaphern entwirft.

Den Hauptteil des Romanes bilden die 139 Kurztexte „Mikrokosmos". In ihnen entsteht ein poetisches Bild seiner Umgebung und unserer Zeit in Aufzeichnungen aus der Anstalt, ein wahrer Mikrokosmos in einem Chor von Stimmen und Lebensläufen einzelner Personen, in denen sich die wahre Verfassung des Dorfes dokumentiert. Von Kürzesttexten bis zu historischen Erzählungen, die er dem Vater oder der Tante oder dem Freunde nachschreibt, wird der Unterschied von Menschengeschichte und Naturgeschichte aufgehoben, die Steine und Vögel nehmen am allgemeinen Leben, dem ausweglosen Elend ebenso teil wie die Menschen. Es sind Geschichten von Krieg und Nachkrieg, von Partisanen, Mördern, Selbstmördern, immer wieder vom Tod also, vom KZ Mauthausen, vom Erzberg, vom schweren Alltag in dem kleinen Dorf: alle Ausdruck der „Ver-rücktheit" Lindners, die ihn in die Anstalt gebracht haben, aber auch von seiner Hellsichtigkeit, von Bienen und Imkerei, und von der „Schilderung seines Freundes", die auf mehrere Abschnitte verteilt ist.

Das Zwischenstück „Aufbruch ins Unbekannte", das 4. Buch des Romans, handelt vom Ende der alten Zeit und vom Übergang in eine neue Lebensform, vom Tod des Generals, der in verschiedenen Texten des „Mikrokosmos" bereits aufgetreten war, und dem Abschnitt „Zwischen Himmel und Erde", der zum 5. Buch überleitet, den 66 Märchen, „aufgezeichnet von den Brüdern Franz und Franz Lindner", die ihm zum Großteil von Insassen der Anstalt erzählt worden sind. In ihnen wird das Unmögliche möglich, alle Unterscheidungen und Eingrenzungen sind aufgehoben, auch die Trennung von Menschen- und Tierwelt; aber auch hier handelt es sich meist um grausames Geschehen und Tod. Der Roman schließt mit dem 6. Buch, den Tagebuchaufzeichnungen, dem als 7. Buch Zeichnungen in Form von „Dokumenten" angeschlossen sind. Das Tagebuch schreibt Franz Lindner nach seiner Flucht aus der Anstalt, wobei er für sich die Eindeutigkeit und Bestimmtheit seiner Person abstreift. Er tritt an verschiedenen Orten und zu verschiedenen Zeiten gleichzeitig auf, in seiner Gestalt oder in Frauenkleidern. Nachdem er die Tiere aus den Ställen der umliegenden Bauernhöfe befreit hat, verschwindet er im Zirkus hinter einem Bienenschwarm, nachdem er vorher die Sprache wiedergefunden hat.

„Dorfchronik zum ‚Landläufigen Tod'" (1984) sind je 50 in die vier Abteilungen: Morgen-Mittag-Nachmittag-Abend geteilte, insgesamt also 200 Kurztexte als Ergänzung zum Roman. In der Nacht ist die Sonntagsorganistin gestorben; ihre Schwester bemüht sich, Trauer zu empfinden. Wie aber reagieren die übrigen Dorfbewohner, die uns der Reihe nach vorgestellt werden und die jeweils eine andere Beziehung zur Toten, aber auch untereinander haben? So werden der Reihe nach vorgeführt: der Pfarrer, der Wirt, der Mesner, der Landarzt, die Kaufhausfrau, der Witwer Ranz, der alte Mautner, der Schlachtergeselle, der im Bach erfrorene Stölzl, der Gendarm Oskar, die Gärtnerin, Juliana und der Postbeamte mit seinem Doppelgänger, das Kind Ludmilla, Kolomann mit seiner großen Ratte, der Schneider und H. in Frauenkleidern, aber auch Katze, Flöhe, Elstern und die in jedem Teil wiederkehrenden Soldaten, die mehrmals einen Verwundeten ins Haus tragen. Es sind exakte Momentaufnahmen, Miniaturen, die zusammen ein Mosaik des Lebens im Dorf ergeben, in dem der große Roman spielt. Am Abend treffen sich alle im Haus der Toten, und in der Nacht spinnen sie das Tagesgeschehen in Träumen fort: eine Dorfchronik, auf einen Tag konzentriert.

„**Parabel**" (1985) ist ein Endzeit-Theaterstück. Alles geht zu Ende, auch in dem Mietshaus, in dem Paula und Walter wohnen. Männer überwachen das Haus, die Bewohner dürfen es nicht verlassen; Blut tropft von der Decke, aus der Wasserleitung, aus der Dusche. Hochwasser kommt, ein Eisbrecher rammt durch die Wohnung, alles stirbt. Auch Paula und Walter werden von einem Blitz tödlich getroffen, allein der Tisch überlebt.

„**Erinnerungen an die Menschheit**" (1985) ist eine Parabel in 28 Szenen, Ausdruck einer babylonischen Sprach- und Denkverwirrung der Menschheit in Floskeln und Sprichwörtern, im Schießen und Schlagen, im Wahnsinn, in der Lüge, in Clownerien. Es sind Abrisse einer inneren Geschichte der Menschheit.

Die Erzählung „**Im Abgrund**" (1986) behandelt in Kurz- und Kürzest-Kapiteln die Geschichte der beiden Freunde Lindner und Jenner. Dieser holt Lindner, der nach dem Selbstmord Dr. Aschers verrückt geworden ist, aus der Anstalt, macht mit ihm eine Wintertour auf den Dachstein, bei der er ihn tödlich verunglücken lassen möchte; denn Lindner weiß von einem Mord, den Jenner begangen hat. Ohne Unfall zurückgekehrt, fahren beide nach Wien, wo Jenner Jus studiert, „weil er nicht an die Gerechtigkeit glaubt", während Lindner tatenlos in beider Zimmer liegt, gelegentlich zeichnet und kleine Texte verfaßt. Jenner streift durch die Stadt, begeht wie nebenbei und absichtslos einen Mord an einem Pensionistenehepaar und an einer Frau in einer Schrebergartensiedlung, besucht die Gerichtsverhandlung, in der ein Unschuldiger an seiner Stelle verurteilt wird, ohne daß Jenner davon berührt würde. Schließlich begibt sich Lindner in die Anstalt am Steinhof, während sich Jenner, innerlich befreit, dem städtischen Leben zuwendet. Land – Stadt, Opfer – Täter, Macht – Ohnmacht sind die Gegensatzpaare dieser Erzählung, welche die Geschichte Jenners in realistischer Prosa, die Aufzeichnungen Lindners in surrealen Visionen vorträgt.

„**Franz Lindner und er selber**" (1986). Das Theaterstück entwirft die Situation eines Lebensweges: Geburt – Leben – Wahnsinn – Tod.

„**Der Untersuchungsrichter. Die Geschichte eines Versuchs**" (1988). „Ich wollte immer schreiben wie ein Verrückter", heißt es einmal in diesem Text – dies scheint dem Autor hier gelungen zu sein. Auf reale und alptraumhafte Erlebnisse des Untersuchungsrichters Sonnenberg folgen immer wieder Berichte des Autors aus seinem Leben, aber auch über seine Werke, vermischt mit allgemeinen

Betrachtungen, ohne daß irgendein inhaltlicher Zusammenhang aus den drei Bereichen hergestellt würde, außer daß sich der Autor selbst wie auch seine Hauptgestalt den Ängsten des Lebens radikal aussetzt. In seinem System vom Leben gibt es keine Gesetzmäßigkeit und keine Gerechtigkeit, deren Scheinexistenz für den Autor nur in der Justiz besteht, die er nicht anerkennt. Justiz wird für ihn zum „Ausdruck der Angst, die die Gesellschaft vor sich selbst hat". Denn Justiz und Gerechtigkeit erfinde die Welt nur, weil sie diese brauche. Wenn den Untersuchungsrichter der redende Hund Schwiff begleitet, so bedeutet dieser für ihn die Verkörperung der Vernunft, die er aber auch wiederum leugnet. (S. 179)

MICHAEL SCHARANG

Der Roman **„Harry. Eine Abrechnung"** (1984) ist eine Art Fortsetzung zu Scharangs Roman „Charly Traktor", insofern als Harry der Sohn jenes Charly Traktor, des Helden des gleichnamigen Romanes, ist. Freilich ist der Stil ein ganz anderer, denn der Roman ist ein einziger einseitiger Dialog des Ich-Erzählers Harry, den er mit dem stummen Zuhörer, dem Schriftsteller, führt, der den Roman seines Vaters geschrieben hat und nun den Harrys schreiben will. Die vermuteten Fragen des Schriftstellers dazu ergeben sich aus den Antworten Harrys, der am Abend am Wirtshaustisch mit dem Schriftsteller abrechnet, dessen Absicht, das Buch über Harry zu schreiben, auf einem Mißverständnis beruht. Dabei erzählt Harry Bruchstücke aus seinem Leben, die in seiner Erinnerung haften, wobei der Schriftsteller, der über Harry Bescheid zu wissen meinte, einsehen muß, daß ihm Wichtiges unbekannt blieb.

Beide, der Schriftsteller und Harry, haben sich im Krankenhaus kennengelernt, wo Harrys Freund und des Schriftstellers Sohn Andreas nach einem Autounfall querschnittgelähmt liegen. Harry ist in armen Verhältnissen ohne Vater bei seiner Mutter aufgewachsen, die Schreibkraft in der Gemeinde ist. Von Kindheit an kennt er den Lebenskampf; er war der Beste seiner Klasse, besuchte das Gymnasium, verließ es, begann nach Abendmatura das Universitätsstudium auf Wunsch seiner Mutter, bricht das Studium ab, verläßt seine Mutter und wird Gelegenheitsarbeiter in Wien. Die Erfahrungen seiner Kindheit und Jugend will er gegen kein Angebot vertauschen. Die Abrechnung mit dem Schriftsteller endet ohne Ergebnis. (S. 177)

HELMUT SCHINAGL

„Die Ferien des Journalisten B", Roman (1987). Daß es sich in diesem Schlüsselroman natürlich um das Anderle von Rinn bei Innsbruck handelt und um den vom Bischof verbotenen Anderlekult, der mit einem Ritualmord in Verbindung gebracht wurde, ist von Anfang an klar; wenn hier statt des Anderle auch das Peterle steht und Rinn durch Fluns ersetzt wird. In diesem Dorf bei

Innsbruck ereignen sich seltsame Dinge, als der Journalist B. aus Wien auf Weisung seines Arztes Dr. Neunteufel auf Kur hierher kommt, um sich bei Wandern und Kneippkuren zu regenerieren. Die Kirche, die der Verehrung des kleinen Peterle dient, das angeblich vor 500 Jahren durch jüdische Wanderkaufleute ermordet wurde, ist für alle, sogar für den Pfarrer Plunger gesperrt worden. Die Anrufung eines nicht selig gesprochenen Kindes, die Prozessionen und die Gebete hatten den Unwillen des bischöflichen Ordinariates hervorgerufen, aber auch der fanatische Soziologe Spitzmeusl, der überall Antisemiten und Neonazis vermutet, hatte seinen Ehrgeiz darein gesetzt, dieses angebliche Schandmal des Antisemitismus zu vernichten. Sogar die wertvollen Barockfresken fallen seinem Eifer zum Opfer.

Der Journalist B., der mitten in diese Auseinandersetzungen hineingerät, berichtet täglich für seine Wiener Zeitung. Da er aber zugleich in ein erotisches Abenteuer durch Identitätstausch mit dem Wiener Tschumak und seiner Geliebten, der Frau Dr. Neunteufels, verstrickt wird, er selber den Einflüsterungen des seltsamen, mythisch verqueren Estinger, der sich als wiedergeborener Lunarier aus der Zeit des Peterlemordes fühlt, beinahe völlig erliegt, wird er selber fast zum Opfer einer politischen Verschwörung gegen das Peterle, an deren Spitze Tschumak und Neunteufels Gattin stehen. Vorzeitig reist B. ab, um die letzte Woche seines Urlaubs mit seiner geschiedenen Gattin im Burgenland zu verbringen. Hinter der ebenso spannenden wie burlesken Handlung stehen wieder vielfältige ironische Exkurse über Sport und Mode, Politik und Aberglauben, über Fremdenverkehr und Tiroler Wesensart. Jedenfalls sucht Schinagl in dem bis heute noch nicht abgeschlossenen Konflikt beiden Seiten gerecht zu werden. (S, 352)

JUTTA SCHUTTING

„**Das Herz eines Löwen**", Betrachtungen (1985), sind 36 Essays, „Abenteuer der Kunst", große und kleine, einfache und reflektierte, zarte und komische, die sich mit Kunst und Kunstbetrachtung befassen – das ist das einzig Gemeinsame der Essays, – auch wenn sie es mit der Natur zu tun haben. Ein reflektierendes Ich stellt Ausschnitte aus Kunst oder Natur dar, sodaß eine Wirklichkeit oder eine Alltäglichkeit plötzlich neue Dimensionen annimmt. In poetischer Sprache entwickelt die Autorin damit eine Einführung in die Schule des Sehens. So geht es in der „Mediceischen Venus" etwa oder in dem „Märchen vom Kaiser und der Nachtigall" nach Andersen um den Unterschied zwischen Natur und Kunst, dort in der anatomischen Nachahmung von Körpern und Körperteilen aus Wachs im Josefinum in Wien, hier um den Gegensatz zwischen natürlicher und nachgemachter Stimme der Nachtigall. Schutting untersucht die Riesen-„Palmers-Plakate" ebenso wie eine Mittelstandswohnung („Bei den Lehners") auf den Kitsch hin, sie plaudert über „Will Frenkens Objekte", seine Hinterglas-Sandbilder, sieht in den an Land gezogenen Yachten im Wiener Yacht-Hafen märchenhafte Bilder („Donaubilder"), sie zweifelt, daß moderne Kirchen der Andacht dienen können („Heutige Kirchen"). Sie stellt ihre Kunstbetrachtungen an Bildern und Statuen an („Knabe und Pferd", „Signorellis Fresken im Dom zu Orvieto", „Vor einem Bild Leonardo Luinis", „Francisco di Zarbaran, Bodegon", „de Chirico, Erlösung eines Zauberers, Wahrsagers"), aber auch an Erscheinungen der Natur („Tulpenfelder", „Schneelandschaft", „Baum und Fenster") und untersucht die Begriffe Gleichheit und Identität anhand der Geschichte „Beim Flickschuster".

„Hundegeschichte" (1986). „Meine Erzählung ist die Geschichte der Entwicklung eines ängstlichen und nicht mehr jungen Hundes zu einem angstfreien und unternehmungslustigen, aber auch die meiner Entwicklung zu einem endlich erwachsenen und fürsorglichen Menschen, der im Wohltun und Von-sich-absehen-Lernen einen neuen Sinn in seinem Leben entdeckt, von einem Hund zu Einfühlsamkeit und aus Rücksicht auf dessen Empfindlichkeit zu innerer Ruhe und Friedfertigkeit erzogen wird." Ein Jahr lang hatte die Autorin von ihrer Freundin Franziska einen Hund, genannt Polly, Paula oder Appollonia, in Pflege; sehr rasch entstand daraus eine innige Verbindung zweier Lebewesen, die sich aneinander gewöhnen im Haus und auf Spaziergängen, in der Stadt und im Gasthaus, in der Eisenbahn und am Wasser, im Auto und in der Straßenbahn. Mit großer Eindringlichkeit fühlt sich Schutting in das Wesen des Hundes ein und beschreibt sein Leben, seine Reaktionen in unmittelbarer Frische und mit detaillierter Genauigkeit.

„Traumreden" (1987). Die Prosagedichte des neuen Bandes reden von der Liebe, vom Vergehen und Bleiben, von Hoffnung und Abschied, von Augenblicken des Glücks und von Liebesschmerz. Aber die heftigen Empfindungen werden immer in der Sicht auf diese und im Wort über sie gedämpft; dazu dienen auch ferne Städte und nahe Orte, Jahreszeiten wie Winter und Herbst, Tageszeiten wie Morgen und Abend und schließlich die Kunst selbst. Alle Gedichte aber sind Zeugnis der großen Sprachkunst Schuttings; denn Sprachkünstlerin ist sie seit je. (S. 210)

BRIGITTE SCHWAIGER

„Eine Beichte" nennt Schwaiger ihren Ich-Roman **„Der Himmel ist süß"** (1984), die Geschichte ihrer frühen Kinderjahre in Freistadt/OÖ. Sie schildert die kleinen Begebenheiten des Alltags von ihrem fünften bis zu ihrem zehnten Lebensjahr mit Akribie und Sachlichkeit, eine Kindheit aus den frühen fünfziger Jahren mit drei Schwestern und den Eltern, einem national eingestellten Arzt-Ehepaar, mit ungleichen Großeltern und dem Kindermädchen Resl, das entlassen wird, als es selber ein Kind bekommt. Für die kleine

Gitti bedeuten diese Kinderjahre ein Neben- und Ineinander von Klosterleben am Schulvormittag, vor allem mit der geliebten Schwester Thaddäa und später dem schönen Katecheten, und von Gassenkind-Dasein am Nachmittag, da die Eltern kaum Zeit für das Kind haben. Es sind erlaubte und unerlaubte Kinderspiele, von denen die Autorin berichtet, es sind das ABC-Schützentum und vor allem der religiöse Unterricht mit Altem und Neuem Testament, es ist die Vorbereitung auf die erste Beichte und Kommunion, es sind die Leiden an der Sündhaftigkeit und die Freuden über die Erlösung. Immer engen Gebote und Verbote von Eltern und Kirche das Leben der kleinen Gitti ein und versetzen sie immer wieder in Angst und Furcht. Es werden aber auch die Ausflüge nach Linz und Grado und der Kindertransport nach Cesenatico erzählt.

In knappen, oft kindlich einfachen und naiven Sätzen – Schwaiger hat sich wieder eine eigene Sprache zurechtgelegt – wird berichtet von dem, was ein Kind in seiner Entwicklung in „diesem zukunftsträchtigen Stadium frühen Bewußtseins" erlebt.

„**Mit einem möcht' ich leben**" (1987) ist der erste Gedichtband der Autorin, den sie zehn Jahre nach ihrem literarischen Debüt veröffentlichte. Es sind kurze, freirhythmische, in poetischer Prosa geschriebene Verse über menschliche Probleme – die Natur wird ausgespart –, die unter dem Motto stehen: „Was immer ich bin, ich will das andere." Den Abschluß bildet ein Langgedicht „Führer befiehl", die Biographie eines jüdischen Mädchens, eines Stiefkindes, das im Arbeitsdienst der NSDAP, stolz auf die begonnene Führerinnenlaufbahn, ihr Glück und Daheim findet, dem Führer blind vertraut, aber aus dem Ariernachweis, der für die Heirat mit einem SS-Mann notwendig wäre, erfährt, daß sie ein jüdischer Mischling ist, aber auch nach dem Krieg noch an ihrem Führerglauben festhält – eine ironische Charakterzeichnung, die für manche noch immer stimmt. (S.224)

HELMUT SCHWARZ

„**Nordlicht**", Chronik in neun Bildern (1987). Das Stück spielt in Wien zwischen dem 11. Februar, dem Vortag des Berchtesgadener Abkommens zwischen Schuschnigg und Hitler, und dem 11. April 1938, dem Tag nach der Volksabstimmung in Österreich, hat also den „Anschluß" Österreichs an das Großdeutsche Reich zum Thema, dargestellt in verschiedenen Kreisen: der Aristokratie, dem Groß-, Mittel- und Kleinbürgertum Wiens. Personen und Ereignisse waren dem Autor bekannt, er gestaltete sie poetisch. Da sind aber auch die Massen des Volkes, das Hitler wie einem Heilbringer zujubelt. Der jüdische Universitätsprofessor Beier wird entlassen und begeht, als braune Horden in seine Wohnung eindringen und ihn verhaften wollen, zusammen mit seiner Frau Selbstmord; seine Tochter Helga kann noch mit ihrem Verlobten – zur Verlobungsfeier hatten alle abgesagt –, dem Baron Neubeck, in die Schweiz entkommen. Der Parfümeriehändler Hubral, zuerst streng katholisch und treu zu Schuschnigg stehend, wird von seinem ehemaligen Kommis Rohrer, der in Wöllersdorf eingesperrt war, zum illegalen Parteigenossen gemacht und kann das Geschäft seines jüdischen Konkurrenten Silbermann übernehmen, der abgeschoben wird. Der arbeitslose „deitsche" Pochlatko, dessen Frau bei Beier bediente und auch nach dem Anschluß noch zur Familie hält, wird aktiver Parteigänger. Die jüdisch geführte Zeitung wird unter Chefredakteur Rolleder „gesäubert", der Hilfsredakteur Berger, begeisterter Nationalsozialist, wird leitender Redakteur, muß aber erfahren, daß er Halbjude ist, und begeht Selbstmord. Morde, Selbstmorde, Plünderungen, Verhaftungen – das alles prophezeite jenes Nordlicht, das am 25. Jänner über Wien aufleuchtete und die Menschen in Angst versetzte. (S. 79)

GEÖRGY SEBESTYEN

wurde 1920 in Budapest geboren, studierte an der Universität in Budapest und wurde Dramaturg und Regisseur. 1956 emigrierte er nach Österreich und lebt seither in Wien. Seit 1957 veröffentlichte er Romane, Essays und Sachbücher in seiner zweiten, der deutschen Muttersprache.

Werke: **„Die Türen schließen sich"** (1957), **„Der Mann im Sattel"** (1961), **„Die Schule der Verführung"** (1964), **„Thenberg oder Versuch einer Heimkehr"** (1969), **„Berenger und Berenice"** (1971), **„Parole Widerstand. Fortschritt und Rückfall"** (1977), **„Das große österreichische Wein-Lexikon"** (1978), **„Maria Theresia. Geschichte einer Frau – Geschichte eines Films"** (1980), **„Albino"** (1984), **„Die Werke der Einsamkeit"** (1986).

„Die Türen schließen sich" ist der erste Roman über den Ungarn-Aufstand des Jahres 1956. Er schildert den fast harmlosen Beginn der Ereignisse mit Studentendemonstrationen, der schließlich in einen erbitterten Kampf ausartet, berichtet von den vielen hunderten Toten, vom scheinbaren Nachgeben der Russen, der Einsetzung einer neuen Regierung und offenbart endlich das bittere Ende durch den Einmarsch der Russen und die endgültige Besetzung Ungarns. Demonstrationen, Straßenkämpfe und lauernde Nächte bilden den Hintergrund für das im Mittelpunkt des Romanes stehende Liebespaar Zoltan und Anna Bogáty, die ihrem Gatten und gemaßregelten Universitätsprofessor davongelaufen ist, von Zoltan mit in die Revolution hineingerissen wurde und an der Seite des verwundeten Geliebten das Ende erlebt. Obwohl der Roman unter dem unmittelbaren Eindruck der Ereignisse geschrieben wurde, wahrt er Distanz zu den Geschehnissen, ihren Opfern und ihren Tätern. „Es war sinnlos", sagt am Schluß Karoly, Zoltans Freund, bei dessen Schwester Jolan er einst Untermieter war. Mit Zoltans Gegenfrage: „War es sinnlos?" endet der Roman, während sich die Türen hinter der Revolution schließen.

„**Der Mann im Sattel**" ist der 32jährige Johannes Mikulitz im Sattel seines Motorrades, das ihm immer wieder eine gewisse Selbstsicherheit verleiht. Seine Geschichte wird in das Geschehen eines einzigen Tages, eines Sonntages im Oktober, zusammengefaßt; sie spielt zunächst in der Stadt H. an der tschechisch-ungarisch-österreichischen Grenze, dann in Wien. Mikulitz, auf der Suche nach dem Sinn seines Lebens, findet nach der Rückkehr von einer Reise, die Wohnung seiner Freundin Charlotte Berry leer. Das Mädchen ist abgereist, er weiß nicht, wohin und warum. Sie ist nach Wien gefahren; auch sie, die scheinbar Selbstsichere, steht der Wirklichkeit des Lebens ähnlich verloren gegenüber wie ihr Freund. Um beide Gestalten reihen sich Freunde und Bekannte: der Arzt Dr. Meisler, der als Altertumshändler sein Geld verdient, die beiden Freunde aus der Kriegszeit, Galsay, der Frauen vermittelt, und Gedeon Konidesz im Schlößchen, sein Sohn Valentin und die Prinzessin von C., zu der Mikulitz in ein zeitweiliges Verhältnis getreten war. In Rückblenden wird die Geschichte dieser Menschen ausführlich erzählt, sie alle sind Schwärmer und Träumer, zwischen Wirklichkeit und Trugbild lebend. Zwar findet Mikulitz Charlotte in Wien, aber sie verläßt ihn aufs neue, auf der Suche nach ihrem Vater St. Quintin in Pertuis, den sie noch nie gesehen hat. Mikulitz bleibt ratlos zurück; es wird ihm klar, daß er sich immer nur Fiktionen hingegeben habe, daß ihm in Wahrheit alles fremd geblieben sei und nichts auch nur einen Funken Gewißheit biete, obwohl die Menschen in Sicherheit zu leben meinen.

„**Die Schule der Verführung**", Roman, ist die Geschichte des Ballettänzers Robert Burian, des leidenschaftlichen Schwärmers und Verführers, der selber der Verführung erliegt, durch Ideen, durch Frauen, durch Alkohol, durch Geld. Immer meint er, sein Schicksal selber entscheiden zu können, anfangs begeistert, dann zynisch und zuletzt resignierend. Aus der Kleinstadt kommt er als Tänzer auf die Bühne des Opernhauses, tritt in vielen Nachtlokalen Europas auf, wird Fachmann für Striptease und schließlich Gymnastiklehrer für Damen der High Society in Rom. Er endet als Gastwirt in einem einsamen Berggasthaus. Die Szene wechselt von Amsterdam nach Menton, von Straßburg nach Rom. Drei Frauen treten im besonderen in Burians Leben: Die Tänzerin Elsi, die das Hoch und das Tief ihrer Laufbahn unbekümmert hinnimmt; Fiorenza Ribora, Schauspielerin in Rom, und das Mariechen, Wirtin auf dem Berg, die Selbstmord begeht, als Burian Elsi wieder trifft. Vier Männer greifen entscheidend in Burians Leben ein: der Tänzer Viktor Knuth, der ihn zum Ballett bringt; der Mäzen Henry Koelvel; der Schmarotzer Marcel Magnus und der Maler Detlev Bloy. Er bleibt nach Mariechens Tod resigniert in seinem Wirtshaus am Berg.

„**Thenberg oder Versuch einer Heimkehr**" ist die Geschichte eines KZ-Heimkehrers. Wie immer bei Sebestyen vermischen sich reale mit traumhaften Elementen. In dieser Mischung gelingt ihm die Evokation von Gefühlsverwirrungen und erlebter Zeitgeschichte.

Der Roman **„Albino"** ist die Geschichte eines Außenseiters, eben eines Albino, der sein Schicksal auf sich nimmt, aber sein Anderssein deutlich zu fühlen bekommt. Dieser Albino ist ein sensibler junger Mann, dessen Herkunft unbekannt ist, er ist verletzlicher und schwächer als andere, fühlt sich unter seinen Altersgenossen bald als Fremder und Ausgestoßener und muß begreifen, daß ihm die Gesellschaft sein Anderssein nie verzeihen wird. Er liiert sich mit der mütterlichen Frau Lieselotte, für die er den Vertreter in Parfümerie-Artikeln macht, lernt den weisen Antiquar Stephan Berliner kennen, fühlt sich aber schließlich verfolgt, als die Polizei ihn immer wieder wegen Falschparkens bestraft, und versucht, sich an der Gesellschaft und ihrer Ordnung zu rächen. Aber sehr bald wird er, als er die Politesse Ilse Reiter kennenlernt, vom Verfolger zum Verfolgten. Zwischen Traum und Wirklichkeit schwebend, gescheitert, am Tiefpunkt angelangt, als seine Mutter stirbt, wird er in eine geschlossene Anstalt eingeliefert. Eine schwache Hoffnung regt sich, daß er einmal die Anstalt wird verlassen können.

„Die Werke der Einsamkeit", Roman. Nach dem Tode seines Freundes Anselm sucht der Ich-Erzähler, der Archäologe Heinrich Stahl, in seinen Erinnerungen. Der Vater Anselms wurde einst von Hermann Wyss erschossen. Kindheit und Jugend verbrachten Anselm und der Erzähler miteinander; dieser trat in ein erstes Liebesverhältnis zur jungen Mutter Anselms, Flora, wandte sich aber auf einer Ausgrabungsexpedition auf einer Insel in der Ägäis der zwiegesichtigen (wie die Göttin Artemis) Studentin Verena zu, die ihn verließ und Anselm heiratete; in Beziehung zu Flora trat der pensionierte Diplomat Mittler, trinkfreudig, ehemals Revolutionär, Held des Spanischen Bürgerkrieges, Veteran und Kritiker der sozialistischen Bewegung; dieser macht vergeblich seinen Einfluß geltend, eine Sammlung und einen Mustergarten des Lehrers und Agronomen Anselm für ihn zu erhalten. Mittelpunkt dieser Sammlung ist ein von Verena ausgegrabenes Artemis-Relief. Anselm erkrankt, man verdächtigt ihn, Rauschgift zu nehmen, weil er auch alternativ Mohn anbaut, und entläßt ihn in den Krankenstand. Sein langsames Sterben in Anwesenheit Verenas, Floras und des Erzählers bildet den Schluß. Die Verkettung von Schuld und Liebe führt zurück in die Tage des Zweiten Weltkrieges und des Spanischen Bürgerkrieges. Aus dem Verstehen der Zusammenhänge erkennt Stahl unsere Epoche als eine der „Gangsterbanden". Er sieht, daß Anselm in einer Welt der Schuldigen als Unschuldiger ein Opfer der Mächtigen wird, so des Unterrichtsministers Dahm und des Landrates Wyss, des Enkels des Mörders. Im Mittelpunkt des vielschichtigen allegorischen Romans stehen die drei zentralen Mächte der Existenz: die Auseinandersetzung mit dem Tod, das Geheimnis des Eros und der Kampf um die Macht.

HILDE SPIEL

„Lisas Zimmer", Roman (1965). In New York lebt in ihrem Zimmer mit stets heruntergelassenen Jalousien, erfüllt von Parfüm- und Zigarettenduft, Lisa Leitner Curtis, verheiratet mit dem Innenarchitekten Jeff, einem anglikanischen Pastorssohn aus Indiana. Sie ist Wienerin, hat zahllose Abenteuer hinter sich und konnte sich wie viele ihrer europäischen Freunde in den USA dorthin retten, aber nie wirklich Fuß fassen. So wird ihr das Zimmer zu einer Enklave der Vergangenheit, wie alle diese „zerstörten Existenzen", die der NS-Hölle Europa entkommen sind, von dem alten Europa aber doch nicht los können: Thomas Munk, der denunziert und verhaftet wird, Fleming und Winterstein, die Schwestern Blatt und die Ungarn Halassy und Földvary oder die Psychotherapeutin Langendorf; es sind „Lemuren" ihrer Vergangenheit. In diesen Kreis tritt, von ihrer Freundin empfohlen, die 20jährige Lele, die in Litauen ihre Eltern verloren hat; unbefangen und voller Offenheit tritt sie diesen Menschen gegenüber und erlebt in Lisas Zimmer viel, was ihr zunächst unverständlich erscheint, bis sich herausstellt, daß Lisa an einem Tumor leidet, operiert wird, und als sie durch Langendorf die Wahrheit erfährt, sich immer mehr dem Rauschgift ergibt, an dem sie schließlich zugrunde geht. Dies alles schreibt Lele in einem langen Bericht nieder, der damit endet, daß sie mit Jeff in den Westen fährt und beide in San Francisco eine Garage und Autoreparaturwerkstätte eröffnen und ein neues Leben mit Leles Sohn Mario und ihrer beider Tochter Susan beginnen. Als Herausgeber des Romans zeichnet der Schriftsteller Paul Bothe, der zum Kreis um Lisa gehörte.

„Der Mann mit der Pelerine und andere Geschichten" (1985) sind 15 Miniaturen, die alle Begegnungen schildern: in der Titelgeschichte das Zusammentreffen des kleinen Mädchens mit dem gefährlichen Mann mit der Pelerine; in der Schule mit einem fremden Mädchen; das Zusammentreffen des alten Fräuleins mit dem Kettenbrief; der verheirateten Frau mit ihrem einstigen Liebhaber, einem berühmt gebliebenen Schauspieler; mit einem unbekannten Maler, der malt wie ein Großer in seinen Anfängen; mit einem epileptischen Mädchen. „Begegnungen in England" sind vier persönliche Geschichten aus Englandaufenthalten, drei Erzählungen sind „Begegnungen in Griechenland" gewidmet. „Die Totengräber" fassen im Zeitraffer zusammen, was im Laufe eines Jahrhunderts das Antlitz eines Gebirgsdorfes – St. Wolfgang – verändert hat. Die Geschichte gibt Anleitung zum Schreiben eines Romanes darüber, wie diese Verunstaltung eines Ortes im Zeitalter des Umweltschutzes immer mehr um sich greift. (S. 202)

ANNA THERESIA SPRENGER

Neben den in Band 2 angeführten Werken erschienen von der Autorin die **„Weihnachtsbücher 1, 2, 3"**, zwei erzählende Dichtungen, **„Das Bild meiner Mutter"** und **„Zu spät aufgezeichnet"**, Jugendbücher **„Der Smaragd"** (eine Dramatisierung ihres eigenen Märchens) und das Spiel **„Brannte nicht unser Herz"** (1975), das sich mit den Schwierigkeiten beschäftigt, die Menschen von heute mit der Passion Christi haben. (S. 362)

GERALD SZYSZKOWITZ

„Puntigam oder Die Kunst des Vergessens", Roman (1988). Graz 1986, 60-Jahr-Feier der Gemeindemühle, welche der alte Puntigam 1926 geschaffen und seither als Pächter betrieben hat. Zur Feier ist auch seine einzige Tochter Marianne, Journalistin, aus Boston, USA, gekommen. Diese Feier rahmen eingangs und am Ende jene Geschehnisse ein, welche sich in Graz, der „Stadt der Volkserhebung", vom Frühjahr 1938 bis zum Sommer 1945 ereignet haben. Der alte Puntigam beobachtet die politischen Geschehnisse mit Interesse: Wie viele Grazer ist er „Illegaler" und für den „Anschluß", der ihm den erhofften wirtschaftlichen Aufschwung bringt. Seine Tochter Marianne, damals Journalistin beim „jüdischen Telegraph" in Wien, ist gegensätzlicher Meinung. Sie kann nicht begreifen, wie Menschen wie ihr Vetter Friedemann, der sie ein Leben lang vergeblich liebt, heute Verehrer Schuschniggs und tags darauf begeisterter Staatsbeamter bei Seyß-Inquart sein kann, der es sich auch während des Krieges und 1945 wieder richtet und schließlich in die Politik geht. Sie kann es nicht akzeptieren, daß Juden deportiert werden und gute Bekannte über Nacht verschwinden, daß man zusammengeschlagen und gehenkt wird, weil man eine andere Meinung vertritt.

Mehr oder weniger zufällig gerät sie in die Widerstandsbewegung durch die kommunistischen Arbeiter ihres Vaters Mattl und Susi Swoboda und durch den Deserteur Thaya, aus dem Geschlecht der Thaya seiner früheren Romane stammend, der nicht gegen Partisanen kämpfen wollte. Dieser Widerstand in der Ober- und Untersteiermark wird in einzelnen Phasen geschildert; Marianne wird 1938 zusammengeschlagen, während des Krieges durch den Naziführer Steindl mißhandelt, der die Untersteiermark germanisieren will, und auch beim Einmarsch der Russen wieder eingekerkert. Der Gauleiter, der bis zuletzt den totalen Krieg predigt, entkommt. Puntigam wird in den letzten Tagen des Nazi-Regimes erschossen. 1986 aber haben es sich alle wieder gerichtet, niemand mehr will an der Vergangenheit rühren, denn allen geht es auch in der Republik der Skandale gut. Der Roman aber verlangt gerade die Auseinandersetzung mit der Vergangenheit. (S. 91)

HERMANN THEURER-SAMEK

veröffentlichte 1976 den Lyrikband **„Näher dir…"**. In der vom Autor herausgegebenen Zeitschrift „Jetzt" wurden weiters veröffentlicht: **„Sa-tierisches"** (1983), lyrische Gedichte, und in einer

Sondernummer „**Florentinische Impressionen**" (1981) sowie „**Mödlinger Anthologie**" (1982), ein Sammelband von 110 Autoren aus elf Staaten. Die „Florentinischen Impressionen" sind teils freirhythmische, teils gereimte Gedichte, teilweise auch ins Italienische übersetzt, die eine einzige Liebeserklärung an Florenz und die Toskana, ihre Künstler und deren Werke sind. Die melodisch schönen Verse preisen Landschaft, Menschen, Künstler, Kunstwerke und Bauten.

1982 erschien der Erzähl- und Lyrikband „**Weihnacht der Ringstraßenhäuser. Salzburg im Advent**", drei Erzählungen und als Abschluß gereimte Gedichte. Sie alle haben zum Thema Weihnachten und das Kind in der Krippe. In der ersten Erzählung werden die Ringstraßenhäuser selber verzaubert, wie sie auch die Menschen verzaubern. „Die geschenkte Kerze" ist eine Weihnachtserzählung über einen Schriftsteller, während die letzte, „Dambalala", den ersten „Ausflug" des Kindes in der Krippe zum Negerjungen des Titels und über die Welt berichtet. Seine Aufgabe wird es sein, die Menschen zu erlösen. Tiefe Gläubigkeit spricht aus den Geschichten wie aus den Weihnachtsgedichten.

1986 folgte die Gedichtsammlung „**Immer wieder tönt Olifant (Aufbruch und Tod)**". Rolands Horn Olifant ertönte, wie der Autor feststellt, zum Aufbruch und zur Sammlung, zum Wagemut und zur Vorsicht, zur Tapferkeit und zur Feigheit. In dieser Spannweite bewegen sich die Gedichte spiritueller Aussage in freier Rhythmik, die bei aller Kritik an der Gesellschaft, Wirtschaft, Politik und Kultur der Gegenwart doch immer von der Hoffnung auf ein Göttliches getragen sind, auf Demut und Liebe, vom Glauben an einen alles ordnenden Gott, der auch ohne kirchliche Bindung, Wunsch und Ziel jedes Menschen ist, weil er allein zum Frieden führen kann.

Ebenfalls in „Jetzt" erschien „**Das Traumschloß oder das Werden des Michael Khlaiden**", ein Märchen (1986). (S. 366)

ILSE TIELSCH-FELZMANN

„**Fremder Strand**" (1984) ist eine Erzählung von Watt und Prielen an der Nordsee. Fremd geworden ist nach zehn Jahren der Fotografin Irene nicht nur der Strand, fremd sind ihr auch Menschen und Dinge. Vor zehn Jahren hatte Irene hier mit Mann und Kindern die Ferien verbracht; die Kinder haben sich inzwischen von der Familie gelöst, Irene hatte Erfolge als Fotografin, nachdem sie, durch eine Kritik des kompromißlosen Robnitzki, ihr bisher Geschaffenes vernichtete und ganz neu begann. Irene ist durch ihre Doppelexistenz als Künstlerin und Frau, die Mann und Kinder zu betreuen hat, belastet; belastet aber auch durch den Zerfall der Gemeinsamkeit in der Familie und durch das Älterwerden. In dieser Situation unternimmt sie mit ihrem Mann eine Urlaubsreise an die Nordsee, einen Fotoband „Fremder Strand" planend, der die Parallelität der Gefährdung der Menschen und der

Natur sichtbar machen soll. Aber auch Klärung ihrer persönlichen Probleme – vor Jahren hatte sie Robnitzki geliebt, der spurlos verschwunden ist – erhofft sie sich. Doch die ihr vertraute Landschaft wurde ein fremder Strand, verändert haben sich auch ihre Freundinnen von einst: die Schriftstellerin Helga, die ihr vom Freitod des krebskranken Robnitzki berichtet; Ines, Mutter von sechs oder sieben Kindern, die sich von ihrem Mann getrennt hat. Unterschwellig spielt die Geschichte eines hier vor Jahren geschehenen unaufgeklärten Mordes mit, von dem Helga mehr zu wissen scheint, als sie zugibt. Schon meint Irene, das Leben nicht mehr meistern zu können, doch im entscheidenden Augenblick, als sie weit draußen im Watt von der Flut überrascht wird, wählt sie das Leben mit all seinen lösbaren und unlösbaren Problemen.

„Zwischenbericht" (1986) sind freirhythmische Gedichte von großer Eindringlichkeit und lyrischer Empfindung. Ob sie sich mit Menschen oder der Natur, mit dem „Weinviertel nördlich" oder der „Wattlandschaft dreiundachtzig" befassen oder „Augenblicke" wiedergeben, alle sind einprägsame poetische Gedichte. (S. 29)

FRIEDRICH TORBERG

Der Roman „Auch das war Wien" (1984) fand sich im Nachlaß des Dichters und wurde ohne orthographische bzw. Satzzeichenänderungen herausgegeben. Er spielt zwischen August 1937 und März 1938 und ist unter ebenso dramatischen Umständen wie die geschilderten Ereignisse entstanden: auf der Flucht in Prag und Zürich zwischen Mai 1938 und Juni 1939, unter dem unmittelbaren Einfluß der politischen Ereignisse dieser Jahre.

Im Mittelpunkt steht die Liebesgeschichte auf dem Hintergrund des untergehenden Österreich zwischen dem jüdischen Dramatiker Martin Hoffmann, dessen neues Stück „Die Träumerin" eben in der Josefstadt geprobt wird, und der „arischen" Schauspielerin Carola Hell am Josefstädter Theater, die die Hauptrolle in dem Stück spielen soll, ein Gastspiel in Berlin absolviert und in ihrem ersten Tonfilm spielt. Am Ende der letzten Salzburger Festspiele im freien Österreich haben sich die beiden in Salzburg kennengelernt, richten sich in der Eroicagasse in Wien-Döbling eine gemeinsame Wohnung ein und träumen von einer guten neuen Zeit und dem Kind, das Carola erwartet. Zwar weisen immer wieder kleine Geschehnisse auf die kommenden Ereignisse hin, aber in ihre Liebesromanze sind sie so verstrickt, daß ihnen nichts etwas anhaben kann und sie die Zeichen der Zeit nicht erkennen wollen, bis die Weltgeschichte die Liebesgeschichte überrollt: Besuch Schuschniggs in Berchtesgaden, Ankündigung der Volksabstimmung und Einmarsch der deutschen Wehrmacht in Österreich. Zwar gelingt es Carola noch, nach Prag zu entkommen, der Redakteur des „Neuen Wiener Tagblatt", Toni, Martins bester Freund, hat alles arrangiert, bevor er verhaftet wurde. Martin wird zurückgehalten, bereitet alles zur Flucht vor, wird aber von der Gestapo verhaftet.

Dieser zeitdokumentarische Roman schildert das Innenleben und die äußere Erscheinung Wiens, einer Stadt, die dem Untergang geweiht ist, „und die sich dem Untergang weiht". Zahlreiche typische Wiener Gestalten bevölkern diesen umfangreichen Roman, der inzwischen auch verfilmt wurde.

„Der letzte Ritt des Jockeys Matteo" (1985 aus dem Nachlaß) ist eine bereits in den vierziger Jahren im Exil entstandene Novelle. Der Rennstallbesitzer Alexander Graf Ottenfeld hat aus Altersgründen seinen Jockey Giuseppe Matteo, „den fliegenden Italiener", entlassen, doch kann sich dieser mit seiner Pensionierung nicht abfinden. Noch einmal möchte er ein allerletztes Rennen reiten; es gelingt ihm, Graf Ottenfeld zu überreden, ihm das Pferd Belladonna für das große Derby zu überlassen. Härtestes Training und unglaubliche Ausdauer lassen ihn auf den Sieg hoffen. Obwohl Graf Ottenfeld, dessen Ruin nur durch einen Sieg aufgehalten werden könnte, selber an den Sieg nicht glaubt, gelingt dem Jockey das schier Unmögliche. Er täuscht seinen großen Rivalen Kovacz auf Odysseus, indem er nicht das Pferd, sondern seine eigenen Schenkel peitscht, sodaß Kovacz vorzeitig zum Sprint ansetzt und verliert. Nach dem Sieg bricht Matteo infolge hohen Blutverlustes durch Selbstpeitschung zusammen und stirbt am nächsten Tag; aber das große Ziel seines Lebens hatte er noch erreicht. (S. 135)

PETER TURRINI

„Die Bürger" (ursprünglich „Die Bürger von Wien" 1981) ist ein Stück ohne Handlung, das über Sprache, Sprachentfremdung, Sprachfunktionalisierung in einer Gesellschaft der Aufsteiger, der heute Vierzig- bis Fünfzigjährigen, handelt. Die Familie des Arztes Gustav Schneider – seine Frau Verena, vor der Scheidung von ihm stehend, Sohn Heiner aus der ersten Ehe des Arztes und der Vater, der alte Schneider – hat zu einer Party geladen: den Schriftsteller, der in Verena verliebt ist und alle Gespräche auf Tonband aufnimmt, um sie in seinem nächsten Stück zu verwerten, den Intendanten mit Frau, den Unternehmer mit Frau, den sozialistischen Abgeordneten und den Schauspieler. Vor, während und nach der Party reden diese Menschen aneinander vorbei, sie haben ein gestörtes Verhältnis zur Sprache und verwenden nur Sprachklischees, die sie anwenden, weil sie nichts zu sagen haben. So wird das Stück, in dem am Ende der während des ganzen Partygeschwätzes stumm gebliebene Heiner Selbstmord begeht, zu einer Bestandsaufnahme der bürgerlichen Gesellschaft von heute. Denn die arrivierten Bürger sind kaputte Typen, die sich schließlich über das jugoslawische Dienstmädchen Draga hermachen, weil sie jenseits jeder Moral leben bzw. sich ihre eigene gebildet haben. Das Stück erregte schon vor der Aufführung Kontroversen, die bis zu einer Parlamentsdebatte reichten.

„**Campiello**" nach Carlo Goldoni (1982) ist ein kleiner Platz in Venedig, in dessen Häusern die armen Leute wohnen: Donna Pasqua und ihre Tochter Gnese, Orsola und ihr Sohn Zorzetto, Donna Catte und ihre Tochter Lucietta sowie der reiche Don Fabrizio mit seiner Nichte Gasparina, die er an einen Adeligen zu verheiraten wünscht. Zu ihnen stößt der verarmte Adelige Cavaliere, der sein Vermögen verspielt und verhurt hat, für den Liebe nur ein erotisches Abenteuer bedeutet, während für die armen Leute Liebe, Verlobung und Heirat Hauptinhalt ihres Lebens sind. Wie nun die einzelnen Paare zueinander kommen, welche Kniffe notwendig sind, bis Verlobung und Ehe gestiftet sind, ist der Inhalt des abwechslungsreichen Lustspieles, das nach Goldoni völlig neu geschaffen wurde, wie schon die beiden vorangegangenen Nachdichtungen Turrinis „Die Wirtin" nach Goldoni und „Der tollste Tag" nach Beaumarchais.

„**Es ist ein gutes Land**" (1986), „Texte zu Anlässen", enthält Aufsätze, Reden, Kritiken, Interviews literarischer, sozialer und politischer Prägung, die Turrini gehalten und gegeben hat bei Lesungen, Einladungen, Laudationes, entstanden zwischen 1971 und 1986; sie geben sein gespaltenes Verhältnis zu seiner Heimat ebenso wieder wie auch zur Sozialdemokratie, der er sich zugeordnet fühlt, von der er aber, was verschiedene Vertreter betrifft, abrückt. (S. 96)

HEINZ R. UNGER

wurde 1939 in Wien geboren, arbeitete zuerst als Schriftsetzer, Werbetexter und Redakteur. Seit 1968 ist er freier Schriftsteller, der Fernseh- und Hörspiele, Liedtexte und mehr als 10 Theaterstücke geschrieben hat.

Theaterstücke: „**Orfeus wird ein Konsument**" (1968), „**Stoned Vienna**" (1970), „**Der Doge von Venedig kocht Papa**" (1970), „**Amdasil Ossibar**" (1971), „**Trausenit tut Totentanzen**" (1971), „**Mowghli – Mowghli**" (1972), „**Spartacus**" (1974), „**Orfeus, Eurydike und die Glasperlenindustrie**" (1976); nach diesen Experimentierstücken wendet er sich politisch engagierten Dramen zu: „**Verdammte Engel. Arme Teufel**" (1979), „**Die Päpstin**" (1984), „**Republik des Vergessens**" (3 Stücke: „**Unten durch**", erstaufgeführt 1980, „**Zwölfeläuten**", 1985, „**Hoch hinaus**", 1987), „**Senkrechtstarter**" (1987).

Lyrik: „**Die Stadt der Barbaren**" (1971), „**Venceremus**" (1974), „**Lieder fürs Leben**" (1975), „**Proletenpassion**" (1977), **Das Lied der Serapions**" (1979).

„**Verdammte Engel**" ist eine Dramatisierung der Erzählung „Die Sünde Jesu" von Isaak Babel, eine Geschichte aus Odessa. Arina, Stubenmädchen im Hotel Madrid, schlampig und meist schwanger, hat zum Freund den Hotelburschen Serjoga, der für vier Jahre zum Militär einberufen wird. Da schickt ihr die Ikone Jesu den blonden

Engel Alfred zum erotischen Zeitvertreib, denn die Hotelgäste nehmen sie für sich und schwängern sie. Arina montiert Alfred die Flügel ab, zieht ihm sein Lamettakleid aus, zieht ihn ins Bett, legt sich auf ihn und erdrückt ihn. Dabei wird ihr klar, daß jeder sein eigener Engel sein muß, daß sie sich auf eigene Füße stellen muß; wie ein „zorniger Engel" redet sie, als Serjoga zu ihr kommen will. Da steigt die Ikone Jesu herab, wirft sich vor ihr auf die Knie und bittet um Verzeihung. Doch Verzeihung gibt es nicht in dieser Welt; erst in einer neuen Welt werden die Menschen stark und ihre eigenen Engel sein.

„**Arme Teufel**", „das Ende einer Tragödie", dichtet Goethes „Faust" weiter. Der alte blinde Doktor Faust hat in den trockengelegten Sümpfen eine neue Stadt errichtet und läßt sich nun vom jungen Ingenieur, einem Technokraten, eine Kathedrale entwerfen. Aber der Damm gegen das Meer bringt wieder nur den Reichen neues Land. Unter der Führung des jungen Sumpfarbeiters Branko, der dies als erster erkennt, drehen die Arbeiter den Spieß um: Sie bauen einen Damm gegen das Land; Mephisto erweist sich dabei als kluger Analytiker. Das Eröffnungsfest, in dem Branko den großen Arbeiterchor umfunktioniert, wird zur endgültigen Höllenfahrt Fausts.

Das erste Stück der Trilogie „Republik des Vergessens", „**Unten durch**" – acht Bilder vom Anfang des Friedens – spielt im Kellerlabyrinth und in den Katakomben der Wiener Innenstadt, während oben zwischen Flächenbränden und Geschoßhagel zwischen der heranrückenden Roten Armee und den letzten Widerstandsnestern der Deutschen Wehrmacht der Krieg zu Ende geht. Da ist der Luftschutz- und Blockwart Böhm, der sich noch für seine Hausgenossen verantwortlich fühlt, für die Hausmeisterin Maria Reitmeier, die im sechsten Monat schwanger ist, für die 60 Jahre alte Schneiderin Zapletal, für den Staatsbeamten Hofrat Selznik, in dessen Kammer die 16jährige Elfi den jüdischen Medizinstudenten Hans Tannenbaum sieben Jahre lang versteckt hatte; voller Angst, halb verhungert irren sie durch die Keller, treffen schließlich in einem Weinkeller auf den hier versteckten Kellner Schmeiler, der während des Krieges zur besonderen Verwendung im Offizierskasino freigestellt war, und erleben mit dem ersten russischen Soldaten den ersten Frühlingstag im Frieden. Aber sie alle sind Mittäter, Mitläufer, der Blockwart wie der Hofrat, der sich von seiner jüdischen Frau hat scheiden lassen und nun von dem Versteck des jüdischen Studenten profitieren will. Allein Frau Zapletal ist überzeugte Sozialistin geblieben und weiß, daß sie alle es sich wieder richten werden, daß viel Schuld ungesühnt bleiben wird, daß auch das neue Österreich es sich mit ihnen richten wird, als wäre nichts gewesen. Sie alle sind „unten durch" gekommen auf die neue Oberwelt.

Das zweite Stück der Trilogie, „**Zwölfeläuten**", wurde 1985 erstaufgeführt und spielt in dem fiktiven steirischen Ort St. Kilian im Spätwinter und im Frühjahr 1945 kurz vor und nach Kriegsende. Das Leben in dem Dorf geht weiter, auch wenn bereits 29 Männer gefallen sind und nur mehr der alte Dorfpfarrer Glashütter, der Kleinhäusler Lindmoser, der unabkömmliche Ortsvorsteher Sonnleitner und der Ortsgruppenleiter und Förster Fichtelhuber sowie der reiche Wirt und Fleischer Schwarzenegger mit seinem Erbhofsohn Simmerl sowie der Dorfdepp Jogl daheim sind. Lindmosers Sohn Toni ist bei den Partisanen zusammen mit seinem erblindeten spanischen Freund Facundo. Doppelte Aufregung herrscht im Dorf: Der Kreisleiter kommt mit dem gefürchteten SS-Sturmbannführer Kroll auf Inspektion, und die beschlagnahmte letzte Glocke wollen die St. Kilianer verstecken, wozu schließlich sogar der Ortsvorsteher und der Ortsgruppenleiter überredet werden. Man kann ja nicht wissen, wie lange der Krieg noch dauert. Mit Hilfe der Partisanen wird die Glocke im Gebirge versteckt, ein Scheinprotokoll aller Beteiligten aufgenommen. Kreisleiter und Kroll empfehlen sich, als sie die Menge gegen sich gerichtet sehen. Der Krieg ist aus; Jogl hat die Insignien der NS-Herrschaft eingesammelt und wird sie vergraben – man kann ja nie wissen, ob man sie nicht wieder einmal braucht. Mit einer Befreiungsfeier, der Hochzeit Lindmoser Tonis mit Sonnleitners Kathi, der Flucht Krolls, der noch kurz vor Schluß Facundo erschossen hat, endet das Stück. Der Ortsgruppenleiter hat sich im Kirchturm erhängt; die Entnazifizierung geht nun spurlos vorüber. In St. Kilian bleibt alles beim Alten, nur daß der alte Lindmoser neuer Ortsvorsteher wird.

Das zuletzt geschriebene Stück der Trilogie, **„Hoch hinaus"**, spielt in seinen drei Akten im Frühsommer und Herbst 1945, in der unmittelbaren Nachkriegszeit also, in der Trümmerstadt Wien. „Der neue Anfang räumt mit Schutt und Asche auf, nicht mit Schuld und Sühne", sagt der Autor. Franz Parzipan, als Soldat für tot erklärt – aber der „Glückspilz" hatte sich abgesetzt – kommt heim; aber er schleppt ein Gespenst mit, seinen Kumpel Andreas Jerabek, den „Pechvogel", der gefallen ist. Doch daheim hat sich in den mehr als drei Jahren Abwesenheit und mit Kriegsschluß vieles verändert. Seine Frau hat sich als „Kriegswitwe" dem Greißler Leopold zugewandt, der sie mit Lebensmitteln unterstützt hat und es ihr ermöglichte, die Tochter Gerli und den kleinen Wickerl durchzubringen. Die Witwe Irene Jerabek ist schwanger. Einst war das Haus Nr. 7 eine Hochburg der Sozialdemokratie, jetzt sind Ausgebombte eingewiesen worden, darunter der Untermieter und Schwarzhändler Emil Fuchs, der sich angepaßt hat, den der eifrige Kommunist, KZ-Insasse, „Rächer und Opfer", ebenso verhaftet wie den Nazirichter Doktor Beer. Aber dies alles wird sich bald als Illusion herausstellen, denn beide können sich reinwaschen, beide werden wieder tüchtige Mitglieder der neuen Gesellschaft; das Wirtschaftswunder beginnt. Girli von ihrem GI Jonny Ray verlassen, verlobt sich mit Fuchs, bei dem Parzipan als Nachtwächter angestellt ist. Anna kehrt zu ihrem Mann zurück. Plakate für die Herbstwahl werden geklebt, man hat sich angepaßt, nichts ist anders geworden.

Die **„Proletenpassion"**, ein „erzählerisches Oratorium", hat sich als zentrale Aufgabe gestellt, der Geschichte der Unterdrücker Geschichte als etwas gegenüberzustellen, „woraus die Unterdrückten für ihren (künftigen) Kampf" etwas lernen können. Darum werden immer wieder Beziehungen zur Gegenwart hergestellt. Es geht um die Geschichte der Bauern- und Religionskriege, um die Revolution der Bürger und der Pariser Commune, um die Oktoberrevolution 1917 und den Faschismus. Das Schlußlied ist daher ein Solidaritätsgesang. Nur die Einheit kann die Wende bringen. Geschrieben wurde die „Proletenpassion" für die „Schmetterlinge" zur Eröffnung der Wiener Festwochen 1976.

ANNA VALERIE VOGL-HÜGER

„Ein Föhntag im September", Erzählungen und Impressionen (1987). Die Titelgeschichte der acht Erzählungen ist eine Doppelgeschichte: die der jungen Malerin Roswitha und die ihrer Mutter. Als der junge Physiker Rudolf Roswitha für längere Zeit verläßt, weil er eine Stelle in den USA angeboten erhielt – es ist ein klarer Föhntag im September –, erzählt ihr am Abend ihre Mutter die Geschichte ihrer großen Liebe zu einem Theologiestudenten, der in Polen fiel, ihre Flucht, die Bombardierung Dresdens, ihre Heirat und ihre Ansiedlung im Salzburgischen. Auf Roswitha aber wartet der Nachbarssohn Gregor. Stimmungsbilder und Betrachtungen von Gemälden ergänzen den Inhalt. „Ein Tag wie jeder andere" schildert in Ich-Form eine Autofahrt nach München, die Schwierigkeiten im Stadtverkehr und einen Vortrag in Schwabing, den Jugendliche zu einer Diskussion umfunktionieren. „Die Insel der Schönheit" „Korsika" bildet einen weiteren Text, wie auch der deutsche „Soldatenfriedhof auf Kreta", den eine Reisegruppe besucht. Immer sind diese Reiseberichte durch Landschaftsschilderungen angereichert, wie auch der kurze Text „Ich suche Eichendorffs Grab" auf einer Polenrundreise. In der Geschichte „Der Müllkübel" werden die Beschwerlichkeiten eines alten Ehepaares in einer Substandardwohnung mit hohem Zins erzählt, im „Teufelskleid" verbindet sich die realistische Darstellung einer mit schweren Verbrennungen im Spitalsbett Liegenden mit parapsychologischen Elementen. „Der Ungeratene" ist eine bitterböse Weihnachtsgeschichte um ein Elternpaar und seine Kinder, um den ungeliebten, „ungeratenen" Robert, der in Schule und Lehre versagt und sich im Alter von 16 Jahren eine Woche vor Weihnachten erhängt. Einziger Hoffnungsschimmer wird das uneheliche, noch ungeborene Kind der Tochter Else. (S. 367)

REINHARD WEGERTH

wurde 1950 in Niederösterreich geboren, studierte an der Universität Wien Philosophie und promovierte 1975. Er begann 1970 zu schreiben, verfaßte eine Reihe ungewöhnlicher Geschichten und erhielt den Förderungspreis des Theodor-Körner-Preises. Hörspielfassungen seiner Geschichten wurden in Österreich, in der BRD und der Schweiz ausgestrahlt.

Sein erster Kurzroman in fünf Episoden **„Der große grüne Atemstreik"** (1985) ist ein Roman, der den Jahrhundertkonflikt zwischen Natur und technischem Fortschritt zum literarischen Thema macht. Die erste, titelgebende Episode ist ein „ironisches Märchen", in dem Professor Blüml die Maschine konstruiert, mit der er die Sprache der Blumen, ihre Photosynthese, versteht und erfährt, daß die Pflanzen wegen Verschmutzung der Luft, des Wassers und des Landes einen großen Streik planen und den Menschen die Luft entziehen. Seine Assistenten Dr. Flora und Dr. Korn plaudern das Geheimnis aus, aber der Konzernherr über alle Atom- und Elektrizitätswerke, Direktor Sassmann, läßt eine künstliche Photosynthese herstellen. Zwar gibt es nun keine Pflanzen und Tiere mehr, die Nahrung wird synthetisch erzeugt, die Technik hat die Natur aber wieder einmal überlistet. Der Atemstreik der Pflanzen hat das Gegenteil erreicht: eine hohe Entwicklung der Technologie.

Die zweite Episode „Der Mantel Vergißmeinnicht" ist ein Erotikon. Das Wissenschaftspaar Flora–Korn hat zur Überbrückung einer langen Trennung – um die Gleichstellung der Frau zu beweisen, fährt Flora mit der Journalistin Emma für ein Jahr in den Weltraum – einen Liebesmantel, eine neue Haut, konstruiert, die das gespeicherte Sexualverhalten des Partners entwickelt. Durch Indiskretion Korns gelangt dieses Geheimnis wieder an Direktor Sassmann, der den neuen Artikel weltweit erzeugt und vermarktet, wodurch körperliche Sexualität, aber auch Kinderzeugung unterbunden werden.

„Das neue Daimonion" spielt auf Sassmanns Yacht „Kapital I"; hier wird das Konzept für die künstliche Zeugung und Erziehung der Menschen erarbeitet, indem man weit über Aldous Huxleys „Schöne, neue Welt" hinausgeht. Im Atlantik aber liegt eine Insel mit normalen Menschen, Tieren und Planzen, von wo Sassmann seine natürlichen Nahrungsmittel bezieht. Dorthin begeben sich im Dunkel der Nacht Flora, die schwanger ist, und Korn; sie wollen ihr Kind unter normalen Verhältnissen erziehen. Das neue Daimonion ist ein den Menschen einoperiertes Stirnband, das alle Aggressionen abbaut und die Menschen normiert.

Die vierte Episode „Die intimste Verbindung" ist ein innerer Monolog des Stirnbandes mit seinem Besitzer Sassmann. Mit diesem Band wird der Mikrocomputer zum endgültigen Herrn über den Menschen und der Mensch zum Roboter. Auf einem Ausflug, den das Stirnband, das zweite Ich Sassmanns, mit diesem unternimmt, soll die Azoreninsel im Atlantik zerstört und sollen die „zurückgebliebenen" letzten Menschen ausgerottet werden.

In der letzten Episode „Ein Boot aus Atlantis" wird das einfache Leben der Bewohner der Azoreninsel, Rest des versunkenen Atlantis, geschildert. Floras und Korns Sohn Junior fährt mit einem Boot, beladen mit Samen und einem trächtigen Mutterschaf, Richtung Europa, um dort wieder ein natürliches Leben anzufangen. Eine Atombombe zerstört die Insel.

GERNOT WOLFGRUBER

„**Die Nähe der Sonne**", Roman (1985). Bei einem Autounfall sind die Eltern von Stefan Zell, der Vater Gymnasialprofessor, die Mutter Hauptschullehrerin, getötet worden. Zum Begräbnis treffen sich nach langer Zeit die Verwandten: Zells Schwester Eva und ihr Mann Ulrich sowie ihre drei Kinder, der Bruder Bernhard, Zells geschiedene Frau Lina und ihrer beider Sohn Markus. Zell hat einst das Architekturstudium abgebrochen, er hatte mit Gleichgesinnten an der TU die anarchische Gruppe PreludynamoCo gegründet, hatte sich der Malerei verschrieben, war zweimal in einer Nervenklinik und arbeitet nun in verschiedenen Architekturbüros. Zum Begräbnis ist er überstürzt aus einem Italienurlaub zurückgekehrt. Zu Hause erwartet ihn seine Freundin Hanna, mit der aber das Zusammenleben fragwürdig geworden ist, weil sie das Kind, das sie von ihm empfangen hat, zur Welt bringen möchte, er aber dies ablehnt. Auf der Heimfahrt zu ihr biegt er von der Autobahn ab; wo er ankommt, hat er nicht erwartet, aber für ihn wird es zu einer neuen Erlebnisintensität.

Noch wird ein Weihnachtsabend bei der Schwester geschildert, der im gleichen Ritus verläuft wie immer bei den Eltern. Vorzeitig verläßt ihn Zell und gerät immer mehr in die Gefangenschaft seiner eigenen Existenzbedingungen; aber das, meint er, gelte nicht für ihn, denn in der „Nähe der Sonne" zähle das nicht. Doch von Souveränität und Entscheidungsfreiheit kann nicht mehr die Rede sein. Freunde aus früheren Tagen treten in seinen Erlebniskreis, doch immer mehr erkennt Zell, daß die Menschen Gefangene ihrer Umwelt sind, denn alles ist von Drähten und Kabeln durchzogen, an denen die Menschen wie Marionetten hängen. Er selber aber meint immer näher der strahlenden Sonne und dem Glück zu kommen. (S. 188)

MICHELE WRANN

Drei Erzählungen ganz verschiedener Art, „**Wege ins Licht**" (1983), meinen mit dem Titel den Weg zur Liebe. „Iwan" ist ein schwerkranker häßlicher Russe, Kriegsgefangener, den ein deutscher Arzt wider den Befehl in die Sanitätsbaracke aufnimmt, dem er Liebe angedeihen läßt, und den er rettet. „Maximilian" heißt der

Papagei von Hans, der diesem seine ganze Liebe zuwendet; der Text ist abwechselnd in Prosa und in Gedichten geschrieben, eine höchst poetische Mischung. Eine Kindergeschichte ist „Heimkehr am Weihnachtsabend" von dem sechsjährigen Thomas, der nach einer Theateraufführung für Kinder den Weg nach Hause allein finden muß, weil er den Vater verfehlt hat, der ihn abholen wollte. Dieser Weg wird für Thomas zugleich ein Weg zur Liebe der Eltern, die er verloren zu haben meinte.

1986 veröffentlichte die Autorin den schmalen Gedichtband **„Wir in alle Ewigkeit"**, wohlgeformte Lyrik, aus der besonders die drei „Hiroshima-Gedichte" herausragen. (S. 369)

FRIEDRICH CH. ZAUNER

„Scharade", Erzählung (1985). Unmittelbar vor der Vernissage des Malers Möwenpiek verläßt der Münchner Galerist Jakob von Langheim Ausstellung und Gattin Karin und fährt zum Fischen und auf Urlaub in das österreichische Klammtal. Er will Distanz schaffen zu den Vorfällen, die ihn in den letzten Wochen aus dem Gleichgewicht gebracht haben, vor allem war es der Einsatz seiner Frau für den Maler, der über das gewöhnliche Ausmaß hinausging. Doch die Stille der herbstlichen Landschaft bringt ihm nicht die innere Ruhe. Seine Gedanken kehren zu seiner Frau zurück, die sich ihm entfremdet hat, und zu der ganzen töricht-hektischen Kunstszene. Erst als er im Speisesaal seiner Pension „Eichenholz" das Porträt einer Frau erblickt, befreit er sich von den quälenden Gedanken; denn dem Maler ist es gelungen, das „Wesen Frau" darzustellen. Von nun an läßt ihn das Bild nicht mehr los, mit Besessenheit spürt er dem Maler nach, erfährt aber nur, daß er den Zögerhof im hintersten Klammtal bewohne, sich mit dem Gewehr gegen den Bau einer Straße über seinen Grund und eines Schiliftes wehre, daß seine Frau, wie ihm der Arzt Dr. Breith berichtet, an Hautkrebs gestorben sei, der Maler die Leiche in den ausgetrockneten Brunnen geworfen habe, sie aber noch immer für lebendig halte und male. Eine Unterredung mit dem Maler sowie der Erwerb des Bildes aus der Pension und die Rückkehr zu Karin, welche die Affäre Möwenpiek ausgestanden hat, beschließen die Erzählung, die aber darauf hinweist, daß immer wieder eine Affäre mit einem neuen Maler der Kunstszene das Leben Langheims stören werde.

Die Erzählung **„Bulle"** (1986) bringt ein Thema, das in der Literatur nur selten behandelt wird: den Sport, und zwar die Geschichte des Radrennfahrers „Bulle" Hein Herzog in Einzelbildern auf der letzten und anstrengendsten Etappe der Sizilien-Rundfahrt. Für die „Giganten der Landstraße" ist die Straße schon längst zum quälenden Asphaltband geworden, jeder hat die Sehnsucht, die Tour so schnell wie möglich hinter sich zu bringen. Geschildert werden der letzte Abend vor dem letzten Renntag, die Vorbereitungen, der Start und Ausschnitte aus der Etappe. In einem letzten Aufbäumen wagt der Champion Bulle, 35 Jahre alt, noch einmal alles mit einer Soloflucht über 200 km und verliert alles. Jenseits der Grenze möglicher Anstrengungen, jenseits der Schmerzgrenze erwächst ihm neue Kraft; ein solcher Zustand verändert die Wahrnehmung, erzeugt Träume, Halluzinationen. In die gleichförmige Bewegung der Beine drängen sich kurze Schübe, Erschöpfungen, neue Energien. Sichtbar wird in Erinnerungen Bulles Leben. Im Alter von 13 Jahren beschloß er, Rennfahrer zu werden, verließ das Elternhaus. Es folgten Aufstieg und Rückschläge mit seinem Betreuer Ole Steffen. Einsamkeit im größten Jubel, Mangel an Beziehungen trotz Ehe und Kind, Ersatz durch Affären und Skandale, Angst vor dem Alter und dem Ende. Schon hält man Bulle für den Sieger der Rundfahrt, da überholt ihn sein Teamkollege Helfort, der für ihn hätte fahren sollen, und gewinnt. Bulle stürzt nach der letzten Bergwertung ab und verschwindet. Sportliche Triumphe sind nur Tagesereignis, Versinken in Anonymität nach Niederlagen: das ist das Fazit der spannenden Erzählung.

Zauners Roman **"Lieben und Irren des Martin Kummanz"** (1986) erzählt vom Leben des 19jährigen Martin Kummanz, genannt Jass, der nach einer Gefängnisstrafe, die er wegen einer Eifersuchtsschlägerei abgesessen hat, im Leben wieder Fuß fassen will. Nicht gerade ermutigend ist es, wie die Gefängnisbeamten ihn verabschieden. Zunächst fährt er zu seiner Freundin Gitt, Verkäuferin in einem Obstwarenladen, die ihn bereits erwartet; aber dort findet er ein Paar Herren-Wildlederschuhe, die offenbar nicht ihm gehören. Das macht den Jähzornigen aufs neue eifersüchtig und rasend. Es kommt zu einem handfesten Krach mit seiner Geliebten, die daraufhin zu ihren Eltern zurückkehrt. Aber auch bei dem Besuch seiner ehemaligen Clique junger Freunde und Freundinnen stößt er auf Ablehnung, nachdem es im Vollrausch wegen neuer Eifersüchtelei zu einer Schlägerei gekommen ist. So vereinsamt er immer mehr, bis er einsieht, daß nur Gitt, die zwar auch ihre Fehler hat, ihm helfen kann. In der Nacht steigt er bei ihr ein und versöhnt sich mit ihr. In Fischer-Gold, einem Goldschmied, hat er einen verständnisvollen Meister gefunden, der den gutausgebildeten Goldschmied Jass aufnimmt. Gitt zieht wieder zu ihm. Ob er seinen Jähzorn bändigen kann, läßt der Schluß offen. (S. 89)

JOSEPH ZODERER

Nach längeren Aufenthalten in Österreich, der Schweiz, in den USA und in Mexiko lebt Zoderer heute in Terenten/Südtirol. Neben drei Gedichtbänden liegen bisher drei Romane von ihm vor.

"Lontano", Roman (1984), spielt in Studentenkreisen in Wien. Er, der Held des Romans, befindet sich zunächst im Krankenhaus, in der Ersten Universitäts-Hautklinik, wo er als Versuchsobjekt dient. Dann blendet der Roman zurück in eine Runde von Freunden, in der es zum Bruch zwischen ihm und seiner Geliebten

Mena kommt, mit der er eine Reise zu seiner in Amerika lebenden Schwester geplant hatte. Mena hat sich einem anderen zugewandt. Er aber ist auf der Flucht vor sich selbst, trinkt, trifft bei seinem Freund Stefan noch einmal Mena, die zu ihm zurückzukehren sich vergeblich bemüht. Mutter und Schwester sowie der jüngere Bruder des „Helden" werden charakterisiert, das erste Zusammentreffen zwischen „Ihm" und Mena wird erzählt. Wir begleiten ihn zu seiner kranken Mutter im Spital wie auch auf dem Flug zu seiner Schwester nach den USA, auf der Fahrt nach Quebec zu seinem Freund, erleben sein kurzes Abenteuer mit Nelly, den Tod seiner Mutter, von dem er telefonisch erfährt, und schließlich seine Rückkehr in den Süden mit einem jungen Paar per Anhalter. Zwischendurch arbeitet „Er" als Reinigungsmann und als Anstreicher. Die rastlose Änderung seiner Verhältnisse wird zu einer Flucht, er bleibt bei keiner Frau, keiner Landschaft, keiner Arbeit, keinem Freunde längere Zeit, immer will er in die Ferne (Lontano), man weiß nicht, ob er ein stets Fliehender oder bloß ein Lebenskünstler ist.

Seine beiden Romane **„Das Glück beim Händewaschen"** und **„Die Walsche"** wurden verfilmt. Für die italienische Ausgabe der „Walschen" erhielt er den Premio Catullo Sirmione, für **„Dauerhaftes Morgenrot"** das New York-Stipendium des Deutschen Literaturfonds.

„Dauerhaftes Morgenrot" (1987) ist ein kunstvoll aufgebauter Roman in Ich- und Er-Form, der in beiden Zeiten, Gegenwart und Vergangenheit, spielt: eine Liebesgeschichte von Lukas und Livia, die ihn dazu überredet, sie für eine Zeitlang zu verlassen, weil sie weiß, daß er wieder zu ihr zurückkehren werde: Liebe und Spiel, Bezeichnungen manchmal für dasselbe Gefühl. Lukas fährt in die Stadt am Meer, läuft durch diese Stadt, verbringt Stunden in Kaschemmen und zwielichtigen Etablissements, horcht an Briefkästen und schaut Kartenspielern zu, lernt Menschen kennen, erinnert sich an seine Geliebte Johanna, sehnt sich nach ihr und will sie doch nicht ausfindig machen. Die ihn schließlich ausfindig macht, ist nicht Johanna, sondern die Prostituierte Gianna, mit der er eine Nacht verbringt; vielleicht sind Gianna und Johanna eins. Gekennzeichnet ist der Roman durch die Sehnsucht, die Sehnsucht nach dem Verliebtsein. Sie bewirkt, daß er wieder zu seiner Frau Livia zurückkehrt. (S. 31)

BUNDESREPUBLIK DEUTSCHLAND

HERBERT ACHTERNBUSCH

Nach den beiden Stücken **„Sintflut"** und **„An der Donau"** (beide 1984) folgte **„Weg"** (1985). Es ist ein Stück in zehn Szenen, in dem „Weg" sowohl den Weg bezeichnen kann als auch „weg", wie Oma Frieda am Ende des Buches tot, „weg" ist. Auch diese Szenen gehören in die lange Reihe der autobiographischen Schriften Achternbuschs. Herbert ist noch ein Schulbub, der von seiner Oma erzählt haben will, wie es früher war, wie die Schweden kamen, wie man Licht gemacht hat, wie man den Flachs gesponnen hat, wie das war mit seiner Familie. Und Oma erzählt von ihrem arbeitsreichen Leben, von dem der Mutter, von ihrem bösen Mann Rull, den sie unbedingt haben wollte, und mit dem sie die bittersten Erfahrungen machte. Sie berichtet von Herberts Mutter Luise, zu der am Ende der Bub zieht, schreibt ihr seitenlange Briefe. Aber auch Herbert erzählt von sich, von seinen beiden Geliebten, Gabi und Elisabeth. Die Oma verlangt noch immer die Wetterkerze, wenn es blitzt und donnert, hört den Erdschmied klopfen, wenn einer aus der Verwandtschaft stirbt in dem Dorf Breitenbach im Bayrischen, wenn sie sich selber hinlegt und am Ende weg ist. Ein Stück von Jugend und Alter, das neben kurzen Dialogen in der Hauptsache aus den Monologen der Oma und Herberts besteht.

„Das Ambacher Exil" (1987). „Ambach" ist eine lange Autobiographie, die immer von den eigenen Schriften und Filmen handelt, „Die Würstelbude" die kurze Geschichte der Liebe zwischen Herbert und der Würstelverkäuferin Christl, die mit Herberts Tod endet. „Föhnchel" ist eine alberne Geschichte, in der das Wort Föhn als „Föhnster", „Föhnedig" usw. abgewandelt wird. Auch „arsch mit ohren" handelt wieder vom Dichter selber. Das Stück „Linz" – uraufgeführt 1987 – ist eine Persiflage auf diese österreichische „judenfreie" Stadt und nimmt den Antisemitismus zum Gegenstand, eine Beschimpfung von Linz, während „Punch Drunk" ein Filmdrehbuch darstellt. (S. 533)

LEOPOLD AHLSEN

Den Roman **„Die Wiesingers"** (1984) schrieb Ahlsen nach der gleichnamigen zehnteiligen Fernsehserie des Bayrischen Rundfunks, zu der er die Drehbücher verfaßt hatte. Der Roman beginnt am Silvesterabend 1899, an dem man mit großem Optimismus und Zukunftsglauben das neue Jahrhundert feierte, und endet fünfzehn Jahre später zu Weihnachten 1914, wenige Monate nach dem Beginn des Ersten Weltkrieges, des „Weltunterganges".

Im Mittelpunkt des in München spielenden Romans steht der zum Kommerzienrat ernannte Bierbrauereidirektor Anton Wiesinger mit seiner Gattin Gabriele und seinen drei Kindern: Ferdinand, der nach mißglücktem Jus-Studium das Brauereigewerbe erlernt und Nachfolger des Vaters werden soll; die Tochter Therese, die bei einem Reitunfall schwer verletzt wurde und seitdem hinkt; und der jüngste Sohn Toni, den der Vater mit seiner großen Begeisterung für den Offiziersstand in die Kadettenschule schickt. Zum zahlreichen Personal des aufstrebenden Hauses Wiesinger kommt noch der Neffe Dr. Alfred Wiesinger, der es bis zum Landtagsabgeordneten der Sozialdemokraten bringt.

Wir erleben die „Belle Epoque" vor dem Ersten Weltkrieg mit den gepflegten und gemütlichen Salons, den Biergärten und dem Oktoberfest, den glanzvollen Privatfesten und Redouten, mit der Gesellschaft der Bourgeoisie im Königtum Bayern, die Liaisons Ferdinands und Tonis, die einzige große Liebe Thereses zu dem Hopfenhändler Max Brandl und ihren endgültigen Verzicht auf eine Heirat, wir erleben den Tod Gabrieles bei einer Automobilfahrt und die zweite Heirat des Kommerzienrates mit der Französin Lisette Morelon, die trotz ihrer Jugend eine verständige Gattin und Stiefmutter wird, die immer und überall die Gegensätze auszugleichen sucht. Denn Anton Wiesinger ist ein cholerischer pater familias, der mit milder Strenge und aufgeklärtem Absolutismus regiert, mit dem Ferdinand wegen seines gleichen Temperamentes in Zwist gerät und unversöhnt nach Amerika auswandert, weshalb Toni seinen Dienst quittiert und Nachfolger wird, aber freilich als Oberleutnant bei Kriegsausbruch sofort einberufen wird. Anton Wiesinger versucht, sein Geschäft durch alle tückischen finanzwirtschaftlichen Probleme zu lavieren, und obwohl er sich gegen alle technischen Neuerungen zur Wehr setzt, muß er doch dem Drängen Tonis nachgeben und seinen Betrieb auf industrielle Biererzeugung umstellen, um konkurrenzfähig zu bleiben.

Ein großes Familienbild, das mit dem Ausbruch des Ersten Weltkrieges und dem unwiederbringlichen Untergang der „goldenen Jahre" endet, da Ferdinand den Aufstieg in Amerika geschafft hat, Therese Rote-Kreuz-Schwester wird, Lisette als Französin zwischen zwei feindlichen Völkern hin- und hergerissen wird und der Kommerzienrat allen patriotischen und Durchhalteparolen zum Trotz an keinen Sieg glaubt, nur auf die Rückkehr seines Sohnes Toni hofft, damit er die Brauerei nicht verkaufen müsse. (S. 404)

KRISTIANE ALLERT-WYBRANIETZ,

geboren 1955, lebt in Oberneukirchen bei Hannover, Mitglied des deutschen Autorenverbandes, seit 1973 dichterisch tätig, ist eine singuläre Erscheinung in der Gegenwartslyrik. Als „Verschenktexte" erschienen bisher:

„Trotz alledem" (1980), **„Liebe Grüße"** (1982), **„Wenn's doch nur so einfach wär"** (1984), **„Du sprichst von Nähe"** (1986).

„Trotz alledem" erreichte von 1980 bis 1986 24 Auflagen, „Liebe Grüße" von 1982 bis 1986 15 Auflagen und „Wenn's doch nur so einfach wär" von 1984 bis 1986 sieben Auflagen. Innerhalb von drei Jahren wurden 450 000 Exemplare ihrer Lyrikbände verkauft; ein Erfolg, den nur noch ungefähr Erich Fried erreichen konnte.

Die „Gedichte" der Autorin sind reimlose, unrhythmische, in Verszeilen gesetzte Prosasätze, in denen viel von Liebe, Freundschaft, Frieden und besonders viel von Gefühlen die Rede ist. Sie wenden sich abschließend oft an den Leser mit einer Aufforderung oder Frage und sehen bei allen Ängsten und Beschwernissen doch immer eine heile Welt, die der Mensch selber schaffen kann und soll. Naturgedichte fehlen, alle Worte richten sich an die Mitmenschen. Die „neue Innerlichkeit" drückt sich in einfachen Bildern, keinerlei verschlüsselten Metaphern aus, darum sind die Gedichte leicht verständlich, alle Ausdruck eines inneren Erlebens der Autorin.

Der vierte Band enthält „Eine Geschichte", eine Versammlung der – wie könnte es anders sein – echten Gefühle im Widerstreit zu den unechten. Die bei aller Angst und Furcht ausgedrückte Hoffnung, ihr Appell an die Mitmenschlichkeit machen diese Gedichte einer „lyrischen Courths-Mahler" wahrscheinlich so beliebt; dazu auch die nostalgischen Zeichnungen; ein weiterer Grund, daß es sich um Verschenktexte handelt – die Autorin verschenkt lose Blätter auch noch nach der Drucklegung.

ALFRED ANDERSCH

1986 wurden postum drei Erzählungen unter dem Titel **„Erinnerte Gestalten"** veröffentlicht; sie sind um 1944 entstanden.

Neben zwei kurzen Charakterzeichnungen „Skizze von einem jungen Mann" und „Sechzehnjähriger allein" nimmt das Mittelstück „Ein Techniker" den größten Umfang ein, die Geschichte von Albert Gradinger, der stets im Schatten des übermächtigen Vaters, eines Erfinders auf dem Gebiet der Fotografie, Besitzers einer chemischen Fabrik, steht, bis er sich nach dem Erlebnis des Ersten Weltkrieges vom Vater löst, in Hamburg eine Stelle annimmt und es bis zum Geschäftsinhaber bringt. Die unselige, unerfüllte Liebe zu seiner Stiefschwester Irene treibt ihn zu immer intensiverer Arbeit, an der auch sein Freund Georg Stein teilnimmt, bis Albert nach einem winterlichen Spaziergang mit ihm, kurz nachdem er sich von ihm getrennt hat, Opfer eines Autounfalles wird. Die völlige Technisierung bis hin zu Automaten und Computern ist bereits angedeutet. (S. 251)

REINHART BAUMGART

schrieb das Drehbuch **„Wahnfried. Bilder einer Ehe"** (1985, 2. Auflage 1987) zu dem gleichnamigen Film von Peter Patzak. Die beiden Abschnitte „Das Haus am See" in der Schweiz, in dem Wagner an „Rheingold" und „Götterdämmerung" arbeitete, und „Wahnfried" mit der Eröffnung des Festspielhauses in Bayreuth schildern in vielen Einzelszenen realer und teilweise visionärer Traumnatur die 14 Jahre des Zusammenlebens Richard Wagners und Cosimas von Bülow, der Tochter Franz Liszts, die Trennung Cosimas von ihrem ersten Mann, die Heirat, den „ständigen Kampf", die „unermüdliche Nachsicht" und „diese furchtbare Unzertrennlichkeit" der beiden. Neben den zwei Hauptgestalten werden noch der junge schüchterne Professor Friedrich Nietzsche, Franz Liszt und verschiedene Frauen um Wagner eingeführt: Judith Gautier, die Sängerin Carrie Pringle sowie die fünf Kinder Cosimas, vier Mädchen, von denen mindestens zwei von Bülow stammen, sowie Wagners blonder Sohn Siegfried. Wagner wird mit allen seinen theatralischen und clownesken Zügen, mit seiner Eitelkeit, seiner Verzweiflung und seinem Hochmut dargestellt. Dazu gehört, daß sich das Paar Richard-Cosima schon zu Lebzeiten ein gemeinsames Grabmal errichtete und miteinander zu sterben beschloß. Cosima aber überlebte den in Venedig Verstorbenen um 47 Jahre.

„**Lesmona. Eine Liebe, eine Ehe**" (1987) ist das nach den um 1896 geschriebenen Briefen der Marga Berek an Bertha Elbing (erschienen 1951 unter dem Titel „Sommer in Lesmona") verfaßte Drehbuch für den Fernsehfilm „Sommer in Lesmona" über die Hauptgestalt Magda Lürmann, Tochter des Konsuls Lürmann in Bremen sowie über dessen Bruder, den Senator Lürmann, beide Geschäftsleute, über Magdas Flirts und ihre große Sommerliebe zu dem entfernt verwandten Engländer Percy Roesner, die Freundschaft zu Elisabeth, die nach der Hochzeit am Kindbettfieber stirbt, während Magda mit dem Kunsthistoriker und Museumsdirektor Dr. Retberg, einem verschlossenen, strengen und stolzen Mann, verheiratet wird. Denn die großen Entscheidungen für das Leben fällten damals noch die Eltern über ihre Kinder. Sie bestimmten, daß Percy nicht der Richtige für die Hanseatentochter sei. Wie sie schließlich in ihren Briefen und allein geführten „Zwiegesprächen" mit Elisabeth feststellt, war es trotzdem „ein gutes Leben und keine unglückliche Ehe", die sie führten. (S. 508)

HORST BIENEK

„**Erde und Feuer**" (1982) ist ein Roman, in dem uns die Gestalten seiner Romantrilogie, besonders des Romans „Zeit ohne Glocken" im Jahre 1943 wieder begegnen. Jänner/Februar 1943 in Gleiwitz/Oberschlesien. Unaufhaltsam rückt die Rote Armee nach Westen vor. Schon ist in Gleiwitz der Kanonendonner zu hören; viele Bewohner, voran die Parteigrößen, haben die Stadt bereits verlassen. Da entschließt sich im letzten Moment auch die Klavierlehrerin Valeska Piontek, deren Mann früh gestorben ist, vor den Russen zu flüchten. Mit ihr zieht ihre Familie, ihre Tochter Irma mit ihren Kindern, ihre Schwester Rosa. Die Bahnlinien sind bereits besetzt, so schließt sich Valeska einem Treck an, der sich mit Ochsenkarren und Pferdefuhrwerken über die weite Landstraße in bitterer Winterkälte wälzt. Ihr Endziel ist Dresden.

Andere wieder bleiben in Gleiwitz und erleben den Häuserkampf und die Besetzung der Stadt durch die Russen: So die Familie der Anna Ossadnik und der 15jährige Sohn Kotik, der als HJ-Flakhelfer flüchtet und in einer verlassenen Villa eine romantische Liebesnacht mit dem um mehrere Jahre älteren Mädchen Hedel Zock erlebt. Alle sind betroffen, gedemütigt, vertrieben, ausgeliefert einem gnadenlosen Krieg.

Mit hinein verwoben sind die Geschicke des Dichters Gerhart Hauptmann und seiner Familie, der von Agnetendorf in das Sanatorium Oberloschwitz bei Dresden übersiedelt und hier am Faschingdienstag und Aschermittwoch die drei kurzen, aber vernichtenden Angriffe auf Dresden erlebt, das von hunderttausenden Flüchtlingen überfüllt ist. Fünf Tage brennt die Stadt, Gerhart Hauptmann erlebt die erschütternde Tragödie aus nächster Nähe. (S. 509)

HEINRICH BÖLL, gestorben 1985

„Die Verwundung und andere Erzählungen" (1983) ist eine Sammlung von 22 Kurzgeschichten, welche zwischen 1946 und 1952 entstanden sind, parallel zu den bisher bekannten frühen Geschichten Bölls. Sie sind ein Teil der 70 kürzeren Geschichten, die bei der Sichtung der Materialien des Böll-Archivs in Köln gefunden wurden. Thematisch stehen sie alle in der unmittelbaren Nähe der frühen Böll-Erzählungen, sie handeln vom Krieg, von Bunkeraufenthalt und Postenstehen, von Auseinandersetzungen zwischen Soldaten und Offizieren, von Mord und Tod, von kurzer Liebe, von Judenerschießungen, Gefechtspausen und Angriffen und von den Jahren unmittelbar nach dem Krieg mit ihren Ruinen und Lebensmittelmarken, von Hunger, Schwarzmarkt und Tauschgeschäften. Die längste Erzählung ist „Die Verwundung", eine minutiöse Schilderung eines Verwundetentransportes von der russischen Front über Rumänien bis Ungarn; immer wieder strahlt die Hoffnung auf, die Verwundung möge erst heilen, wenn der Krieg zu Ende ist. Kriegs-, Trümmer- und Heimkehrerliteratur, in der für Böll nicht der „Held" wichtig war, sondern das Detail am Rande, das kleine persönliche Erlebnis.

Die Erzählung **„Mein trauriges Gesicht"** (1984) ist eine einfache satirische Parabel. Ein Mann wird wegen seines traurigen Gesichtsausdruckes verhaftet, weil seit 36 Stunden ein Gesetz existiert, daß alle Menschen ein fröhliches Gesicht haben müssen. „Glück und Seife", also Sauberkeit, lautet die Parole. Aber der Mann konnte davon nichts wissen, da er nach fünfjähriger Haft eben entlassen wurde, weil er einst ein fröhliches Gesicht machte, als Trauer angeordnet war. So wird er durch die Reihe der Vorvernehmer, Vernehmer, Obervernehmer und Hauptvernehmer geschleust und mißhandelt, um schließlich zu zehn Jahren Haft verurteilt zu werden. Der Angriff gegen Gesetze, unter denen jede individuelle Meinungsäußerung einen strafbaren Tatbestand darstellt, schließt mit der Erkenntnis, daß man gar kein Gesicht mehr haben solle.

„**Frauen vor Flußlandschaft**". Ein Roman in Dialogen und Selbstgesprächen (1985). Bölls letzter Roman, erschienen nach seinem Tode, meint mit den Frauen jene der Politiker, Bankiers, Konzerninhaber und anderer Mächtigen, mit Flußlandschaft die Hauptstadt der BRD, Bonn am Rhein. „Alles in diesem Roman ist Fiktion, nur der Ort nicht, und der Ort ist unschuldig und kann sich nicht betroffen fühlen", sagt Böll und meint damit doch, daß alle Gestalten und Geschehnisse traurige Realität sind. Die Politiker haben sich in Bonn eingerichtet, aber eine vierzigjährige Vergangenheit lastet auf ihnen und auf der Stadt. Nicht so sehr die Tagespolitik schildert Böll, sondern das dichte Netz menschlicher Beziehungen und Geschichten; denn hier ist jeder mit jedem irgendwie verbunden, ob privat oder aus taktischen Gründen, ob freundschaftlich oder gegnerisch. In den Vordergrund dieser „Intimgespräche Bonns" rücken die Frauen der Großen, die selbst nur repräsentatives Beiwerk bei Veranstaltungen sind. Sie sind die eigentlichen Akteurinnen, die zwar in das Intrigenspiel ihrer Männer um Macht und Geld verstrickt sind, aber doch die rechte Distanz zu wahren wissen, sich verweigern und diese Verweigerung und ihre Freiheit zum Handeln bis in den Freitod treiben und damit ihre Männer bloßstellen. So werden diese Frauen zum „heimlichen Korrektiv" in einer Atmosphäre, in der nur vertuscht wird, Skandale inszeniert werden, um den einen zu stürzen, den anderen emporzuheben. Überleben scheint das wichtigste in dieser Gesellschaft, indem man eigene Fehler deckt, die der anderen entlarvt.

Hauptakteure in diesem alle verbindenden Intrigenspiel sind: der über allen stehende Paul Chundt, die Drahtzieher Halberkamm und Blaukrämer, der zeitweise ausgeschaltete Bingerle sowie der „Schwamm", an den keiner herankommt. Zu den anständig gebliebenen zählen der Bankier Krengel, Graf Heinrich von Kreyl und sein Sohn Karl, auch wenn dieser in heimliche Affären verwickelt ist, sowie der aus dem Proletariat kommende Minister-Ghostwriter Grobsch und Hermann Wubler, alle brave Katholiken nach außenhin. Dessen Frau Erika Wubler zählt zu den anständigen Damen, die jeden Annäherungsversuch abweist ebenso wie Eva Kreyl-Plint, Karl Kreyls geschiedene Gattin, die nun mit Grobsch zusammenlebt, und Elisabeth Blaukrämer, die dem Ministerposten ihres Mannes den Freitod entgegensetzt; auch Katharina Richter, im Haushalt arbeitend, zugleich studierend, sowie ihre Freundin, die Kellnerin Lore Schmitz, die beide mit ihren gesunden Ansichten in den Kreis einer verdorbenen Gesellschaft treten.

Eigenartig ist die Komposition des Romans, der, wie der Untertitel sagt, aus Dialogen und Monologen besteht, während die jeweiligen Örtlichkeiten oder Sprechunterschiede durch „Regiebemerkungen" in Kleindruck gekennzeichnet sind, sodaß die 12 Kapitel des Romans eigentlich zwölf Akte eines überlangen Dramas sind. Inzwischen wurde der Roman dramatisiert und zur Aufführung angenommen. (S. 254)

PETER CORYLLIS

In dem 1984 erschienenen Gedichtband **„Der Welt Geheimnis gemalt gemeißelt gegossen"** legt Coryllis Gedichte zu Bildern, Graphiken, Fotomontagen, Reliefs, Plastiken und Skulpturen vor, die sich durch ihr Eindringen in das Kunstwerk und das Verständnis für dieses auszeichnen und in schönen freien Rhythmen adäquate Äußerungen zu den Kunstwerken darstellen.

Zum 75. Geburtstag des Dichters erschien die Gedichte-Sammlung **„Allen die fragen und zweifeln"** (1984), alte und neue freirhythmische Gedichte, deren Anliegen der Mensch in seiner Würde und Ehre ist, aber auch die Menschlichkeit insgesamt und der Friede, der allein ein menschenwürdiger Zustand ist. Dazu gesellt sich eine an keine Religion gebundene tiefe Frömmigkeit, die den Dichter trotz aller schweren Zeiten, die er in Verbannung, Flucht, Haft, Krankheit durchgemacht hat, immer wieder hoffen läßt:

> „Denn immer mit den Hoffenden
> ist der Wind am Morgen,
> der das Heute beflügelt
> wie ein kleines Glück."

In der **„Kleinen Peter-Coryllis-Reihe"** erschienen bisher: Band 1: Kleine Texte im Zeitprofil, Band 2: Im Prismenglas der Worte, Band 3: Blätterfall, Band 4: Der Welt Geheimnis, Band 5: – und es war Tag, Band 6: Jahr 2000 rückt immer näher, Band 7: Städtegedenk- und andere Bilder. Blick auf Mauern, Gassen, Plätze und Geschehen.

Der Extra-Band **„und die Augen unersättlich"** (1986) enthält zu je einem künstlerischen Foto von Heinrich Korella dazu passende Verse von Peter Coryllis als Ergebnis einer durch Jahre dauernden Freundschaft der beiden Künstler.

Als Band 8 der „Kleinen Peter-Coryllis-Reihe" erschien 1986 **„Bleib in meinen Augen"**, „Gedanken, Texte, Gedichte um Liebe, Lust und Leid", zusammengestellt aus Brieffragmenten, unveröffentlichten Manuskripten, Literaturblättern, Anthologien, verschiedenen Büchern und Schriften, alles zarte Liebesgedichte in herbstlichem Mollton.

Als Band 9 erschien 1987 **„Irgendwann irgendwo publiziert oder in der Schublade liegengeblieben"**, Kurzprosa und andere kleine Texte, wie der Untertitel sagt. Neben Gedichten überwiegt die Prosa, die bei Coryllis Seltenheitswert hat. Oft sind es aggressive Texte, denn stets setzt er sich mit der Bösartigkeit der Menschen auseinander und tritt für gegenseitiges Verstehen und Verzeihen ein, für Frieden und Zusammenarbeit, ob es sich dabei um realistische oder um fantastische Texte handelt.

„O hätten wir nie die Schwalben verjagt – wären wir geblieben, die wir waren" (1987) sind neue Texte von gestern und heute, meist aus bisher unveröffentlichten Manuskripten, ein neuer Gedichtband des unermüdlich schaffenden Dichters. Es sind Gedichte von gleicher Frische und Poesie wie immer, manche sind auch an langjährige Freunde gerichtet, andere auch an seine verstorbene Mutter.

„**Alles Leben ist Wagnis**". Vergriffene und nicht erschienene kleine Zyklen. Erstdrucke und Nachdrucke (1987). Das Buch vereinigt fünf Zyklen: Die „Sieben Gesänge auf das Geschick" sind erfüllt von tiefem Pessimismus auf unsere politische Lage und unsere Zukunft. Das Erlebnis seiner ersten Ballonfahrt am 29. Mai 1982 „Zwischen Himmel und Wind" ist voll von tiefem Staunen, von Freude und Fantasie. Der Haiku/Senryu-Zyklus ist seinem japanischen Freund Hachiro Sakanashi gewidmet („Blick zum Land der roten Sonne"). Ein Liederkranz um seine Liebe zu seiner Frau betitelt sich „Nimm meine Liebe". Auch der weitverbreitete Zyklus „Neuestzeit Weihnachtslegende" ist dankenswerterweise wieder aufgenommen. Alle Gedichte zeigen uns den unentwegt tätigen Dichter, dessen Originalität nie abnimmt, der in seinem Alter noch so frisch schreibt wie in seinen besten Jahren.

„**Nur ein Tropfen Tau**" (1988) sind Gedichte und Prosatexte „aus verschiedenen Büchern und Schriften, aus Zeitschriften und Manuskripten" um das Motto „Über die Brücke / vom Du zum Du / laßt uns / besserem Dasein / begegnen". Alle Texte zeigen den Autor wiederum als engagierten Humanisten und Naturfreund, dessen frühere Aggressivität sich in Besinnlichkeit wandelt, der aber bei allem Verständnis nur den Menschen anerkennt, „dessen erstes Wort Frieden / dessen zweites Wort Menschlichkeit / dessen drittes Wort saubere Umwelt / heißt". (S. 299)

TANCRED DORST

„**Rameaus Neffe**" (1963) ist nach Goethe die zweite deutsche Übersetzung nach Denis Diderot, diesmal in dramatische Form gebracht, ein umfangreicher Dialog, in dem Diderot vergeblich den Neffen Rameaus zu bekehren sucht, einen ehrlosen Speichellecker und Parasiten, der mit seinen Narreteien die Großen der Gesellschaft unterhält, sich erniedrigt, um von ihnen ausgehalten zu werden; der jede Moral ablehnt, jenseits von Gut und Böse steht und damit Veranlassung gibt, die Gesellschaft jener Zeit zu schildern und bloßzustellen. Dieser Konflikt hat, wie Dorst sagt, nichts von seiner Aktualität verloren und ist in jener wie der heutigen Gesellschaft motiviert; er könne auch durch gesellschaftliche Veränderungen nicht gelöst werden.

„**Der Kater, oder Wie man das Spiel spielt**" (geschrieben als erstes Stück, 1964 uraufgeführt). Das nach Tiecks Märchen geschriebene Stück bezieht in romantischer Ironie die Zuschauer mit ein, läßt die Handlung unterbrechen, durch den Dichter, den Dramaturgen, den Bühnenmeister und den Souffleur; es erzählt die bekannte Geschichte von dem armen Bauernbuben Gottlieb, der als einziges Erbteil von seinem Vater den Kater Hinze erhalten hat, der zum „Gestiefelten Kater" und damit zu seinem Wohltäter wird, indem er ihm die Prinzessin zuführt und ihn zum König macht. Unbekümmert um alle Gesetze der Dramaturgie, um Stil, um Zusammenhänge der Personen wird die Frage nach der Realität des Theaters gestellt, die schließlich in einem Streit zwischen Dichter und Publikum endet, wer sich ändern müsse, der Dichter oder die Zuschauer.

„Die Mohrin" (1964) ist Nicolette, welche der Vizegraf nach einem Feldzug gegen die Schwarzen mitgebracht und taufen hat lassen, und die er mit Aucassin, dem Sohn des Grafen Beaucaire, verheiraten möchte, während sich dieser mit dem Grafen von Valence liiert hat; ein Bund, der durch die Heirat Aucassins mit einer der drei Schwestern sanktioniert werden soll. Als dieser ablehnt, kommt es zum Kampf. Zunächst siegt Valence, da aber stürmt Aucassin vor, vertreibt die Feinde und nimmt Valence gefangen. Weil er aber vom Vater die Einlösung seines Versprechens, Nicolette im Falle eines Sieges sehen und küssen zu dürfen, verlangt, läßt dieser Valence frei, sperrt Aucassin ein und will Nicolette durch den Fleischer Gaston und den Schuster Pierre töten lassen. Diese aber ist rechtzeitig in den Kleidern ihrer Amme Cirage geflohen, hatte eine lange Unterredung mit dem im Turme eingesperrten Aucassin und flieht in den Wald, aus dem sie einen Köhler zu Aucassin schickt mit der Botschaft, er solle ihr nachfolgen. Diesem Ruf folgt Aucassin auf der Stelle, findet Nicolette, und beide reiten und marschieren zu der Stadt Torelore, in der es ein kurzes Zwischenspiel mit Aucassin als König gibt, weil der Herrscher eben ermordet wurde. Als aber Aucassin erfährt, daß sein Vater gestorben und er nun Graf Beaucaire ist, will er zurück, doch verlieren sich die Liebenden. Nicolette gelangt auf einem Schiff nach Karthago und erfährt vom König Karthago, daß sie seine verlorene Tochter sei. Nach vielen märchenhaften Abenteuern finden sich Nicolette und Aucassin wieder.

„Der Richter von London". Eine realistische Komödie nach Thomas Decker (1966). Sie spielt im 17. Jahrhundert in London und Umgebung. Rowland Lacy, Neffe Lord Lincolns, und Rose, die Tochter des Schuhmachermeisters Simon Eyre, lieben sich; aber die beiden Alten finden diese Verbindung für unpassend, weshalb der Lord seinen Neffen auf einen Feldzug nach Frankreich schickt. Doch Lacy desertiert, schickt seinen Vetter an seiner Stelle in den Krieg und verdingt sich als Schuhmacher bei Eyre, um auf diese Weise in Roses Nähe zu sein. Erbittert darüber will der Lord, als er davon erfährt, seinen Neffen enterben. Dieser aber hat inzwischen mit Eyre ein großes Geschäft gemacht. Mit dem dabei verdienten Geld will sich Eyre als Richter von London einkaufen. Tatsächlich wird er zum Richter gewählt und feiert nun im Hause des Bürgermeisters Otley seine Ernennung. Ein früherer Geselle Eyres,

Ralph, kehrt als Krüppel aus dem Krieg zurück, seine Frau hat inzwischen wieder geheiratet; Rose aber erkennt in Lacy ihren Geliebten. Natürlich muß der neue Richter von London – und dies vor dem König – in diesen Angelegenheiten entscheiden. Er schafft es, Ralph und seine Frau wieder zusammenzubringen und auch für Lacy und Rose ein gutes Wort einzulegen, sodaß beide ein Paar werden können.

„**Kleiner Mann, was nun?**" Revue nach dem Roman von Hans Fallada (1972). Dorst teilt den Roman in 57 Szenen auf, von denen die Revueszenen das Ambiente der Zeit und des Paares Pinneberg –Lämmchen bilden. Die „Revue" reicht wie der Roman vom Kennenlernen der beiden, da er noch Angestellter ist und bei seiner Mutter wohnt, über die verschiedenen Stationen von Pinnebergs Tätigkeit bis zu seiner vierzehnmonatigen Arbeitslosigkeit in Berlin, über Armut und Liebe bis zur Apotheose der letzten Szene, in der an den Anfang des Kennenlernens zurückgeblendet wird, und geht über Höhen und Tiefen, aus denen Pinneberg durch sein treues und zuversichtliches Lämmchen immer wieder aufgerichtet wird.

„**Goncourt oder die Abschaffung des Todes**" (1977), geschrieben zusammen mit Horst Laube, schildert die Belagerung von Paris durch die Deutschen 1870 sowie den Aufstand der Kommunarden 1870/71 und das Scheitern dieses Aufstandes in einzelnen Phasen. Die Kommune-Szenen mit dem Bau der Barrikaden und der Flucht der Bürger sowie der Versammlung in einer Kirche sind „als Affront gegen die voyeristische Haltung" der Literaten und Intellektuellen im Cafè Brebant gedacht: der Schriftstellerbrüder Jules und Edmond Goncourt, des Militärschriftstellers Nefftzer, des atheistischen Professors Renan und des jungen Dichters Saint-Gilles. Während sich Marie, die einstige gemeinsame Geliebte der Brüder Goncourt, dem Nationalgardisten Francois zuwendet, geht dieser beim Scheitern des Aufstandes freiwillig in den Tod. Das Verhältnis der Brüder Goncourt, das immer mehr in den Mittelpunkt tritt, ist dadurch gekennzeichnet, daß Jules bereits tot und eigentlich frei ist, während Edmond in den Konventionen und Bedingungen seiner Klasse gefangen bleibt.

„**Die Reise nach Stettin**" (1984) gehört zur großen Familiensaga der Merz, für die Dorst die verschiedensten Formen (Theaterstück, Erzählung, Film) und verschiedene Perspektiven der Sicht der deutschen Geschichte von 1929 bis zur Gegenwart wählte.

Der Text „Die Reise nach Stettin" ist teils Erzählung, im Präsens geschrieben, teils Theaterstück, teils Filmszenario. Er spielt 1944 nach Stalingrad. In Grünitz in Thüringen merkt man noch nichts vom Krieg. Der Oberschüler Heinrich Merz, der nach dem Verlust des Vaters von der Mutter erzogen wird, wird als einziger seiner Schule als Marine-HJ-Angehöriger zu einem Marine-Lehrgang nach Stettin einberufen. Erzählt wird von seinen Freunden in der Schule, von seiner Freundin Hannah, die mit ihrem Vater aus Amerika zurückgekehrt ist, von den Lehrern, von seinem Spiel mit der Pistole des Vaters und der Ruhe und Kälte, die er dabei empfindet, und die er für Stärke hält. Der Aufenthalt in Stettin nimmt sogleich ein jähes Ende: Auf Nachtwache beim Lesen ertappt, wird er mit Schimpf und Schande heimgeschickt, doch bleibt der in „Unehre" Entlassene drei Wochen, die der Lehrgang dauern sollte, bei seinem Onkel Hermann Plinke, dem Fußeinlagenfabrikanten, der von der Familie totgeschwiegen wird, in Berlin, erlebt hier Verdunkelung, Fliegeralarm, Trümmer, die Geburtstagsfeier seines Onkels, bei der er merkwürdige Gäste wie die Halbjüdin Zekel, die blonde Schöne, dritte Frau des Onkels, sowie eine Reihe defätistischer Freunde kennenlernt. Heinrich steht vor geheimnisvollen und verwirrenden Dingen, vor einer ihm unbekannten Welt. Nach drei Wochen kehrt er zu seiner Mutter zurück. Ein Lehrer bemüht sich um seinen Verbleib in der Schule; ob es gelingen wird, bleibt offen.

„**Heinrich oder die Schmerzen der Phantasie**" (1985) ist das zuletzt geschriebene Drama in der Abfolge der Trilogie, aber inhaltlich steht es vor „Die Villa – eine deutsche Geschichte" und „Auf dem Chimborasso", dem ersten Stück der Reihe. Denn in diesem Stück ist Heinrich, Figur der anderen Dramen, erst 16 Jahre alt, erzogen im NS-Staat und schließlich daran scheiternd. Er hat seine Erlebnisse eher in der Fantasie und in fantastischen Szenen als in der Realität. Der Inhalt des Stückes deckt sich mit dem der Novelle „Die Reise nach Stettin".

„**Ich, Feuerbach**" (1986). Der Schauspieler Feuerbach ist nach siebenjähriger Abwesenheit und Aufenthalt in einer psychiatrischen Klinik von seinem früheren Regisseur Lettau zum Vorsprechen bestellt; auf einer leeren Bühne mit Dekorationsstücken vom Vorabend wartet er, doch kommt nur der Regieassistent, Lettau habe anderweitig zu tun. Der Assistent soll ihn testen und tut dies teils mit Arroganz, teils mit Mitleid. Da steigert sich Feuerbach in eine Haß- und Rechtfertigungstirade und endet mit einem halb irrsinnigen Tasso-Monolog aus dem 4. Akt. „Er kämpft nicht um eine Rolle, er kämpft um sein Leben", sagt Dorst dazu. (S. 389)

INGEBORG DREWITZ, gestorben 1986

Hauptgestalten des Romans „**Eingeschlossen**" (1986) sind zwei Männer, die beide die Welt verändern und verbessern wollten: der eine, P. (Dr. P. von Lehrmann), geboren 1908, Atomphysiker, in den dreißiger Jahren von Ostpommern über Wien und Zürich nach Amerika ausgewandert, während des Zweiten Weltkrieges in Los Alamos Mitarbeiter an der Herstellung der Atombombe; der andere, J. (Grabner), geboren 1945 auf der Flucht irgendwo bei Güstrow, halb ausgebildeter Politologe, Sozialarbeiter, Wortführer der Studentenbewegung, um gestrandete Existenzen bemüht, die er in einem Wohnheim zusammenfaßt, der durch seine Haltung und seine Reden über Gewaltlosigkeit die anderen mitzureißen vermag.

Beide sind gescheitert, beide leben in der geschlossenen Abteilung eines Nervensanatoriums in Berlin. Der Alte suchte die radikale Freiheit und glaubte, durch die friedliche Anwendung der Kernspaltung das Paradies auf Erden schaffen zu können. Bei einem Kongreß in Berlin brach er zusammen. Der Junge geht den Weg der Güte, der Geduld, der Ausdauer. Mitte der achtziger Jahre treffen sich beide in der Klinik und erzählen sich ihre Geschichte, P. und J. in abwechselnden Schüben. P. wird mit seiner Schuld nicht fertig, weil er die Bombe mitbaute; J. erleidet Schiffbruch an dem „Schwarzen", einem Neonazi. In ihren Gesprächen geht die Autorin auf die Suche nach der Wahrheit und der Wirklichkeit. (S. 550)

ANNE DUDEN,

geboren 1942, verbrachte ihre Kindheit in Berlin und in der DDR, lebte von 1953 bis 1962 in Oldenburg, dann wieder in Berlin und seit 1978 vorwiegend in London.

„**Übergang**" (1982) sind Geschichten von kafkaesker Ab- und Eingeschlossenheit, so „Das Landhaus", in das die Ich-Erzählerin während der Abwesenheit ihrer Besitzer zieht, ein Zustand, der im Grauenvollen endet. „Herz und Mund" ist die Geschichte eines im Rollstuhl zur Untersuchung beförderten Patienten, „Chemische Reaktion" ein Text über einen dämonisch-unwirklichen Prozeß der Erzählerin. Die Titelgeschichte erzählt detailgetreu, wie die Erzählerin von einer Bande Schwarzer niedergeschlagen wird, ihr Gesicht und Kiefer zertrümmert werden, woran sich die schmerzvolle Behandlung im Spital schließt. Kursivschriftlich eingeschoben sind Erinnerungen an früher. Auch die letzten vier Kurztexte beschreiben Traum und Wirklichkeit, Tag und Nacht, Kommen und Verschwinden der Liebe, Tod und Qual: Texte ohne Handlung, aber voll sprachlicher Kraft.

„**Das Judasschaf**" (1985) ist keine fortlaufende Erzählung über die „Person", die manchmal auch als „sie" bezeichnet wird, aber auch in die Ich-Form übergeht, doch immer wieder sich vom Ich distanzierend. Auf den Reisen nach Venedig, Berlin und New York gehen Bilder und Orte ineinander über, Bilder werden zu Gegenständen und Orte zu Bildern. Beide können nur ertragen werden, wenn sie bis ins Detail beschrieben werden, genau wie alle Erinnerungen an Grausamkeiten, Tötung, Leiden, Träume. In der Musik ist nichts ein Ruhepunkt. Zu Marksteinen werden Carpaccio, Tintoretto, Monteverdi, die Legenda-Aurea, Bilder aus Dachau, Unterkühlungsversuche, Haarverwertung im KZ.

GISELA ELSNER

Werke: „**Die Riesenzwerge**", ein Beitrag (1968), „**Der Nachwuchs**", Roman (1970), „**Das Berührungsverbot**", Roman (1975),

„Der Punktsieg", Roman (1977), **„Die Zerreißprobe"**, Erzählung (1980), **„Abseits"**, Roman (1982), **„Die Zähmung"**, Roman (1984).

Der Roman **„Abseits"** ist eine moderne Version der weltberühmten Geschichte der Madame Bovary von Gustave Flaubert. Die moderne Bovary, Lilo Besslein, lebt in einer Trabantenstadt in einem Wohnsilo mit ihrem Mann, einem höheren Angestellten; seit drei Jahren ist sie verheiratet, eben ist ihr Töchterchen Olwen zur Welt gekommen. Das Ehepaar kennt nur Ehepaare, wie sie selbst eines sind; die Frau ist hilflos, unselbständig, von ihrem Mann abhängig. Als Angestellte in einer Apotheke sucht sie nach ein wenig Eigenleben und Selbständigkeit, dann auch in einer Liaison mit dem Maler Fred Meichelbeck und später mit dem Germanistikstudenten Christian Blome, der mit ihr und ihrem Kind zusammenziehen will. Ihre Ängste vertreibt Lilo Besslein mit Beruhigungstabletten, zu denen sie in der Apotheke Zugang hat. Sie wird süchtig und in einer psychiatrischen Klinik nicht geheilt. Zu einer Trennung von ihrem Mann kann sie sich nicht entschließen. Als dieser von ihrem Ehebruch erfährt, reicht er die Scheidung ein. Lilos Wohnungs- und Stellungssuche bleiben ohne Erfolg. Da Blome bereits eine neue Freundin hat, eine Rückkehr in ihr Elternhaus und in die alte Abhängigkeit von ihrer Mutter ihre Ängste ins Unermeßliche steigert, entwendet sie in der Apotheke, wo sie teilzeitbeschäftigt ist, Zyankali und setzt in einem häßlichen Hotelzimmer ihrem Leben ein Ende. Herr Besslein bleibt ungerührt, er fühlt sich im Recht.

Der Roman ist die Geschichte der Selbstaufgabe einer Frau, die sich vergeblich zu emanzipieren sucht – von ihrem Mann, von ihren Eltern –, dies aber nicht zustande bringt, weil sie durch die elterliche Erziehung zu völliger Unselbständigkeit verdammt ist.

„Die Zähmung" ist ein gallebitterer Roman über Gleichberechtigung und Unterdrückung von Ehepartnern. Ein sehr modernes Ehepaar, geschmacksbewußt und tendenzsicher, steht im Mittelpunkt: der ambitionierte Schriftsteller Alfred Giggenbacher und seine Frau Bettina, freie Mitarbeiterin des Fernsehens, bekannt als die „Filmemacherin Bettina Begemann". Die Ehe der beiden ist eine freie Koexistenz, das gemeinsame Glück aber ist sehr relativ. Es ändert sich, als das Töchterchen Josephine geboren wird und Alfred mit seinem ersten Theaterstück einen großen Erfolg an einer Provinzbühne feiert. Damit ist es mit dem labilen Gleichgewicht zwischen den beiden Partnern zu Ende. Denn der Aufstieg gebührt Bettina, so meint sie wenigstens, die sich zunächst in den selbstbewußten Dichter Felix Beese verliebt, dessen Leben sie verfilmen soll; mit einem Dissidenten, dessen Schicksal sie verfilmt, verkehrt sie freundschaftlich, bis sie sich schließlich dem Maler Strützel in die Arme wirft und ein Kind von ihm erwartet, nachdem sie durch ihren ersten Roman, der zum Bestseller hochgelobt wird, in die Kreise der Schickeria aufsteigt. Je selbständiger Bettina wird, desto mehr nimmt Alfred zuerst gezwungen, dann immer freiwilliger, die häuslichen Pflichten auf sich, erzieht das Kind, wäscht ab, putzt, wäscht, näht, stickt und wird immer weiblicher, sodaß er auch als Mann bei Bettina versagt. Seine Anpassung geht so weit, daß er mit Freuden einer Ehe zu dritt zustimmt, diese sogar fördert. Langsam hat sich Giggenbacher ergeben, die Rollen werden vertauscht; Progressivität führt aber immer mehr zur Absurdität, ist das Fazit dieses mitleidlosen, bitterbösen Romans. (S. 555)

HANS MAGNUS ENZENSBERGER

Die Komödie „**Der Menschenfreund**" (1984), gewidmet „den Manen Diderots", schrieb Enzensberger nach dem Diderot-Fragment „Mystifikation", änderte und vervollständigte durch eigene Erfindungen, so daß eine gewandte, wortwitzige und geistvolle Komödie entstand.

Die reiche Madame de Cheppy muß sich über alles ärgern, über ihre faulen Diener Jacques und Picard, über Diderot, den sie in aller Frühe zu sich bittet, damit er ihr rasch ein Theaterstück schreibe, das sie in drei Tagen auf ihrer Privatbühne aufführen will. Ihre Aufführungen sind besucht, beliebt und gefürchtet in Paris. Ärger hat sie auch mit ihrer Freundin Madame de Vertillac, deren Tochter Henriette sich in den bäuerlichen Nachbarssohn François de Crancey verliebt hat. Diderot, der ein Leben lang an der riesigen französischen Enzyklopädie arbeitet und von seinen Verlegern betrogen, von den Menschen ausgenützt wird, ist ein aufgeklärter Menschenfreund, der allen Gutes tun will. Darum wird er auch im Hause Cheppy sofort von Bittstellern umlagert: so von der Kapitänswitwe Bertrand, die ihre Pension auf ihren Sohn Bibi überschreiben lassen will; von dem Spekulanten Dessbrosses, dessen Geschäfte zusammengebrochen sind; von Crancey, dem er Henriette zubringen soll, und von dem Schriftsteller Surmont, der für Diderot die Komödie für Madame de Cheppy schreiben soll. Überall scheint er zu helfen: Madame Bertrand erhält ihre Überschreibung, Dessbrosses entgeht der Polizei, weil der Polizeiminister bestechlich und erpreßbar ist; durch gefälschte Briefe, aus denen hervorgeht, daß Henriette von Crancey ein Kind erwarten soll, erreicht er die Zustimmung der Mutter zum Heiratskontrakt. Schließlich spielt er den Anwesenden eine gekonnte Szene des Wahnsinns vor, die für echt gehalten wird.

Inzwischen sind Diderots Mystifikationen bekannt geworden, und Surmont legt die Komödie vor, welche die eben abgelaufenen Ereignisse zum Gegenstand hat. Weil er die Wahrheit sagt, brüskiert er alle, das Stück wird abgelehnt. Überall hatte Diderot die Hand im Spiele, „ein Ungeheuer, ein Menschenfreund". Diderot ist für Enzensberger „Skeptiker und Bohemien, Salongänger und Melancholiker, Flaneur und Organisator, Aphoristiker und ernster Aufklärer" in einem.

„**Ach Europa**" (1987) sind „Wahrnehmungen aus sieben Ländern. Mit einem Epilog aus dem Jahre 2006", sieben Reportagen bester

Tradition aus Schweden, Italien, Ungarn, Portugal, Norwegen, Polen und Spanien; d. h., daß sich der Autor dem gegenwärtigen Europa vom Rande her nähert und die drei Staaten Großbritannien, Frankreich und die BRD wegläßt. Es sind Berichte, Essays, Dialoge, die sich in die entferntesten Winkel der Gesellschaft vortasten und ein Charakterbild der Länder und Völker geben: Dokumentation, Erzählung und Theorie, vorgetragen mit großer Sachkenntnis und mit Fantasie, die, wie der Autor sagt, „einander nicht ausschließen". Das Resultat dieser Recherchen: „Die Irregularität, der Wirrwarr macht die Stärke Europas aus." Im Schlußkapitel aus dem Jahre 2006 erfolgt ein möglicher Blick auf Europa, gesehen aus verschiedenen Großstädten und Ländern, die in dem Überblick über Europa nicht behandelt wurden: eine Utopie, die nur allzu wahr sein könnte. (S. 287)

WILHELM ENZINCK

Der Dichter veröffentlichte 1982 die Monographie **„Sint Martin Letem oder Die Geburt des flämischen Expressionismus"** und 1983 die Kurzgedichte **„Ein falsches Licht"**. (S. 332)

RAINER WERNER FASSBINDER

Seine ersten Stücke, die er zwischen 1965 und 1969 schrieb, erschienen erst postum 1985 im Druck.

„Tropfen auf heiße Steine" (1965/66), eine „Komödie mit pseudotragischem Ausgang" ist ein Vier-Personen-Stück, das zeigt, daß Liebesverhältnisse zwischen Homosexuellen genauso wie andere im Alltagstrott und im Ehekäfig enden. Der 35jährige Vertreter Leopold Bluhm hat sich auf der Straße den 20jährigen Franz Meister, in dem sich der Autor selbst porträtiert, der Schauspieler werden möchte „oder sonst was mit Kunst", geangelt und lebt ein halbes Jahr mit ihm zusammen. Die Unzufriedenheit steigt immer mehr und erreicht den Höhepunkt, als Anna, die Geliebte von Franz, auftaucht und ihn wieder für sich haben will. Da bringt auch Leopold seine geschiedene Frau Vera mit, sodaß der verzweifelte Franz Selbstmord begeht. Leopold aber bleibt bei den beiden Frauen.

„Der amerikanische Soldat" (1968) benützt ein Motiv des amerikanischen Films „Murder by Contract" (1958) und zitiert den einsamen Mörder Vinz, der sich in einem ritualisierten Tagesablauf nach Tonband seine Haltung hart antrainiert; als er aber für 12 000 Dollar von Tony und Chris aufgefordert wird, ein Mädchen zu killen, das gegen den Chef aussagen will, lehnt er ab, erschießt Chris und wird von Tony erschossen.

„Anarchie in Bayern" (1969) ist von der Story her ein naiver Science-fiction-Thriller. Revolution in Bayern: SAB (Sozialistische bayrische Anarchie) wird ausgerufen. Verzweifelt trauert die Familie Normalzeit (alte romantische Liebe männlich und weiblich, Ehe/Auto, Phönix und Kindermörder) der alten Ordnung nach. Man sieht den Besitz bedroht: Auto, Fernseher, Waschmaschine; das Leben hat für sie keinen Sinn mehr. Der große Revolutionsrat tagt: Geld, Ehe, Kirche, Gefängnisse werden abgeschafft, Universitäten und Krankenhäuser sind frei, die absolute Freiheit ist eingeführt, Gesetze und Verordnungen fallen, ein Bewußtseinskomitee wird gebildet. Wann immer aber die Familie Normalzeit im Büro der Neuen Bürokratie erscheint, tritt sie in Reih und Glied auf, Anarchie ist ihnen nicht beizubringen; auch die Huren klagen, daß ihr Geschäft verdorben sei, da es kein Geld mehr gibt. Der in die Bundesrepublik geflüchtete Kanzler ruft die Bürger zum Ausharren auf: Damit bricht das Stück ab. Bei der Uraufführung marschierten die amerikanischen Truppen ein und stellten die Ordnung wieder her.

„Werwolf" (1969) schrieb Fassbinder zusammen mit Harry Baer. Von den 28 Szenen stammen 12 von Fassbinder. Die beiden Autoren verfaßten ihre Texte unabhängig voneinander, die Szenen können beliebig ausgetauscht werden, weil sie zusammenhanglose Gespräche der Personen A, B, C, D und E wiedergeben. Das Stück geht zurück auf einen Stoff aus dem 16. Jahrhundert: In Niklashausen in Franken soll ein Knecht mehr als 80 Leute umgebracht und ihr Blut getrunken haben. Die Überlieferung machte ihn zum Werwolf, der mit dem Teufel im Bunde stand. Anhand von Gebetsritualen treibt das Stück Verhaltensstudien, demonstriert, wie Demut in Blutrausch umschlägt, und stellt die Biographie des Massenmörders in das Umfeld sozialer Beziehungen: unehelicher, ungeliebter Sohn, der versucht, den Menschen nahezukommen. „Es waren die Köpfe, in die er ein Loch hineinschlug, um ein Verhältnis zu haben mit einem anderen Menschen." (S.410)

HUBERT FICHTE

„Die Palette", Roman (1968). „Die Palette" ist ein ehemals in Hamburg existierendes Kellerlokal, und war, wie der Roman berichtet, der Treffpunkt für vielerlei nicht angepaßte Zeitgenossen wie Gammler, Gauner, Nutten und Strichjungen, entlassene Häftlinge, verbummelte Studenten und Weltenbummler. Genau das ist „die Palette" in diesem Roman, bei dessen Erscheinen sich Autor und Verlag gegen mehrere Strafanzeigen wehren mußten. Hauptgestalt unter den mehr als zwanzig auftretenden Jungen und Mädchen ist Jäcki, ein ebenfalls ausgeflippter Zeitgenosse. Es ist eine Generation, die man später unter dem Sammelnamen „Beatgeneration" zusammenfaßte. Da wird getrunken, geredet, gespielt, gehascht, kreuzweise geliebt zwischen Normalen, Bi- und Homosexuellen. Es ist die Unruhe der späten sechziger Jahre; ihre schnoddrige, ausgeflippte Sprache ist minutiös genau wiedergegeben. Helmut Heißenbüttel nannte es eines der wichtigen Bücher der sechziger Jahre.

„**Wolli Indienfahrer**" (1972) sind sieben Dialoge, die der Autor als Interviewer im Sommer 1969 mit Gestalten aus der Szene St. Pauli in Hamburg geführt hat, die ersten zwei mit Wolli, dem Inhaber eines Mädchenwohnheimes über Prostituierte und Homosexuelle, über Erziehung und Kunst, über Drogen und ihre Wirkungen, über Politik, Eltern und zahlreiche Probleme des alltäglichen Lebens. Gleiche Fragen stellt er im dritten Interview an die Prostituierte Sandra, im vierten an die lesbische Gunda und im fünften an den Strichjungen Jonny sowie im sechsten an den Wirtschafter eines Bordells, Ulli. Sieben Jahre später führt der Autor den letzten Dialog mit Wolli über seine beiden Indienreisen. Das Buch gibt Einblick in das konkrete Leben und das zwischenmenschliche Verhalten außerhalb der Gesellschaft Stehender, es erforscht die Hamburger Subkultur von St. Pauli wie „einen fremden, unbekannten Kontinent". Indem sich Fichte mit Offenheit dem Gesprächspartner zuwendet, entstehen dokumentarische Zeugnisse. (S. 531)

ILSE FISCHER-REITBÖCK, gestorben 1984. (S. 333)

MARIELUISE FLEISSER

„**Eine Zierde für den Verein**", „Roman vom Rauchen, Sporteln, Lieben und Verkaufen" (1931, ursprünglicher Titel „Mehlreisende Frieda Geier"). Der Roman ereignet sich in den Jahren 1926–1928 in Ingolstadt und trägt gewisse autobiographische Züge in den beiden Schwestern Frieda und Linchen sowie in der Bekanntschaft mit Gustl (Josef Haindl, den die Autorin 1935 heiratete).

Hauptgestalt ist Gustl Gillich, Meister- und Rettungsschwimmer mit vielen Preisen, vom Beruf Tabakwaren- und Spirituosenhändler, völlig unter dem Einfluß seiner Mutter Philomena in einer matriarchalischen Familie stehend, zuerst Angestellter bei ihr, bis er es erreicht, selbständig zu werden und einen eigenen Tabakladen zu erhalten, in dem freilich das Geschäft nicht so läuft, wie er es sich erhofft hatte. Im Mittelpunkt seines neuen Lebens steht die Mehlreisende Frieda Geier, eine selbständige Frau, die zwar den „Krauler-Gustl" liebt, sich aber nicht unterordnen und deshalb auch nicht heiraten will. Gerade dieses lose Verhältnis geht Gustl wider den Strich, ihm schwebt eine Familie vor, in der er das Oberhaupt ist und die Frau ihm nicht nur Geld, sondern auch Arbeit einbringt. Doch ihr Geld braucht Frieda zur Erziehung Linchens in einer Klosterschule, die mit all ihren Vor- und Nachteilen ironisch dargestellt wird.

So muß sich das Verhältnis zweier so ungleicher Menschen zerschlagen, was für Gustl zunächst den Zusammenbruch einer Welt bedeutet, bis er wieder zu sich und seinem Sport zurückfindet, zum „Plan", dem Sportverein, für den einst er und seine Sportkameraden zum Stegbau heimlich Buchenstämme der Pioniere entwendeten (siehe „Pioniere in Ingolstadt"); er zieht einen neuen Springer Rih heran, während er sich selber nach einer Niederlage gegen einen Bäcker auf den Dauerleistungssport umstellt, in dem er eine neue Lebenserfüllung findet. Zu dieser durchgehenden Handlung kommen Nebenhandlungen um Kameraden wie Raupe oder Scharrer, dessen Attentat auf einen Eisenbahnzug Gustl rechtzeitig verhindern kann. Mit einem großen Fest des „Plan" und einer handfesten Rauferei schließt der Roman.

„**Die Draws-Geschichten**" (1932) sind insgesamt sieben Berichte über die Reise der Autorin nach Schweden im Mai und Juni 1929 und nach Andorra im April 1930 mit dem Schriftsteller Hellmut Draws-Tychsen, den sie 1929 kennenlernte und mit dem sie sich während ihrer Reise verlobte. Gesammelt erschienen diese Geschichten 1932, sie enthalten: Ich reise mit Draws nach Schweden. Von Pardelrollern, Wickelbären und Kusimanen (ein Besuch im Zoo). Die schwedische Aura (Besuch der schwedischen Freundin Inger). Katalanisches Karussell (ein Aufenthalt in Barcelona). Andorranische Abenteuer (drei Berichte über den Aufenthalt in der Zwergrepublik Andorra). Sandsturm über Perpignan (Bericht über einen Abstecher in diesen französischen Atlantik-Badeort). Fata Morgana des Geldes (über die ewigen Geldsorgen, welche die beiden auf Reisen und daheim haben).

Ihre Erzählungen erschienen gesammelt in der dreibändigen Gesamtausgabe:

„**Meine Zwillingsschwester**" (1923) ist die erste Erzählung der Dichterin, die aus dem Arbeitskontakt mit Brecht entstanden ist.

„**Der Apfel**" (1925) ist eine Geschichte über den „ersten Mann" in ihrem Leben, einen Studenten mit abenteuerlichen Neigungen.

„**Die Stunde der Magd**" (1925) geht auf ein Ereignis in ihrem Vaterhause zurück; alle drei dumpfe, sexuelle Geschichten.

„**Die Moritat vom Institutsfräulein**" (1926) geißelt leicht ironisch die „Scheuklappenerziehung" im Internat, als die Mädchen noch nicht zum Studium an Knabenschulen zugelassen waren.

1926 folgte „**Abenteuer im Englischen Garten**", eine Art Liebesgeschichte, sowie „**Ein Pfund erringen**" und „**Die Ziege**".

1928 erschien „**Des Staates gute Bürgerin**", eine Geschichte über ihre Großmutter in ihrem Vaterhaus in der Kupferstraße in Ingolstadt, wo drei Generationen nebeneinander lebten. „**Hölderlin in einer Berliner Kneipe**" (1932) trägt im Gegensatz zu „**Frigid**" (1934) autobiographische Züge. „**Schlagschatten Kleist**" schildert die kurze Bekanntschaft mit einem fränkischen Lehrer, der sie in der Zeit der Hitlerjahre beunruhigte und ihr täglich Zeichnungen als Briefe schickte.

Die umfangreichste und für die Biographie der Dichterin wichtigste Erzählung ist „**Avantgarde**" (1936), die ihre Bekanntschaft mit Brecht („Der Dichter") und ihrem ersten Mann Josef Haindl („Nickl") schildert. Gezeigt wird der frühe Brecht mit all seiner

Arroganz und seinem guten und schlechten Einfluß auf Cilly („Fleißer"); gezeigt sollte auch werden, wie die Autorin selber sagt, die Begegnung eines Mädchens aus der Provinz mit einem Genie.

Die Geschichte **„Eine ganz gewöhnliche Vorhölle"** (1943) ist der autobiographische Bericht über ihren Kriegseinsatz. **„Er hätte besser alles verschlafen"** (1949) ist die Geschichte vom Tod eines Knaben, verschuldet durch den Zwist der lebenslustigen, Männer verbrauchenden Mutter mit dem Heimkehrervater. **„Das Pferd und die Jungfrau"** (1949) ist eine „wahre Geschichte" einer Bekannten, „in die ich mein eigenes verzweifeltes Lebensgefühl nach dem Krieg hineinbaute".

„Der Rauch" (1964) schildert wieder eigene Erlebnisse unmittelbar nach dem Krieg, da sie noch allein war und die Trafik ihres Nickl nicht halten konnte. Zur Eröffnung des Ingolstädter Theaters 1966 schrieb sie die Geschichte **„Der Venusberg"** (1966) und verwebt Kindheitserlebnisse vom ersten Theaterbesuch mit hinein. Autobiographisch ist auch die 1965 erschienene Geschichte **„Die im Dunkeln"**, welche von der Zeit ihres Nervenzusammenbruches und ihrer Einweisung in eine Heilanstalt berichtet. (S. 395)

GÜNTER GRASS

Neun Jahre nach seinem letzten Roman „Der Butt" veröffentlichte Grass 1986 den Roman **„Die Rättin"** (weibliche Form für Ratte), einen kompliziert aufgebauten, in sich verschachtelten, mit immer neuen Geschichten angereicherten Text, in dem sich ein Streitgespräch zwischen dem in einer Raumkapsel kreisenden Erzähler und der Rättin um das Humane, um die Menschheit, um ihre Geschichte und ihre Vernichtung entspinnt. Der eine erzählt, als könnte er mit seinen zahlreichen Geschichten die Zukunft herbeireden; die andere scheint alles schon zu kennen. „Doch eure Geschichte ist aus."

Ein Roman, in dem der Erzähler Grass Abschied nimmt von allem Liebgewonnenen, Abschied von den Menschen und der Erde, weil er sie dem Untergang geweiht sieht. Da werden Geschichten begonnen und später fortgesetzt: Auf dem Ostsee-Ewer „Die neue Ilsebill" sind fünf Frauen versammelt, unter ihnen eine Meeresbiologin und die von früher her bekannte Damroka, die mit dem „Butt" redet. Sie sollen den Quallenbestand der Ostsee erforschen, die ihrem biologischen Ende entgegengeht. Eine andere Geschichte berichtet von dem Maler Malskat, der in den fünfziger Jahren die Marienkirche in Lübeck und andere mit „echten" gotischen Fresken schmückte. In Polen wird ein kaschubisches Fest zum 107. Geburtstag von Anna Koljaiczek vorbereitet, das sie in ihrer weitverzweigten Verwandtschaft feiern will. Auch ihr Enkel, der „Blechtrommler", der nun 60jährige Oskar Mazerath, inzwischen Großunternehmer im Medienbetrieb, vor allem im Film und in Videokassetten, reist dorthin. Er verlangt vom Erzähler marktgerechte Drehbücher. „Wir produzieren Zukunft", lautet sein Motto.

Der Erzähler bietet ihm ein Drehbruch „Grimms Wälder" an, damit der Wald und die Märchen noch einmal vor ihrem Ende im Bilde festgehalten werden. Die Grimmschen Märchengestalten treten auf, die Brüder Grimm werden Minister und Staatssekretär für die mittelfristige Rettung des Waldes.

In diese Geschichten, Hoffnungen und Träume mischt sich immer wieder die Rättin und erzählt weitausholend im Rückblick Rattengeschichten, in denen die Menschen für alles Unglück, wie die Pest etwa, die Ratten verantwortlich gemacht haben. Später wurden die Juden zum „Rattengezücht". Die Ratten als ungeliebte Begleiter der Menschen sehen alles Unglück vorher. So kennt die Rättin die Zukunft, in der durch die Neutronenbombe, welche die Gebäude verschont, alle Menschen „entsaftet" werden und zugrunde gehen. Diese sogenannte „Schonbombe" fällt mitten in die Geburtstagsfeier der kaschubischen Großmutter und trifft die fünf Frauen auf dem Ewer in dem Augenblick, als sie auf dem Meeresgrund Vineta entdeckt haben. Doch nach dem „großen Knall", dem Ende der Welt, entstehen Rattenmenschen oder Menschenratten, die aber auch zum Untergang bestimmt sind. Der Prozeß Malskat, der sich selber als Fälscher angezeigt hat, wird verbunden mit den „falschen Fuffzigern" Adenauer und Ulbricht und der Teilung Deutschlands. Die Schlümpfe kommen ebenso ins Bild wie die Punks und die vielfach neu erzählte Geschichte des Rattenfängers von Hameln.

Im ganzen gesehen ist der in viele Erzählstränge aufgespaltene Roman trotz der märchenhaften Züge ein eminent realistischpolitisches Buch von großem Pessimismus, der das unausweichliche Ende des „Gleichgewichts des Schreckens" in prallen Bildern darstellt. Durch zusammenfassende Gedichte wird der Erzählstrom zusätzlich unterbrochen, und natürlich spielt er wieder in der Heimat von Grass, in Danzig-Gdánsk.

Als Parodie zum Roman „Die Rättin" erschien gleichzeitig von **GÜNTER RATTE „Der Grass"**, in dem sich der Ich-Erzähler zu Weihnachten einen Dichter wünscht und Grass in Kleinausgabe erhält, um dessen Romane sich die amüsantesten Begebenheiten ebenso spinnen, welche wie die Erzählung die gesamte deutsche Literatur und Politik aufs Korn nehmen. (S. 272)

KARL GREIFENSTEIN

„**Wir fahren vorüber**" (1984) ist eine Auswahl von Gedichten, die bisher in Zeitungen, Zeitschriften und Anthologien veröffentlicht wurden, und die sich von 1941–1983 erstrecken. Sie geben damit einen Überblick über das lyrische Schaffen Greifensteins. Es sind ernste, schwermütige und kritisch fragende Dichtungen aus dem technischen Zeitalter, die aber ebenso Landschaft und Stadt (Korsika, Italien, Deutschland) miteinbeziehen. Vergangenheit und Gegenwart werden zusammengefügt und mit der Zukunft verbunden, wenn der Dichter über Zeiterscheinungen spricht. Unabhängig von jeder Mode schreibt er streng gebaute gereimte und freirhythmische Gedichte, die dem Neuen ebenso zugänglich sind wie dem Unveränderlichen in Mensch und Natur.

„Aber wohin?", Kurzgeschichten (1985). Zwölf Kurzgeschichten, die alle von menschlicher Zuwendung und Verträglichkeit handeln; so die Titelgeschichte von zwei Pennbrüdern. In „Überzählig" beginnen die Gegenstände eines Flohmarktes zu reden und ihr eigenes Leben zu führen. Eine sentimentale Weihnachtsgeschichte ist „Die Hundeleine". Vereinsmeierei und Legehühnerbatterien verspottet „Der Gluck-Hennen-EV.", Humor mit Tragik mischt die sprechende „Dienstmütze". Die Unmöglichkeit, Wunsch und Wirklichkeit zu vereinen, erzählt die Hundegeschichte „Angekettet...". Von der Entfernung seelischen und geistigen Schmutzes im Menschen berichtet die Geschichte „Rastplätze". „Der Kunstpreis" verspottet den modernen Kunstbetrieb, während wiederum Dinge zu reden beginnen in „Sie begann mitzureden...". Den Unterschied von Heim und Heimat erörtert „Wiedergefunden...". Drei Geschichten erotischen Inhaltes ranken sich um die Pianistin Eleonore („Auftritte"), während „Verwirrende Angebote" mit der Deutung von Buchstaben eines Wortes auf einer Damenbluse spielen. (S. 334)

PETER GREINER,

geboren 1939 in Rudolstadt/Thüringen, lebt heute als freier Schriftsteller in Lüneburg. Literarische Haupttätigkeit ist das Drama.

Dramen: **„Kiez"** (1974), **„Gefege"** (1976), **„Türkischer Halbmond"** (1977), **„Lady Liljas Haus"** (1977), **„Roll over Beethoven"** (1978), **„Orfeus. Biographie eines Halbstarken"** (1978), **„Fast ein Prolet"** (1978), **„Vier-Jahreszeiten-Blues"** (1979), **„Des Reiches Streusandbüchse"** (1980), **„Stillgelegt"** (1982), **„Die Torffahrer"** (1983).

„Kiez" ist „ein unbürgerliches Trauerspiel um Ganovenkälte und Ganovenehre" und spielt in der „sündigsten Bannmeile der Welt", der Reeperbahn auf St. Pauli. Knut, Matrose auf verschiedenen Schiffen, Einbrecher, lebt nun als Zuhälter der von daheim ausgerissenen Bauerstochter Heinke Elend und der minderjährigen Jutta, angestellt in der Kneipe der Frau Rau als Zapfer. Nebenbei betätigt er sich als Einbrecher in ein Juweliergeschäft und als Automatenknacker zusammen mit seinem Freund Nil, dem er seine Geliebte Ditte ausspannt, als Nil ins Gefängnis wandert. Von einer Dreiergang verfolgt, flieht er mit Ditte zu seiner Schwester nach Berlin und versucht vergeblich, ein anständiges Leben zu beginnen; denn Ditte säuft und hurt, er kann sie nicht ändern. Er kehrt mit seinem Freund und Leibwächter Charly nach Hamburg zurück. Ein letzter Versuch mit Anna, ein normales Leben zu führen, mißlingt. So endet Knut als Penner auf der Pennerwiese und steht vor einer neuerlichen Verhaftung. Ein greller Bilderbogen aus der Welt der

Ganoven und Prostituierten, der Mörder, Einbrecher, Hehler und Zuhälter.

„Fast ein Prolet", ein „Volksstück", ist in seinem Milieu auch in der Nähe der Reeperbahn angesiedelt und sympathisiert mit Pennern, Arbeitslosen und Gastarbeitern. In einer Hamburger Hafenkneipe, die der Wirtin und Lilo gehört, verkehren der Kältetechniker Kälteing, der zum Penner gewordene Bildhauer, der Handwerkszeug und Marmor vertrunken hat und nun bettelt, der Schlosser Anton, der Würmer für die Angler sammelt, der Schlachterbursch sowie der für alle Fremden stehende italienische Gastarbeiter Bruno, der Frau und Kind nachgeholt hat, sie aber aus Unterkunftsmangel wieder zurückschicken muß. Das Heilsarmeemädchen, das ursprünglich die Penner bekehren wollte, wurde selbst zur Kommunardin und Vorkämpferin für die „entrechtete Arbeiterklasse". Die Unberechenbarkeit des sozialen Verhaltens dieser Menschen wird in einer ursprünglichen Sprechweise vorgeführt, ohne daß es so etwas wie eine Handlung gibt.

„Vier-Jahreszeiten-Blues" ist ein „lustiges Spiel", in dem sich zwei Menschen, Pan Bau und Lale, in einem Irrenhaus kennenlernen, wohin Lale wegen eines Selbstmordversuches gekommen war; außerhalb der Mauern dieses Rehabilitationszentrums versuchen nun die beiden, ihre Liebesgeschichte weiterzuleben; ob der Versuch glückt, bleibt offen.

„Die Torffahrer" ist ein Stück in 38 Kurzszenen um das Trio Hein Wend, Karen Butenschön und Jan, die an die „Schangse" eines neuen Lebens glauben und diese darin finden, mit einem LKW gute Torferde zu führen und zu verkaufen, um „Kohle" zu machen. Boß dieses Unternehmens ist der Ex-Häftling Hein, Boxer im Nebenberuf, mit tätowiertem Oberkörper, mit viel Kraft, aber ohne Führerschein, den er wegen Trunkenheit am Steuer verloren hat. Daher wird in einer Zeitungsannonce ein Fahrer gesucht und der Medizinstudent Jan aufgenommen. Brutal ist Hein gegen Jan ebenso wie gegen seine Lebensgefährtin Karen, die er zusammenschlägt, die aber trotzdem bei ihm bleibt; denn auch sie will Geld verdienen ebenso wie der Arztsohn Jan, der gelegentlich ausflippt und sein Medizinstudium nicht beendet. Ethische Grundsätze gibt es in diesem Trio nicht, es geht einzig um das Überleben.

Im großen und ganzen verkaufen diese drei mit ihren Werbesprüchen nicht schlecht, verdienen ganz gut, gründen sogar eine „Torferde & Co", kaufen eine Büroeinrichtung, doch geht die Firma schnell pleite; der LKW wird wie die Einrichtung beschlagnahmt. Doch Hein ist nicht unterzukriegen, er mietet den Wagen und fährt und verkauft weiter. Karen ist auf Alkohol und Drogen aus, seit sie in ihrer Jugend von ihrem Onkel vergewaltigt wurde und dann mit ihrem Bruder ebenso wie mit einer Geschäftsfrau ein Verhältnis hatte. Auch Jan gewinnt sie für sich, doch Hein macht dem schnell ein Ende. Karen bleibt auf der Strecke: Am Ende des

Stückes ist sie tot. Hein und Jan machen weiter. Erklärungen für den Konkurs gibt es ebensowenig wie für Karens Tod. Es sind Jugendliche, die an den Rand der Gesellschaft gedrückt wurden und sich behaupten müssen. Ihre Sprache ist der Slang der Randschichten.

MICHAEL GROISSMEIER

Die Gedichte **„Dem Rauch mißtrauen"** (1984) beziehen den Titel aus einem Dachau-Gedicht; denn seit den Verbrennungen von Menschen im KZ muß man dem Rauch mißtrauen, der aus Schornsteinen steigt. Groissmeier nimmt auch zu aktuellen Themen Bezug, prangert die Naturverwüstung ebenso an wie die Unmenschlichkeit. Doch besingt er immer wieder diese Natur in seinen meist reimlosen Kurzgedichten, die von einer Gedrängtheit und Fülle des Wortes und Bildes sind, die die bisherigen Gedichte Groissmeiers noch übertreffen. Sie reden von unserem Alltag mit seinen Lasten, vom Geheimnis des Lichtes ebenso wie dem der Zeit, das im Älterwerden immer näher rückt. Ohne jedes Pathos rufen die Gedichte zu Brüderlichkeit und Liebe auf, weil es nur so gelingen könne, die drohenden kollektiven Gefahren abzuwenden. Immer aber steht am Ende der Tod, und so fragt der Autor:

> „Ist der Tod die Antwort
> auf das Leben?
> Einmal werden wir es wissen.
> Einmal werden wir aufhören zu fragen,
> und wird die Antwort dann
> das Leben sein?" (S. 335)

MAX VON DER GRÜN

„Die Lawine" (1986) ist der Roman einer Wirtschaftskriminalität im Deutschland der Gegenwart. Am 10. August 1983 entdeckt der Fotograf Edmund Wolff im Turm der katholischen Kirche vor seinem Garten ein offenes Fenster, in dem der Fabrikant Heinrich Böhmer, Halbbruder seiner Frau, hängt. Der Tote hinterließ nicht nur eine gutgehende Elektromotorenfirma, seine Frau, die Grande dame, die sich meist in Avignon aufhält, sowie zwei erwachsene Söhne Lars und Sascha, die sich um die Firma nicht kümmern und studieren, sondern auch ein Testament ohne Beispiel in der Unternehmensgeschichte: Er vermacht den 500 Arbeitern und Angestellten seiner Firma die Hälfte des Betriebes und ernennt den Vorsitzenden des Betriebsrates, Schneider, zum Betriebsleiter mit allen Vollmachten; Wolff soll stellvertretend für seine Frau in die Geschäftsführung eintreten.

Damit kommt eine Lawine ins Rollen, die immer neue Fragen aufwirft: Wer war Böhmer wirklich? Wie war das Verhältnis zu seiner Geliebten Mathilde Schneider, der Tochter des neuen Betriebsleiters, der er eine komfortable Wohnung eingerichtet und deren Auskommen er für zehn Jahre nach seinem Tod gesichert hat? War Böhmers Tod Selbstmord oder Mord? Wie kam die Leiche ins Turmfenster? Die Recherchen, die Mathilde mit Wolff unternimmt, führen zur Aufdeckung eines gnadenlosen Konkurrenzkampfes mit einer amerikanischen Firma, deren Zuträger der seit vierzig Jahren im Betrieb arbeitende, anscheinend in Ehren ergraute Prokurist Gebhardt ist. Als Böhmers Witwe das Testament vollstrecken will, kommt es zu immer neuen Drohungen, bis sie selber an einem Herzanfall stirbt; ihre Leiche wird durch ein „Discretservice" beseitigt. Aber auch die Belegschaft der Fabrik ist nicht voll Freude über das Erbe. Allen Anfechtungen zum Trotz hält Schneider daran fest, daß sich die Verhältnisse ändern lassen. Böhmers Firma wird zu einem Modellfall der deutschen Unternehmergeschichte. (S. 428)

RUDOLF HAGELSTANGE, gestorben 1984

„Der Niedergang. Von Balsers Haus zum Käthe-Kollwitz-Heim" (1983) ist ein an einer Unzahl historischer Fakten und persönlicher Erlebnisse reicher Roman und zugleich die Fortsetzung des Romans „Das Haus oder Balsers Aufstieg". Er schließt die Familiensaga der Balsers ab. Der Erste Weltkrieg ist verloren, die Deutschen versuchen sich in der Republik, aber weder die Versuche von Räteregierungen noch die der Weimarer Republik können ein Chaos verhindern und rechts- oder linksextreme Gruppierungen ausschalten. Die Wirtschaftskrise verdoppelt die Zahl der Arbeitslosen, die chaotischen Zustände fördern den Nationalismus Hitlers und bahnen diesem den Weg zur Macht, da der greise Hindenburg der Situation nicht mehr gewachsen ist. Zunächst scheint es gut zu gehen, die Arbeitslosenzahl sinkt rapid, Deutschland wird seit den Olympischen Spielen 1936 auch von den Weltmächten geachtet. Aber Hitlers Machtgelüste führen zum Zweiten Weltkrieg, zur Zerstückelung Deutschlands und zur Ausbildung eines restaurativen West- und eines kommunistischen Ostdeutschlands.

Parallel zu diesen im Detail beschriebenen politischen Ereignissen verläuft die Geschichte der Familie Balser, des sozialdemokratischen Arztes Dr. Carl Balser und seiner Frau Anna, sowie ihrer Kinder Karl, des geistig und körperlich behinderten Hans und der beiden Töchter Ilse und Margret. Die innere Entfremdung des Ehepaares führt zur Trennung. Als Carl Balser sen. stirbt, kehrt Anna in das Balser-Haus zurück und übernimmt die Erziehung ihrer Kinder. Eine Ehe Ilses scheitert ebenso wie die beiden Ehen Margrets, die sich zur bildenden Künstlerin entwickelt. Carl studiert Jus, erhält unter dem Druck des NS-Regimes unbedeutende „Brotstellen". Der jüdische Nachfolger in der Arztpraxis kann noch rechtzeitig emigrieren, an seiner Stelle zieht ein Parteigenosse ein. Mit viel Geschick und List kann sich Balser jun. durch alle Fährnisse der NS-Zeit und des Krieges sowie der Katastrophe an der Ostfront hindurchlavieren.

Als er 1945 aus englischer Kriegsgefangenschaft heimkehrt, ist seine Heimatstadt Nordhausen ein Trümmerhaufen, das Balser-Haus, in dem Käthe Kollwitz ihr letztes Lebensjahr verbracht hat, ist eines der wenigen unversehrt gebliebenen Gebäude. Als überzeugter Sozialist wird Carl zunächst Oberbürgermeister, durch Intrigen aber abgesetzt. Er übt weiterhin in höheren Ämtern Kritik am sozialistischen Aufbau und muß schließlich vor einer Verhaftung in den Westen fliehen. Nach verschiedenen Stellungen und Aufenthalten in England wird er Anwalt und Spezialist für Wiedergutmachung. Seine vier Ehen scheitern. Im Alter von 70 Jahren erliegt er einem Herzinfarkt. Das Balser-Haus wird in ein Käthe-Kollwitz-Heim für elternlose Kinder von Eisenbahnern umgewandelt. Mit großer Leidenschaft für das Detail gestaltet der Autor einen Zeitabschnitt von rund 50 Jahren deutscher Geschichte und deutscher Teilung. (S. 304)

PETER HÄRTLING

erhielt 1987 den Hölderlin-Preis.

„**Felix Guttmann**", Roman (1985). Hinter dem Titelhelden verbirgt sich ein älterer Freund des Autors, jener ist vor dem Ersten, dieser vor dem Zweiten Weltkrieg geboren. Ihm gibt er den Namen Felix Guttmann, Jude von Geburt, Jahrgang 1906, wohlbehütet aufgewachsen in der Familie, ein Sonderling, klein von Wuchs, Einzelgänger im Milieu des väterlichen Tuchwarengeschäftes.

Schon als Kind liest er viel, hat er enge Beziehungen zu seinem Onkel, dem Schneidermeister Jona, und schließlich am Ende seiner Gymnasialzeit zu Casimir, der mit der Kommunistin Laura ein Liebesverhältnis hat, während Felix erste Erfahrungen mit der Theaterstatistin Irene macht. Nach dem Abitur studiert Casimir in London das Bankfach, Felix in Berlin Jus. Die Großstadt Berlin mit ihren Revuen und Theatern nimmt ihn gefangen, doch bleibt er von der Welt der bewußten, entschieden handelnden Umgebung getrennt. Mit Casimir gerät er in kommunistische Kreise, hält aber auch hier Distanz wie auch zum Zionismus, für den ihn der Rechtsanwalt Sommerfeld gewinnen möchte. Distanziert hört er den Auseinandersetzungen seiner Freunde Casimir, Laura und Katja über Rosa Luxemburg, Karl Liebknecht und den beginnenden Nationalsozialismus zu, wird aus dem nationalen Offizierskasino, in das ihn sein Zimmernachbar mitgenommen hat, als Jude verwiesen, in Usedom, wohin die Freunde gefahren sind, von SA-Männern überfallen. Er macht sein Doktorat und läßt sich nach einem Versuch in einem politischen Prozeß als Scheidungsanwalt in Berlin nieder.

Die äußeren Ereignisse schreiten fort, Hitler übernimmt die Macht, die jüdischen Anwälte verlieren ihre Praxis; treu zu ihm hält Mirjam, an die er sich aber nicht bindet, weshalb sie zu ihrem Vater nach Amsterdam auswandert. Schließlich wird Felix Rechtsberater im Palästinaamt für Auswanderung der Juden; Casimir wird verfolgt und flieht in den Spanischen Bürgerkrieg. Nach einer Unterredung mit Eichmann muß auch Felix das Land verlassen, wird Israeli, kehrt nach dem Krieg nach Frankfurt als Rechtsanwalt zurück, wo er bei einem Verkehrsunfall ums Leben kommt.

Für Felix gab es also ein Vorbild in der Wirklichkeit; das reale Vermächtnis dieses seines Freundes hat der Autor in das Leben Guttmanns übertragen.

„Die Mörsinger Pappel" (1987) vereinigt Gedichte des Autors aus den letzten drei Jahren, die alle als Zentrum eine Liebeserklärung haben, die an Autoren wie etwa Albert Camus oder Franz Fühmann gerichtet sind, an seine Mutter oder eben an die Mörsinger Pappel und natürlich immer wieder an die Frau oder an Landschaften in Finnland.

„Waiblingers Augen", Roman (1987). Dies ist die poetische Lebensgeschichte des spätromantischen Dichters und Bewunderers Hölderlins, des genialen, in seiner Genialität aber maßlosen Wilhelm Waiblinger (1804–1830), des Studenten der Theologie in Tübingen, und seiner Freundschaft und Liebe zur Jüdin Julie, der Schwester des Tübinger Professors Adolph Michaelis und Nichte Salomon Michaelis', aber auch seiner Freunde Bauer, Eduard, Pfizer, Studenten der Theologie, sowie Hardegg.

Waiblinger lebt in einer Welt überschäumender Gefühle, für welche die wirkliche Welt, auch die Liebe Julies nicht geschaffen ist: Daher muß er zerstören, was er liebt. Ein Außenseiter auch im Stift und an der Universität, erhält er wiederholt wegen Unbotmäßigkeit und unerlaubten Fernbleibens Karzer und wird schließlich bei der Schlußprüfung relegiert. Daher muß sein Leben wie seine Liebe im Unglück enden. Im Haus der Michaelis bricht ein Brand aus, Julie verliert ihr ungeborenes Kind; als im Ausweichquartier der Familie ein zweitesmal ein Brand entsteht, verläßt Julie mit ihrem Bruder Tübingen und übersiedelt nach Kassel. Man hatte Waiblinger insgeheim verdächtigt, bis in dem buckligen Hausdiener der Michaelis, Domeier, der Brandstifter gefunden und verurteilt wurde. Waiblinger ergibt sich dem Abenteuer, zieht nach Rom und stirbt dort im Alter von 26 Jahren. Der Brief eines Freundes benachrichtigt Julie davon.

Zwischen den einzelnen Kapiteln wird in Kurzabschnitten das Mädchen Lily vorgestellt, das von den Michaelis angenommene Kind, eine „Schwester" Julies, die Waiblinger bewundert und liebt, und die Julies Liebe beobachtet und miterlebt. (S. 517)

GÜNTER HERBURGER

„Blick aus dem Paradies. Thuja", zwei Hörspiele (1981), **„Makadam"**, Gedichte (1982), **„Das Flackern des Feuers im Land"**, Beschreibungen (1983).

1984 folgt „**Capri. Die Geschichte eines Diebs**". In Capri wohnt Caspar David Moabit bei Pasquale und Carnine in bescheidener Untermiete, seinen Lebensunterhalt bestreitet er durch Taschendiebereien, in denen er aufs beste ausgebildet ist. Obwohl im Sommer, da die Touristen in Massen nach Capri kommen, dem eine liebevolle Beschreibung zuteil wird, die Chancen für Taschendiebstähle günstig sind, verläßt Moabit die Insel mit einem Brief, den ihm der stellenlose Steuerberater Räter Ots zugespielt hat, aus dem hervorgeht, daß der im Tessin lebende Sammler Carlo Prest Bodi einem Kölner Museum ein Bild der heiligen Familie geliehen hat, das sich nachträglich als echter Raffael herausstellte. Zunächst aber reist Moabit nach Norditalien, wo er jedes Jahr mit seiner gewesenen Schwiegermutter Esther, seinem Sohn Mescher und dem Adoptivsohn Schabel die Ferien am Lido degli Estensi bei Ravenna verbringt. Das Ferienidyll am Campingplatz stört das Auftauchen des Vetters Sinter. Im Schutze seiner Familie setzt sich Moabit nach Berlin ab, erinnert sich hier wieder an Prest Bodi und eine Möglichkeit, Kapital aus seinem Wissen zu schlagen, bricht in den Tessin auf, wird von Prest Bodi empfangen, dessen umfangreiche Bildersammlung er besichtigt. Von ihm über den Paß geleitet, schlägt sich Moabit nach Rom, Neapel und Capri durch, findet Pasquale von seiner Frau verlassen vor und kehrt nach einem Badeausflug am Meer nicht mehr zurück. Ob er ertrunken ist, oder ob er sich abgesetzt hat, bleibt offen.

„**Kinderreich Passmore**" (1986) ist der siebente Gedichtband Herburgers mit Gedichten aus den letzten vier Jahren seines Schaffens. Das Thema der Gedichte ist vor allem die Zeit: Vergangenheit, Gegenwart und Zukunft, die mit autobiographischem Blick ebenso gesehen werden wie mit naturwissenschaftlicher Erkenntnis und in soziologischer Sicht. Gleich das erste Gedicht „Der Tod" schlägt das häufige Thema vom Tod – verdeckt und offen – an, der in verschlüsselten Versen, mit vielen Metaphern, oft schwierigen Bildern in das Bewußtsein der Menschen gerückt wird. Herburger will mit dem Tod nicht den Sinn seines Lebens und Denkens beendet wissen, auch wenn das biologische Ende da ist. Die Frage nach dem Tod stellt sich ihm vor allem in Deutschland, in dem er von der Verantwortung für die Juden niemand freisprechen will. Ist es in der Vergangenheit der Tod, so sind es in der Zukunft die Kinder, denen viele Gedichte gewidmet sind. Sie stehen der Natur näher, sie haben noch geringere Erfahrung, sind daher voller Gefühle, eigensinnig, aber gerecht. Von ihnen können die Erwachsenen lernen. (S. 511)

WOLFGANG HILDESHEIMER

„**Biosphärenklänge**", Hörspiel (1977), ist ein apokalyptischer Endzeittext. Das Vormittagsgespräch zwischen Mann und Frau dreht sich um Warnzeichen, welche das kommende Ende der Erde signalisieren: lähmendes Gefühl beim Mann, das sich auf die Frau überträgt; fehlende Lust am Kochen; vergebliches Warten auf Martin; toter Telefonanschluß; Ausfall des elektrischen Stromes; tote Krähen vor dem Fenster; ungewöhnliches Hundegebell und schließlich die Biosphärenklänge, welche den Richardson-Effekt, die tatsächliche Erträglichkeitsgrenze, überschreiten. Auch die Frau überkommt dieses Gefühl, daß das Leben in einem apokalyptischen Prozeß enden wird.

„Mitteilungen an Max über den Stand der Dinge und anderes" (1983). In geistreich-humoristischer Weise nimmt der Autor Stellung zu verschiedenen Wörtern (Leichenschmaus, Knabenschießen) und Redensarten und führt diese, indem er sie wortwörtlich nimmt, ad absurdum. Der Text ist in Form einer Mitteilung an Max (Frisch?) gerichtet.

„Nachlese" (1987) sind Notate zu den jeweils in Arbeit befindlichen Büchern, die nicht aufgenommen wurden. Diese und spontane Einfälle, Wortspiele, Assoziationen aus mehr als 20 Jahren enthält das Buch in drei Abteilungen: 1964–1973 (bis „Masante"), 1974–1981 (bis „Marbot"), 1982–1984 (bis „Mitteilungen an Max"). (S. 433)

ROLF HOCHHUTH

Das Trauerspiel **„Judith"** (1984) ist „ein Stück gegen den Rüstungswahn", das um die Frage kreist, ob vor seinem Gewissen der bestehen kann, der allein mit dem Stimmzettel, dem Bürgerprotest oder der Publizistik Front macht gegen die Mächte der westlichen Welt mit ihrer Aufrüstung.

Das Vorspiel ereignet sich 1943 in Minsk. Hier lebt der Generalkommissar für die Ostgebiete mit Frau und Kindern in einem zur Festung ausgebauten Haus; zwar ist er persönlich gegen die Massenhinrichtungen von Unbewaffneten, Frauen und Kindern, doch befolgt er damit nur Befehle. Seine jüdische Dienerin Jelena Masanik, die Judith im Vorspiel, ist Partisanin und tötet den Generalkommissar durch eine im Bett versteckte englische Tellermine.

Vierzig Jahre später spielen die vier Akte des Trauerspiels.

1. Washington, DC. Judith als Tochter eines Botschafters entstammt dem Washingtoner Establishment und arbeitet als namhafte Journalistin, zuerst für die vom Nervengas Agent Orange in Vietnam zu Krüppeln gemachten 12 000 Amerikaner, zu denen auch ihr an den Rollstuhl gefesselter Bruder Arthur gehört. Nun hat der Präsident die neuerliche Herstellung dieses Nervengases befohlen, Arthur ist mit seinem Professor im Labor daran beteiligt, weiß um die genauen Umstände und hat Zugang zum Gas. Daher beschließen Arthur und Judith, deren Verlobter Gerald im Weißen Haus angeblich als Archäologe, in Wirklichkeit aber als CIA-Agent arbeitet, den Präsidenten mit eben diesem Nervengas aus dem Weg zu räumen. Zu diesem Zweck muß der unwissende Gerald seiner

Verlobten Zutritt zu einem Interview mit dem Präsidenten verschaffen. Denn Europa soll nicht zum Schauplatz eines Atom- und Gaskrieges zwischen den beiden Supermächten werden, wie der Präsident angedeutet hat.

2. Judith ist mit einem Fernsehteam nach Minsk gereist, um jene Jelena zu interviewen, die einst den Generalkommissar getötet hat. Ihr Dialog sowie das Gespräch mit Teiresias, eines einst in Minsk lebendig Begrabenen und Davongekommenen, füllt den 2. Akt, in den Prophezeiungen aus der Offenbarung des Johannes aus Patmos eingeschaltet sind, die auf das kommende Armageddon hinweisen. Es geht um die Rechtfertigung des Attentates auf einen einzelnen Großen, damit Leid und Tod von Millionen verhindert werden.

3. Abend vor dem Abschied Arthurs, der für sechs Monate zu einer vom Staat angeordneten Kur nach Montegrotto bei Neapel fliegt, wo neue Heilmethoden entwickelt worden sind. Das Attentat auf den Präsidenten ist beschlossene Sache. Siebenmal wurde er durch einen Brief seines Freundes, des Jesuiten Edward, gewarnt, man hält den Briefschreiber für einen Irrsinnigen und nimmt ihn nicht ernst. Edward aber steigt aus dem Komplott aus, weil er als Jesuit den Mord in jeder Form ablehnt. Der Tod des Präsidenten, der die Warnungen, C-Waffen zu erzeugen, in den Wind geschlagen hat, ist unausweichlich.

4. Abschied von Gerald und Judith am Potomac. Hier badet Gerald immer, weil er hier den versteckten Briefkasten mit Anweisungen des CIA findet. Inzwischen hat Judith gehandelt, der Präsident ist bei dem Interview mit Nervengas vergiftet worden und im Krankenhaus an „Herzversagen" gestorben. Ob man die Wahrheit verschweigen wird, bleibt ungewiß. Denn die Welt soll wissen, daß ein Einzelner in einer demokratischen Gesellschaft für das von seinem Gewissen als notwendig Erkannte – auch durch einen Mord – einstehen muß, damit die Allgemeinheit geschützt werde; damit löst sie das ewig beunruhigende Problem eines Attentates, auch wenn die Tat vor dem Gesetz verabscheuungswürdig ist.

Wie in allen Stücken Hochhuths sind zahlreiche Dokumentationen als Zwischentexte eingeschoben.

„Atlantiknovelle" (1985). Unter dieser Titelgeschichte faßt der Autor 11 neue und ältere Erzählungen zusammen, von denen die erste eine Schiffspassage des Autors mit seinem Verleger Ledig-Rowohlt zur Premiere seines „Stellvertreters" nach New York schildert, die er mit den Erinnerungen an die großen Seeschlachten des Ersten und Zweiten Weltkrieges verbindet.

„Bettina" ist die Geschichte einer Neunzehnjährigen, die schon mit 14 ausgeflippt ist, weil sie erfährt, daß ihre Mutter sie belogen und den Vater des ungewollten Kindes verheimlicht hat.

Im „Brief an einen Sohn" weist der Vater darauf hin, daß nicht eine Auswanderung nach Kanada den Konflikt lösen könne, sondern das angestrengte Bemühen um eine Aussöhnung der beiden

Machtblöcke, damit nicht Europa zum Endkriegsschauplatz eines dritten Weltkrieges werde.

„En passant: Kalendernotizen" sind interessante bis groteske Gegenwartsmeldungen mit Kommentaren.

Die „Grüninger-Novelle" erzählt von dem deutschen Polizeihauptmann, der Juden in die Schweiz schmuggelte und deshalb auch noch nach 1945 verfolgt wurde, und von der Jüdin, die mit Hilfe eines Basler Juristen den Mörder ihres Vaters sucht.

Die längste Erzählung ist „Resignation oder die Geschichte einer Ehe", Tagebuchaufzeichnungen der Arztgattin Gertrud, die von ihrem Mann mit der Sprechstundenhilfe Renate betrogen wurde, deshalb mit ihren zwei Kindern das Haus verläßt, in Baden-Baden den Scheidungsanwalt Hilmes trifft, von dem sie sich angezogen fühlt, aber in Resignation wieder in die Ehe zurückkehrt. Eingeschoben sind diverse Ehe- und Liebesgeschichten, die alle beweisen sollen, daß Liebe nicht möglich ist, weil sie absolute Ansprüche stellt.

„Der Flüchtling" ist eine Gegenwartsgeschichte aus dem Dritten Reich, „Anekdote" schildert einen Besuch bei dem alten Dichter Wilhelm von Scholz mit dem englischen Schriftsteller Irving. Aus früherer Zeit stammt „Die Berliner Antigone".

„Entfernte Verwandte" ist der Monolog der Elsbeth Klingenberg nach dem Begräbnis ihrer einzigen Freundin; sie hat nun ein Leben in Einsamkeit vor sich, weil sie den Mann früh verloren und das Kind abgetrieben hat.

„Mutterliebe" dagegen zeigt, wie diese zum Tod des Sohnes führen kann. Wiederum spielt die Atlantikschlacht des Zweiten Weltkrieges die Hauptrolle.

„Alan Turing", Erzählung (1987). Dies ist die Geschichte der letzten Jahre des 1912 geborenen englischen Mathematikers Alan Turing, der 1936 den ersten Computer baute, ohne bereits diesen Namen zu verwenden, der während des Zweiten Weltkrieges in das englische Geheimdienstzentrum Bletchly Park berufen wurde, und dem es dort gelang, den deutschen Geheimdienstcode Enigma zu entziffern, sodaß die englische Generalität oftmals früher die Befehle Hitlers kannte, als sie dem deutschen Generalstab übermittelt wurden. Letzten Endes trug Turing zum Sieg Englands und der Alliierten ebensoviel bei wie Churchill selbst, der als kalter Rechner vorgestellt wird, und der rücksichtslos auch Briten opferte, wenn es dem Endsieg diente. Es ist aber auch die Geschichte der an Krebs verstorbenen Sekretärin Turings, Monica, deren Tagebuch Hochhuth ebenso verwendet wie die Aufzeichnungen Turings. Aber Turings Genie war gepaart mit seiner Homosexualität, die ihm zum Verhängnis wurde. Als er 1952 einen Knaben wegen eines Bagatelldiebstahles anzeigte, wurde seine Veranlagung bekannt und er zu Gefängnis oder Hormonbehandlung verurteilt. Er entschied sich für diese, beging aber 1954 Selbstmord. Historisches und Fiktives mischen sich zu einem Ganzen und lassen den von der englischen

Geschichtsschreibung verschwiegenen Turing vor uns lebendig werden. (S. 423)

HARALD K. HÜLSMANN

wurde 1934 in Düsseldorf geboren, studierte englisches Recht, Handelsrecht und Literatur, war während seines England-Aufenthaltes Gasthörer bei Sir Bertrand Russell und ist seit 1952 Verwaltungsangestellter; Auslandsaufenthalte in Frankreich, Japan und den USA unterbrachen diese Tätigkeit. Er ist Mitarbeiter verschiedener Zeitschriften, Mitglied verschiedener Schriftstellerverbände und seit 1982 Mitglied des Deutschen Senryu-Zentrums (BRD, DDR, Schweiz und Österreich).

Werke: **„Wermutblatt und Rabenfeder"**, Gedichte und Aphorismen (1962), **„Der gute Gott Ambrosius"**, Grotesken (1966), **„Aus dem Rezeptbuch des Mr. Lionel White"** (1968), **„Lageberichte"** (1970), **„Texturen und Schraffuren"** (1971), **„New Yorker Notizen"**, Gedichte (1975/76), **„Griechische Impressionen"**, Senryu-Gedichte mit Fotos (1979/80), **„Der Clown weint für uns"**, Senryu-Gedichte (1982, 1983 ins Japanische übersetzt), **„In diesen Halbwert-Zeiten"**, Gedichte und Aphorismen (1983), **„Von Spiegeln umstellt"** (1983). Außerdem ist er mit Gedichten und Prosa in zahlreichen Anthologien, Zeitungen, Zeitschriften in Europa und in Übersee vertreten.

„Wermutblatt und Rabenfeder" ist ein schmales Heft kritischer Gedichte und Aphorismen auf unsere Zeit und ihre Menschen, die er mit Regenwürmern vergleicht, die im Untergrund wühlen; denn Gott und der Teufel sind abgeschafft, man kennt nur noch Fortschritt und Wirtschaft; eine der größten Freiheiten sei es, sagen zu können „man habe keine Freiheit mehr".

In der von Peter Coryllis begründeten Reihe „Vier Groschen Bogen" erschienen von Hülsmann zwei Hefte: **„Aus dem Rezeptbuch des Mr. Lionel White"** und **„Lageberichte"**. Diese freirhythmischen Gedichte sind modern und zeitkritisch, nehmen Ausdrücke des Alltagslebens in die lyrische Sprache auf und stellen auch im Naturgedicht einfach und unpoetisch fest: „Der Herbst zieht / einfach vorüber / mit Verfärbungen / an den Rändern." „Lageberichte" sind Kurzgedichte auf den Tod von Martin Luther King und den Krieg in Vietnam, harte, in Verszeilen gesetzte Prosa von großer Treffsicherheit.

„Texturen und Schraffuren" vereinigen Zeichnungen des auch als Zeichner und Maler tätigen Autors, der sich an verschiedenen Ausstellungen beteiligt hat und als bildender Künstler ebenso schaffensfreudig wie als Dichter ist, mit Gedichten, die sich kritisch mit der Gegenwart auseinandersetzen, mit Krieg und Umweltvernichtung, mit Aufrüstung und den Untergebenen und ewig Schweigenden. Doch immer gibt es auch ein wenig Hoffnung. Wenn er einen Käfer auf einem Blatt schnitzt, meint er:

> „Schließlich sollen die Insekten ja
> die einzigen sein,
> die sogar eine totale
> atomare Verseuchung
> der Erde überstehen können."

„**New Yorker Notizen**" gehören mit zu den besten Gedichtsammlungen des Autors, der die persönliche Begegnung mit New York in freirhythmischen Gedichten festhält, unmittelbare Eindrücke, die nichts mit den üblichen Klischees zu tun haben. Freilich überwiegen die Schattenseiten, die Häuserschluchten, die Kriminalität, Hunger und Krankheit, der Lärm, der die Geräusche des Mordes ebenso verschluckt wie den Glauben an einen Gott außer dem Fortschritt. Bisweilen dringt Ironie durch, wenn er fragt, warum Amerika noch keinen Oscar für den „besten Mord" gestiftet habe. Er lernt Juden und Schwarze kennen und fühlt sich mit ihnen solidarisch, auch wenn er Befangenheit nicht völlig ablegen kann. An der Freiheitsstatue fällt ihm auf, daß sie nach oben weist, aber die Anrufung Gottes wird durch die Werbung überschrien. Eine Blume, die aus dem Straßenpflaster sprießt, gibt ihm Hoffnung, daß nicht alle Utopien der Menschen in dieser Stadt begraben wurden.

„**Griechische Impressionen**" sind dreizeilige Gedichte zu Fotografien von Wolfgang Stoewer, die kurze Augenblicke von in Griechenland Geschautem festhalten.

Zwei Hefte in der „Halbe-Bogen Reihe" bringen Senryu-Zyklen: **„Der Clown weint für uns"** und **„Als sei nichts dabei"**. Mit seinen kurzen, aus dem Japanischen stammenden Senryu-Gedichten (5,7,5 Silben) hat der Autor auch seine engen Beziehungen zu Japan und der japanischen Kunst übernommen; das Gedicht aus drei Zeilen, von denen die dritte die Überraschung bringt, sieht so aus:

"Ein Baum voll Blüten
doch manche sehen da nur
Holz für die Galgen."

"Noch scheint der Mond nachts
auf die Städte und die Häuser –
trotz Astronauten."

In der Reihe „Punkt im Quadrat" erschien 1982 das schmale Heft **„In diesen Halbwert-Zeiten"**, Aphorismen, Haiku- und Senryu-Gedichte sowie freie Rhythmen, die in oft aggressiver Form mit unserer Zeit abrechnen, in der die Erde verdorren wird, die Erde, auf der noch immer Herren und Knechte leben und das Schlagwort mehr Bedeutung hat als das Wort, auf der die Menschen zwischen Geburt und Tod „Haken schlagen", statt die direkte Verbindung zwischen beiden zu sehen.

UWE JOHNSON, gestorben 1984.

Der Roman **„Ingrid Babendererde /Reifeprüfung 1953"** ist schon zwischen 1953 und 1956 entstanden – das Manuskript galt als verschollen – und erschien postum 1985. In der für Johnson charakteristischen, detailgetreuen und einfühlsamen Beschreibung der Personen wird von der Reifeprüfung erzählt, welche die 12A, vor allem das Paar Ingrid Babendererde und Klaus Niebuhr an der Gustav-Adolf-Oberschule (nach der Beschreibung des Ortes wahrscheinlich in Güstrow, wo Johnson selber maturiert hat) in der Woche nach Pfingsten 1953 ablegte.

„Mehr aus Übermut, ja aus Spaß, war der Schüler Niebuhr von dem Theater des elisabethanischen Zeitalters zu reden gekommen auf eine andere Elisabeth, ein Kind einer unteren Klasse mit Namen Elisabeth Rehfelde. Der war gestern von ihrem Gruppenleiter der F. D. J. so zugesetzt worden mit ihrer Anhänglichkeit an die Junge Gemeinde (einer christlichen Jugendorganisation), daß sie ihm das Mitgliedsbuch seines Vereins vor die Füße geknallt hatte, vor zu vielen Zeugen…"

Damit kommt es zu Sitzungen, zu einem Verfahren gegen die Rehfelde, die von der Schule verwiesen wird, und gegen die Junge Gemeinde insgesamt. Klaus findet diesen Betrieb von „Demokratie" und „Parlament" albern; lieber geht er, wie stets, segeln. Schließlich wird auch Ingrid, die sich für Elisabeth einsetzte, mit 289 gegen 17 Stimmen aus der F. D. J. ausgeschlossen, das Betreten des Schulgebäudes wird ihr verboten. Mit einem Motorboot fahren Ingrid und Klaus in den Westen, wo Ingrid Verwandte hat. Viele autobiographische Züge sind in dem Roman verarbeitet. (S. 289)

ERNST JÜNGER

„**Zwei Mal Halley**" (1987) ist ein Tagebuch, das vom 7./8. April bis 9. Mai 1986 reicht. Zweimal hat Jünger den Kometen Halley gesehen, 1910 und 1986; zu diesem Zweck reiste er nach Malaysia und Indonesien, von hier stammen seine Berichte und Reflexionen. Und die Erinnerung geht zurück in das Jahr 1910, da er als Fünfzehnjähriger den Kometen zum erstenmal gesehen hat. Zwischen einst und jetzt liegen die Erfahrungen fast eines Jahrhunderts, liegt die Entwicklung der menschlichen Möglichkeiten in Technik und Wissenschaft: Seinerzeit utopische Entwürfe wie das Fliegen wurden zur Realität. Die Sorge besteht, daß die Technik auch die lange unerforschten Gebiete der ehemaligen Kolonien überwältigen und die Natur in Gefahr bringen wird. Eine Dezimierung der Pflanzen- und Tierarten hat bereits begonnen. Trüber Gedanke: Bald wird es auch hier, wo er noch unbekannten Schmetterlingsarten nachjagt, nur noch Werkstätten, aber keine Bäume mehr geben. (Band 1, S. 489)

MARIE-LUISE KASCHNITZ

„**Orte und Menschen**", Aufzeichnungen (aus dem Nachlaß 1986), sind Rekapitulationen des Erlebten, Gesehenen, Gehörten.

„Als eine ewige Autobiographie, eine im eigenen Umkreis befangene Schreiberin, werde ich, wenn überhaupt, in die Literaturgeschichte eingehen", sagt sie von sich selbst. Doch als Autobiographin ist sie zugleich Chronistin ihrer Zeit, die sie mit ihrer Wachheit und Neugier, ihrem klaren Blick und ihrer Hellhörigkeit einfängt, die Anteil nimmt am Geschehen des Alltags, ob es sich um bildende Kunst, Literatur, Musik, Architektur, gesellschaftspolitische Ereignisse, Reisen oder um ihr eigenes Leben handelt. (S. 545)

DIANA KEMPF

„Der Wanderer", Fantasie (1985), ist eine Wanderung durch die Fantasie zwischen Wachen und Träumen, zwischen Schlafen und Alpträumen. Elemente und Empfindungen mischen sich, die Beleuchtung schwankt vom Dunklen bis ins gleißend Helle. Ein altes Schloß, ein Labyrinth unter der Erde, eine Stadt Alba Villa sind konkrete Zielpunkte dieser Wanderung in einem Zwischenreich. Immer neue Bilder lösen einander ab, die dem, der folgt, Bedeutungen, Ahnungen entgegenhalten. Insgesamt ist es der große Monolog eines Ich-Berichtes ohne zusammenhängende Handlungsebene in einer Zeit, die durch nichts niedergezwungen werden kann. Sie wird durchwandert, unbeirrbar von einem Ziel zum anderen. (S. 563)

WALTER KEMPOWSKI

1929 als Sohn eines Reeders in Rostock geboren; wurde Flakhelfer und nach dem Krieg Druckereilehrling. 1947 übersiedelte er nach Wiesbaden, wurde bei einem Besuch in Rostock verhaftet, weil er Frachtpapiere der Sowjets in den Westen geschmuggelt hatte, und wegen Spionage zu 25 Jahren Zwangsarbeit verurteilt. Nach acht Jahren in der Strafvollzugsanstalt Bautzen wurde er 1956 amnestiert, maturierte 1957 in Göttingen und wurde Landlehrer in Nartum, Norddeutschland. Er debütierte mit seinem Bericht aus der Haft „Im Block" (1969) und schrieb nach genauen Recherchen eine sechsbändige Geschichte seiner Familie, die vom Anfang des Jahrhunderts bis 1963 reicht.

Werke: **„Im Block. Ein Haftbericht"** (1969), **„Tadellöser & Wolff"**, Roman (1971, zeitlich 3. Teil), **„Uns geht's ja noch gold"** (1972, zeitlich 4. Teil) **„Ein Kapitel für sich"**, Roman (1975, zeitlich 5. Teil, Umarbeitung von „Im Block"), **„Aus großer Zeit"**, Roman (1978, zeitlich 1. Teil), **„Schöne Aussicht"**, Roman (1981, zeitlich 2. Teil), **„Herzlich willkommen"**, Roman (1984, zeitlich 6. Teil).

Dazu: **„Haben Sie Hitler gesehen? Deutsche Antworten"** (1973), **„Immer so durchgemogelt. Erinnerungen an unsere Schulzeit"** (1974), **„Haben Sie davon gewußt? Deutsche Antworten"** (1979), **„Unser Herr Böckelmann"**, Kinderbuch (1979), **„Herrn Böckelmanns Tafelgeschichten"**, Kinderbuch (1983).

„Aus großer Zeit" ist der Anfang der sechsteiligen Kempowski-Familiensaga und spielt in der „großen Zeit", da Kaiser Wilhelm II.

regierte, bis zum Ersten Weltkrieg. Robert Wilhelm Kempowski hat mit seiner Frau, die ihm Geld in die Ehe mitbrachte, als Reeder und Besitzer zweier Schiffe eine Villa aus einer Konkursmasse gekauft. Hier lebt er mit seiner Frau und den Kindern Karl und Silbi (Sylvia) das Leben eines vornehmen Rostocker Bürgers und Geschäftsmannes, der täglich in sein Kontor fährt, während seine Frau Anna eine begeisterte Besucherin des Theaters ist und einen Kreis von Künstlern um sich sammelt. Karl besucht bereits die Schule, braucht aber Nachhilfestunden.

Eines Tages wird Robert Wilhelm gelähmt und verbringt, von seiner Frau betreut, sein weiteres Leben im Rollstuhl. Geschildert werden ein Sonntagsausflug, der Kaiserbesuch, ein Arbeiterstreik und der Rostocker Pfingstmarkt, das Weihnachtsfest in der Familie und die Sedanfeier. 1912 fliegt der erste Aeroplan, und die erste Kinovorstellung findet statt. Robert Wilhelm kauft sich das erste Auto. Auf Annas Jour fixe lernt Silbi ihren späteren Mann, den Leutnant aus Deutsch-Südwest, Arthur Schenk, kennen. In Wandsbek lebt die Familie de Bonsac, ein altes Hugenottengeschlecht, Vater Wilhelm und Mutter Martha mit den vier Kindern, unter ihnen Grethe; Export und Import, ein vornehmes, reiches Haus mit großem Park, den der Vater mit Leidenschaft pflegt. Es ist eine strenggläubige Familie mit gut erzogenen Kindern. Im Badeort Gaal lernen sich Karl Kempowski und Grethe kennen und lieben. Doch der großgewachsene stolze Menz scheint zunächst Grethe näher zu stehen. Die Hochzeit Silbis mit Schenk wird gefeiert, die Ehe verläuft unglücklich.

Der Erste Weltkrieg bricht aus, Karl meldet sich freiwillig und lernt den schrecklichen Stellungskrieg an der Westfront kennen. Bis zum Leutnant hat es Karl gebracht, als er an einer Gasvergiftung erkrankt und seither Hautkrankheiten hat. Immer noch geht es im Hause Kempowski hoch her, denn die Firma unterhält einen regen Kohlen- und Eisenhandel mit Schweden. Man feiert noch immer Feste, aber der Schauspieler Müller, der Geliebte Annas, ist nach Berlin gegangen, und auch die Schauspielerin Linz, Geliebte des alten Kempowski, kommt nicht mehr. Grethe wendet sich wieder Karl zu, da sie von Menz bei ihrer Liebeserklärung eine abweisende Antwort erhalten hat. Karl erlebt das bittere Ende im November 1918 und den Rückzug. Abwechselnd mit Erzählungen berichten Freunde und Bekannte über die Kempowskis.

Der Roman **„Schöne Aussicht"** ist die Fortsetzung dieser „Geschichte des deutschen Bürgertums" im 20. Jahrhundert. Vor dem Hintergrund des Zusammenbruches nach dem Ersten Weltkrieg, den versuchten Räteregierungen und Neugruppierungen der Parteien, vor allem ehemaliger Offiziere gegen den „Schandfrieden" von Versailles, vor Parteiversammlungen und allgemeiner Unzufriedenheit ereignet sich das Leben von Karl Kempowski und seiner Frau Grethe in Rostock, wo des Vaters Firma unter Auftragsmangel leidet. Zwar arbeitet Karl in des Vaters Firma, hat aber kaum etwas zu tun. Da die drei Villen, die der Vater gekauft hat, besetzt sind, muß er sich im Arbeiterviertel am Hafen mit einer kleinen Wohnung begnügen, auf die gewohnte Wohnkultur müssen sie verzichten.

Auf Auslandsreisen für die Firma hat Karl ein kurzes Verhältnis mit der Schwedin Cecilie; es kommt zu Auseinandersetzungen in der jungen Ehe, doch immer wieder auch zu raschen Versöhnungen. Wenn Karl am Donnerstag in den Offiziersklub geht, singt Grethe bei Pastor Straatmann im Kirchenchor. Theater, Kino, Tanz, Bälle und kleine Feste sind die Freuden des jungen Paares, dem nach zweijährigem Warten die Tochter Ursula geboren wird. Eine neue Wohnung wird bezogen, der Sohn Robert geboren. Von der Erziehung der Kinder wird erzählt, von Badeaufenthalten in Warnemünde, von abendlichen Gesellschaften. Immer wieder kommt die Rede auf den Versailler Vertrag und das „Unrecht", das Deutschland geschehen ist. Spartakus- und Kapp-Putsch sowie die Inflation sind vorüber, erste Zeichen eines neuen Nationalismus zeigen sich.

Der kalte Winter 1928/29 wird geschildert und dann hinübergeblendet zu den Bonsacs, Grethes Eltern, in Wandsbek: zu Vater Wilhelm, der die Weihnachtsvorbereitungen trifft, und seiner gelähmten und stummen Frau Martha, die einen Schlaganfall erlitten hat. Grethes Weihnachtsbesuch bei ihren Eltern folgt. Karl läßt sich als Offizier weiter ausbilden. Ein drittes Kind, Walter (der Autor), wird geboren. Man schreibt 1932; die Weltwirtschaftskrise setzt der Firma Kempowski arg zu, ihre inzwischen drei Schiffe liegen ohne Aufträge im Hafen. Karl und Grethe vermieten zwei Zimmer ihrer Wohnung an einen Medizinstudenten und an eine Souffleuse des Theaters. Anna Kempowski erkrankt an Krebs und begeht Selbstmord. Zwei Schiffe müssen verkauft werden. Erst mit der Machtergreifung Hitlers beginnt ein vorläufig neuer Aufschwung; Unangenehmes, was man hinter vorgehaltener Hand erzählt, hält man für Anfangsausschreitungen. In die Zeit, da Deutschland seinen verhängnisvollen Aufschwung nimmt, fällt die Schulzeit der Kempowski-Kinder. Sommeraufenthalt, Treffen Karls mit seiner Schwedin und Grethes mit Menz sowie ein Kameradschaftsabend der Weltkriegsteilnehmer beschließen den zweiten Teil.

„Tadellöser & Wolff" nannte Kempowskis Vater, guter Kunde der Tabakwarenhandlung Loeser & Wolff, seine Zigarren, welche die von „Miesnitzdorfer & Jansen" weit übertrafen. Und „Miesnitzdorfer" wurde in der Zeit von 1938 bis 1945, da der dritte Teil spielt, vieles genannt. Aus ironischer Distanz schildert der Autor kritisch, was sich in diesen wenigen Jahren des tausendjährigen Reiches ereignet hat.

Zunächst werden kleine und wichtigere Ereignisse aus der Kindheit Walters berichtet, Ausflüge, Urlaub im Sommer 1939. Es folgt der Kriegsbeginn; seines Vaters Karl freiwillige Meldung zum Militär wird abgelehnt, weil er Mitglied einer Freimaurerloge ist, im

Laufe der zunehmenden Verknappung wird er als Verwaltungsoffizier eingesetzt. Es folgen die deutschen Siege in West und Ost, die schweren Bombenangriffe auf deutsches Reichsgebiet, von denen einer Rostock schwer trifft. Walter als unliebsamer Klavierschüler und als „Pimpf", der bei den Appellen gerne fehlt, sind weitere Kapitel. Nach einem zweiten Angriff auf Rostock flüchtet man nach Graatz, wo der Vater Dienst tut, kehrt aber doch wieder nach Rostock zurück. Der älteste Sohn Robert ist als HJ-Melder in Rostock eingesetzt. Walter bekommt Nachhilfestunden bei der strengen „Tante Anna". Der Klavierunterricht fällt aus, weil er zwei Nachmittage HJ-Dienst hat. Robert, wegen seiner Kurzsichtigkeit vom Militärdienst zunächst befreit, studiert in Stettin Wirtschaftswissenschaften.

Schwester Ulla, die den Arbeitsdienst absolvierte, dann in einer Munitionsfabrik arbeitete, beginnt Englisch zu studieren und sattelt auf Dänisch um, als sie sich mit dem im Geschäft ihres Vaters tätigen Dänen Sörensen, zuerst gegen den Willen des Vaters, bald aber mit dessen Einverständnis verlobt – schließlich ist er ein „großer, blonder Nordländer". Es folgen ihre Hochzeit und Ullas Abreise mit ihrem Gatten nach Kopenhagen. Während sich Walters Mutter einer Operation unterziehen muß, kommt er zur Familie eines Freundes, hernach zum Großvater de Bonsac nach Hamburg. Nach dem großen Angriff auf Hamburg kehrt Walter nach Rostock zurück, schwänzt den HJ-Dienst und kommt auch in der Schule nicht so recht mit, er mogelt sich durch. Sein Vater wird in das russische Partisanengebiet versetzt. Im Sommer 1944 leistet Walter als Faulenzer seinen Landdienst auf einem Gut am Plauensee ab. Die HJ-Uniform trägt er nicht mehr – sie sei in Hamburg verbrannt. Sein Bruder Robert wurde inzwischen als Kraftfahrer eingezogen. Wegen seiner Faulheit und vor allem wegen seiner langen Haare, die er sich wachsen ließ, wird Walter zum Bannführer geladen und degradiert.

1945 beginnt der Angriff der Russen, Flüchtlingstrecks ziehen durch die Stadt. Am 17. Februar wird Walter als Kurier eingezogen und macht als solcher viele Privatreisen. Sein ausgebombter Großvater aus Hamburg kommt nach Rostock, Flüchtlinge werden aufgenommen, viele Bombennächte erlebt. Während Walter als Kurier Medikamente in Berlin holt, geht der Angriff der Russen auf Rostock los. Es gelingt ihm, sich bis in seine Heimatstadt durchzuschlagen. Die Russen besetzen die Stadt.

„Uns geht's ja noch gold". Der Roman beginnt dort, wo der letzte aufhört: mit dem Einmarsch der Russen in Rostock, das drei Tage zur Plünderung freigegeben ist. In mißliche Lage geraten dabei der Ich-Erzähler Walter und seine Mutter. Von Plünderung, Vergewaltigung und Selbstmorden wird berichtet, von den Schicksalen von Nachbarn und Bekannten erzählt. Einen Monat gibt es keine Lebensmittelzuteilung, aber irgendwie kommen alle durch. Auf Arbeits- und Landeinsatz wird Walter geschickt, freundlichen und unfreundlichen Russen begegnet er. Die Wohnung wird nach Waffen durchsucht; alles wird von der Perspektive des jungen Walter aus gesehen. Der erste Gottesdienst findet statt; noch immer glaubt man, die Russen, die von westlicher Zivilisation keine Ahnung haben, würden abziehen. Vom Vater und vom Bruder Robert fehlt jede Spur. Walter selber erhält eine Anstellung im Arbeitsamt, hernach wird er beauftragt, eine Bücherei für die Jungkommunisten zusammenzustellen. Endlich kehrt Robert aus russischer Gefangenschaft zurück, im E-Werk erhält er durch Walter eine Anstellung. Man genießt das Leben, wo und wie es nur geht; man hat Mitleid mit den durch die Bodenreform enteigneten Junkern.

Im Oktober 1945 wird die Schule wieder eröffnet, der neue Direktor Matthes hält eine Eröffnungsansprache über Vergessen und Umdenken, über Humanismus und Sozialismus mit einer „Prise Christentum". Gediente Soldaten sitzen in den Klassen; ein Mitschüler stirbt an Flecktyphus wie 2 000 andere in der Stadt.

Der kalte Winter 1945/46 mit Stromsperren und wenig Heizmaterial setzt allen zu. Bescheiden wird das Weihnachtsfest gefeiert. Allmählich treffen wieder Briefe von Bekannten und Verwandten ein, so auch von Schwester Ulla aus Dänemark, die ein Mädchen Mette hat. Aber es kommt auch die Nachricht, daß der Vater eine Woche vor Kriegsschluß gefallen sei. Weil Walter dauernd die Schule schwänzt, wird er entlassen. Robert beginnt das Geschäft langsam wieder aufzubauen. Man hungert sich durch, Walter betreibt einen kleinen Schwarzhandel, bis er bei Arle-Druck als Lehrling aufgenommen wird und in Fritz Legeune aus Königsberg einen ersten wirklichen Freund findet. Der Großvater stirbt, Walter unternimmt Reisen nach Berlin und ins Erzgebirge, um Papier zu beschaffen. Fritz geht in den Westen, am 27. November 1947 folgt ihm Walter, um für Mutter und Robert Vorbereitungen zum Grenzübertritt zu treffen. Von Hamburg, wo er Verwandte besucht hat, reist er nach Wiesbaden und erhält durch Vermittlung seines Freundes Legeune und durch die Vorlage von Frachtbriefen, die ihm Robert aus dem Geschäft mitgegeben hat und aus denen hervorgeht, was die Russen abtransportiert haben, einen einträglichen Job in einem PX-Laden der Amerikaner. Mit seinem Freund Legeune reist er mit Interzonenpaß zu einem Besuch von Mutter und Bruder nach Rostock, wird aber am Morgen des zweiten Aufenthaltstages aus dem Bett geholt und verhaftet.

„Ein Kapitel für sich" ist die weitere Fortsetzung der Kempowski-Saga, die schon 1969 unter dem Titel „Im Block" erschienen war und nun, umgearbeitet, sowohl Walter als auch Robert und die Mutter zu Wort kommen läßt und Briefe von und an die Schwester Ulla in Dänemark einschiebt.

Weil Walter aus der Reederei seines Vaters Frachtbriefe in den Westen mitgenommen hat, aus denen hervorgeht, in welcher Weise die Russen die sogenannte Ostzone ausgeplündert haben, wurden

Walter und als Mitwisser sein Bruder Robert und seine Mutter Grethe eingesperrt. Jeder der Beteiligten berichtet aus seiner Sicht über die Erlebnisse im Gefängnis. Fern von jedem Selbstmitleid beschreibt Walter seine Einzelhaft, seine Verlegung in Säle, seine Gespräche mit den Gefangenen verschiedenster Herkunft, die spezifischen Milieueigenheiten werden exakt rekonstruiert: die Gespräche, die Ängste, die Wunschorgien, die Zukunftsvisionen, die Erinnerungen, der tägliche Alltagskram, die sich von selbst ergebenden Lagerriten, alles Mittel, mit denen Inhaftierte versuchen, über diese schreckliche Zeit hinwegzukommen.

Zu 25 Jahren werden Walter und Robert, zu zehn Jahren wird die Mutter verurteilt. Verlegung Walters nach Bautzen, der Mutter nach Hoheneck, erste Möglichkeit, Briefe zu schreiben und zu empfangen, Ablösung der Russen durch die deutsche Volkspolizei sind weitere Stationen des Leidensweges. Am 17. Oktober 1954 wird die Mutter vorzeitig entlassen und hat im Westen den langen Behördenweg der Flüchtlinge zurückzulegen, bei Tante Silbi findet sie ein erstes Unterkommen; schließlich übersiedelt sie nach Hamburg. Nach 8 Jahren Haft wird Walter durch eine Amnestie am 7. März 1956 entlassen und über die Grenze nach Hamburg abgeschoben.

„Herzlich willkommen" ist der letzte Teil der Kempowski-Familien-Geschichte. „Wird schon werden, da müssen wir eben durch..." ist der Leitspruch der Mutter Grethe, als Sohn Walter nach acht Jahren Haft nach Hamburg kommt, ohne Ausbildung, ohne Beruf, ohne Ziel, ohne Geld. Recht gemessen fällt der Besuch bei den verschiedenen Verwandten aus, seine Leiden werden kaum anerkannt, ihm wird die Schuld gegeben, daß seine Mutter eingesperrt war. Zwar erhält er 600 Mark Startgeld, Freikarten für Kino, Theater, Hagenbeck und freie Fahrt auf einzelnen Bahnstrecken, aber doch ist er, vor allem bei den verschiedenen Ämtern, die er besuchen muß, Bürger zweiter Klasse. Ein Urlaubsaufenthalt mit der Mutter im Harz, ein Besuch in Kopenhagen bei Schwester Ulla und Schwager Sven mit ihren drei Mädchen, ein vergeblicher Besuch bei einem Freund in Lübeck füllen die erste Zeit seiner Freiheit aus. Er trifft sich mit Kollegen aus dem Knast und läßt in Geduld das deutsche Wirtschaftswunder an sich vorübergehen.

Von der Ökumene in der Schweiz erhält er eine Einladung nach Locarno in das „Haus Zwingli", dessen Gäste er mit Humor und Ironie beschreibt. Auch an dem damals üblichen Partytreiben nimmt er teil. Auf Burg Hatzfeld im Werragebiet versucht er sich als Erzieher schwer erziehbarer Kinder, fühlt sich von diesen angezogen, von den Erziehungsmethoden aber abgestoßen, auch von Fräulein Kramer, das sich eine Zeitlang in ihn verliebt. Weihnachten und Silvester „feiert" er im Heim. Als er zu den ganz großen Burschen versetzt wird, verläßt er bei Nacht und Nebel die Burg und kehrt nach Hamburg zurück, wo sich inzwischen der alte Freund der Familie, Cornelli, bei seiner Mutter einquartiert hat.

Über dessen Vermittlung beginnt er in Göttingen Pädagogik zu studieren, um Landlehrer zu werden. Hier verbringt er, obwohl seine Entschädigungssumme zunächst abgelehnt wird, eine fröhliche Zeit, vor allem mit einem neuen Freund Sepp. Durch Nachhilfestunden verdient er sich Geld zu seinem kargen Stipendium. Hier lernt er auch seine spätere Frau Christa, mittlere von drei Schwestern, die ebenfalls an der Pädagogischen Hochschule studieren, kennen und verlobt sich mit ihr. Vor Weihnachten 1957 kehrt Bruder Robert aus dem Gefängnis zurück. Ein Familienfest am dritten Adventsonntag beendet die Familiensaga.

Und damit schließt auch der große Überblick über deutsche Zeitgeschichte von 1900 bis in die fünfziger Jahre, eine Bestandsaufnahme, erzählt mit Witz und Ironie, mit Handlungsreichtum und Spannung.

„Haben Sie Hitler gesehen? Deutsche Antworten". Wie in dem Buch „Haben Sie davon gewußt?" stellt der Autor an ungefähr 500 Deutsche aller Altersgruppen und Berufe seine Frage und faßt rund 300 Antworten darauf zusammen, die er historisch ordnet, und die von Ablehnung bis zur Begeisterung reichen, von Desinteresse bis Faszination. Sie geben ein eindringliches Bild der Deutschen von heute und damals und ihrer Stellung zu Hitler. Das Nachwort von Sebastian Haffner, dem politischen Publizisten, über das „Hitlerfieber" klärt nochmals das Verhältnis der Deutschen zu Hitler.

„Haben Sie davon gewußt? Deutsche Antworten". Diese Frage stellt Kempowski zahlreichen deutschen Männern und Frauen der verschiedensten Berufe und Altersstufen. Gewußt von der Grausamkeit des Hitler-Regimes, von der Kristallnacht, von der Verfolgung der Juden, von den KZs und dem Furchtbaren, das dort geschehen, von den Vergasungen. Mehr als 300 Antworten, unverändert in der Form ihrer Aussage, gibt der Autor wieder. Die meisten sind sehr freimütig; nur wenige unbelehrbare Fälle finden sich darunter. Von „Nein, überhaupt nichts" über Vermuten und Ahnen bis zum Wissen reicht die Palette – man durfte ja nichts sagen, wollte man nicht auch „dorthin" kommen. Gewußt freilich hatte man erst in den späteren Jahren, als man immer mehr KZler in den Fabriken und im Landeinsatz sah, ausgemergelte und verhungerte Gestalten, die den einen nahe gingen, über die die anderen zur Tagesordnung übergingen.

HANS HELLMUT KIRST

Der Roman **„Blitzmädel"** (1984) setzt Kirsts Chronik des Zweiten Weltkrieges mit der Geschichte der beiden Nachrichtenhelferinnen Monika Hofer, Tochter eines hohen NS-Funktionärs, und Susanne Singer fort, die sich wie etwa 500 000 andere Mädchen zum „Dienst an der Waffe" gemeldet haben und überall im Angriffs- und Verteidigungsbereich der Deutschen Wehrmacht eingesetzt wurden. Er ist zugleich der Bericht über eine modernst ausgebaute Nachrichtenzentrale in der Nähe des Schlößchens Friedrichsruh im Südwesten des Reiches, der General Blutenberger vorsteht.

Die beiden Mädchen folgten noch im Frühjahr 1945 dem Ruf an die Front. Das Lager, in das sie abkommandiert werden, gleicht äußerlich einer Idylle, in der der Gefreite Koralnik, zuständig für die Verpflegung, alles beschafft, was das Herz begehrt. In Wahrheit aber ist das Lager durch den Offizier Konstantin Crusius und seine Geliebte, die treudeutsche Mädelführerin Erika Warncke, eine wahre Hölle. Immer neuen Schikanen und Aggressionen sind die beiden Mädchen ausgesetzt, sie werden in harte militärische Zucht genommen, müssen sich gegen Intrigen und sexuelle Annäherungen wehren. Eine Bombennacht tötet sieben der Blitzmädel, einige Soldaten und zahlreiche gefangene Russen. Als sich der General wenige Tage vor der Kapitulation zurückzieht und Crusius freie Hand hat, bildet er die Mädel zur Verteidigung mit der Waffe aus. Bei einer feldmäßigen Übung wird der Hitlerfanatiker Crusius von zwei Handgranaten getroffen, Warncke begeht Selbstmord. Das Lager wird von den einmarschierenden Amerikanern übernommen, die Blitzmädel werden heimgeschickt; völlig sinnlos verunglücken beim Abmarsch Monika und Susanne durch eine losgetretene Tellermine, wie sie Crusius zur Verteidigung rund um das Lager hatte auslegen lassen.

„Das Schaf im Wolfspelz. Ein deutsches Leben" (1985) ist, von den zahllosen stilistischen, orthographischen und grammatikalischen Fehlern sowie Zitierung unrichtiger Namen und Titel abgesehen, in einem eigenwilligen Stil geschrieben weil es das im Deutschen ungebräuchliche Partizip Präsens (habend, sollend, wollend, könnend, dürfend) verwendet, und umfaßt mit Vor- und Rückblicken die Jahre 1954–1957, gibt neben dem Lebensbericht des Autors auch eine Kultur- und Zeitgeschichte jener Jahre, vor allem im Münchener Raum. Zwölf Jahre war Kirst Berufsoffizier, wurde nach Gefangenschaft in ein bayrisches Dorf verschlagen, wo er wieder Fuß faßte, begann zu schreiben, war mehr als 20 Jahre Journalist und Filmkritiker bei der „Neuen Zeitung" in München, verfaßte seinen ersten Roman und erlangte den Durchbruch mit seiner „08/15"-Trilogie und deren Verfilmung. Dies sind einige der geschilderten Stationen, die ihn mit berühmten Leuten zusammenführen: Walter Kiaulehn, Dr. Hohenemser, Brecht, Engel, Therese Giese, Alfred Polgar, Fritz Kortner, Erwin Piscator, Werner Friedmann, Erich Maria Remarque, Robert Neumann, Max Tau und Hans Habe. Natürlich empfindet der Autor in seinem in der Er-Form geschriebenen Bericht einen gewissen Stolz über seine 35 Bücher in Millionen-Auflagen und Übersetzungen in 28 Sprachen. (S. 491)

FRANZ XAVER KROETZ

Der Roman „**Bauern sterben**" (1985) spielt „irgendwo zwischen Landshut und Kalkutta", in einer Zone also zwischen Land und

Stadt. Bauer, Bäuerin, Sohn und Tochter sowie die sterbende Großmutter sind das Personal; sie leben in ärmlichen Verhältnissen auf dem Lande. Als die Großmutter tot vom Sessel fällt, verlassen Sohn und Tochter nach dem Begräbnis mit einem Traktor die Heimat und fahren über Äcker und durch den Wald hinaus in die große Stadt. Dort hausen die beiden Geschwister in einem Rohbau, schleppen Waren aus den Kaufhäusern herbei, indem sie den Reklamesprüchen der Werbebranche folgen. Von daheim haben sie den vom Kreuz des Großmuttergrabes gebrochenen Christustorso mitgenommen, einen riesigen Talisman. In der Stadt aber finden die Geschwister keine Arbeit; das hätte man ihnen sagen müssen, meinen sie. Der Bruder läßt sich zur Ader, aber auch das Blut des Bauernsohnes reicht nicht hin, den Lebensunterhalt zu finden; darum verkauft sich die Schwester an einen Mann. Dann kehren beide in die Heimat zurück auf den Friedhof, wo inzwischen auch Vater und Mutter ruhen. Sie nageln ihren Christus wieder ans Kreuz, der Sohn legt sich auf dem Grab zur letzten Ruhe. Die Schwester hängt ihre Kleider auf das Grabkreuz und hockt sich im „Totenhemd" in einer Winternacht neben den Bruder.

„**Der Nusser**". Stück in zwei Akten nach Ernst Tollers „Der deutsche Hinkemann" (1986). Nusser ist der Name für einen beschnittenen Eber. Gemeint damit ist Eugen Hinkemann, der durch eine Kriegsverletzung sein Geschlecht verloren hat. Mit Kriegslärm beginnt und schließt das Stück. Eine Szene, in der Eugen aus dem Schlachtenlärm zu seiner Mutter findet, ist vorangestellt. Aus dem Dreieck bei Toller hat Kroetz ein Viereck gemacht: Eugen und seine Frau Grethe, sein Freund Paul und dessen Lebensgefährtin Liese. Immer wieder gerät Eugen in Situationen, in denen seine Impotenz tödlich peinlich wird, so beim Baden an der Isar, wo schließlich Paul von Grethe und Liese von Eugen von der Kriegsverletzung Eugens erfahren. Während sich Liese in Liebe Eugen zuneigt, verrät ihn Grethe an Paul, von dem sie ein Kind erwartet. Doch erkennt sie ihre Schlechtigkeit und will sich selber töten, während Paul durch seine Erfahrungen zur Ehe mit Liese gedrängt wird, die der Priester in feierlicher Weise vollzieht. Daß Eugen arbeitslos ist und sich schließlich einer Jahrmarktsbude verkauft, in der er lebenden Ratten und Mäusen die Köpfe abbeißt, stammt bereits aus Tollers Stück. Gleichsam als Fanal ist die Geschichte von Wagners „Fliegendem Holländer" in das Stück neu aufgenommen, wie auch die Rede des Jahrmarktbesitzers Bock, die in einer Parodie auf den „deutschen Mann" endet, sowie der Zwerg, der ein Pendant zum impotenten Eugen wird.

Das Stück **„Weihnachtstod"** (1986) ereignet sich um das sozial geschädigte Ehepaar Erwin und Anna. Erwin ist schon lange arbeitslos, weil ihn der Computer aus seiner Buchhalterstelle verdrängt hat. Dadurch hat sich das Familienklima verschlechtert. Wir treffen das Paar beim Schmücken des Weihnachtsbaumes. Um seiner Frau ein Goldarmband auf den Gabentisch legen zu können, hat er einen Einbruch verübt; gerade das macht seiner Frau natürlich keinerlei Freude. Mitten in die „Zimmerschlacht" zwischen beiden kommt ein türkisches Ehepaar; sie ist hochschwanger und gebiert auf dem Teppichboden ein Kind. Anna möchte ihnen Asyl gewähren, aber der ausländerfeindliche Erwin weist das Paar mit dem Kind in die Kälte hinaus; es könnte illegal sein, man würde vielleicht riskieren, die eigene Wohnung zu verlieren. Das eingebaute symbolische „Krippenspiel" bildet den Höhepunkt in der Auseinandersetzung des Ehepaares. (S. 411)

KARL KROLOW

Werke: „**Fremde Körper**", neue Gedichte (1959), „**Unsichtbare Hände**", Gedichte 1959–1962 (1962), „**Ausgewählte Gedichte**" (1963), „**Schattengefecht**" (1964), „**Gesammelte Gedichte I**" (1965), „**Landschaften für mich**", neue Gedichte (1966), „**Poetisches Tagebuch**" (1966), „**Alltägliche Gedichte**" (1968), „**Minuten-Aufzeichnungen**", Prosa (1969), „**Nichts weiter als Leben**", Gedichte aus den Jahren 1968–1970 (1971), „**Zeitvergehen**", Gedichte (1972), „**Ein Gedicht entsteht**", Selbstdeutungen, Interpretationen, Aufsätze (1973), „**Gesammelte Gedichte II**" (1975), „**Karl Krolow. Ein Lesebuch**" (1975), „**Der Einfachheit halber**", Gedichte (1977), „**Das andere Leben**", Erzählung (1979), „**Gedichte**", Auswahl (1980), „**Im Gehen**" (1981), „**Herbstsonett mit Hegel**", Gedichte, Lieder etc. (1981), „**Zwischen Null und Unendlich**" (1982), „**Schönen Dank und vorüber**", Gedichte (1984), „**In Kupfer gestochen**" (1987).

„**Schönen Dank und vorüber**" sind Gedichte, die Krolow zwischen 1981 und 1983 schrieb, Jahreszeit-, Lebens- und Liebesgedichte und der Verzicht darauf. Zum Großteil sind es wieder gereimte Gedichte, häufig streng gebaute Sonette, die der „Neutöner" der fünfziger Jahre heute schreibt, in denen er wieder zur „guten alten" Lyrik zurückkehrt. „Schönen Dank" sagt Krolow in seinen Altersgedichten, denn viel ist bereits vorüber; so auch das Leben. Doch auch auf schwerwiegende Verluste reagiert der Dichter ohne Pathos, realistisch, als sei das alles nicht der Rede wert und ein alltägliches „Schönen Dank" genug; aber dahinter verbergen sich Erkenntnis, Schmerz und Trauer.

„**In Kupfer gestochen**". Die 20 durchschnittlich fünf bis sieben Seiten langen Texte sind „in Kupfer gestochene" Beobachtungen, wie das zehnte Prosastück heißt, in dem das entstandene Porträt dem Porträtierten vorgelegt wird. Observiert werden Früchte wie Feige, Orange, Zitrone, Marone, Wassermelone und Olive, die Artischockenblüte; beobachtet werden aber auch das Singen und Lachen, das Mit-sich-reden, die Anima wie der Handrücken, ein Gesicht, ein Schläfer, Abschied und Gefühl und schließlich eine weibliche Person. Kühl, behaglich und beherrscht vollzieht der Autor die Aufgabe, die er sich gestellt hat, diese Expedition in ein noch nicht erkundetes Gebiet. (S. 307)

BRIGITTE KRONAUER,

geboren 1940 in Essen, lebt als freie Schriftstellerin in Hamburg.

Werke: **„Frau Mühlenbeck im Gehäus"**, Roman (1980), **„Die gemusterte Nacht"**, Erzählungen aus 12 Jahren (1981), **„Rita Münster"**, Roman (1983), **„Berittener Bogenschütze"** (1987).

„Frau Mühlenbeck im Gehäus". Der kunstvoll in 6 Kapiteln aufgebaute Roman wechselt jeweils zwischen drei Erzählebenen und verbindet diese miteinander. Da ist Frau Margarete Mühlenbeck aus dem Ruhrgebiet, eine praktisch veranlagte Frau mit starkem Willen, Energie und Gerechtigkeitssinn, eine Meisterin im Erzählen ihrer Lebensgeschichte, kleiner und großer Begebenheiten: Eltern, Schule, Chefsekretärin; der Mann im Krieg, sie selber mit zwei Kindern ausgebombt, zwei Jahre in Österreich kriegsverschickt; ihr Mann Spätheimkehrer, Aufgabe des Berufes, Nur-Hausfrau, Bau eines Hauses. Mit großer Sicherheit und voller Kraft hat sie ihr „Gehäus" errichtet.

Daneben die junge Lehrerin, die ihr distanziert zuhört, dabei immer auf Fragen in ihrem eigenen Leben stößt. Sie betreffen die Schule, ihre Rolle als Lehrerin, ihr Verhältnis zu ihrem Lebensgefährten Jürgen mit seiner Gleichgültigkeit und Distanz, ihr Bedürfnis nach Umgang mit der Natur, ihre Ferien am Meer. Und dann wird in detailgetreuer Schilderung von den alltäglichen Verrichtungen der Frau berichtet, vom Staubsaugen und Fensterputzen über Bügeln bis zum Kochen. Drei Erzählstränge ohne durchlaufende Romanhandlung: Reflexionen der Lehrerin, der Ich-Erzählerin und der alternden Frau Mühlenbeck, dazu präzise Beobachtungen aus Schule und Haushaltsalltag.

„Rita Münster". „Ruth Wagner, Veronika, Martins Tante, Frau Jacob, Franz Wagner und seine Mutter, Martin, Herr Willmer, Tante Charlotte und Onkel Günter, Petra, selbst Gaby und Rudolph, Karin und Helga Becker: Irgendwas, dies oder das, haben sie mir, freundlich oder unfreundlich doch wenigstens, und das muß genügen, bedeutet." Von all diesen Menschen erzählt Rita Münster in der Ich-Form in Teil I und Teil II des Romans scheinbar willkürliche Geschichten: von Malern, Frauen und Freundinnen, von einem „Vorstadtkönig", von begehrenswerten Tanten, von Liebes- und Ehepaaren, von Eifersucht, von Scheidung und Tod bei einem Eisenbahnunglück, von Katastrophen. Mit Intensität, mit Schärfe, boshaft und mit Witz werden diese Geschichten erzählt.

Dann folgt in Teil III, dem Mittel- und Höhepunkt, die Geschichte Rita Münsters selbst, ihr kurzes Liebesglück mit Heinz Forster, einem verheirateten Mann, der nach Kanada auswandert, ihr Aufenthalt bei ihrem Vater, ihre Aushilfe als Bibliothekarin bei dem befreundeten Buchhändler Georg, dessen Laden sie übernehmen will, und schließlich die Erinnerung an ihre Kindheit und Schulzeit. Mit einem Besuch in Rom endet der Roman. Im Ablauf eines Jahres, in genauer Erfassung der Jahreszeiten wird alles gleichgültig, zufällig abgestuft, werden Glück und Unglück bewußt wahrgenommen, Ritas Gefühlsanstrengung nähert sich immer dem Extremfall.

„**Berittener Bogenschütze**" ist die Geschichte einer Entwicklung, einer Reise durch den Alltag und schließlich eine Verwandlung. Erzählt wird in einzelnen Abschnitten ungefähr ein Jahr aus dem Leben des Universitätsdozenten für Literatur Matthias Roth, der sich derzeit mit dem Problem der Leidenschaft in Leben und Literatur beschäftigt, einer Erkenntnis, die sich ihm durch die Lektüre der Romane und Erzählungen Joseph Conrads bestätigt, die durchinterpretiert werden; Ergebnis: Das große Gefühl der Leidenschaft lasse sich nicht durchhalten, es entstehe Leere im Inneren des Begehrens. Rund um Roth gruppieren sich verschiedene, deutlich charakterisierte Gestalten, die mit der wirklichkeitssicheren Sensibilität Roths vorgestellt werden: seine resolute Zimmerwirtin Bartels mit ihren prallen Geschichten und ihrer Kochkunst; ihr Mann, der pensionierte Architekt; die im oberen Stockwerk wohnenden Thies, Mann, Frau und Tochter; der Mann stirbt einsam an Herzinfarkt; Frau Haak, die einem Freund nach Amerika folgt, enttäuscht zurückkehrt und in einen Wohnwagen zieht. Dann sind da Roths Freunde: der Kulturdezernent Hans mit seiner Frau Gisela, die Roth kurz und flüchtig liebt und verehrt; sowie Fritz und Laura, er widmet sich der Landwirtschaft. Auf einer Reise in den Süden tritt Roth in Verbindung mit der Archäologin Irene. Dann sind da die Biologiestudentin Marianne, seine Geliebte, vorher Karin und schließlich Anneliese. Aber nicht um Beziehungen, sondern um die trivialen, mit detailversessener Intensität beobachteten Momente des Alltags geht es Roth und mit ihm der Autorin. Unentwegt wird vorgestellt und bekannt, wird der Zusammenhang unserer Lebenswirklichkeit mit bezwingender Genauigkeit gesehen, erkannt, gefühlt und beschrieben.

SIEGFRIED LENZ

„**Ein Kriegsende**" (1984). Eine Erzählung. Der Zweite Weltkrieg ist fast zu Ende; der deutsche Minensucher MX 12 hat den Auftrag, aus einem dänischen Hafen nach Kurland auszulaufen, um Verwundete der dort eingekesselten Armee zu holen. Die Fahrt scheint hoffnungslos, denn die Ostsee ist ein Schiffsfriedhof. Da trifft die Meldung von der Kapitulation Deutschlands an die Westmächte ein. Daraufhin wollen die Matrosen zurück, verweigern dem Kommandanten unter Führung des Steuermannes den Befehl zur Weiterfahrt, setzen den Kommandanten und den I. W. O. ab und nehmen Kurs zurück. Aber die deutsche Kriegsgerichtsbarkeit amtiert mit Zustimmung der Westmächte noch immer, stellt die Meuterer vor ein Kriegsgericht, verurteilt Steuermann und Feuerwerker zum Tode, die anderen zu Gefängnisstrafen. Das Urteil wird vollstreckt. Es erhebt sich die Frage, welche Autorität gilt, das deutsche Kriegsgericht oder die Kapitulation, laut der alle Schiffe den Alliierten zu übergeben sind, und auch die Frage um das Problem bedingungsloser Pflichterfüllung oder lebenserhaltender Vernunft wird gestellt.

„Exerzierplatz" (1985). Der umfangreiche Roman erzählt die Geschichte einer Familie Zeller, die 1945 auf der Flucht aus dem Osten gekommen ist und in Hollenhusen zunächst in einem Barackenlager Zuflucht gefunden hat. An der Spitze der Familie steht Konrad Zeller, „der Chef"; ihm zur Seite seine Frau Doróthea sowie die drei Kinder Ina, Joachim und Max. Als auf der Flucht das Schiff sank, rettete der Chef den kleinen Bruno, der in die Familie aufgenommen wird und immer mehr zum alleinigen Vertrauten und Freund des Chefs wird. Hier auf dem ehemaligen Exerzierplatz Hollenhusen entdeckt der Chef fruchtbares Land, pachtet es zunächst und kauft es dann, um eine große Baumschule einzurichten. Von kleinen Anfängen entwickelt sich der Betrieb zu einer weltbekannten Pflanzschule, die überallhin ihre Bäume liefert. Bald bezieht die Familie den leerstehenden Kollerhof, bis es durch die immer größere Entwicklung des Betriebes möglich wird, auf einem Hügel ein großes Haus, „die Festung", zu bauen. Doch auf dem Höhepunkt beginnt auch schon der Abstieg. Max meidet das Geschäft und studiert, Joachim tritt an seine Stelle und ist als Chef-Nachfolger ausersehen; Ina heiratet den Betriebsleiter Guntram Glaser und hat mit ihm zwei Kinder. Doch ein von seinem besten Freund aufgedecktes Kriegsverbrechen – beide haben einen Feldwebel in Hollenhusen ermordet, der sie bis aufs Blut schikanierte, und verscharrt – treibt Glaser in den Freitod.

Berichtet wird von guten und bösen Tagen, von Festlichkeiten, von Hochzeit und Begräbnis, von Diebstählen in der Baumschule und dem Erlaß des Ministeriums, Eichen aus nichtdeutschem Saatgut zu vernichten, ein großer Schlag für den Chef, von seiner Wahl zum Bürgermeister und verschiedenen Auszeichnungen. Doch mit zunehmendem Alter wird der Chef immer seltsamer, verschenkt Dinge, die ihm wertvoll waren, oder versteckt sie, setzt in einem Schenkungsvertrag Bruno zu einem Drittel als Erben ein und wird deshalb von der Familie unter Kuratel gestellt. Mit dieser Entmündigung des Chefs beginnt der Roman, der in zahlreichen Rückblenden die Geschichte der Familie Zeller aufdeckt bis hin zu den Versuchen, Bruno zu einer Verzichtserklärung zu bewegen, was ihm aber der Chef verbietet. Die Familie zerfällt. Bruno, der tüchtige Arbeiter, der alles kann und versteht, weiß nur einen Ausweg, die Familie wieder zusammenzuführen und die Entmündigung des Chefs, wie er glaubt, zu verhindern. Er löst eine Fahrkarte nach Schleswig und verschwindet für immer.

1986 erschienen die **„Erzählungen"** in drei Bänden, welche alle Erzählungen des Dichters von 1949 bis 1985 enthalten; im 1. Band ist die Sammlung „So zärtlich war Suleyken", im 3. Band sind die „Geschichten von Bollerup" enthalten. Dieser Band bringt als Nachwort die Rede von Marcel Reich-Ranicki „Siegfried Lenz, der gütige Zweifler", die er anläßlich der Verleihung des Thomas-Mann-Preises 1984 gehalten hat.

„Das serbische Mädchen" (1987). Die 15 Erzählungen entstanden in einem Zeitraum von 12 Jahren. „Der Redenschreiber" erzählt von einem vergeblichen Aufenthalt am Meer, wo Gert eine Rede für den Minister schreiben soll. „Fast ein Triumph" ist die Geschichte des geizigen und ehrgeizigen Eddie, der sich ein altes Boot kauft und es trotz Warnung bei Sturm nach Hause bringen will, dabei aber fast umkommt. „Tote Briefe" sind nicht zustellbare Briefe, hinter einem verbirgt sich ein tragisches Schicksal. „Zum Vorzugspreis" kauft sich eine Frau eine Bluse und erfährt dabei eine dunkle Begebenheit aus dem Leben ihres Mannes. „Trost" deckt bei einer Behandlung im Schönheitssalon die enttäuschende Geschichte eines Dauerkuß-Wettbewerbes auf. „Motivsuche" für einen Film in Griechenland erzählt die Geschichte eines fernadoptierten Knaben Vasco. „Die Kunstradfahrer" sind zwei Brüder, die einen radfahrbegeisterten Buben in ihre Gemeinschaft aufnehmen. „Die Bergung" ist ein dramatisches Zwiegespräch um die vergebliche Bergung eines Wracks. „Das serbische Mädchen" fährt ohne Papiere umsonst nach Hamburg, um den Urlaubsgefährten Achim zu finden, und landet, auf der Rückfahrt als Schmugglerin benutzt, im Gefängnis. „Eine Art von Notwehr" erfindet ein Schriftsteller einem Buben gegenüber, der ihn berauben wollte, in einer adäquaten Geschichte. Der Gewinner eines „Preisausschreibens" über die Geheimpolizei wird selber arretiert, weil er zu viel weiß. „Ein Tauchversuch" schildert die Rettung eines Mannes, den sein Bruder versteckt, damit die geschiedene Frau das Geld des Spendenkontos erhält. „Der Usurpator" ist ein unangenehmer Heiminsasse, dem ein Heimmitbewohner eine neue Identität andichtet und ihn so zum Verschwinden bringt. In der „Prüfung" kommt es zu einem Zusammentreffen zwischen dem Prüfling und seiner früheren Geliebten, der jetzigen Frau seines Professors. „Der Mann unseres Vertrauens" ist ein nach Schweden abkommandierter und auf der Fahrt verunglückter Journalist, der dabei das Vertrauen seiner Vorgesetzten einbüßt.

Die meisten Geschichten sind Berichte von Meer und Menschen und ihrer Bewährung, von ihrer Freiheit und schuldhaften Verstrikkung, aber auch „erzählerisches Neuland" betritt Lenz in diesen Texten. (S. 267)

MONIKA MARON

„Die Überläuferin", Roman (1986). Rosalind Polkowski hat Bruno verlassen, oder ist er von ihr gegangen? Sechs Jahre hatten sie zusammen gelebt. Nun geht sie nicht mehr ihrer Arbeit in einer historischen Forschungsstätte nach. Eines Tages sind ihre Beine gelähmt, sie bleibt daheim und wird von niemandem vermißt. In dieser Situation überfallen sie Erinnerungen an ihre Geburt, an ihren Vater, der sie nicht mochte, an den Tod ihrer Tante Ida. In Kneipengesprächen mit Bruno und dem Grafen werden diese Erinnerungen wiederholt. Noch wichtiger sind ihre Erinnerungen an Martha Mantel und Clairchen. Martha hat sich in eine eigene Welt zurückgezogen, Traum und Realität vermischen sich bei ihr; in gewissem Sinne ist sie anarchistisch, sodaß ihr Lügen und Stehlen mühelos gelingen. Sie erfindet immer neue Geschichten, stiehlt im Warenhaus und verleitet dazu andere, was zu Auflauf und vorübergehender Verhaftung der drei Frauen führt. Plötzlich ist sie verschwunden: In Spanien sucht sie ihren Vater. Clairchen, eine halbe Riesin, leidet an ihrem übergroßen Körper und an unersättlichem Hunger nach Liebe. Sie bekommt ein Kind, kurz darauf erhängt sie sich. Diese Erinnerungen werden viermal unterbrochen durch dramatisch angelegte „Zwischenspiele", in denen seltsame Frauen und Männer unter dem Mann in der roten Uniform Diskussionen über Ordnung und Sicherheit, Familie, Identität und Fantasie führen und Rosalind damit überrumpeln. Diese erkennt ihre verkrüppelte Existenz, denn die zwei Welten, die der Eltern, der Schule, des Berufes und die der Geheimnisse und Träume lassen sich nicht vereinen. Auf dem Weg zum Bahnhof trifft sie einen Klon, das genetisch erzeugte Plagiat eines Originalmenschen, der sich selber für die eigentliche menschliche Existenz hält. Scheinbar gelingt Rosalind hierauf die Abreise, sie trifft Martha in New York, diese erkennt sie als ihr zweites Ich.

Rosalind und Clairchen waren bereits Gestalten des Buches „Das Mißverständnis". Ich- und Er-Form wechseln in der fantastischen Geschichte laufend. (S. 657)

KARL OTTO MÜHL

Sein neues Stück **„Am Abend kommt Crispin"** (1988) behandelt wieder das Problem älterer Menschen, hier Kurt Schirmers, der seit 30 Jahren in einer Fabrik arbeitet, Prokurist und zweiter Mann nach dem Chef ist und durch den jungen Crispin abgelöst werden soll. Trotz Zusammenbruches und Krankenhausaufenthaltes will er nicht an seine Frühpensionierung glauben. Immer mehr wird das Stück zur psychologischen Studie eines alten Mannes, der an starker Mutterbindung leidet – seine Mutter, Putzfrau in der Firma, nörgelt noch immer an ihm herum –, und der nie zu sich selbst finden konnte, weder in seiner Ehe noch in seinem Verhältnis zu seiner Sekretärin. (S. 401)

HARALD MÜLLER

wurde 1934 in Memel geboren, flüchtete mit Mutter und zwei Brüdern 1944 nach Lützenburg/Ostholstein, machte mit 18 Jahren die mittlere Reife, war dann Bauhilfsarbeiter, Bergarbeiter, Hafenarbeiter und Möbelpacker, später Angestellter, Telefonist und Dolmetscher auf einem NATO-Truppenübungsplatz, Messevertreter, Hotelportier und Schauspieler. Sechs Semester studierte er Germanistik und Theaterwissenschaft, wurde dann Dramaturg, Schauspieler und Rezitator. Er schrieb bisher zwölf Stücke und Hörtexte, darunter:

„**Großer Wolf**" (1972), „**Halbdeutsch**" (1973), „**Stille Nacht**" (1974), „**Strandgut**" (1974), „**Frankfurter Kreuz**", „**Die Trasse**" und „**Kohlhaas**" (1975), „**Henkersnachtmahl**" (1979), „**Der tolle Bamberg**" (1982), „**Totenfloß**" (1986), „**Bolero**" (1987).

„**Totenfloß**". Zwei Männer, Checker und Itai, sind aus dem BA (bewohnbaren Areal) nach dem letzten Krieg, etwa um 2050, ausgestoßen worden, weil beide radioaktiv verseucht sind. Checker, ein monsterhaftes Wesen, halb Mensch, halb Tier mit nur einem Arm, macht sich zum Anführer und ist geplagt vom Zwang zum dauernden Checken, um immer den Grad seiner Verseuchung festzustellen. Irgendwo auf ihrem Weg zum Rhein nach Xanten, das noch ganz „clean" ist, treffen sie Kuckuck, einen Neunzehnhunderter, der die große Katastrophe miterlebt, seine Frau dabei verloren hat und die Schrecken in pathetischen Worten immer wieder heraufbeschwört. Schließlich treffen die drei Verseuchten – Itai ist erblindet, Kuckuck hat keine Haare mehr – auf die Frau Bjuti mit ihrem halbzerstörten Gesicht, die ein Floß gefunden hat, auf das sich alle retten, und mit dem sie rheinabwärts fahren. Anfangs halten sie räumliche Distanz, aber je mehr ihre Berührungsangst verschwindet, umso näher schließen sie sich zu einer Gemeinschaft zusammen. Als Bjuti, von Checker geschwängert, ein Kind gebiert, einen Fleischklumpen ohne Gesicht mit nur einem Arm, wird ihre solidarische Gemeinschaft noch größer. Aber je weniger sie einander bedrängen, sich letztes Essen stehlen, umso mehr zerfallen sie. Von Bonn werden sie verjagt; als sie Xanten in Sicht haben, aber abgewehrt werden, werfen sie den toten Kuckuck in den Rhein, die übrigen drei Untoten vereinigen sich zu einem leblosen Menschenknäuel.

Die Sprache ist ebenso verstümmelt wie die Menschen, ein Amerikanisch-Deutsch, halb lapidar wie in den Comics, halb maschinenhaft wie die Computersprache. Kuckuck allein hat noch einiges aus der unverbrauchten Sprache herübergerettet, auch Bjuti aus ihrer Lektüre. Das Stück ist noch vor Tschernobyl geschrieben, erhält aber danach umso größere Bedeutung.

„**Bolero**", ein Theaterstück um einen alten Mann und ein junges Mädchen: Ernst, 70 Jahre alt, Schützenkönig, dessen Gattin jüngst gestorben ist, trifft das siebzehnjährige Peepshowgirl Britta und verliebt sich in sie. Als er als Schützenkönig von der vorbeiziehenden Garde nicht geehrt wird, durchschießt er auf Brittas Anraten die Trommel des Musikzuges, und als Britta auf einer Urlaubsreise auf die Bahamas sein Geld durchgebracht hat, begeht er Selbstmord. Der Titel dieses Lolita-Stückes stammt von der Hintergrundmusik von Ravels Bolero. (S. 408)

HORST WOLF MÜLLER

wurde 1935 in Schlesien geboren, kam 1945 mit seinen Eltern in die Oberpfalz, studierte Germanistik und Anglistik in München und arbeitete an verschiedenen Rundfunkanstalten mit. Seit 1970 ist er Angestellter im Bundespresseamt in Bonn. Neben Dramen schrieb er Radio-Essays und Szenen, so für die Zeitschrift „pardon". Ein vierteiliger Dramenzyklus ereignet sich jeweils in einem Abstand von sieben Jahren: **„Komarek"** 1932, **„Wie die Welt so weit"** 1939/41, **„Auf's Land"** 1946. Das vierte Stück ist in Planung und spielt 1953.

1985 wurde das zweite Stück des Zyklus **„Wie die Welt so weit"** uraufgeführt. Es ist ein politisch-unpolitisches Stück, denn die Figuren sind unpolitisch, der Inhalt aber erscheint eminent politisch und zeigt, wie aus mittelmäßigen Bürgern Mitläufer des Nationalsozialismus wurden. Im Mittelpunkt steht Kurt Schmidkonz, der sich in Anna Hoschek verliebt, während sich auch Elli Klingenberg zu ihm hingezogen fühlt. Jene stammen aus dem Arbeiterstand, diese hat einen Rechtsanwalt zum Vater. Als Vertreter der nationalsozialistischen Richtung figurieren der ehemalige Marineoffizier Artur Dreirucker und der Student Walter Schlenzka, die Kurt auf der Straße zusammenschlagen, weil er Walter beim Tanz Anna „ausgespannt" hat. Freilich fühlt sich Kurt in der Schicht, in die er hineingeboren wurde, nicht heimisch; aber wo er sich angezogen fühlt, bleibt er auch fremd, so etwa im Großbürgertum Ellis. Weil der Nationalsozialismus überall Leistung verlangt, will auch Kurt Leistung vollbringen. Schließlich wird er zur Wehrmacht eingezogen und fällt. Die Requisiten, die von ihm zurückgeschickt werden, hält Kurts Mutter mit den Worten „Hin ist er" in Händen. Damit schließt das Stück, das in einer süddeutschen Kleinstadt spielt, dessen Titel einem in den dreißiger Jahren beliebten Jugendwanderlied entnommen ist.

HANS PETER MÜSSLE

„Metaphysische Hymnen" (1986) ist eine zweigeteilte Lyriksammlung: zwölf freirhythmische Hymnen und ein Anhang von Kurzgedichten, beides Gedichte von existentieller Dimension. Die Wirklichkeit wird auf ihren Grund befragt, sie wird als Ort der Bitternis, als Wahn und Nichts erkannt. Müssle glaubt, die äußerste Nichtigkeit von Welt und Ich zu erkennen und sieht darin das Urverhängnis von Anbeginn allen Lebens. Aber „fundamentale Daseinskorrektur will das als Welt vorgebrochene Chaos entmachten und eine neue Wirklichkeit begründen". (S. 344)

KLAUS POHL

wurde 1952 in Rothenburg ob der Tauber geboren, war nach der Volksschule Gemüsehändlerlehrling, flüchtete, von den Rothenburgern verfolgt, 1969 nach München, wo er seinen Kampf für bessere Lebensverhältnisse fortsetzte. Hier arbeitete er als Delikatessenverkäufer und spielte nachts auf einem Brettltheater. Fünfzehn Monate arbeitete er als Hilfspfleger in einem Krankenhaus. Von Oktober 1973 bis Februar 1975 besuchte er die Schauspielschule in Berlin; erste Dramen entstanden. Heute ist er Schauspieler am Deutschen Schauspielhaus in Hamburg.

An Dramen erschienen: **„Da nahm der Himmel auch die Frau"** (1980), **„Das Alte Land"** (1984), **„Hunsrück"**, **„Zwerg Nase in Peru"**, **„Mainufer"** (Libretto), **„La Balkona Bar"** (Szenen, alle 1984), **„Spiegel"** (nach Gogol, 1986).

„Da nahm der Himmel auch die Frau". „Der Staat ist überall, auch in der Liebe", ist das Grundthema des Stückes. Oberregierungsrat Joachim Titschler lernt in einer Prostituiertenbar die Studentin Katharina kennen, die tief verschuldet ist, der Telefon und Licht abgeschaltet worden sind, die sich nun Geld verdienen will, und nimmt sie mit nach Hause. Ihr Gesicht kennt er bereits: von Aufnahmen, welche der Verfassungsschutz gemacht hat. Denn sie gehört zu einer anarchistischen Studentengruppe mit ihren Demonstrationen und Anschlägen. Da dreht der „anständige" deutsche Beamte durch, erschießt den Amtsrat Sickert, der ihm dazwischen kommt, und die Studentin. Wild um sich schießend, geht er ab. „Aus Angst wird Haß, die verbotenen Träume verkriechen sich und bleiben als Todessehnsucht zurück."

„Das Alte Land", Schauspiel in fünf Aufzügen, spielt unmittelbar nach Kriegsende in der englisch besetzten Zone Deutschlands. Hier wimmelt es von heimatlosen Flüchlingen aus Ostpreußen, denen der aus Königsberg stammende Wilhelm Hunt (45), Diplomlandwirt und Beauftragter für das Siedlungswesen, durch eine Bodenreform Land verschaffen will. Er selber lebt wie die Ärmsten der Armen, wohnt bei der reichen Bäuerin-Witwe Margarethe Zentmeier (29), die sich mit ihrer sechsjährigen Tochter Johanna bei allen Bauern der Umgebung unbeliebt gemacht hat, weil sie gutmütig von ihrem Lande abgeben will, sich an Hunt heranmacht und mit seiner Bodenreform einverstanden ist. Vor allem die Bauern Hans Leusen und Kapo spielen ihr einen Streich mit dem Austausch einer mageren gegen eine fette, geschlachtete Sau, um sie dadurch bei Hunt verdächtig zu machen. Mägde bei Zentmeier sind Lydia Schulze und Ilse Cremmer, deren totgesagter Mann Willy abgerissen und verunstaltet aus dem Kriege zurückkehrt, den sie nicht mehr als ihren Mann anerkennen will, da sie doch seinen Totenschein besitzt. Zu den Umsiedlern aus Ostpreußen gehört auch August Seydlitz, dessen Tochter Anna, Gattin des kriegsblinden Fritz Olschewsky, an Schwindsucht stirbt, während sich ihre Tochter Ilse mit den gestohlenen Eheringen in die Stadt aufmacht, um selbständig zu werden. Diese findet der Einsiedler und Puppenspieler Johann Lenz, der einst aus Gewissensgründen vom Militärdienst desertiert ist, und als er eingefangen wurde, bei einem Bombenangriff seinen Bewacher Josef Meissner spitalsreif schlug, der seither an den Rollstuhl gefesselt ist. Wegen Mißachtung der Aufsichtspflicht wurde dieser entlassen. Nun bemüht sich seine Mutter Hanni Meissner auf jede nur erdenkliche Weise, ihn wieder in den Gemeindedienst zu bringen. Obwohl sich Ilse und Lenz lieben, trennen sie die Seydlitzeltern und verstecken die Tochter vor ihm.

Inzwischen ist es zwischen Alteingesessenen und Flüchtlingen zu Ausschreitungen gekommen, englisches Militär wurde eingesetzt, ein Ausgehverbot erlassen. Bei der Durchsuchung des Zentmeier-Hofes hat man gehortete Schätze gefunden, der Hof wird deshalb Hunt zugesprochen, er aber lehnt ab, weil er sich von Margarethe betrogen fühlt. Bei einem Gemeindeabend führt Lenz ein aufrührerisches Puppenspiel vor, sodaß ihn Meissner verhaften läßt. Margarethe ergibt sich dem Suff, Irma wird von ihrem Vater blutig geschlagen, Ilse Cremmer hat ihren Mann getötet. Aber Hunt und Margarethe versöhnen sich, eine Doppelhochzeit Hunt–Margarethe, Olschewsky–Irma beendet das Stück. Schließlich kehrt alles zur „alten Ordnung" zurück.

„**Hunsrück**". Das dreiaktige Stück ist ein Dialog zwischen dem buckligen Walter und dem kurzsichtigen Werner sowie zwischen der zweiten Gruppe Paul, Oma und Linda. Das Aneinander-vorbeireden verschränkt jeweils die beiden Gruppen, einen Sinn ergibt das Zwiegespräch kaum. Sie alle sind Außenseiter. Als der siebenjährige Hans mit seiner Mutter Gertrud, seinem Vater Manfred und deren Freund Mathias erscheinen, werden sie alle vier in einen Sack getrieben und von Walter und Werner sinnlos erschlagen; es ist das Ritual einer Gruppe Gescheiterter, das zu Mord und Selbstzerstörung führt, die Utopie einer Freiheit, die sich selbst ad absurdum führt; die Gestalten erinnern an Beckettsche Typen.

„**La Balkona Bar**". Das handlungsarme Stück spielt teilweise auf zwei Ebenen in einer alten abgenutzten Bar in den fünfziger Jahren. Zwar spielt es 1985, aber in der Balkona Bar scheint die Zeit stillgestanden zu sein, der Kalender zeigt noch das Jahr 1958, in dem der Bar-Pianist Jon Kopitzke die Bar und seine Heimat, die Bundesrepublik, verlassen hat, um in Amerika sein Glück zu versuchen. Nach mehr als einem Vierteljahrhundert kehrt er wieder zurück, enttäuscht, ohne Erfolg, abgerissen, mit einem kleinen Koffer als einzigem Gepäck. In der Bar hat sich nichts verändert, es ist wie ein Museum; als solches möchte es auch der stumme Gast kaufen. Auch der Barmixer Paul scheint noch immer derselbe zu sein, aber es ist der Sohn; der Vater lebt im Keller einer vergangenen Zeit nach, und auch Hedy, „die Flamme", um die sich Jon und Paul einst in die Haare gerieten, weshalb Jon aus Eifersucht auswanderte, ist die von früher, wenn ihr Jon die Perücke abnimmt und sie selber beginnt, sich „abzumontieren". Gäste dieser Bar sind Menschen von heute, der junge Deutsche, ein

Millionär, und der arm gebliebene Wissenschafter, der „Abstauber" Schütz, der sich wegen Hedy scheiden ließ und sie nun als alte Frau wiedersieht. Ihre Zeit war die der glorreichen fünfziger Jahre, aber schon dort zeigten sich die Risse, die sich bereits im Optimismus des Wiederaufbaues auftaten.

PAUL PÖRTNER

widmete sich nach dem Buch **„Experimenttheater"** hauptsächlich der Regie, trat immer aufs neue für das Mitspieltheater ein und wurde Leiter der „jungen bühne Remscheid". Er starb 1984. (S. 438)

ROBERT VON RADETZKY

„Silbernes Seil und goldene Schale" (1986) ist der poetische Titel eines Bandes von Gedichten im Mollton, versehen mit Vignetten von Klaus Eberlein. Wie alle Gedichte Radetzkys zeichnen sich auch diese Kurzgedichte durch die lyrische Sprache, den Reim und einen in wenigen Worten geschauten spirituellen Inhalt aus. Paradigmatisch ist das dreistrophige Gedicht „Die Sprache der Väter", in dem es heißt:

> „Lasse des Wohllauts
> dich niemals entwöhnen,
> du Sprache der Väter.
> Verhüte zu fallen
> in rauhes Gekrächz.
> Mißachtung des Schönen
> wie leicht wird sie später
> Verachtung des Rechts!"

„Daunen vom Vogelflug" (1987) sind 43 Gedichte, „diktiert von der Weisheit des Alters", lyrische Aussagen der gedrängtesten Form, nur vier- oder sechszeilige Gedichte über Jahreszeiten und menschliche Einsichten von tiefer Bedeutung. (S. 345)

GERLIND REINSHAGEN

Der Roman **„Die flüchtige Braut"** (1984) spielt Ende der siebziger Jahre in Berlin, wenn auch alle Personen des Romans den Namen Berlin vermeiden. Die einen halten die Stadt für eine Ansammlung von Steinen, die anderen haben ein anderes Berlin in ihren Erinnerungen oder Wünschen. Sie wollen dieses ihr inneres Berlin nicht durch die üblichen Bezeichnungen einengen. Die Gestalten, die sich dreimal auf den Festen des Professors Ludwig Ernst treffen, bilden eine Welt für sich. In Zwischenkapiteln und zehn Briefen Doras an Ludwig werden ihre Geschichten erzählt, ohne Zusammenhang und doch zu einer Charakterisierung der Menschen führend.

Da ist Hans Straup, der eine Dissertation über ein Thema der Romantik schreibt, der das romantische Berlin der Salons meint und die Wiederbelebung dieser Zeit möchte, der aber in der Doktorarbeit wie im Leben scheitert, erkrankt, von Inez, einer aus der Gruppe, gepflegt wird und schließlich mit Dora in einen anderen Stadtteil zieht. Sein Gegenpol ist der Journalist Robert, der für seinen Sender ein Porträt der Stadt liefern soll; doch die Stadt gibt sich ihm nicht preis, hält ihn aber fest. Nach einem Jahr hat er ein Konvolut von Zetteln, das ein Verlag zur Drucklegung annehmen will. Da sind Amy und Emily, Ludwigs Freundin nach seiner zweiten Frau, und Carlotta, die Polin, die Emily als Freundin Ludwigs nachfolgt. Da sind die Unzertrennlichen, der Maler Jens und der Schauspieler Frans, da ist Chomentowsky, der in den Freitod geht; da ist der geschäftstüchtige Arzt Dr. Dr. Adolf Engler, der überall seine Hand im Spiel hat. Und da ist endlich Dora mit ihrer Tochter Franziska, die in ihren Briefen über ihren Eheversuch zu dritt berichtet, Freundin Roberts und Straups. Ist die Briefschreiberin die flüchtige Braut oder die Stadt selbst? Vor allem am Abend und in der Nacht entfaltet sich das Leben dieser Menschen, auf Festen, bei Besuchen, auf Einladungen, in Kneipen, im Zusammensein, zwischen Fakten und Träumen, Erinnerungen und Gefühlen, aus einer Unrast, welche die Stadt kennzeichnet. Ein schmerzlicher Ton von Verstörung durchzieht den Roman, der keine durchgehende Handlungslinie aufweist, außer daß die Stadt allgegenwärtig ist.

„Die Clownin". Ein Spiel (1985). Das Stück spielt in dem abgewohnten, unaufgeräumten und schäbigen Zimmer Doras. Diese, eine Schauspielerin, ist ausgestiegen, weil sie bei einer tragischen Szene ausgelacht wurde, und hat sich in ihrem Zimmer verkrochen. Flüchtig treten alte Bezugspersonen auf: ihr Geliebter, der Schauspieldirektor Artur, ihre Eltern, ihr mißratener Sohn Jojo. Dann sitzt überraschend Emily Brontë an ihrem Tisch, beide unter der Lampe, miteinander redend, lesend, schreibend. Emily ist Doras Alter ego, das Leben der Fantasie darstellend, das intensiver ist als das wirkliche. Fast kommt Dora wieder zur Besinnung, ihr Selbstmordversuch mit einem Strick scheitert an ihrer Weitsichtigkeit und kippt in Doras Clownnummer um: „Selbstmord einer Weitsichtigen". Sie verläßt Emily und kehrt am Beginn des zweiten Teiles hochgemut, mit Erfolgen zurück, verliebt in den Zirkusartisten Charleroi, schwärmend von ihm. Vergeblich sucht Emily sie in die Wirklichkeit zurückzuholen. Sie geht über ein imaginäres Seil zu ihrem Geliebten und stürzt ab. (S. 403)

KARIN RESCHKE,

geboren 1940 in Krakau, aufgewachsen in Berlin, schreibt seit 1975 Berichte, Prosa, Rezensionen; Arbeiten von ihr erschienen im „Kursbuch". 1978 gab sie ein Frauenlesebuch heraus: **„Texte zum**

Anfassen". Weiters erschienen: **„Memoiren eines Kindes"** (1980), **„Dieser Tage über Nacht"**, Erzählungen (1982), **„Verfolgte des Glücks. Findebuch der Henriette Vogel"** (1982).

„Memoiren eines Kindes". Das Kind ist Marie Wieler, „die immer ein bißchen viel spinnt und die dünnsten Beine der Welt hat". Aus ihrer Sicht wird ihre Geschichte auf dem Hintergrund der unmittelbaren Nachkriegszeit, da sie gerade sechs Jahre alt ist, erzählt: Flüchtlinge aus dem Osten, der Vater vermißt, ein Bruder Anton, Notwohnung im britischen Sektor von Berlin, Schulbeginn, Freundinnen treten in ihr Leben, ein befreundeter Junge Harald stirbt, zwei Mädchen werden ermordet aufgefunden, der Täter wird nicht gefaßt. Marie macht einen „Mäusezirkus" auf, Eintritt „drei Kaugummi", sie hat erste erotische Erlebnisse und merkt, daß die Erwachsenen „noch immer zu viele Geheimnisse" haben, „die man kaum ergründen kann. Kinder hinken dauernd hinterher und versuchen sie zu fassen". In ihren Träumen fliegt Marie immer zum Mond, weil von dort aus alles überschaubarer wird. Viele verschiedene Menschen treten in ihr Leben, sie erlebt Hunger, Währungsreform und Wiederaufbau. Als sie etwa 15 Jahre alt ist, schließen ihre Kindheit und ihre Memoiren.

„Dieser Tage über Nacht" ist die Ich-Erzählung einer Frau auf der Flucht vor dem Mann, der sich für sie in Albert verkörpert, zugleich eine Flucht vor den Männern insgesamt, welche für sie die absolute Herrschaft verkörpern. Die Irrwege durch Berlin führen sie zuerst zur WC-Frau Mathilde, die sie vor Albert versteckt, dann zur walkürenhaften Isolde in dem aufgelassenen Bahnwärterhaus, aus dem sie vor Albert wieder ausrücken muß, schließlich in die Pension der Lore Wachsmuth und ihrer Freundin, aus der sie das ans Bett gefesselte Liliputanerkind befreit. Als sie von Verkehrsangestellten als Schwarzfahrerin verfolgt wird, nimmt sie ein Autofahrer auf, der sie, ein fliegender Händler mit Seidentüchern, als Verkäuferin anstellt. Einen Tag lang macht sie gute Geschäfte, erblickt wieder Albert und entkommt mit Hilfe ihrer Kollegin Molly durch den Hinterausgang – wiederum ins Ziellose wie bisher.

„Verfolgte des Glücks", das **„Findebuch der Henriette Vogel"** ist ein Tagebuch, das über viele Jahre reicht, Fragment geblieben, wie die Autorin angibt, in dem mehrere Jahre zwischen 1800 und 1806 sowie zwischen 1807 und 1810 fehlen oder verlorengingen. Henriette Vogel ist jene Dame der Berliner Gesellschaft, mit der Kleist im Jahre 1811 Selbstmord am Wannsee beging. Beschrieben aber wird nicht der Selbstmord, sondern die Geschichte Henriettes in Tagebuchaufzeichnungen von ihrer Kindheit und Jugend über die Heirat mit Amtsrat Vogel, ihre Krankheit, die Entfremdung beider Ehegatten, die Bekanntschaft mit Kleist und der Entschluß zum Selbstmord. Dies alles auf dem Hintergrund des preußisch-französischen Krieges, der Niederlage Preußens, der Besetzung Berlins durch die Franzosen. Viele bekannte historische Gestalten tauchen auf, so die Romantiker Fouqué und Arnim, vor allem aber Adam Müller mit seiner Staatslehre, die Berliner Salons, das Theater unter Iffland. Aber auch die Stellung der Frau wird behandelt, die Unterdrückung durch eine Männergesellschaft und die ersten Freiheiten, welche sich Frauen der Romantik erwerben.

LUISE RINSER

Acht **„Geschichten aus der Löwengrube"** (1986) vereinigt die Autorin in einer dem Inhalt nach chronologischen Folge. Die Tischlermeistersgattin „Hinkela" rettet einem Judenjungen über zwei Jahre das Leben vor der SS. Ein Lehrer im Nachkriegswinter nimmt einen Zigeunerjungen in „Munjo, der Dichter" auf und zieht, als die Leute ihn verfolgen, mit diesem in die Fremde. Eine Frau tötet ihre vor Zufriedenheit strahlende Freundin und bekennt sich zur Tat („Bitte, keine mildernden Umstände"). Ans Mystische grenzt die Geschichte „Wie in einem Spiegel", in dem Frau Mühlauer Gott im Schaufenster zu sehen glaubt. Den Generationskonflikt wandelt die Erzählung „Jakobs Traum" ab. „Vergib uns, wie auch wir vergeben" ist ein Dialog zwischen der depressiven Frau und dem Psychiater, „Äskulap" die Geschichte einer Männerliebe. „Angewandte Physik" ist eine mystische Erzählung, in der eine deutsche Studentin in der Gluthitze des römischen Sommers Wunderbares mit einem irischen Mönch und einem irischen Physiker erfährt.

„Im Dunkeln singen. 1982–1985" (1985). Mit diesem am Ostermontag 1985 endenden Tagebuch schließt Rinser vorläufig die Reihe ihrer Tagebuchaufzeichnungen ab, die 1970 mit „Baustelle" begann, und 1972 fortgesetzt wurde mit „Grenzgänge 1970–1972", 1978 mit „Kriegsspielzeug 1972–1978" und schließlich mit „Winterfrühling 1979–1982" (1982).

Rinser ist ein kämpferischer Mensch, ihre ganze Kraft des Schreibens gilt der Versöhnung zwischen Ost und West, der Friedensbewegung, an der sie aktiv teilnimmt, einem erneuerten, wahren Christentum, der Wahrheit und der Liebe. Dafür arbeitet und schreibt sie, manchmal in kämpferischem Zorn, in harter Polemik und mit strengem Urteil. Ihre Überlegungen gelten der Gegenwart, der Politik, der Atomrüstung; sie beschreibt Reisen in die USA, in die DDR und nach Japan, sie kritisiert Reagan ebenso wie den polnischen Papst, sie hält Vorlesungsreisen durch die BRD, die DDR und ist oft entsetzt über die repressiven Ansichten junger Katholiken. Sie nimmt an einem Friedenskongreß in Indien teil und bereist Nordkorea, das wirkliche Ökologie vorlebt. Sie bezieht Stellung zum Abschuß der südkoreanischen Passagiermaschine durch die Sowjets, zu Nicaragua und Khomeini. Und immer wieder berichtet sie von Dichtern, Philosophen, Freunden. Auch ihre Kandidatur zur Bundespräsidentenwahl wird in aller Offenheit dargestellt. Über ihre Betroffenheit beim Tode Uwe Johnsons und Berlinguers sowie von Michael Endes Frau, ihrer langjährigen

Freundin, erzählt sie. Bei aller Kritik sind ihr Glaube an die Göttlichkeit und Liebe, ihre Hoffnung unerschütterlich.

„Silberschuld", Roman (1987). Am Morgen des 15. September 1986 erhält die Ich-Erzählerin den seltsamen Anruf: „Heute früh wurde Abberwill zur offenen Stadt erklärt." Von dem fernen Klang und der Mitteilung gefangengenommen, fährt die Erzählerin mit ihrem Auto zu einer offenen Grenze, überschreitet diese und unternimmt nun von der „Oberstadt" aus unter Führung Hermas einen Gang durch die „Unterstädte", einer Jenseitswelt, einem Labyrinth und Inferno hin zu den Unerlösten, ihren Vorfahren und deren Opfern. Die Schuld, welche die Vorfahren auf sich geladen haben, sind der Besitz, die Ausbeutung der Menschen und der Kreaturen. Diese Vorfahren waren Bankiers, Silbergrubenbesitzer – Silber wird zum Symbol für Schuld – und reichen bis in die Gegenwart herein. Sie können vom Silber nicht lassen, obwohl es in den Unterstädten längst zu Staub, Kot, Asche und in Nichts zerfallen ist. Der von einem fantastischen Bild zum anderen eilende Roman zeichnet sich durch große Erfindungsgabe aus, immer neue Bilder reihen sich an weitere, bis die Erzählerin endlich in die Oberstadt zurückkehrt, wo sie ein großes Fest miterlebt. Nun ist sie von den Zaubereien und ängstlichen Geschichten befreit, von denen nie klar wird, ob sie Traum oder Realität sind. Denn jenseits der Grenze gibt es weder Raum noch Zeit, weder oben noch unten, weder Wirklichkeit noch Nichtwirklichkeit. Letztlich wird die fantastische Reise zu einem Weg in die Erlösung. (S. 547)

HERBERT ROSENDORFER

„**Vorstadtminiaturen**" (1982) sind 17 dramatische Kurzszenen mit unterschwelligem Humor in der Nachfolge von Karl Valentin über groteske Alltagsereignisse: Ein Junggeselle läßt sich von einer Vertreterin das 45. Stück Seife aufschwatzen und Ratschläge erteilen, wie man Vertreter los wird; zwei Anarchisten können sich nicht über den Spruch einigen, den sie an die Wand malen wollen; ein Kunde, dem in der Reinigungsanstalt ein Anzug verlorengegangen ist, wird über Monate hin vertröstet; ein Kunde will beim Zoll eine Sänfte verzollen, die der Beamte nirgends im Register findet; eine Kundin beginnt, sich biologisch-dynamisch zu ernähren; ein Gespräch zwischen Mann und Frau vor dem Fernsehapparat; ein Polizist versucht vergeblich, einen „Verkehrsunfall" aufzunehmen; der Vater und das Kind, das ihm seine Frau zurückgelassen hat, mitten in der Nacht auf einer Parkbank im Gespräch mit der Polizei; ein „fliegender" Aschenbecher deckt Betrügereien unter Gemeinderäten auf; der Bürgermeister und die Nackte im Bade, die er moralisch ankreiden will; Mann und Frau im Gespräch auf einer Beerdigung; der alte Mann und die Fußwaschung am Gründonnerstag; Gespräch zweier Frauen im Café; zwei Polizisten und der sie verspottende Wermutbruder; der Chef und die Bewerberin und schließlich die Geschichte von dem verarmten Baron und dem ungeschickten Professor.

„Siebenunddreißig Briefe in die chinesische Vergangenheit", Roman (1983). Mittels eines Zeitkompasses gelangt Kao-tai, Mandarin und Präfekt der kaiserlichen Dichtergilde „Neunundzwanzig bemooste Felswände" aus Kai-feng im Reich der Mitte aus dem 10. in das 20. Jahrhundert, in unsere Gegenwart, durch einen Fehler in der Berechnung aber nicht in die Hauptstadt Chinas, sondern nach München (Min-chen). Zunächst findet er sich natürlich überhaupt nicht zurecht in dieser Welt der „Großnasen", wie er die Bayern im Gegensatz zu den Chinesen nennt, in der Welt der Autos (A-tao) und der Straßenbahnen, der Flugzeuge und der Fabriken, wundert sich über die Quellen, die in den Wohnungen fließen, wenn man an einem Strick zieht, und hält es für Rauchopfer, die einer Gottheit dargebracht werden, wenn die Leute Zigaretten rauchen.

Zunehmend gewöhnt er sich an das Neue und ihm Fremde und berichtet in 37 Briefen zurück in die Vergangenheit seinem Freunde Dji-gu von seinen Eindrücken. Seine eigenen Maßstäbe sind immer die eines aufgeklärten, gebildeten Chinesen der frühen Sung-Zeit, er kennt seinen „Weisen vom Aprikosenhügel", seinen Mang-tzund, das Tao-Te-Ching, er hat klare, freilich an seine Zeit gebundene Vorstellungen von Würde und Sitte. Aus der Perspektive dieser Sicht auf die betriebsame Welt der Technik und Arbeitsteilung, auf den „Schmutz und Gestank", der hier erzeugt wird, auf Religion, Musik, Literatur und Politik, auf die West-Ost-Teilung ergeben sich immer Mißverständnisse, die zugleich harte Kritik an unserer Gegenwart sind; denn vieles erscheint ihm merkwürdig, absurd, ja töricht, was wir als unsere Errungenschaften betrachten, die immer wieder in Zweifel gestellt werden, ob es sich um die „Fern-Blick-Maschine" handelt, vor der die Menschen ihre ganze Freizeit verbringen, oder die Sauna (Saona) oder überhaupt den sogenannten Fortschritt der „Großnasen", die nie rasten und ruhen, immer umherrennen und -fahren, zu keiner Besinnung kommen und deshalb Psychiater und Nervenheilanstalten brauchen. Durch sein warmes Gefühl für Schönheit und Freundschaft gewinnt Kao-Tai nicht nur den Gelehrten Shi-shmi, der ihn zunächst beherbergt, zum Freunde, sondern auch die Liebe der Lehrerin Kei-kung, die ihn nicht mehr zurückkehren lassen möchte, dazu Freunde wie den Richter Melon und den Waldforscher Yü-len. Da aber Kao-tai auf Ordnung hält, kehrt er mit seiner Zeitmaschine wieder in seine Heimat und zu seinen Freunden zurück. Die Briefe sind als vom Autor herausgegeben gekennzeichnet.

„Der Traum des Intendanten" (1984) sind Gedanken, amüsante und geistvolle Essays und Satiren zur Musik. Der Titelessay handelt vom Kalender, der sich 1983 tatsächlich gegen Richard Wagners 100. Todestag wehrte, indem er diesen auf einen Faschingssonntag fallen ließ. Rosendorfer ist kein Wagner-Fan, darum heißt ein Essay auch: „Richard Wagner in herzlicher Abneigung zugedacht." Neben

Essays stehen Erzählungen, Rundfunksendungen und Betrachtungen, eine poetische Idylle „Begegnung im Park" über Mozart, oder „Die Karriere des Florenzo Waldweibel-Hostelli", eine beißende Satire auf musikalische Avantgardisten. Neues mag der Autor nicht, gelegentlich sieht er sogar das Ende der Musik voraus: Immer aber bleibt er humorvoll und komisch.

„**Herkulesbad**", eine österreichische Geschichte (1985), erzählt von dem habsburgischen Thronfolger, Erzherzog Joseph Ferdinand, Ende des 19. Jahrhunderts, der an einer rätselhaften Krankheit leidet, die in immer neuen Anfällen von ihm Besitz ergreift. In solchen Anfällen wird er von Ohnmachtsphasen, von Träumen und Gesichten heimgesucht. Auslöser dieser Anfälle sind die Ges- und Fis-Töne in der Musik. Auch beim Besuch der Oper „Tannhäuser", die dem Autor Gelegenheit zu heiter-ironischen Interpretationen gibt, wiederholt sich ein solcher Anfall, wie schon vorher bei dem Rapport seines Adjutanten, des Oberstleutnants Graf d'Evreux. Nach dem Anfall in der Oper wird beschlossen, daß der Thronfolger zusammen mit seiner Gattin Beatrix und dem Personal sowie fünf Hunden ins Herkulesbad im rumänischen Mahedia reist, um dort Heilung von seinem Leiden zu finden. In diesem Kurbad trifft der Erzherzog auf Herkules, den lebendig gewordenen unsterblichen Halbgott der griechischen Sage; dieser erscheint im Gegensatz zu Joseph Ferdinand voller Kraft und Vitalität, er will sich an die Hofdame Gräfin Cilley heranmachen. In Herkulesbad aber steigt der Thronfolger hinab in das Totenreich der Habsburger, die ihn bereits erwarten. Wirklichkeit und Fantasie verbinden sich in wunderbaren Bildern.

„**Die Frau seines Lebens und andere Geschichten**" (1985) sind 16 Erzählungen verschiedenen Inhaltes, meist ironisch-satirischer Art, entstanden aus der Fantasiefülle des Autors und mit dem reichen sprachlichen Spektrum, das ihm zur Verfügung steht. Themen und Figuren sind vielfältig in diesen kunstvoll gebauten Geschichten: Liebesgeschichten, Kriminalistisches („Die Glaswürfel"), Umweltprobleme („Prof. Munk Sonntagskind", „Die blinde Katze"), Märchen, Kulturgeschichtliches („Die Herberge zum irdischen Paradies", „Sonderbares aus dem kleinen Walsertal"), bis hin zu Sprachlichem („Deutsch für Gastarbeiter") und Erotischem („Die Bengalische Rolle") und einer ironischen Rittergeschichte.

„**Vier Jahreszeiten im Yrwental**", vier Berichte (1986). Einst war das Yrwental ein abgeschiedenes Tal in den Tauern mit den drei Orten Yrwent, Jöchlstein und Sandgrub sowie dem hochgelegenen Bauernhof und Gasthof St. Virgil; jetzt ist es ein von Schitouristen überflutetes Gebiet.

Vierzig Jahre nach dem Zusammenbruch des Dritten Reiches erinnert sich der ehemalige Uhrmachermeister Kaaserer, der in seiner Freizeit nach steinzeitlichen Resten suchte, an die Vorgänge, die vom Frühjahr 1945 bis zum Sommer 1946 reichten, und an den geheimnisvollen Mann mit dem Koffer und der Baskenmütze, der sich hier versteckte und sich immer weiter ins Tal zurückzog bis hinauf nach St. Virgil, wo er schließlich in einem Moorteich verschwand. Kaaserer recherchiert, findet noch einige Zeugen aus jener Zeit, die damals Kinder, teils Flüchtlingskinder waren und in dem von Bomben verschonten Tal lebten. Aus ihren Erzählungen entstehen die vier Berichte, welche die gleiche Zeit von vier Blickwinkeln aus beschreiben: der Bericht des Franz Heiß, Brief und Niederschrift von Rudolf Mehrenberg, die Zusammenfassung der Erzählung Ülrichs und die Mitteilung von Frühhirt Johann.

Das friedliche Tal wurde damals von vielen Evakuierten und Flüchtlingen aufgesucht, und schließlich auch von Gestalten, die aus anderen Gründen die Abgeschiedenheit suchten. So auch von dem Mann mit dem Koffer, der eine Million Mark enthielt, jenes Kopfgeld, das auf Goerdeler ausgesetzt war, der nach dem Attentat vom 20. Juli als neuer Reichskanzler ausersehen war, untertauchte, verraten und hingerichtet wurde. Die Erinnerung an jene Zeit bringt viel Übles an den Tag, oft begegnet Kaaserer einer Mauer des Schweigens. Schließlich wird die Geschichte des ganzen Yrwentales und damit jener Zeit aufgerollt, die Berichte der damaligen Kinder führen auf die Spur des Verbrechers. Damit entsteht ein Zeitgemälde, ein drastisches und respektloses Gesellschaftsbild aller, die dabei waren und nachher nichts wissen wollten. Trotz zahlreicher satirisch-burlesker Szenen wird der Gesellschaft von damals ein Spiegel vorgehalten, in dem sich alle als unangenehme Zeitgenossen erblicken können.

„Stephanie und das vorige Leben" (1987). Im Mittelpunkt des Romans stehen die zwei Welten der Stephanie, die reale Welt und die Traumwelt. Nacht für Nacht träumt sie, aufzuwachen und sich an einem anderen Ort und in einer anderen Zeit zu befinden, im Spanien des 18. Jahrhunderts. Dieses andere Leben nimmt mehr und mehr Gestalt an; sie vertraut sich nicht ihrem Gatten Ferdi, sondern ihrem Bruder an, der mit ihr nach Spanien reist, die Orte in Granada aufsucht, von denen sie träumt; sie findet alles wie im Traum und tut schließlich den Schritt vom Heute in die Vergangenheit, indem sie das Leben der Herzogin von I. annimmt, von der sie stets geträumt hatte, nimmt aber auch ihre Schuld auf sich, den Mord an ihrem ungetreuen Gatten. Damit übernimmt sie alle Lasten, die damit verbunden sind, die Entfernung und Verbrennung des Leichnams, die Verfolgung durch die Gerichte, denen sie durch ihre Rückkehr in die Gegenwart entflieht. Kurze Zeit nach ihrer Heimkehr stirbt sie.

Der Roman besteht nicht nur aus diesen zwei Welten, sondern auch aus zwei Teilen: den Aufzeichnungen von Stephanies Bruder und dem langen Brief, den Stephanie in der anderen Welt geschrieben und vergraben hat, von dem sie ihrem Bruder in den letzten Stunden ihres Lebens erzählt, der sich tatsächlich an der angegebenen Stelle im Park des Schlosses von Granada findet.

„Das Gespenst der Krokodile und Über das Küssen der Erde" (1987). Der fantasievolle und fabulierfrohe Autor vereinigt 22 Kurzgeschichten, ältere und 12 neue von hintergründig-skurrilem Humor und komischer Persiflage. Neben dem älteren, weitergeschriebenen Essay „Über das Küssen der Erde" stehen erfundene Geschichten, literarische und künstlerische Essays von Dracula bis Sri Lanka, von der Eisenbahn bis zur „Leeren Stadt", vom „Kochbuch des Anarchisten" bis zum vermeintlichen Mord, von Klassizismus und Romantik bis zur konkreten Poesie und abstrakten Malerei.

Rosendorfer ist außerdem Verfasser von bisher 12 Dramen, die von der Komödie über die Tragödie bis zum Schauspiel, von Soloszenen bis zu Einaktern, von Burlesken bis zur bäuerlichen Komödie reichen. (S. 528)

HEINRICH ROSSBACHER

Das Schauspiel **„Heldentod eines Fußballers"** (1984) ist kein Fußballstück, wie es der Titel vermuten ließe, sondern ein pazifistisches Drama, das an der Grenze zweier Staaten spielt und mit dem ersten „Manöverfußballspiel" den Höhepunkt findet. Zwar treten ein Linksaußen, der Leutnant Lajos Brand, und der Torwart der Gegenpartei auf, und Lajos wird als Held des Tages gefeiert, weil er das einzige Tor geschossen hat. Beide aber sind in erster Linie Soldaten auf zwei sich feindlich gegenüberstehenden Seiten. Zentralfigur ist der pazifistische Jonathan Brand, Vater des nichtpazifistischen Lajos, Eisenbahner auf einem Rangierbahnhof. Der Torwart erschießt Lajos, weil ihm dieser seine „Singmaus", die neue Handgranate, nicht ausliefert; Jonathan als Zeuge dieses Verbrechens erschießt den Torwart. Um beide aber wird auf beiden Seiten die Legende vom Heldentod gebildet. Am Rande spielt die Liebesgeschichte zwischen Raina Krassoff, die aus dem Frauengefängnis geflüchtet ist, und Lajos, dem sie durch den wohlwollenden Kommissar zugeführt wird. Geändert hat sich in Wahrheit nichts, der Friede bleibt weiterhin unerfüllte Sehnsucht der Pazifisten, das Militär behält die Oberhand.

„Professor Birkebein und die Zeit der Schmetterlinge" (1987). Das neue dreiaktige Drama ist die über sieben Jahre spielende Geschichte einer Liebe. Die 17jährige Tochter Asta eines verstorbenen Landarztes wird von ihrer Mutter mit dem Arzt Axel Blomquist verheiratet, der mit ihr auch die Praxis ihres Vaters übernimmt. Die Bewerbung des städtischen Psychiaters Professor Samuel Birkebein wird von der Mutter an Tochters Stelle brüsk abgelehnt. Aber die Ehe scheitert, wie vorauszusehen war: Nach dem Tod der Mutter wird die Scheidung ausgesprochen und Asta, die immer nur Samuel geliebt hat, kehrt zu Samuel zurück. Die Handlung ereignet sich völlig prosaisch, wie ein „automatisch ablaufender Naturvorgang". (S. 393)

FRIEDERIKE ROTH

„**Ordnungsträume**" (1979) ist eine ungewöhnliche Erzählung von dem Philosophie-Dozenten an einer süddeutschen Volkshochschule, Pfaff, und seiner Geliebten, die allein in seinen Gedanken lebt, auch von dem Fräulein Schulz, an das er einen Brief schreibt, vor allem aber von seiner leibhaftigen Schildkröte, die er in einer Plastikwanne in seiner Wohnung hält. Eine Geschichte wird nicht erzählt, die Erzählung besteht aus Kurztexten, Tagebuchstellen und dem erwähnten Brief, die, scheinbar zusammenhanglos, von Herrn Pfaff und seiner Schildkröte handeln. Zahlreiche Fußnoten und ein wissenschaftlicher Anhang erwecken den Eindruck einer realistischen Erzählung.

Das vierte Stück der Autorin, „**Krötenbrunnen**" (1984), bezieht vom Brunnen im Park einer südlichen Villa den Titel, in dem das Stück spielt. Im Mittelpunkt, um den sich alles drängt, steht der Blondschopf, der sich narzißtisch wechselseitiger Liebe entzieht und umso mehr von denen, die ihn umschwärmen, zum Idol erhoben wird. Es sind dies der Produzent, die Bildhauerin, die Erschöpfte, die Schauspielerin und das Mädchen: Sie alle sind Typen, Gestalten des Kulturbetriebes, die ihre Zeit mit schönen Worten und langweiligen Ablenkungsversuchen verbringen und im Blondschopf die Projektion ihrer längst erschöpften Begierde sehen. Drei Symbolfiguren geistern weiters durch das Stück: die Himmelsmalerin, die Schrottfrau und der Weggetäuschte, Reales mit Irrealem verbindend.

„**Die einzige Geschichte**" ist Roths drittes, aber erst 1985 aufgeführtes Stück, die Geschichte von Tod, Liebe und Haß, von Traum und Wirklichkeit, in dem sich keine nacherzählbaren Geschichten ereignen, um die vier Männer Adolf, Adam, August und Anton sowie um die zwei Frauen. Die vier Männer schlüpfen jeweils in die ihren Fantasien entsprechenden Rollen, abwechselnd oder gemeinsam begegnen sie den beiden Frauen, der einen, die trotz aller schlimmen Erfahrungen an Leben und Liebe glaubt, und der anderen, die sich aus innerer Verletztheit in die Selbstzerstörung hineinsteigert. Annäherungsversuche, Kämpfe, Niederlagen – das sind Bruchstücke dieses Psycho-Dramas.

Nach einer Reihe von Dramen veröffentlichte Roth 1987 wieder einen Gedichtband, „**Schattige Gärten**", Gedichte in freirhythmischem Versmaß mit gelegentlichen Binnen- und Endreimen sowie Assonanzen, die vom Guten, Schönen und Wahren berichten und von deren Gegenteil sprechen, spielerisch, manchmal frech und ungebärdig. Große Themen werden behandelt und zerzaust, Zweifelloses wird bezweifelt, auch der Humor kommt nicht zu kurz, so etwa in dem langen Gedicht „Von Wirklichkeit und Mord und Kunst", in dem ein Mord dargestellt und von drei verschiedenen Dichtern in verschiedener Weise poetisch gestaltet wird. Nie werden die Gedichte pathetisch, immer aber sind sie voller Fantasie.
(S. 556)

PETER RÜHMKORF

„Wer Lyrik schreibt, ist verrückt" (1976) enthält alle Gedichte von 1953-1975 und zeigt alle Themen des Autors auf: Zeugung und Tod, Freundschaft und Isolation, Vergänglichkeit und Leid, Politik und Alltag. Die Sprache scheint alltäglich, häufig ironisch, dann wieder folgen Schnadahüpfl und volksmäßige Verse mit seltsamsten Reimen, vor allem auch mit modischen Wörtern. Unbedenklich reimt Rühmkorf „Kiez" und „Klassenjustiz", „Schweif" und „life", „Feigling" und „Recycling", „zermartre" und „Chartres" und Ähnliches. Seine Ironie treibt ihn dazu, Variationen auf Oden von Hölderlin und Klopstock, auf Gedichte von Eichendorff, Benn, Heine und Matthias Claudius zu schreiben. Die Gedichte sind „rüde und traurig, alkoholfeucht und schnoddrig", sagt Karl Krolow. Auch des Autors Einstellung bleibt: „Gestern Kommunist und morgen Kommunist / aber doch nicht beim Dichten?!" meint er ironisch und stellt fest: „Ich sage: Wer Lyrik schreibt, ist verrückt. / Wer sie für wahr hält, wird es."

„Der Hüter des Misthaufens" (1983) ist eine Sammlung von 13 modernen Märchen aus dem technischen Zeitalter, geschrieben im Ton der alten Märchen, Fantasiestücke einer prosaischen Gegenwart.

So etwa schildert die Titelgeschichte die Aufteilung eines Königreiches auf drei ungleiche Söhne und die bitteren Folgen. „Der Agent und die Elfe" läßt durch Elfeneinfluß ein modernes, gigantisches Bauwerk zur Beobachtung von Ufos zugrunde gehen. „Dintemann und Schindemann" ist die heiter-tragische Geschichte eines „ausgeschriebenen" Dichters und seines Freundes, dessen Abenteuer der Dichter nun in einem Roman verwertet, bis der Freund die Oberhand gewinnt. „Vom Stiefel" wird erzählt, der ein ganzes Land tyrannisiert, der es despotisch nur durch die Angst der Getretenen regiert. „Das Auge des Gerechten" gehört einem Amtsrichter, der es hinter einer Binde verborgen hält und nur im äußersten Notfall den Übeltäter damit überführt. Der Autor erzählt von „Blaubarts letzter Reise" und ein „Blumenmärchen". „Zu Golde" ist eine veränderte Midassage um einen Börsenmakler. „Die Enthüllung des Denkmals" ist das Märchen von der Konkurrenz zweier bildender Künstler, die mit Mord und Tod endet. „Die Feuerfee" ist die Geschichte von Franz Brandnarb mit dem Feuermal, der zum Feuerwehrmann und zum Feuerteufel wird. Eine Variante zu dem bekannten Märchen bietet „Rotkäppchen und der Wolfspelz". „Die Last, Lust und List" streiten im Himmel der Abstraktion um die Vollkommenheit und müssen erkennen, daß die Menschen alle drei in gleicher Weise lieben. In die Vergangenheit führt „Fortsetzung folgt" und hat doch immer Bezug zur Gegenwart; das Märchen mischt zwei Geschichten ineinander und wird mit Tyrannei und Befreiung von ihr ein politisches Märchen.

„Bleib erschüttert – widersteh" sind Aufsätze. Reden. Selbstgespräche (1984). (S. 318)

JAN RYS, gestorben 1986. (S. 460)

MARGOT SCHROEDER

1937 in Hamburg geboren, erlernte sie nach der mittleren Reife den Beruf einer Buchhändlerin; geschieden, 2 Kinder, war Nur-Hausfrau und Nur-Mutter und versuchte, über Graueninitiativen diesem „Teufelskreis" zu entkommen; seit 1975 freie Schriftstellerin.

Bisherige Werke: „Ehebefreiung", Hörspiel (1971), **„Die Prestige-Lücke",** Hörspiel (1975), **„Ich stehe meine Frau",** Roman (1975), **„Die Angst ist baden gegangen",** Gedichte (1976), **„Der Schlachter empfiehlt noch immer Herz",** Roman (1976), **„Wiederkäuer",** Kurzprosa und Lyrik (1976), **„Das kannst du laut sagen, Hannes",** Jugendroman (1978), **„Nichts fällt nach oben",** Poem (1981), **„Die Vogelspinne",** Monolog einer Trinkerin (1982).

„Ich stehe meine Frau" erreichte zwischen 1975 und 1981 fünf Auflagen und ist zunächst ein Buch über eine Mieterkampagne. Herausgegriffen wird als Beispiel das Schicksal in einer Trabantenstadt Hamburgs, wo Kinder „Würstelbude" mit Hundekot im Sandkasten spielen, und wo es kein Zusammengehen von Mietern und Vermieter gibt. Da greift Charlie, Kassiererin in einem Supermarkt, verheiratet mit dem Bauarbeiter Werner, zwei Kinder: Susanne und Wulf, ein. Charlie, die bisher nur Hausfrau und Mutter mit Halbtagsbeschäftigung war, startet eine Bürgerinitiative um einen Abenteuerspielplatz für Kinder in einem freien stadteigenen Gebiet. Es gelingt ihr, mehrere Mütter, die einen Brief ihres Hausherren wegen Beschädigung des Rasens durch ihre Kinder erhalten haben, zusammenzubringen. Eine Unterschriftensammlung wird gestartet, eine Bürgerversammlung steht bevor.

Gezeigt wird, welcher Mittel sich die Arbeitnehmer bedienen können, um Mitbestimmung zu erreichen, welche Anregungen und Erlebnisse weiter vermittelt werden müssen und können. Der Kreis, den Charlie um sich sammelt, wird immer größer. Zwar ist ihr Mann bei weitem nicht mit allem einverstanden, es kommt immer wieder zu einem Ehekrach, aber Charlie hat es satt, immer nur Untergebene zu spielen, kommandiert zu werden, wenn sie sich bisweilen auch mit Schnaps Mut zu Umkehr, Selbstbefreiung und Selbstbesinnung holen muß. Natürlich wird auch gegen den § 218 demonstriert und im Verein F. R. A. U. (Forum zur restlosen Aufhebung der Unterdrückung) debattiert. Dazu gehört auch, daß sie die Hausarbeit gelegentlich dem Mann überantwortet, allein ausgeht, ein Zwischenverhältnis mit dem Studenten Ulli hat und Rocker Klaus für ihre Ziele zu gewinnen sucht. Der Roman ist in einer „schnoddrigen" Hamburger Umgangssprache geschrieben und bezieht Rocker-Vokabel mit ein.

„Der Schlachter empfiehlt noch immer Herz" ist ein Roman über Frauenemanzipation und Feminismus, in dessen Mittelpunkt die

Ich-Erzählerin Ola steht, von Beruf Hausfrau und Schriftstellerin, verheiratet mit einem freischaffenden Architekten, ein Kind Kai. Sie arbeitet in der Frauenbewegung aktiv mit. Im besondern geht es um die Erhaltung eines Frauenheimes, Hamburg Uferstraße 4, einem offenen Zufluchtsort für geschlagene und aus dem Gleichgewicht geratene Frauen, das der Hamburger Senat aus Sparsamkeitsgründen schließen will. Die gezielten Aktionen der Frauen haben Erfolg: Der Beschluß, das Haus zu schließen, wird aufgehoben.

Daneben geht es aber um die Beziehung Olas zu ihrem Mann, den sie liebt, von dem sie sich aber gleichzeitig befreien will; um die Beziehung zur Journalistin Kathrin, mit der sie gesellschaftliche Grenzen aufbrechen will; eine Dreierbeziehung Ola-Martin-Kathrin wird angestrebt, aber nicht realisiert, da Kathrin nach Frankfurt übersiedelt; es geht aber auch um die Beziehung zu ihrem Sohn Kai, den sie zu einem neuen, freien Menschen erziehen will. Mit viel Kritik und wachem realistischen Bewußtsein schreibt Ola über die Frauen und Männer ihrer Umgebung, nimmt deren subjektive Meinungen ernst, verliert aber auch nie den Blick auf die gesellschaftlichen Verhältnisse. Sie kritisiert die Beschädigungen, die Frauen in dieser Gesellschaft zugefügt werden ebenso wie den Männern, versucht aber nie, das eine durch das andere zu rechtfertigen.

„**Die Vogelspinne**", Roman einer Trinkerin. Der Roman der Trinkerin Marie Feld, 44 Jahre alt, geschieden, ein Sohn, ist der Monolog einer Nacht, verbracht mit Trinken und Erinnerungen an verschiedene Ereignisse ihres Lebens. Ihren Sohn Arne hat sie freiwillig ihrem Manne Jens überlassen, dessen Ordnungswahn sie ebenso geschafft hat wie ihr Hausfrauendasein. Auch die Arbeit in einer Frauen-Selbsterfahrungsgruppe war nur eine kurze Abwechslung wie auch die Demonstration in der Friedensbewegung. Aber auch das Trinken hilft ihr nicht über ihre Angst hinweg, auch nicht die Erfahrung, die sie mit Frauen wie Helen oder Steffi gemacht hat. Nebenbei berichtet sie von ihrer Flucht aus dem Osten, von ihrer Mutter, der Putzfrau, die bei einer Abtreibung fast den Tod fand, von ihrer Arbeit am Daten-Computer, von ihrer Stammkneipe Erna. Ihre verschiedenen Anrufe in der Nacht bei der Post, bei Unbekannten und Bekannten, ihr Zusammensein mit den alten Nachbarn Anna und Paul, deren Hund gestorben ist, können ihr die nagende Angst nicht nehmen. Zum Schluß versammelt sie in einem imaginären Fest alle Bekannten, weil sie sich in dieser Nacht den Entschluß abgerungen hat, wieder „trocken" zu werden. Ob es gelingen wird, bleibt offen. Den Titel bezieht der Roman von der mechanischen Vogelspinne, die ihr Arne geschenkt hat, um ihr die Angst vor Spinnen bzw. jedwede Angst zu nehmen.

BOTHO STRAUSS

„**Der junge Mann**" (1984) läßt sich literarisch kaum einordnen, er ist Bildungs- oder allegorischer Roman, romantische Philosophie oder philosophischer Essay. In fünf großen Kapiteln werden die inneren und äußeren Situationen einer Entwicklung erzählt, in denen unterirdischen Kräften ebenso Platz eingeräumt wird wie Traumreisen und der Realität. Im Vorwort setzt sich der Autor mit dem Schreiben moderner Romane auseinander und kommt zu dem Ergebnis, daß kein Nacheinander des Erzählens mehr möglich sei, sondern nur ein Nebeneinander der Schauplätze.

1. Die Straße. In Ich-Form erzählt Leon Pracht, wie er vom Vater zur Mitarbeit an der Religionsgeschichte frühchristlicher Sekten und vor allem des Montanus erzogen wurde, er aber mehr durch Zufall Regie bei „Fräulein Julie" von Strindberg in Freiburg führte und, dadurch angeregt, in Köln Regisseur von Genets „Die Zofen" wurde. Nach schwieriger Probenarbeit mit den zwei berühmten Schauspielerinnen Pat und Mag kommt es zur endlichen Klärung, daß Theater nicht Spiel sein kann.

2. Der Wald. Die Bankkauffrau auf der Fahrt zu einem Kunden in die Nähe Kölns hat den Namen des Kunden vergessen und erlebt die Abenteuer mit dem barbarischen König, die Abenteuer im Turm und dann die Rückkehr und ihr Geschäft mit dem Leuchtstoffabrikanten Gründe, der in seiner großen Waldung, in der der Turm steht, eine freie Siedlung zum Wohle der Menschen erbauen lassen will; ein romantisch-technisches Märchen wird erzählt.

3. Die Siedlung. Mit seiner Mitarbeiterin ist der Ich-Erzähler Leon in der Siedlung im Gründeschen Wald zur Beobachtung und Erforschung dieser Menschen, der Synkreas, abkommandiert, die eine neue Art von Gesellschaft in losen Gruppen bilden, die sich zusammenschließen und ihre politischen Systeme wie ihre Moden ändern; Gehorchen und Teilhabe sind ihre Schlagworte. Sie kennen weder Aggression noch Krieg. Als sich der Erzähler ganz der Siedlung anschließen will, wird er zur Frau seines Bruders bestellt, erlebt unwirkliche Abenteuer. Infolge eines niederträchtigen Berichtes seiner Mitarbeiterin wird er entlassen.

4. Die Terrasse. Nach einem Fest und dem Tode des Königs begibt sich die Gesellschaft auf die Terrasse, wo der aus Neigung selbständige Rot-Kreuz-Mann Reppenfries einen Vortrag über die Gesellschaft hält und Widerspruch erntet. Nach einer Geschichte „Das Liebesfest" und der seltsamen Vereinigung Bernds mit einer „Bäumin" folgen Geschichten: „Die Frau auf der Fähre", „Die Geschichte der Almut" und „Die beiden Talentsucher". Es folgt der lange prunkvolle Leichenzug des Königs, „des Schlimmsten aller Deutschen", mit riesigem Gefolge, aus dem Leon entweicht und auf seiner Flucht wieder die merkwürdigsten und schrecklichsten Dinge erlebt und schließlich die Liedermacherin Yossica kennenlernt, die ihm die Geschichte von den zwei Talentsuchern erzählt.

5. Der Turm. Hier kehrt Leon wieder zum Anfang zurück, zu seiner Theaterregie und seinem damaligen Freund, dem Regisseur Alfred Weigert, der die komische Figur Ossia erfunden und in vier Filmen weltbekannt gemacht hat. Doch ist Ossias Zeit vorbei; zwar

möchte er mit Leon einen Film drehen, doch weiß Leon, daß Ossias Träume nie mehr in Erfüllung gehen können.

Alle im „Roman" auftretenden Personen sind Grenzgänger, „Ungleichzeitige", die „bewußt in eine andere Zeit hinübergleiten oder in sie hinübergezogen werden" oder in Räume ausweichen, wo die Gesetze der Zeit wechseln, und wo sie Zuschauer ihrer eigenen Geschichte werden.

1985 gab Strauss ein Langgedicht in drei Teilen (72 Seiten) **„Diese Erinnerung an einen, der nur einen Tag zu Gast war"** heraus, ein Freundschafts-, Liebes-, Natur- und Erinnerungsgedicht.

„Die Fremdenführerin", Stück in zwei Akten (1986). Das Zwei-Personen-Stück spielt in Olympia, in einer Ferienanlage und irgendwo in einer Hirtenhütte in Griechenland. Der Lehrer Martin, 45 Jahre alt, aus Deutschland, weiß nicht, ob er weiterhin Lehrer bleiben soll. Um diese Lebensfrage zu entscheiden, hat er sich Urlaub genommen, fährt nach Griechenland und lernt bei einem Besuch in Olympia die Fremdenführerin Kristine kennen und verliebt sich in sie. Während sie keinerlei Begründungen für ihr Tun und Lassen hat – sie betreut den jungen Fremdenführer Vassili, der sich dem Trunk ergeben hat und neben ihr stirbt –, sucht Martin für seine Handlungen nach Gründen. Dieses ungleiche Paar zieht auf eine Hütte im Gebirge und verbirgt sich vor den Menschen einen heißen Sommer lang. Ein Liebesspiel beginnt in dieser Klausur, ein Zueinanderfinden und ein Sich-vom-anderen-trennen, in das panische Mächte eingreifen, bis Kristine Martin endgültig verläßt.

„Niemand anderes" (1987). Die in fünf Teile – Lange Momente. Niemand anderes. Odeon. Die eine und die andere. Die Tage. – eingeteilten 30 Texte stellen ein Panoptikum menschlicher Charaktere dar, einander engegengesetzt oder sich ergänzende wie Bouvard und Pecuchet, den Hageren und den Dicken, den Hypochonder und den Genußmenschen, den Asketen und den Frivolen, die Fotografin und ihr Objekt, den einen und die andere. Physiognomische Charaktere, knapp und zutreffend geschildert, eine Galerie moderner Menschen also, hinter deren Sprache sich Sprachlosigkeit verbirgt, hinter deren Individualität immer der Typus sichtbar wird. (S. 444)

THOMAS STRITTMATTER

wurde 1961 geboren und schrieb bisher Prosa, Hörspiele und Erzählungen für Zeitschriften und den Rundfunk. Für sein erstes Theaterstück **„Viehjud Levi"** (1983) erhielt er den ersten Preis im Wettbewerb für Volkstheaterstücke des baden-württembergischen Wissenschafts- und Kultusministeriums. Derzeit studiert er Malerei an der Kunstakademie in Karlsruhe, wo er abwechselnd mit St. Georgen im Schwarzwald sein Domizil hat. 1985 erschien der Sammelband mit den vier Theaterstücken: **„Viehjud Levi"**, **„Polenweiher"**, **„Der Kaiserwalzer"** und **„Brach"**.

„Viehjud Levi" beruht auf einer tatsächlichen Begebenheit. Die Spuren der Wirtschaftskrise anfangs der dreißiger Jahre zeichnen sich auch im kleinen Bauernhof von Andreas und Kreszenzia Holger ab. Durch seine Viehkäufe hält der Viehjude Levi unter anderem den Hof am Leben. Von den Bahnarbeitern, die im nahegelegenen Tunnel arbeiten, erhofft man sich wirtschaftlichen Aufschwung; aber sie bringen auch die NS-Ideologie mit und vernichten die Lebensgrundlage Levis, indem sie das Vieh als Schlachtvieh zu höheren Preisen kaufen. Levi wird als Jude schikaniert, Holger muß sich von ihm distanzieren. Als aber Levi bedroht wird, kommt er ihm zu Hilfe. Da wird Levi eines Tages erschossen auf seinem Wagen gefunden: Selbstmord berichtet der Radiosprecher. Holger, der seinen Bauernhof verloren hat und Bahnarbeiter geworden ist, verunglückt tödlich beim Tunnelbau. Seine Frau, die beim Wirt als Magd arbeitet, kommt beim Brand des Wirtshauses um. Die Umstände des Todes der drei bleiben ungeklärt. Strittmatter bietet zwei Schlüsse an: einen mit bloßen Radionachrichten, einen mit Aktion.

„Polenweiher", Volkstheater. Das Stück spielt im Ort Schwarzwald zwischen 1943 und 1946. Auf dem Hungerbühlerhof des Erwin und der Antonia Hungerbühler lebt der immer an Verstopfung leidende Korbflechter Rot; die hübsche junge Polin Anna ist auf dem Hofe dienstverpflichtet. Eines Tages findet man sie ertränkt im nahegelegenen Weiher; sie war, wie sich bei der Obduktion herausstellte, schwanger. Rot wird verdächtigt, doch der Bauer gesteht selber, der Vater zu sein, meldet sich freiwillig zum Militär und fällt. Kurze Zeit wird der Kommissar, der den Fall untersucht, Gehilfe und Freund der Bäuerin. Als er sich aber von seiner NS-Vergangenheit reingewaschen hat und wieder eingestellt wird – er ist ein Schöngeist, der immer den „Faust" zitiert –, will er von der Bäuerin nichts mehr wissen.

„Der Kaiserwalzer" spielt in der Zeit von 1933 bis „19heute". Hauptgestalten sind Joseph und Agatha, die von ihrer Jugend – in Rückblenden – bis in ihr hohes Alter gezeigt werden, da Joseph an den Rollstuhl gefesselt und kaum mehr ansprechbar ist, von Agatha wie ein Kind behandelt wird. Beide tanzen quer durch die Republik immer wieder den Kaiserwalzer; so entsteht die Geschichte eines Ehepaares, das durch die Geschichte „gebeutelt wird" und in der immer wieder Typen auftreten wie Hans Moser oder Willy Birgel oder andere Schauspieler ihrer Zeit. Daß der Bub der beiden, der „Frosch", luetisch war – er ertrank bei einem Urlaubsaufenthalt im Gardasee – geht, wie das letzte Bild zeigt, auf die Syphillis des Vaters zurück, der selber an den Spätfolgen elend zugrunde geht.

„Brach" ist „ein Spiel vom Spielen, Sterben, Erben" für zwei alte 80jährige Frauen und einen jungen Mann. Brach und seine Mutter leben in einem gegenseitigen Abhängigkeitsverhältnis. Der Sohn täuscht der Mutter vor, eine Doktorarbeit zu schreiben, die halbblinde Mutter glaubt an das vom Tonband kommende Schreibmaschinengeräusch. Sie wiederum täuscht dem Sohn vor, der Vater sei in Rußland gefallen, in Wirklichkeit ist der Oberstudienrat mit einer Abiturientin durchgegangen. Die Freundin der Mutter, Fanny, besorgt den Haushalt und buhlt mit dem Sohn, wie sie schon mit seinem Vater gebuhlt hatte.

KARIN STRUCK

„Geschichte eines unentdeckten Pferdes" (1984). Im Mittelpunkt dieses umfangreichen Romanes steht das schwarze Pferd Finale, Symbol für die Rückkehr zu einem Leben im Einklang mit der Natur, Sinnbild aber auch für Instinkt und Wildheit. Die bekannte Filmschauspielerin Ida Hamond hat es gekauft und sich nach Überforderung in ihrem Beruf selber ein Jahr Ruhe verordnet, um wieder zu sich selbst und zu den wesentlichen Dingen des menschlichen Lebens zu kommen. In diesem einen Ruhejahr, das sie mit ihrem fünfjährigen Sohn Esriel auf dem Lande und am Meer, zum Teil in Austernende an der Nordsee verbringt, widmet sie sich Finale, mit dem sie am liebsten aus dem zweigeteilten Deutschland in die Freiheit reiten würde. Mit ihrer Freundin, der Fotografin Magdalena, verbringt sie viel Zeit in Pferdeställen, in der Pferdeklinik, in Reithallen und auf Koppeln. Dieses Leben auf dem Lande ist aber durchaus keine Idylle; denn Finale ist zwar ein starkes, kräftiges Tier, aber auch ein „Fluchtpferd", das die gleichen Ängste quälen wie Ida. Ihr Vater Domröse ist Anästhesist in der Tierklinik, den Operationen sieht Ida mit großem Interesse zu. Neben diesen ausführlichen Schilderungen stehen Geschichten, eine vom Orgelbau, eine vom Sexualmord an Katharina Simon in einem Maisfeld, der den ganzen Roman begleitet und immer neue Ängste entstehen läßt. Den Schluß bildet die eingehende Schilderung des grauen Mannes von dem großen Finale, den Bombennächten in „Hammonia", der Stadt, durch die sich Ida von dem Erzähler führen läßt. Trotz aller Schrecknisse dieser Vernichtung bleibt Ida die Vorstellung von gewaltloser Naturliebe und kreativer Unschuld.

Ihren Roman „Glut und Asche" – eine Liebesgeschichte (1985) – leitet die Autorin beziehungsreich mit einem variierten Märchen vom Froschkönig ein, der zum Prinzen wurde – durch Liebe. Sowie sie Stendhal, Alberto Moravia, Denis Diderot und den Sexualforscher Ernest Bornemann als Vorbilder anführt, entwickelt sich aus der Liebesgeschichte sehr schnell ein Sexualroman, der vom Einfluß des Körpers auf die Seele erzählt und die verschiedenen Arten der Begierde beschreibt. Im Mittelpunkt dieses modernen „Reigens" steht Mimi, die Unersättliche und Unerschöpfliche, Modell für Maler. Neben zahlreichen Erzählungen ihrerseits – immer von Männern oder von Träumen – spielen zwei Männer nacheinander die Rolle in ihrem Leben: Antinoos und nach der Trennung von ihm Ulrich. Obwohl Mimi Anwandlungen von Verfolgungswahn und Todesangst hat, findet sie in der körperlichen Vereinigung immer aufs neue ihre Sicherheit und eine euphorische Lebenslust. Vergeblich widersetzt sie sich – ein weiblicher Verwandter Don Juans –, verfällt aber immer wieder der Liebe, sehnt sich aber nach dem einen Mann, der sie ganz fesselt, mit dem sie eine Einheit erreichen könnte.

„**Bitteres Wasser**" (1988) ist ein Roman der Industriewelt von heute. Hauptheld ist Franz Leffler, der vom Schlosser zum Monteur in großen Automobilwerken und schließlich zum Betriebsratsvorsitzenden aufstieg. In 12 Kapiteln legt der Ich-Roman einen Bericht über zehn Jahre seiner Tätigkeit ab, gibt Rechenschaft über seine Arbeit wie über sein Intimleben in Frauengeschichten und schildert in realistischer Weise Lohnverhandlungen und Werkschließungen, Betriebsversammlungen mit seinen Reden und Streiks. Weil er keinem der „Sozialpartner" genügen zu können glaubt, greift er zum „Bitteren Wasser" und verfällt dieser Sucht. Kurz bevor er abdankt, erlebt er die einsame, grausame Weihnacht. In einem langen, quälenden Prozeß findet er wieder zu sich zurück. (S. 561)

PATRICK SÜSKIND

gibt von sich selber an: „Ich bin 1949 in Ambach am Starnberger See geboren und spiele nicht Kontrabaß, sondern Klavier. ‚Kontrabaß' schrieb ich im Sommer 1980. Es geht darin – neben einer Fülle anderer Dinge – um das Dasein eines Mannes in seinem kleinen Zimmer."

Das abendfüllende Stück **„Der Kontrabaß"** (1980 geschrieben, 1981 uraufgeführt, 1984 gedruckt) ist ein Riesenmonolog des Kontrabassisten an das Publikum, in dem er von der Wichtigkeit des Kontrabasses im Orchester ausgeht; er sei das zentrale Instrument, ohne das weder ein Dirigent dirigieren noch ein Orchester spielen könne, noch ein Sänger singen. Aber seine Ausführungen über den Kampf der dreisaitigen und den Sieg der viersaitigen Kontrabässe im 19. Jahrhundert machen Sprünge und Abweichungen bis hin zur jungen Sopranistin Sarah, in die er sich verliebt hat, sowie den Komponisten und ihren Besonderheiten: Mozart, Schubert, Beethoven. Dazu streicht er die jeweils behandelten Töne an oder legt Platten auf.

Am Kontrabaß entdeckt er immer neue Eigenheiten, er könne am tiefsten und am höchsten spielen, sei das einzige Instrument, das man umso besser höre, je weiter man von ihm entfernt sei. Sein Zimmer hat der Kontrabassist zu 95% schalldicht gemacht; zum Beweis öffnet er das Fenster, sofort dringt höllischer Straßenlärm herein. Aber wenn er mezzoforte überschreitet, klopfen trotzdem die Nachbarn, denn ein Kontrabaß habe Durchschlagskraft. Immer wieder holt er sich Bier, denn Kontrabaß-Spielen sei ein Kraftakt, bei dem man viel Flüssigkeit verliere. Außerdem ist das Instrument groß, steht als Verkehrshindernis im Zimmer herum, geht kaum in ein Auto hinein. Seinetwegen habe er zwei Jahre keine Frau mehr gehabt; denn neben diesem Instrument könne man nicht lieben.

Auch psychoanalytisch kommt er dem Instrument und den Komponisten; hätte es vor 150 Jahren Psychoanalyse gegeben, wäre uns Wagners „Tristan" erspart geblieben. Im übrigen sei das hierarchisch gegliederte Orchester ein Abbild der menschlichen Gesellschaft; von der Hierarchie kommt er auf das Führerprinzip und den Wagnerianer Hitler zu sprechen. Er selber sei beamtet, nach allen Seiten abgesichert. Während seiner letzten Passagen kleidet er sich zur Oper um; „Rheingold" stehe auf dem Programm und Sarah singe die Wellgunde.

„Das Parfum". Die Geschichte eines Mörders (1985) ist die Geschichte des auf dem Fischmarkt in Paris geborenen Jean-Baptist Grenouille, dessen Mutter wegen Kindesmordes hingerichtet wird, der seine frühen Jahre bei bezahlten Ammen und dann als Gerber-Lehrling verbringt und der, wie andere ein absolutes Gehör haben, einen absoluten Geruchssinn besitzt, jeden Geruch erkennt und sich merkt, und der deshalb trachtet, bei dem Parfumeur Baldini in Paris eine Anstellung zu finden, wo er durch seine Geschicklichkeit in der Erzeugung neuer Parfums diesem vor dem Bankrott stehenden Parfumeur zu ungeahntem Wohlstand verhilft. Nachdem er ein Mädchen umgebracht hat, dessen Geruch ihn anzog, den er nachahmen wollte, verläßt er nach mehrjähriger Dienstzeit mit dem Gesellenbrief seinen Arbeitgeber.

Sieben Jahre verbringt er in einer Höhle auf einem unzugänglichen Berg und zieht, mehr Tier als Mensch, nach Grasse, wo die besten Parfumeure Frankreichs leben, und wo er neue Erkenntnisse zu erlangen hofft. Er wird Schauobjekt des Marquis de la Taillade-Epinasse, dessen Theorie vom letalen Fluidum der Erde der halb verwilderte und von ihm behandelte Grenouille zu bestätigen scheint. Auf der Suche nach dem Parfum, das alle Menschen bezaubert und zur Liebe verführt, tötet er im Verlaufe seiner Versuche 24 Mädchen, um den Duft einzufangen, wird beim 25. Mord an Fleure, der Tochter des zweiten Konsuls von Grasse, Richis, ertappt, zum Tode verurteilt, versprüht aber bei der geplanten Hinrichtung ein Parfum, das alle Menschen zu orgastischer Liebe verführt. Grenouille wird befreit, Richis will ihn als seinen Sohn annehmen. Als die Menschen wieder zu sich kommen, suchen sie beschämt nach dem Mörder und glauben, ihn in Grenouilles Meister gefunden zu haben, der kurzerhand hingerichtet wird. Der Mörder aber wandert nach Paris und treibt sich auf dem Friedhof des Innocents mit Clochards, Dirnen, Räubern und Mördern herum, versprüht das Parfum, das er aus dem letzten Mädchen gewonnen hat, und läßt sie alle in solcher Liebe zu ihm entbrennen, daß sie ihn zerfleischen und auffressen.

Alle Versuche Grenouilles, der weder Haß noch Liebe kannte, allein zu leben oder sich den Menschen anzuschließen, schlagen fehl und bewirken schießlich seinen Tod.

„**Die Taube**", eine Erzählung (1987). „Als ihm die Sache mit der Taube widerfuhr, die seine Existenz von einem Tag auf den anderen aus den Angeln hob, war Johann Noel schon über fünfzig Jahre alt, blickte auf eine wohl zwanzigjährige Zeitspanne von vollkommener Ereignislosigkeit zurück und hätte niemals mehr damit gerechnet, daß ihm überhaupt noch irgend etwas anderes Wesentliches würde widerfahren können als dereinst der Tod. Denn er mochte Ereignisse nicht, und er haßte geradezu jene, die das innere Gleichgewicht erschütterten und die äußere Lebensordnung durcheinander brachten." Denn an „Ereignissen" hatte er in Kindheit und Jugend genug: Eltern 1942 in ein Lager verschleppt, die Kinder bei einem Onkel in Südfrankreich versteckt, später Soldat in Indochina, mißglückte Ehe. Nun ist Noel Wachmann einer Pariser Bank, und seine einzige Tätigkeit ist, vor dem Eingang zu stehen, dem Direktor das Gatter zu öffnen und ihn zu grüßen, am Morgen auf- und am Abend zuzusperren und die Alarmanlage einzuschalten. Ein kleines Mansardenzimmer hat er erworben und sich eingerichtet, sein Zuhause, seine Heimat, seine einzige Liebe. Da sitzt an einem heißen Augustmorgen 1984 eine Taube vor seiner Zimmertür und bringt ihn völlig aus der Fassung. Aufgeregt flieht er, alles mißglückt an diesem Tag, der ruhige Ablauf seines Lebens wird für einen Tag und eine Nacht in Frage gestellt, bis er am Samstagmorgen – die Taube ist verschwunden – wieder in seine Eintönigkeit zurückfindet.

MARTIN WALSER

„**Dorle und Wolf**" (1977) ist eine deutsch-deutsche Liebes- und Agentengeschichte. Wolf Zieger, aus der DDR stammend, im Westen lebend, leidet an der deutsch-deutschen Teilung, vor allem daran, daß der Osten in der Hochtechnologie hoffnungslos unterlegen ist. Um das Gleichgewicht und damit den Frieden zu sichern, stellt er sich in den Dienst des DDR-Staatssicherheitsdienstes und wird Kundschafter und Vermittler von wichtigem Material. Fünfzehn Jahre lang übt er diese Tätigkeit aus, seine Frau Dorle weiß davon, auch daß er mit Sylvia ein Verhältnis hat, um an das Material zu gelangen. Doch kann Wolf diesen Zustand nicht länger ertragen, stellt sich und wird nach langer Verhandlung, bei der er erfahren muß, daß er observiert und ihm nur nutzloses Material zugespielt wurde, zu fünf Jahren Kerker verurteilt. In dieser Zeit glaubt und hofft er, das Verhältnis zu Dorle, die ein Kind erwartet, endgültig regeln und sie in eine hoffnungsvolle Zukunft führen zu können.

„**Die Ohrfeige**" (1984), ein Schauspiel. Karl Mangold kann sich nicht an seine Arbeitslosigkeit gewöhnen, hat sie seiner Frau Klara verschwiegen und verbringt seine Tage im Gasthaus „Zum grünen Baum" mit den Besitzern Josef und Traudel sowie dem Spintisierer Möslang. Ein Jahr Freibier verspricht ihm Josef, der sein Gasthaus für Rollstuhlfahrer umbaut, wenn er dem Großindustriellen Gutensohn, der ihn entlassen, seinen Betrieb gesperrt und weitere 5 000 Menschen arbeitslos gemacht hat, weil er in Übersee bessere Geschäfte macht, eine Ohrfeige verabreicht. Bei der Feier von Gutensohns 60. Geburtstag, der neben Traudel auch mit anderen Frauen ein Verhältnis hat und seine Frau Laura betrügt, einer Feier, an der der Kritiker Besser mit Frau und der Verleger Koller teilnehmen und bei der der berühmte Dichter Alexander Prange eine Lesung hält, führt Karl sein Vorhaben aus, trifft aber nicht Gutensohn, sondern Prange, der stürzt und querschnittgelähmt wird. Während seines Krankenhausaufenthaltes trennt sich Prange von seinen früheren bösen Texten, wird ein romantischer Dichter, dankt Karl, daß er ihn zu einem besseren Leben erweckt hat, und betreibt seinen Freispruch.

Einander gegenüber stehen Arbeitslose und Reiche, die grundverdorbene obere Schicht und die hilflosen Arbeitslosen. Jene werden immer oben bleiben, auch wenn Karl knapp vor der Verhandlung mit seiner zweiten Ohrfeige den Richtigen trifft.

„Ein fliehendes Pferd", Theaterstück unter Mitarbeit von Ulrich Khuon (1985), ist eine Dramatisierung seiner gleichnamigen Novelle. (S. 279)

„Meßmers Gedanken" (1985) ist eine dreiteilige Sammlung von Gedanken, Aussprüchen, Aphorismen über die geistige und physische Beschaffenheit und die Fähigkeit, Abenteuer nicht in Handlungen, sondern in der Sprache stattfinden zu lassen. In diesen Gedanken aber sind kleine Romane, Geschichten enthalten; jeder Gedanke ist „ein Seelenkleid nach Maß".

Der Roman **„Brandung"** (1985) hat als Hauptfigur den Mittelschullehrer Helmut Halm aus Sillenbuch/Stuttgart, der bereits im „Fliehenden Pferd" eine Rolle spielte. Zusammen mit seiner Frau Sabine und seiner Tochter Lena, deren Ehe gescheitert ist – die zweite Tochter Juliane arbeitet in der Fürsorge –, ist Halm nach Kalifornien gekommen, eingeladen von der Washington University Oakland. Den Lehrauftrag für Germanistik hat ihm ein alter Freund und Studienkollege aus Tübingen, Rainer Mersjohann, verschafft. Gern hat Halm die Chance ergriffen, aus dem Sillenbucher Alltag und von seinen Kollegen wegzukommen und in das gelobte Land Kalifornien zu gehen, dessen Licht und Wärme er entgegengeht wie einem neuen Leben voll Freude, Jubel und Heiterkeit. Zu jeder Begeisterung fähig, preist er die Farben der Früchte, die Blumen, das Zirpen der Zikaden, den Wolkenball über San Francisco, das scharfe Geglitzer der Lichtschnüre, die Hitze, die Tankstellen wie die Wolkenkratzer, Lehrer und Studenten, die Campusbevölkerung.

Vor allem aber bahnt sich eine immer enger werdende Zuneigung zu der Collegestudentin Fran an, die 33 Jahre jünger ist und der er bei ihren Aufsätzen behilflich ist, die den Lehrer mit jugendlicher Aufdringlichkeit verfolgt, der er nicht widerstehen kann, nach der er süchtig ist, mit der er klassische und moderne Rollen durchspielt, um ihr mitzuteilen, was er verbergen will, daß er sie liebt. Zahlreiche Gestalten treten auf, vor allem die University-Sekretärin Carol, Künstler, Schriftsteller und immer wieder Fran mit ihrem Freund, einem Wasserballsportler. Sogar als sein Freund Rainer, ein Trinker, Selbstmord begeht, berührt ihn das nicht sehr. Nach einem Semester, das in allen Einzelheiten beschrieben wird, kehrt er, nachdem seine Frau wegen der schweren Erkrankung ihres Vaters früher zurückgefahren ist, mit Lena wieder nach Stuttgart zurück. Ein Brief Carols und ein Zeitungsausschnitt erreichen ihn: Fran ist mit dem Auto tödlich verunglückt, ihr Freund wurde gerettet. Der Alltag in Sillenbuch beginnt wieder in seiner alten Schule.

PETER WEISS

„**Der neue Prozeß**" (1984). Während der Arbeit am ersten Band der „Ästhetik des Widerstands" dramatisierte Weiss Franz Kafkas „Prozeß". Unmittelbar nach Abschluß seiner Roman-Trilogie begann er im Jahre 1981 sein letztes Werk „Der neue Prozeß".

Held dieses Stückes ist zwar wiederum Josef K, aber die Welt des „neuen Prozesses" ist nicht mehr die Kafkas, sondern unserer Gegenwart. K ist Prokurist in einer großen Firma, einem Riesenkonzern, an dessen Spitze der Staatsanwalt, der Direktor und Rabensteiner stehen, dessen Rolle nie ganz klar wird. Wegen seiner Kenntnisse der jeweiligen politischen und ideologischen Strömungen, seiner Verantwortungsbereitschaft, seinem Eingehen auf die Nöte der Menschen steigt er immer höher und wird endlich Direktor des multinationalen Konzerns. K verfügt auch dort über die große Menschheitsperspektive, wo der Konzern jede Konkurrenz ausschaltet. „Wenn es keine Konkurrenz mehr gibt, ist auch der Eigennutz ausgeschaltet. Dann dienen wir nur noch dem Allgemeinwohl." Darum ist K unersetzlich für die Militärs wie für die Minister. Denn mit seinen Definitionen, Gutachten und Gedanken kann sich die Firma ein vages positiv-humanistisches Gesicht geben. Der Idealist wird von der Firma ausgenutzt, weil er Gutes zu tun meint. Auch Fräulein Bürstner, die ausgenützte Frau, kann ihn nicht beinflussen. K aber wird in dem Augenblick liquidiert, da man ihn nicht mehr braucht. Neben den beiden Muskel- und Gewaltmenschen Franz und Willem steht die Familie (Mann, Frau, die beiden Alten und die beiden Kinder) als Repräsentant jener Menschen, die stets von den politischen Parteien hinters Licht geführt werden. (S. 416)

GABRIELE WOHMANN

Die Gedichtsammlung „**Passau, Gleis 3**" (1984) bezieht den Titel vom Einleitungsgedicht, das den Ton für die gesamten Langgedichte anschlägt, die in ihrem Rhythmus bisweilen wie selbstverständlich in den Reim übergehen: Reise, Abfahrt, Unterwegs-sein, Kinder, alte Leute, Ehe-Alltag, Konferenzen, Kindererziehung; Alltagsthemen, realistisch dargestellt, hinter denen sich immer ein tieferer Sinn verbirgt, das Unheimliche, Nichtberechenbare, die Furcht, das Unverständnis. Denn immer ist die Welt nur ein Abbild; „Unsere Polaroid-Zukunft" heißt richtungweisend ein Gedicht, in dem das Festhalten des Augenblicks der Vergänglichkeit anheimfällt. Vor allem ist es häufig das Verhältnis Eltern–Kinder, das anklingt, sind es die pressiven, gutgemeinten Erziehungsmethoden der Eltern, die sich in üblichen Alltagsphrasen das Kind vom Leibe halten. Nur scheinbar realistische Gedichte, die tieferes Verständnis evozieren.

Von den fünf Erzählungen **„Der Irrgast"** (1985) umfaßt die vierte „Straßenszenen" wiederum 14 kleinere Erzählungen.

„Parkverbot" ist die Geschichte von der alternden Schauspielerin Winni Täufer, deren Alltag die Hoffnung, eine Berühmtheit zu bleiben, immer enttäuscht. Ihr Auftritt in einem Bremer Hotel beim Frühstück wird eine bühnenreife Szene. Überall meint sie, Rollenpartner zu finden, und wenn dies schließlich am Bahnhof geschieht, gilt der Ruf, der Wagen stünde im Parkverbot, nicht ihr.

Einer Selbsttäuschung erliegt auch „Der Bezwungene", Schauspieler und Vortragsreisender Felix Spring, wenn er auf einer Vortragsreise in Heidinghausen bei der Diplombibliothekarin Hilda Kandel bleibt und glaubt, sich von seiner Schwester Anja trennen zu können.

Ebenso „Der Mann mit dem Kinderwagen", ein arbeitsloser, an Lampenfieber leidender Schauspieler, wenn er anstelle des Kindes eine Puppe mit sich führt und so den Nachstellungen einer Sekretärin entgeht.

„Straßenszenen" sind 14 Miniaturen verschiedener Art, die keine „Straßenszenen" üblicher Art beschreiben, sondern den Weg, der ins Innere der Menschen führt. Es geht um Kinder und ihre Schwierigkeiten in gescheiterten Ehen, um alte Leute und ihre Eigenheiten, um Filmschauspieler und ihr „gespieltes" Leben, um Arbeitslose, Patienten, Arzt und ihre Probleme.

Die Titelgeschichte „Der Irrgast" stellt auf einer Gartenparty die junge Frau und den Mauersegler parallel, beide Verirrte in ihren Gesellschaften.

Immer beschreibt Wohmann Selbsttäuschungen, nicht aus Lust an der Entlarvung, sondern aus dem Gefühl für das viele Leben, das von den geschilderten Personen nicht gelebt wird.

„Der Flötenton" (1987). Der figuren- und szenenreiche Roman spielt vom Frühjahr bis zum Herbst 1986 nach dem Super-Gau von Tschernobyl, der alle Menschen irgendwie beeinflußt hat: Die einen sehen pessimistisch das unausweichliche Ende, die anderen setzen sich optimistisch über die wirklichen Gefahren hinweg, auch wenn alle die Angst befallen hat.

Hauptfigur ist der höhere Angestellte einer Wohnbaufirma, Anton Asper, der wie immer und überall das Schlechteste sieht und befürchtet; von seiner Frau Astrid ist er geschieden, sein Sohn ist mongoloid und in einem Heim untergebracht. Er lebt zusammen mit der selbstbewußten Fernsehmoderatorin Lydia Tulpen, unterhält daneben aber auch Beziehungen zur Steuerberaterin Pamela Richter und zur Rechtsanwältin Edith Moser-Lasso. Auf einer Reise nach Portugal zur Besichtigung einer Reihenwohnhausanlage lernt er Sandra Hinholz, eine Blockflötistin, kennen, die zu einem Kongreß nach Lissabon reist. Antons Ausweis ist abgelaufen, Sandras Paß wurde geraubt. So sind beide Schicksalsgenossen, und für einige Monate beginnt ein schwieriges Liebesverhältnis zwischen beiden, das Sandras Mann, der stellenlose Lehrer und Ökodemonstrant, duldet, weil sie ihn und ihre beiden Kinder Tim und Tini liebt.

Zum umfangreichen Personal gehören noch: Emily, Antons Schwester, eine Mittelschullehrerin wider Willen, die ausflippt und wahrscheinlich suspendiert wird; ihre und Antons über 80jährige Mutter, Frau Asper, Witwe nach einem expressionistischen Lyriker, die von ihrem Nachbarn Richard Kast, einem früheren Romanschriftsteller, anonyme Briefe erhält, in denen er immer wieder auf ihrer beiden Alter und den nahen Tod aufmerksam macht. Dieses Alter erlebt Frau Asper ebenso bewußt wie ihre Schwester Etta Gerstock; ein zweiter Nachbar ist der emeritierte evangelische Theologe Professor Hinholz, Sandras Schwiegervater, der die stets fröhliche Sandra verehrt. Sein Enkel Alex und dessen Freundin Sibylle leben ohne Ziel in den Tag hinein. Wenn Lydia einen Fernsehfilm über Frau Asper, ihren toten Mann und ihre Familie dreht, scheint auch für Anton alles wieder in bester Ordnung zu sein.

Der Roman ist ein großes Panorama über Lebensglück und Lebenslügen und immer wieder eine realistische Auseinandersetzung mit dem Alter und den Alten.

MICHAEL ZIELONKA,

geboren 1942 in Nordhausen/Südharz, studierte Philosophie, Theologie und Romanistik. Katholischer Priester des Bistums Aachen, arbeitet derzeit als deutschsprachiger Studentenpfarrer in Paris.

Zielonka ist vor allem Lyriker und Essayist. Bisher veröffentlichte er: **„78 Gedichte"** (1969), **„Ich, Zugabe zu meinem Nabelstrang"**, Gedichte (1970), **„Zweifel und Fortschritte"**, Gedichte zur Gottesfrage (1972), **„Bahrt mich mit Brille auf"**, Satiren (1974), **„Nichts als Liebeskummer"**, spirituelle Prägeprosa (1976), **„Von der Genauigkeit der Ungenauigkeit"**, Gedichte (1981), **„Unkonventionelle Meditationen"** (1982). 1975 erschien eine gemeinsam mit dem Italiener Faggin besorgte Übersetzung **„Friaulische Lyrik"**, 1981 die Studie **„Christliche Lyrik: wieder lebenskräftig"**.

Sparsame Sprache und eigenwillige Diktion zeichnen Zielonkas Arbeiten aus. Bei aller religiösen Einstellung ist er von kosmopolitischer Weltoffenheit, originell und modern. Seine Sprache kann hart sein. Manchmal ist sie bewußt banal und alltäglich. Er lehnt einen Gott ab, der für viele Heimweh, für andere den Übermenschen, für wieder andere eine Konsumgewohnheit bedeutet oder eine angelesene Sehnsucht. Für Zielonka ist er der Gott der Entscheidung in einer chaotischen Welt. Darum will er nicht sowieso schon fromme Leute noch ein bißchen frömmer machen, sondern vielmehr Hilfen bieten für notwendige Rangierarbeiten zwischen Christentum und heutigem Zeitgeist. Unabhängig von der religiösen Thematik wollen seine literarischen Texte zu einem bewußten und intensiv gelebten Leben auffordern. (S. 370)

SCHWEIZ

PETER BICHSEL

„Schulmeistereien" (1985) sind 18 Aufsätze, Vorträge und Reden, gesammelt aus 15 Jahren (1969–1984). Selber 13 Jahre lang Lehrer, weiß Bichsel über Schule und damit zusammenhängende Fragen ebenso viel zu sagen wie als linker Politiker und Gewerkschafter. Er spricht von der Sprache und von der Schule, erörtert die „grammatikalische Zukunft", die es in der deutschen Sprache nur als Drohzeit gibt; fragt, ob die Schule eine bloße „Arbeitserziehungsanstalt" ist; erzählt von seinen Erfahrungen mit dem „Erlernen von Fremdsprachen"; redet über das Kinderbuch ebenso wie über „Rassismus und Faulheit". Er erörtert die „Aufgabe des Staates in einer sozialen Gesellschaft", die Erstarrung der Gewerkschaften und fragt, wie deutsch die Deutschen und wie christlich die Christen sind. Denn er hat „Abschied von einer liebgewordenen Kirche" genommen, ohne sie auch wirklich zu verlassen. Aber auch von der Armee, der Atombombe und dem Waldsterben sowie dem „abwesenden Krieg" (der heute Frieden genannt wird) handeln die Reden. Kleine Geschichten werden mit erzählt. Jedenfalls denkt Bichsel eingehend über alles nach, was uns heute zustoßen kann; er ist vorsichtig mit Argumenten, bevor er zu überzeugen sucht.

„Der Busant. Von Trinkern, Polizisten und der schönen Magelone" (1985) sind acht neue Erzählungen des Schweizer Autors von Leuten des Alltags und ihrer Verwirrung der Gefühle.

„Der Busant" versetzt die Märchengestalten des Volksbuches von der schönen Magelone in das Jahr 1910, der Prinz ist zum Stadtstreicher Ueli, Magelone zu einer Trinkerin und der Busant zu einem Großunternehmer geworden. Wahllos werden Zeiten und Räume vertauscht, die Geschichte spielt in Solothurn.

In „Laufbahn" wird dem Salomon Adalbert Meier mühsam eine Biographie erfunden, die er als Politiker beendet. In „Eisenbahnfahrten" wird der Versicherungsvertreter und Menschenkenner Müller irre an seinem erprobten Verstand, weil er auf der Fahrt nach Zürich dem ihm gegenübersitzenden debilen Victor unterlegen ist. „Robinson" ist die Geschichte eines strebsamen Mannes, der den Zusammenhang mit den Menschen verliert. „Warten in Baden-Baden" deklariert Bichsel als ein ihm zugespieltes Manuskript: die Geschichte zweier im Grunde sehr ähnlichen Schweizer im Ausland, des Unternehmers Charles Bönzchen, alias Karl Bönzli, und des Kellners in dem Hotel, in dem jener abgestiegen ist; eine böse Charakteristik des Gastes durch den Kellner. „Diese Sätze" erzählen von dem diensteifrigen Bankbeamten Marti, der seine Geschichte an einen Doppelgänger verliert. „Grammatik einer Abreise" schildert in grammatikalischen Versuchen die Abreise einer jungen Frau in die Klinik „vor ihrem nächsten Schub". „Eine Erklärung an den Lehrling von Prey" ist die Geschichte von Professor Ingol Habertruber, der mit viel Halbwissen stets von der Vergangenheit erzählt, und seinem schönen Lehrling aus Prey, einem Mädchen.

Die Geschichten berichten stets von Möglichkeiten, nicht von Tatsachen, der Autor probt, ändert, stellt richtig, er beherrscht in diesen Geschichten von zärtlicher Absurdität souverän die von ihm erfundenen Figuren. (S. 532)

HERMANN BURGER

wurde 1942 in Burg/Schweiz geboren, studierte Germanistik und Kunstgeschichte an der Universität Zürich, dissertierte mit einer Arbeit über Paul Celan und habilitierte sich mit einer Studie über zeitgenössische Schweizer Literatur an der Universität Zürich. Er lebt heute in Brunegg im Aargau und ist als Privatdozent für deutsche Literatur an der ETH Zürich und an der Höheren pädagogischen Lehranstalt des Kantons Aargau tätig. Ebenso arbeitet er als Feuilleton-Redakteur am Aargauer Tagblatt. 1980 erhielt er den Conrad-Ferdinand-Meyer-Preis, 1983 den Hölderlin-Preis und 1985 den Ingeborg-Bachmann-Preis.

Werke: **„Rauchsignale"**, Gedichte (1964), **„Bork"**, Prosastücke (1970), **„Schilten"**, Roman (1976), **„Schauplatz als Motiv"**, Materialien zu „Schilten" (1977), **„Diabelli"** (1979), **„Kirchberger Idyllen"** (1980), **„Die künstliche Mutter"**, Roman (1982), **„Ein Mann aus Wörtern"** (1983), **„Blankenburg"** (1986).

„Schilten. Schulbericht zuhanden der Inspektorenkonferenz". Schilten ist in dem Roman ein abgelegenes Dorf in einem Aargauer Talschluß, eine einsame, düstere Gegend. Eigenartig sind seine Bewohner, merkwürdig ist das alte Schulhaus, am Friedhof gelegen, eigenartig ist auch der Schulbetrieb, den der junge Lehrer Peter Stirner, genannt Armin Schildknecht, führt, und dem von seinen Vorgesetzten, die nie die Schule besuchen, „absurde Umtriebe" in pädagogischer, menschlicher und moralischer Hinsicht zur Last gelegt werden , weshalb er in ein Provisorium versetzt wird, das einer Disziplinierung gleichkommt. Unter seinem Pseudonym schreibt er in 20 Quartheften seinen Schul- und Rechenschaftsbericht an die Inspektorenkonferenz, ein kurzes Schlußwort des Inspektors beschließt den Roman.

In minutiöser Schilderung gibt Schildknecht, der „Scholarch" seiner „Einheitsförderklasse", die er aus 39 Schülern aller Jahrgänge zusammengefaßt hat, Auskunft über die desolaten Verhältnisse in Schilten: von dem unbrauchbaren Schulhaus mit dem angrenzenden Friedhof, von der Turnhalle, die für die Aussegnung der Toten jeweils für viele Tage zweckentfremdet wird, von der Schulglocke, die als Totenglocke dient, von diesem Zusammenhang zwischen Leben und Tod in Schilten und der daraus resultierenden Zwangsläufigkeit, mit der er die Heimatkunde in eine „Todeskunde" umfunktioniert, in der er den kulturgeschichtlichen Ablauf und das Brauchtum zum Todesgeschehen einschließlich des Scheintodes schildert. Er berichtet über Friedhofbräuche und Begräbnisse, über den Arzt und die Post, die Blechmusik, die in der Turnhalle übt, über die miserablen Zug- und Busverbindungen, er erzählt von der „Abwartin" Schüpfer Elvyra, der Totenansagerin Jordibeth, vor allem aber von dem Schulwart, Totengräber, Friedhofgärtner und Mesner Wiederkehr, mit dem ihn eine Freund-Feindschaft verbindet, und von dessen Neffen, dem Dorftrottel Wigger. Authentizität – Schilten gibt es wirklich – und Fiktion gehen eine unlösliche Verbindung ein. Wenn schließlich Schildknecht alle Schüler davonlaufen, er vor leeren Bänken unterrichtet und Harmonium spielt – eine Harmonium-Kulturgeschichte ist mit eingeschlossen – wie in einem Geisterhaus, so ist das wie ein Lebendigbegrabensein, ein Sinnbild für absolute Einsamkeit und Tod.

„**Diabelli**". Die drei Erzählungen sind kunstvolle Variationen über das Thema: Kunst und Liebe. „Der Orchesterdiener" ist ein Bewerbungsschreiben eines tauben und völlig unmusikalischen Mannes namens Schramm um die Stelle des vakant gewordenen Postens eines Orchesterdieners bei den Philharmonikern; er versteht sich selber als Schattendirigent, der der gelungenen Polyphonie des Orchesters das Chaos entgegensetzt. „Diabelli Prestidigitateur" ist eine Absage an Baron Kesselring, zu dessen 60. Geburtstag als Zauberkünstler aufzutreten. Denn Diabelli, der „scheintote Artist", ekelt sich vor der eigenen Meisterschaft; er will am Ende seiner Laufbahn alle Künstlichkeit in Natürlichkeit verwandeln. Zugleich mit diesem Abschiedsessay für die von Kesselring redigierte Zeitschrift „Abracadabra" gibt Diabelli einen Überblick über die Illusionisten und ihre Kunststücke durch die Jahrhunderte bis zur Gegenwart. „Zentgraf im Gebirg oder das Erdbeben von Soglio" ist als „kurzgefaßte Schadensmeldung an den Schweizerischen Erdbebendienst" konzipiert, berichtet vom Privatsekretär des Privatgelehrten und Privatpatienten Anatol Zentgraf, der als Protest gegen alle Naturverherrlichung und gegen die kitschige Naturverehrung eines „moderierten Kurbetriebes" anläßlich eines Erdbebens als Kontrapunkt seinen Tod setzt und stirbt.

„**Kirchberger Idyllen**" sind vier „Duodezhefte" mit je zehn Idyllen in freien Hexametern und Pentametern. „Diesseits und jenseits der Mauer" heißt die letzte Idylle und faßt noch einmal zusammen: Mit der Mauer ist jene gemeint, welche den mittelalterlichen Friedhof vom Pfarrhaus trennt, dem Wohnort und Lebensraum des Kindes und seiner Familie. Sie meint aber auch das Diesseits weltlicher Sinnenfreude und das Jenseits des Todes. Zwischen diesen beiden Sphären pendeln die idyllischen Erinnerungen des Kindes und Jungen und die Erlebnisse des Erwachsenen. Nicht umsonst wird der Name des Pfarrers von Cleversulzbach, Eduard Mörike, erwähnt: Die Idyllen sind wundersame Erneuerungen alten Dichtergutes.

„**Die künstliche Mutter**". Der Privatdozent für Germanistik und Glaziologie an der Eidgenössischen technischen Universität (ETU) Schöllkopf ist für die herkömmliche Medizin unheilbar krank, er leidet an Unterleibsmigräne oder Impotenz. Als ihm auch noch der

Lehrauftrag entzogen wird („Ermordung eines Privatdozenten" heißt das erste Kapitel), will er sich über einen Balkon stürzen, wird aber durch einen heftigen Angina-pectoris-Anfall daran gehindert. Im Krankenhaus wird die Ursache seiner Herzkrise klar: hier starb Flavia Soguel, die einzige Frau, die er hätte heiraten können, durch einen Sturz vom Balkon, als Schöllkopf statt zu ihr zu seiner Mutter ging, zu der er in völliger Abhängigkeit steht. Rettung von dieser unnatürlichen Mutterbindung erhofft er sich zunächst als „Kurgast in Göschenen" (so das zweite Kapitel) am Gotthardmassiv, dem Rückzugsgebiet der Schweizer Armee im Ernstfall. Hier wird ihm die Diagnose gestellt: Er muß sich einer Mamamnese seiner Impotenz und Depressionen unterziehen, die begleitet wird von Zoten der Umwelt und derben Urner Sagen. Als Schöllkopf der Zugang zum unterirdischen Therapiezentrum aus militärischen Gründen untersagt wird - es handelt sich um eine österreichische Enklave -, verflucht er Ärzteschaft und Frauenwelt und gelangt wie weiland Köpenick in Uniform mit seinem Sanitätsgefreiten Abgottspon in den Berg, um die Heilkraft dieser „künstlichen Mutter" auf sich wirken zu lassen.

Im „Brief an die Mutter" spricht er dieser das Recht ab, ihn geboren zu haben. Im „Stollen", einer Erosklinik, wird er von liebevollen Schwestern betreut, die Wirkung bleibt aus. Notwendig ist eine „künstliche Schwester", die sich in der Hamburger Fernsehansagerin Dagmar Dom findet. Ihr gelingt es, ihn den Weg zu den faustischen „Müttern" zu führen und ihn über die Beziehung Klytämnestra-Orest hinwegzubringen. Von hier fährt Schöllkopf nach Lugano, wo er in dem Kapitel „Tod in Lugano" ein frühes Ende findet.

„Ein Mann aus Wörtern" vermittelt in den zahlreichen kürzeren und längeren Texten einen Querschnitt durch des Autors Spracharbeit. Aus Vorlesungen, Aufsätzen und Rezensionen stammen verschiedene Abschnitte, so etwa die Interpretation der Werke Franz Kafkas, Ingeborg Bachmanns, Thomas Bernhards, Peter Bichsels, Gerd Jonkes und Otto F. Walters, aber auch Robert Walsers, Eduard Mörikes. Wenn er über Peter Weiss als Maler schreibt, kann er von sich selber berichten, wie er das Architekturstudium abgebrochen hat oder ein Semester an der Zürcher Kunsthochschule besuchte. Aber auch rein persönliche Aufsätze wie das „Tagebuch eines Wiener Spitalsaufenthaltes" oder die Bobfahrt im Eiskanal und ein Besuch bei Thomas Bernhard ergänzen die Texte, in denen er sich auch mit der Frage auseinandersetzt, ob ein Germanist zugleich Schriftsteller sein könne, „ein Mann aus Wörtern" also, während er bei dem Thema Zauberei die Funktion der Metapher in der Kunst des Zauberers und in der literarischen Prosa des Schriftstellers untersucht.

Drei Erzählungen sind in **„Blankenburg"** vereinigt, darunter die mit dem Ingeborg-Bachmann-Preis ausgezeichnete „Die Wasserfallfinsternis von Bad Gastein. Ein Hydrotestament in fünf Sätzen".

Der „bechterewkranke" Nachtportier eines Hotels, Carlo Schusterfleck, entdeckt in der Nacht zum 31. August, daß sich der Wasserfall das Leben genommen hat und in einem Testament prophezeit, daß alle Heilquellen versiegen und der Kurort untergehen werde. Als Ersatz dafür entdeckt und hört der Nachtportier die ersten Takte der verschollenen „Gasteiner Symphonie" von Franz Schubert.

In der Erzählung „Der Puck" wird ein Knabe, der am Eishockeyspiel nicht teilnehmen darf, unter den Weiher verbannt und in märchenhafter Verzauberung selber zum Puck.

Die umfangreichste und zugleich Titelgeschichte „Blankenburg" ist in sieben Briefen und einem Postskriptum des Erzählers, der an Leselosigkeit, dem Morbus Lexis leidet, an die Bücherfürstin von Blankenburg gerichtet; denn bei ihr verwandeln sich die Lesefrüchte in eine Art Ozon, wo Leben und Lesen eins sind. Darum schickt sie ihm den gesamten „Grimm"; ihr Hausarzt entwickelt eine komplizierte Methode, die Essenz der Bücher aufzunehmen, ohne sie zu lesen. Weil die Gräfin die Briefe beantwortet, bleibt der Leselose am Leben und bricht nach Blankenburg auf.

FRIEDRICH DÜRRENMATT

„**Justiz**", Roman (1985). Der Zürcher Kantonsrat Dr. h. c. Isaak Kohler erschießt in dem überfüllten, von Politikern, Wirtschaftskapitänen und Künstlern besuchten Restaurant „Du Theatre" vor aller Augen den Germanisten und Universitätsprofessor Winter und wird zu 20 Jahren Zuchthaus verurteilt, in dem er sich außerordentlich wohl fühlt, fern von jedem Streß. Ein Motiv für die Tat gab es nicht, die Tatwaffe wurde nie gefunden. Die Zeugenaussagen genügten. Kohler beging die Tat, um einmal die Folgen der Tat und zum anderen die Möglichkeiten zu erforschen, wenn er es nicht gewesen wäre. Deshalb läßt er den jungen Rechtsanwalt Spät zu sich ins Gefängnis kommen, damit er den Fall unter der Annahme untersuche, er sei nicht der Mörder gewesen. Spät nimmt nach Zögern den anscheinend sinnlosen Auftrag an, schaltet die Auskunftei Lienhard ein und verkauft schließlich seine Recherchen – als entlassener Hurenanwalt braucht er Geld – an den Staranwalt Stüssi-Leupin, der den Prozeß neu aufrollt und einen Freispruch für den Mörder erwirkt. Der angebliche Mörder Dr. Benno, ehemals Olympiasieger, hat sich aus Angst vor Verhören erhängt. Als Spät erkennt, er sei mit der Übernahme des Auftrages in eine Falle geraten, weil er Justiz mit Gerechtigkeit verwechselte, während Justiz nie objektiv gerecht sein könne, will er Kohler erschießen und sich selbst töten. Beides mißlingt.

Im dritten Teil berichtet der Autor, wie er an den Fall gekommen sei, nämlich durch den uralten Kohler selbst, dann durch Spät, der als Winkeladvokat in einem Gebirgsdorf lebt, und schließlich durch Hélène, Kohlers Tochter, sowie einen Bericht, den ihm der ehemalige Kommandant zukommen ließ, der die Angelegenheit seinerzeit bearbeitet hat. Der Roman wird in vielen Vor- und Rückblenden erzählt.

„**Minotaurus**", Ballade mit Zeichnungen des Autors (1985), ist ein poetischer Prosatext, der die griechische Sage vom Minotaurus, seiner Geburt, seinem Aufenthalt in dem aus Spiegelscheiben bestehenden Labyrinth und seinen Tod durch Theseus, der durch den Faden der Ariadne gerettet wird, in eigenwilliger neuer Weise erzählt. Indem Minotaurus langsam erkennt, daß er weder Gott noch Mensch noch Tier ist, sondern eine Zwittergestalt, nimmt er letztlich den Tod auf sich in der Gewißheit, daß für solche Zwitterwesen nur das Labyrinth und der Tod bestimmt sind, auch wenn ihm menschliche Gedanken fehlen.

„**Der Auftrag oder Vom Beobachter des Beobachters der Beobachter**", Novelle (1986). „Als Otto Lamberg von der Polizei benachrichtigt worden war, am Fuße der Al-Hakim-Ruine sei seine Frau Tina vergewaltigt und tot aufgefunden worden, ohne daß es gelungen sei, das Verbrechen aufzuklären, ließ der Psychiater, bekannt durch sein Buch über den Terrorismus, die Leiche mit einem Helikopter über das Mittelmeer transportieren..." und beauftragte die Film-Fotografin F., nach den Gründen dieses Mordes zu forschen. Damit gerät F. in die seltsamsten und gefahrvollsten Situationen und erlebt gefährliche Abenteuer. In einem afrikanischen Niemandsland, das die Supermächte gepachtet haben, um immer neue Waffen zu erproben, erfährt F., daß Tina mit der schwedischen Fotografin Sörrensen verwechselt und anstelle Tinas begraben wurde, die, nach Depressionen verschwunden, gesund wieder auftaucht. In einem amerikanischen Bomberpiloten, der nach Bombereinsätzen über Hanoi verrückt geworden war, findet F. den Täter. Nach weiteren Abenteuern gelingt F. die Rückkehr in ihre Heimat. Verbunden mit dieser Geschichte sind die Machtkämpfe zwischen Generalstabschef, Polizeichef und Chef des Geheimdienstes in dem afrikanischen Staat: eine utopische politische Novelle.

„**Versuche**" (1988) sind Essays aus den Jahren 1969 bis 1987, so die Rede zur Verleihung des Schiller-Gedächtnis-Preises des Landes Baden-Württemberg unter dem Titel „Das Theater als moralische Anstalt heute", dann die Vorlesung im Rahmen der Gastdozentur für Poetik an der Johann-Wolfgang-Goethe-Universität Frankfurt am Main über Kunst und Wissenschaft, ebenso die Dankrede zur Verleihung des Georg-Büchner-Preises „Georg Büchner und der Satz vom Grunde" über dessen philosophische Auseinandersetzung mit Kant. Alle weiteren Essays handeln von Kunst und Wissenschaft, Philosophie, Politik, Literatur und Theater in den siebziger und achtziger Jahren.

Den Georg-Büchner-Preis erhielt der Dichter 1986. (S. 376)

FRIEDRICH DÜRRENMATT / CHARLOTTE KERR: „**Rollenspiele**" (1986) ist ein dreiteiliges Buch:

1) das Protokoll Kerrs über eine fiktive Inszenierung von Dürrenmatts „Achterloo" durch den Autor, aus der die dritte Fassung „Achterloo III" hervorgeht;
2) die dazugehörigen Zeichnungen des Autors;
3) das Stück „Achterloo III".

Das umgearbeitete Drama selber ist ein „Dreifach-Geschichten-Stück": ein historisches Drama, Polen heute (12. und 13. Dezember 1981, Gründung der Freien Gewerkschaft), dann die Geschichte der Rollen der historischen Figuren, die dieses Stück spielen: Napoleon, Richelieu, Robespierre, Hus, Marx und schließlich hinter den Rollen die Rollenträger. „Es sind immer Rollen hinter den Rollen hinter den Rollen (...) Es ist die Wahrheit hinter der Wahrheit hinter der Wahrheit." Vor einem imaginären Publikum schreibt ein imaginärer Georg Büchner seine imaginäre Komödie „Achterloo" auf einer imaginären Bühne für imaginäre Komödianten, die wiederum ihre eigenen Rollen statt des Textes spielen. Denn das Stück spielt in einem Irrenhaus, in dem die Rollen als Rollentherapie angewendet werden, weshalb die Rollenträger immer dreifach sind: Napoleon ist Holofernes und Professor, Louis Bonaparte ist C. G. Jung und Zahntechniker, Plon-Plon Bonaparte ist Sigmund Freud und Damenschneider, Jeanne d'Arc ist Judith und Nazi-Enkelin, Richelieu Gott und Frau Zimssen.

JÜRG FEDERSPIEL

wurde 1931 in Kempthal, Kanton Zürich, geboren; die Jugend verbrachte er in Davos; er lebte längere Zeit in Berlin, Paris und Basel, heute in Zürich und New York. Als Journalist und Kritiker arbeitete er für verschiedene Blätter, schrieb Hörspiele und Rundfunk-Features. Reportagen und Short stories sind seine beliebtesten Formen. Er erhielt verschiedene Preise, darunter den Preis der Schweizerischen Schillerstiftung 1961 und den Conrad-Ferdinand-Meyer-Preis 1969.

Werke: **„Orangen und Tode"**, Erzählungen (1961), **„Massaker im Mond"**, Roman (1963), **„Der Mann, der Glück brachte"**, Erzählungen (1966), **„Die Märchentante"**, Erzählungen (1971), **„Paratuga kehrt zurück"**, Erzählungen (1973), **„Brüderlichkeit"**, Drama (1979), **„Die Ballade von der Typhoid Mary"** (1982). Dazu Hörspiele, Aufsätze, Essays und Gedichte.

„Der Mann, der Glück brachte" sind sieben Erzählungen, in denen das, was aus Träumen und Erinnerungen hereindrängt, von des Autors Fantasie wie Spiegelbilder ineinander geschoben wird. In der Geschichte „Das gelobte Dorf" geht die Erzählung von dem Reiter nach der Schlacht bei Austerlitz über den Bodensee über in das Dorf Barangain, in dem jeder jeden beargwöhnt und so das Dorf vernichtet, und dann in die Geschichte des flüchtigen Juden Wyler mit seiner Tochter Esther, die vom Wucherer Bozzolo in die

Schweiz gebracht werden. Weil aber das Geld für den Aufenthalt fehlt, steht am Ende der Freitod.

Die Titelgeschichte „Der Mann, der Glück brachte" berichtet vom Besuch einer Tochter bei ihrem Vater in der Irrenanstalt – er hält sich für van Gogh und malt Bilder wie dieser; der Mann, der Glück bringt, aber kam hierher, weil er all sein Geld verschenkte, um die Menschen glücklich zu machen.

„In den Wäldern des Herzens" werden wieder zwei Geschichten ineinander geschoben, die des Sonderlings und Fotografen Baldach und die von Franz, dem er einst das Leben gerettet hat, und dem er zur Totenfeier seine Lebensrettermedaille überbringen läßt.

„Der Überlebende" vermischt die Geschichte des alten Herrn de Raffenried, Seniorchefs einer großen Firma, in der Badewanne mit der Geschichte vom Untergang der Titanic, die sich der alte Mann von seiner Sekretärin immer wieder vorlesen läßt. Er selber entging jener Katastrophe, weil er eines Seitensprunges wegen das Schiff versäumte.

In der Romanze „Der Dynamitero" verbindet der Autor die Geschichte eines Kinderausflugs und das Auffinden einer Tellermine mit der Geschichte Gugans, des Kämpfers aus dem Spanischen Bürgerkrieg, und mit der Geschichte des Dorfpolizisten Gian, der Gugan zur Entschärfung der Mine braucht.

Die Erzählung „Die Nachbarn" verquickt die Geschichte des Postmeisters, der seiner Nachbarin den Springbrunnen mißgönnt, mit dem Überfall auf Catherine Depoint.

„Wespen" ist die Geschichte einer Schülerfreundschaft und des Todes durch einen Wespenstich, sowie die Geschichte eines Mannes, der überall zu spät kam.

„Paratuga kehrt zurück", sind Geschichten mit und um seinen Halbfreund Paratuga, einer negativen Kunstfigur, die nur „für Katastrophen Sinn" hat, ein Monstrum, ein penetranter Zeitgenosse, von dem es heißt: „Alles in allem ist er ein feinfühliger und nicht ungefährlicher Mensch."

In „Hitlers Tochter" macht Paratuga den Erzähler mit Emily bekannt, die Hitler angeblich mit einer Jüdin gezeugt hat, mit der der Erzähler schläft, und die von ihm einen Übermenschen zu empfangen hofft. „Ein Erdbeben in meiner Familie" läßt den Autor bei der Lektüre über Erdbeben – auch diese spürt Paratuga voraus – von diesem überrascht werden, indem er ihm ein Wachsfigurenkabinett „indirekter Menschen", aller seiner Vorfahren, vorführt. In der Geschichte „Der Türke" erscheint Paratuga als Privatdetektiv des Türken, dessen fünf Ehefrauen nach ihrer Hochzeit starben. „Paratuga kehrt zurück" berichtet von dem von Paratuga immer wieder verworfenen Filmprojekt, dem Versuch, in einem verrotteten Atelier einen Film mit dem Schauspieler Eric Lorre zu drehen, dessen Interview („Verhör") die Erzählung abschließt. „Paratuga GmbH" ist die Familie Heim: Vater, Mutter, Tochter Bret, Sohn Heinrich, Dentist, Sohn Andreas, Arzt, auch berühmter ehemaliger

Fußballer sowie Paratuga junior. Zwar verlieren sie den Sohn Herbert bei einem Autounfall, den Paratuga unabsichtlich verschuldet hat, während Andreas beim letzten Fußballspiel Eigentore schießt und für den Gegner spielt, weshalb er getötet wird. Aber sie finden bald einen Ersatzsohn. Daß Paratuga eine Art technischer Mensch ist, der nur aus technologischen Ersatzstücken besteht, ist ebenso seltsam wie der Stil der Erzählungen: eine dramatische Form.

„**Die Ballade von der Typhoid Mary**". „Am frühen Morgen des 11. Januar 1868 tauchte im Schneewirbel ein Schiff auf, das die New Yorker Hafenbehörde erst sichtete, als es die Meile überschritten hatte, die vorgeschrieben war...Kein Jubelgeschrei, wie es sonst von jedem Schiff mit Emigranten aus Europa der Fall war, weckte die schläfrige Küstenwache." Leblos schien das Schiff, einen argen Gestank verbreitete es. Dieses Schiff, die „Leibnitz", hatte Hamburg am 2. November 1867 verlassen und mußte wegen ungünstiger Winde die Südroute nehmen. Auf dem Schiff war eine Typhusepidemie ausgebrochen, mehr als hundert Passagiere waren gestorben, von der Besatzung nur der Koch Mallon. Ein vielleicht zwölfjähriges Mädchen, Maria, dessen Familie Caduff aus Graubünden gestorben war, gab sich als Tochter Mallons aus und wurde von dem Arzt Dorfheimer zu sich genommen.

Die Geschichte von Mary Mallon, die den Inhalt bildet, läßt der Autor von dem Chronisten Howard J. Rageet erzählen, der jahrelang danach recherchiert hatte. Das gefundene Material bestand aus zwei Aufsätzen, die Jahrzehnte später in medizinischen Zeitschriften veröffentlicht wurden. Das ist die Geschichte der zur mythischen Figur gewordenen bekanntesten Typhusträgerin Amerikas, die pausenlos ihre Stellungen wechselte, sich zumeist als Köchin verdingte, bis wieder einige der von ihr Betreuten an Typhus erkrankten oder starben. Wie ein Todesengel wurde sie schließlich von dem Arzt Soper gejagt, zweimal vertrieb sie ihn mit einer Waffe, und doch wollte er sie nach den Entdeckungen Kochs nur als Bazillenträgerin untersuchen. Immer wurde sie von ihrem Freund Chris Cramer unterstützt, einem untergetauchten Anarchisten, der einst durch eine Bombe einen Polizisten getötet hatte – bis auch er an Typhus starb. Schließlich wird Mary von der Polizei überwältigt, noch einmal gelingt ihr die Flucht, bis sie in einem Hospital interniert wird, wo sie am 11. November 1938 stirbt. Teile ihrer Geschichte sind vom Autor erfunden. Wenn er die Aufzeichnungen Rageets nach dessen Tod von dessen Tochter Lea, ebenfalls Ärztin, auffinden und veröffentlichen läßt, wird damit die Geschichte ein weiteres Mal der Realität nähergebracht.

MAX FRISCH

„**Blaubart**" (1985) ist die Geschichte des 54jährigen Dr. med. Felix Schaad, der mangels Beweises vom Mord an seiner ehemaligen Frau Rosalinde Zogg freigesprochen wurde. Diese arbeitete nach der Trennung von ihm als Callgirl, die Freundschaft mit Schaad blieb erhalten. Der Staatsanwalt hat ein Motiv: Eifersucht. Für zehn Jahre möchte er Dr. Schaad ins Zuchthaus schicken. Doch das Geschworenengericht erkennt auf Freispruch. In einem langen, immer wieder unterbrochenen inneren Monolog erinnert sich der mangels Beweises Freigesprochene bruchstückweise an die Verhandlung und an seine Vergangenheit, an die zehnmonatige Untersuchungshaft, an Staatsanwalt, Verteidiger und Zeugen, an seine fünf früheren Frauen, die er vor Rosalinde geheiratet hatte, die alle für ihn ausgesagt haben. Weder Billardspiel noch Alkohol noch Wandern oder Kino helfen ihm darüber hinweg: Er beginnt den Prozeß gegen sich selbst immer aufs neue, fühlt sich auf andere Weise schuldig, schuldig in einem anderen Sinne, so daß das Fragen für ihn nie aufhören wird. (S. 382)

HEINRICH HENKEL

„Zweifel" (1985) ist ein Stück über das Scheitern des Herrn des Hauses Attenhauser in Beruf, Ehe und Familie. Denn sowohl mit seiner Frau wie auch mit deren Sohn aus erster Ehe, Dominik, geht es bergab. Die übrigen Figuren, wie die modische Freundin oder der Pfarrer und die Oma, nehmen Stellung zu den im Stück behandelten „brennenden" Fragen. (S. 442)

URS JÄGGI

„**Die Komplicen**" (1964) ist der Roman über Josef Hügi, der als neuer Lehrer in die Provinzstadt S. kommt, sich im Gasthof „Goldene Gans" einmietet, seine Unterrichtsstunden absitzt, seine Hefte korrigiert und sich in die Wirtstochter Madeleine verliebt, die aber auch dem Stadtgeometer Ernest Himmelweit nicht abgeneigt ist. In seinen Liebes- und Lebensunternehmungen wird er von seinem Komplicen Franz Walras geführt, einem Mann ohne festen Beruf, der entscheidenden Einfluß auf Hügi gewinnt und diesen behält, auch als er plötzlich spurlos verschwunden ist. Hochzeit mit Madeleine, Tod ihres Vaters, Übernahme des Geschäftes, Geburt Ulrichs sind die nächsten Stationen, in denen Hügi die Widerwärtigkeit des Alltags auf sich nehmen muß, ein bißchen lügen, ein wenig sich anpassen und arrangieren lernt. Weil aber dabei „das Innerliche erstirbt", steigt Hügi eines Tages aus, wird Inspizient im Zirkus Grimbaldi; doch auch die neu gewonnene Freiheit des Herumziehens mit dem Zirkus hat ihre Einschränkungen: durch den Direktor, durch die Kollegen, durch die geliebte Frederike. Die Welt der Fahrenden, muß Hügi erfahren, gehorcht ähnlichen Gesetzen wie die bürgerliche, aus der er kommt. Eines Tages kehrt Franz wieder, nachdem Hügi und Frederike dem Zirkus den Rücken gekehrt haben; die drei leben jahrelang zusammen, bis Franz stirbt und Frederike verschwindet. Ob der umherirrende Hügi seine Frau wiederfindet, ob sie mit einem anderen verheiratet ist, ob er sie tötet: das sind drei mögliche Schlüsse. Jedenfalls mißglückt der

Versuch einer Selbstfindung durch radikales Aussteigen, denn die Beschädigungen des früheren Lebens können nicht mehr abgestreift werden.

Wenn sich wiederholt der Ich-Erzähler einschaltet, so ist dies Himmelweit, der die Geschichte seines Gegenübers aufzeichnet.

Der Er-Roman **„Ein Mann geht vorbei"** (1968) erzählt die Geschichte des jüdischen Antiquars Jakob, der noch rechtzeitig vor den Judenverfolgungen in Deutschland fliehen konnte, sich mehr durch Zufall in Genf niederließ und hier ein Antiquariat erwarb; seine Eltern hatte er zur Flucht nicht überreden können, sie starben in einem Konzentrationslager. Seit über 30 Jahren lebt der nun 61jährige Jakob zurückgezogen in seiner neuen Heimatstadt. Seine Frau Edith und seinen zweijährigen Sohn Daniel hat er verloren. Eines Tages erscheint in seinem Antiquariat die aus Linz am Rhein stammende Studentin Monika; aus dieser ersten Begegnung entwickelt sich eine Liebesbeziehung zwischen den Ungleichaltrigen, doch steht Monika auch in naher Beziehung zu dem Studenten Fernand. Mit Monika sucht Jakob sein bisher nicht gelebtes Leben nachzuholen auf Spaziergängen, auf Ausflügen und Reisen. Doch sind seine Versuche vergeblich. Monika, ihm zwar in Liebe zugetan, verläßt ihn schließlich, um sich mit Fernand zu verloben. Und Jakob erleidet das gleiche Schicksal wie seine Eltern vor 30 Jahren. Er fällt einer Art Judenpogrom Betrunkener, unter ihnen auch Fernand, in der Silvesternacht in Genf zum Opfer. Randalierer überfallen sein Geschäft und erschlagen den „Buchjuden", den „Dreckjuden".

Mit dieser Szene beginnt der Roman, der in Rückblenden das Leben Jakobs aufrollt; ein Roman, der die jüngste deutsche Vergangenheit schildert und den auch in der Schweiz latenten Antisemitismus aufzeigt. Es ist ein Thema, das auch der Schweizer Max Frisch in seinem Stück „Andorra" behandelt hat.

Der Roman **„Brandeis"** (1978) ist ein Buch der Erinnerung und des Rückblickes auf die Jahre vor und nach 1968 mit den Studentenunruhen, den fortlaufenden Diskussionen und Demonstrationen, mit der Bildung von Gruppen und Grüppchen, die miteinander und gegeneinander arbeiteten und gegen alles Bestehende antraten. Brandeis, Jahrgang 1931, Ich- und Er-Erzähler, aus einer Arbeiterfamilie stammend, in Bern aufgewachsen, Bankbeamter und nach verspätetem Studium Professor für Soziologie in Bern, dann in Bochum, am Schluß in Berlin, verheiratet mit der Ärztin Anne, wird wie von selbst in die Studentenunruhen hineingezogen, steht im Gegensatz zu den zahlreichen etablierten Professoren, erregt Anstoß, erlebt Demonstrationen und Tränengasangriffe der Polizei mit, ist skeptisch und hoffnungsfreudig, denkt und lebt mit, denkt aber auch nach, ohne sentimental zu werden. Es sind Erinnerungen an den konservativen Rektor Rosenkopf, an den kommunistischen Kollegen aus der Chemie, Kurt, an das Attentat auf Rudi Dutschke und den Einmarsch der Russen in die CSSR, als er gerade in Weitra/Niederösterreich ein Buch schreibt; an das vorübergehende Verhältnis mit der radikalen Studentin Susanne und die Ablehnung der Studenten trotz seiner Progressivität, an die Berufung als Gastdozent in die USA, an den schwarzen Studenten Gleen, an seinen Zusammenbruch und die Rückkehr nach Berlin. Nicht die Fakten sind das Entscheidende an dem Roman, vielmehr soll die Frage geklärt werden nach den Ereignissen des Jahres 1968, nach der Verbindung zwischen Öffentlichem und Privatem jener Jahre, nach den Folgen für die spätere Zeit. Ein ehrlicher und überzeugender Roman über das 68er Jahr.

Nachdem der Roman „Brandeis" die Studentenunruhen des Jahres 1968 geschildert hatte, erzählt Jäggi in seinem abwechselnd in der Er- und Ich-Form geschriebenen Roman **„Grundrisse"** (1981), was aus diesen „Protestlern" geworden ist; sie haben sich inzwischen angepaßt, sind diplomiert, promoviert, integriert, leben in problematischen Ehen, sind Väter und Mütter geworden.

Einer von ihnen ist der Architekt Albert Knie aus der Schweiz, der in Westberlin lebt und dessen Geschichte hier berichtet wird. Ihm wird plötzlich klar, welch zweifelhaftes Glück die Bauwut über das Nachkriegsdeutschland gebracht hat, er steigt aus, verläßt nach 15jähriger Ehe seine Gattin Ursula, Rechtsanwältin, die vor allem Linke, auch Terroristen verteidigt, sowie seine halbwüchsige Tochter Ursula, die zu den neuen Protestlern gehört, die Schule haßt, zu den Alternativen stößt, an Demos teilnimmt, sich aber immer mehr ihrem Vater zuneigt, sich aber zugleich altersmäßig von Familienbindungen löst. In seiner Einzimmerwohnung lebt Albert ohne Beruf, gewinnt in Robert, einem aus der DDR ausgewiesenen, aufsässigen Lehrer, einen Freund, in Renate zeitweise eine neue Freundin, die ihn wieder verläßt und sich Robert zuneigt. Dieser begeht, an einem Gehirntumor erkrankt, Selbstmord. Schließlich nimmt Albert einen neuen staatlichen Bauauftrag an, kehrt zu seiner Frau zurück, wird ein „Wiedereinsteiger". Seine Aufgabe sieht er darin, den Dialog zwischen der Generation der 68er Jahre und der jungen alternativen Generation von heute herzustellen. (S. 511)

JÜRG LAEDERACH

wurde 1945 in Basel geboren und übte nach dem Schulbesuch verschiedene Tätigkeiten aus; er spielt Saxophon, Klarinette, Flöte und Klavier, Klassisches und Jazz; er schreibt Geschichten, Romane, Stücke für das Theater; er übersetzt und bespricht Bücher, Konzerte und Restaurants ebenso wie er bekannte Persönlichkeiten interviewt.

Werke: **„Einfall der Dämmerung"**, Erzählungen (1974), **„Im Verlauf einer langen Erinnerung"**, Roman (1977), **„Das ganze Leben"**, Roman (1978), **„Das Buch der Klagen"**. Sechs Erzählungen aus dem technischen Zeitalter (1980), **„Fahles Ende kleiner Begierden. Vier minimale Stücke"** (1981), **„In extremis"**, Prosa (1982), **„69

Arten den Blues zu spielen" (1984), **"Flugelmeyers Wahn. Die letzten sieben Tage"** (1986).

Laederach debütierte mit dem Erzählband **"Einfall der Dämmerung"**, in dem er 42 Kurz- und Kürzestgeschichten vereinigte, darunter zwei längere Erzählungen („Marianne", „Struwelpeter"), Texte von sprachlicher Präzision und assoziativen Zusammenhängen. Im Mittelpunkt steht häufig die Kunstfigur des Hirse, das Ich Laederachs, dessen persönliche, kulturelle und soziale Entfaltungsmöglichkeiten vorgeführt werden. Die Form wechselt zwischen Märchen, Satire, Kriminalstory, Parabel und Westerngeschichte, das Geschehen verschlimmert sich rasch ins Bedrohliche. So wird im ersten Kurztext die Idylle von der Mühle am rauschenden Bach in wenigen Sätzen in ein Flammenmeer verwandelt; in einer anderen wird ein Schriftsteller zu 20 Jahren Orthographie-Kerker verurteilt, dann wieder wird ein Dienstverweigerer geschildert, vom Kommissar berichtet, der zum Verbrechen stets zu spät oder zu früh kommt. Mit humorvoll-grausamer Fantasie schreibt Laederach gegen erlittene Erfahrungen an.

Der Roman **"Im Verlauf einer langen Erinnerung"** ist in fünf Teile gegliedert, von denen jeder eine eigene Sprach- und Inhaltsgestaltung hat; die Abenteuer der drei durchlaufenden Figuren Keener, Laederach und Lulu spielen auf verschiedenen Ebenen gleichzeitig: in ihren äußeren Umgebungen, in ihrer Innenwelt und in einer Zerrwelt des Schreckens. Eine durchlaufende Handlung gibt es nicht.

Im 1. Teil stellen sich probeweise die Bezüge zu und zwischen den drei Personen Keener, Laederach und Lulu her; im 2. Teil nennt sich Keener Joseph und denkt sich, scheinbar beinlos geworden und auf ein rollendes Brett geschnallt, in ein Asyl des Entsetzens. Im 3. und längsten Teil verfolgt eine vom allmächtigen Hoover geleitete Organisation Keener auf einer Englandreise. Ziel dieser geheimnisvollen Organisation scheint es zu sein, Keener zu liquidieren und ihn nach seinem Tod durch einen anderen ersetzen zu lassen. Doch Hoovers Schlag trifft nicht Keener, sondern einen Unverdächtigen. Im 4. Teil stehen sich Keener, der erblindet ist, ein Arzt und eine Kinofigur gegenüber; eine Überschwemmung setzt die Praxis unter Wasser, in der Keener geheilt werden soll. Im 5. Teil nimmt Keener den Vornamen Sigmund an. Er sitzt in seinem Empfangszimmer, versponnen in seine Wahnvorstellungen, und redet mit und ohne Patienten von seinem Ende in Wien. Das Erzählen des letzten Teiles übernimmt Lulu. Es bleibt die Hoffnung: auch nach Keener werde das Erzählen weitergehen, weil es unzerstörbar sei.

Ob Keener Laederach ist, weil vieles in der Ich-Form, manches auch in der Du-Form erzählt wird, bleibt ungeklärt. Es ist ungewiß, wer der Erzähler und wer der Erzählte ist. So bleibt der ganze Roman relativ, er schildert, wie der „Held" in einer „großen Ängstigung das Fürchten verlernen" will.

„**Das ganze Leben**" nennt der Autor einen Roman, der freilich, wie bei Laederach üblich, keine durchgehende Handlung aufweist, nur verschiedene Geschichten erzählt, Betrachtungen anstellt, die zusammen ein ganzes Leben ergeben können. Ein Held ist vorhanden: Robert Bob Hecht, der zu seiner Arbeit und zu seiner Frau Ann in immer neue Beziehungen tritt. Der Roman gliedert sich in drei Abschnitte: „Job" ist eine Serie kürzerer und längerer Kapitel über Robert, der auf intensiver Stellungsuche ist, und zugleich seine Herrschaftsansprüche an seine Frau stellt. Am Ende begeht er Harakiri, um im zweiten Teil, „Frau", geändert und geläutert wiederzukommen. Der zweite Teil schildert Roberts Beziehungen zu seiner Frau, seine mit dem Winter einsetzende Impotenz sowie von der eigens zu seiner Heilung eingestellten Magd. „Totems und Tabus" betitelt sich das Finale, in dem Robert, hinter dem immer wieder der Autor zu erkennen ist, die Geschichte mit Ann in einem Siedlungshaus, das einem Talmudisten gehört, erzählt. Er ist jetzt Leiter eines „Schreibunternehmens" und hat Herrn Peyer als Angestellten. In den Zimmern vermehren sich mit dem Fortschreiten des eigenhändig geschriebenen Textes die Schreibtische. Zur Sicherheit schreibt Peyer, immer um einige Seiten später, alle Texte mit. Hintergründig, manchmal grotesk oder skurril ergibt sich aus den zahllosen Kapiteln ein „ganzes Leben".

„Sechs Erzählungen aus dem technischen Zeitalter" enthält **„Das Buch des Klagens"**, welche sechs Blicke auf sechs Welten werfen. „Bub", selbst wieder aus neun Geschichten bestehend, vom Eichhörnchen bis zu den vier Wahnsinnigen, zusammenhängend nur durch die Ich-Form des Erzählers, zählt die Jugendsünden eines Schreibenden bis zu seinem Tode auf, manchmal aus der Sicht des Vaters auf den Buben, dann wieder vom Buben selbst. „Intendanten" führt eine Gruppe beliebter Fernsehidole vor wie Lembke, Zimmermann, Peter Alexander, den Kommissar, Heintje, Heidi und Vivi und den Fernsehpfarrer Sommerauer und läßt diese zu einer wilden Horde verkommen; in letzter Konsequenz spielen sie ihre Fernsehfilme nur noch in Verkürzungen, wie sie in den Programmheften stehen. Sie nehmen schließlich die Studios in Besitz und zerstören sie. Dann tritt auch noch der Autor als Intendant auf und führt alles zu einem sachkundigen Ende.

„Engel, Himmler und Teufel" sind die drei häufigsten Wahnvorstellungen „eines Bewußtseins, das ortlos geworden ist", indem der Patient aus seiner vertrauten Umwelt in eine Art Krankenhaus transportiert wird, vielleicht auch gegen seinen Willen dorthin verfrachtet wurde. „Will Sampson über Miss Sara", oder auch Lara genannt, schildert nach Lessings Trauerspiel das Sterben des Vaters der Miss Sara Sampson durch einen detonierenden Ölofen, der Sampson zerreißt und in dem Sterbenden in einem langen Monolog seine Erinnerungs- und Eifersuchtsfantasien freisetzt, ein in jeder Weise eigentümliches Gegenstück zu Lessing. „Dummweg, das Hermelin" ist der Vorgesetzte „der Stefan", einer weiblichen

Schreibkraft in einem „Menschenvernichtungsbüro", der ihr immer häufiger im Treppenhaus ihrer Wohnung erscheint und anfängt, sie im Büro als Vorgesetzter, in der Wohnung als eine Art Nachtmahr zu bedrängen. In höchster Auswegslosigkeit bleibt der Stefan nichts als die Entmannung Dummwegs. „Steins Erzengel" erzählt von der Schriftstellerin Gertrude Stein, die einen vielleicht fünfjährigen Sohn Michael hat, dessen Vater mit seinen Erfindungen im Laboratorium verschwunden ist, sodaß sie sich schließlich die immer mit dem Tode befaßte Vera zur Ehepartnerin sucht: ein Vorgang, der Michael schrecklich verändert.

„Fahles Ende kleiner Begierden. Vier minimale Stücke". „Ich habe jedes Stück in einer Klassikertradition eingeschrieben. ‚Japanische Spiele' sind ein unziemliches Nô-Spiel. ‚Rost...' ist für zwei Karl Valentins, ‚Nacht denken' denkt über Beckett nach. ‚Han und Anim' ist eine Erinnerung an einen Abend bei Peter Handke." Witz und Verzweiflung sind Grundtenor der vier Stücke, die alle auf Sprachverknappung und Retardierung aufgebaut sind, keine Handlung aufweisen, Prosastücke mit musikalischem Aufbau. Die Sprachverknappung geht vor allem in den letzten zwei Stücken so weit, daß nur mehr einzelne Wörter an die Stelle von Sätzen treten.

„69 Arten den Blues zu spielen" ist eine Sammlung von 74 Kurzgeschichten, deren Länge von einer halben Seite bis zu 20 Seiten reicht, und die in sechs „Chorusse" eingeteilt sind. Titel wie „Thomas von Aquin", „Justus Liebig", „Baruch Spinoza" sagen über den Inhalt kaum etwas aus, denn immer ereignet sich anderes als erwartet wird, das gilt genauso für „Faust Co" oder „Berlin". Vielmehr handelt es sich um eine Enzyklopädie verschiedenartigster Kurzgeschichten, ernster und heiterer, zumeist freilich ironischer, aufmunternder und niederschmetternder Art. Es sind schlichte und ironisch-aberwitzige, brutale und gelassene Erzählungen über menschliche Bezüge, Ereignisse und Begebenheiten. Wie der abendfüllende Saxophonist seine Blues spielt, so schreibt Laederach seine sprachlich gekonnten, ernsten und witzigen Geschichten.

„Flugelmeyers Wahn. Die letzten sieben Tage" gliedert sich in „Das berühmte Dreitage-Treffen mit Georg Flugelmeyer", ein dreitägiges Interview zwischen dem Journalisten Ernst und dem Regieassistenten Flugelmeyers; in „Flugelmeyers Rede von der Einsamkeit" am 4. Tag und den „Bericht des Chefredakteurs: Das Interview mit Flugelmeyer" am 5. Tag, in „Flugelmeyers Rede vom Kommen, Sehen und Siegen" am 6. Tag sowie den „Widerstandskämpfer gegen Heimatvertreibung" am 7. Tag, in dem er einen alltäglichen Tod stirbt, den seine Frau Sophie Naujock herbeiführt. Der durch die Person Flugelmeyer verbundene Text greift weit aus, bildet keine inhaltliche oder logische Einheit und lebt von laufenden Wiederholungen von Wortgruppen und Sätzen am Beginn und Ende jedes Absatzes. Hätte Flugelmeyer nicht einer Zeitschrift sein berühmtes Interview gegeben, wäre der Aufstieg Flugelmeyers und seines Wahnes nicht an die Öffentlichkeit gedrungen, meint der Autor.

GERTRUDE LEUTENEGGER

Werke: „Gouverneur" (1981), **„Komm ins Schiff"** (1983), **„Das verlorene Monument"** (1985), „Kontinent" (1985).

In „Kontinent" hat die Ich-Erzählerin eine Stelle in einem südlichen Alpental angenommen, um für das Aluminiumwerk, das neben dem Weinbau das Leben im Tal bestimmt, „Naturaufnahmen" zu machen, aus denen eine Art Konzert auf Schallplatte zum 75jährigen Bestand des Aluminiumwerkes erstellt werden soll. Während ihrer Arbeit wird sie mit dem Dorf und seinen Bewohnern, der Verwalterin und dem verstorbenen Bewässerungsingenieur, mit Frauen und Arbeitern, mit dem Metzger und mit der Geschichte des Dorfes vertraut; zugleich aber wird das Dorf auch immer unheimlicher und fremder, der Hügel mit dem roten Observatorium, welches die Frau blau verputzen läßt, der weiße Kirchturm und der Friedhof, der auch als Tanzplatz verwendet wird; Vorbereitungen für das Musikfest werden getroffen, das vor der Weinlese stattfinden soll. So fremd wird ihr schließlich das europäische Tal wie das ferne China, das sich der Erzählerin durch den Geliebten verlebendigt: die chinesischen Volksmassen, eine Parteiversammmlung, eine Opernaufführung. Denn immer geht wie selbstverständlich das Leben im Tal in das in China über, beide Erzählungen verschränken sich, das Fremde jedes Kontinents aber wird gewahrt. (S. 566)

KURT MARTI

wurde 1921 in Bern geboren, studierte nach der Matura zwei Semester Jus, dann evangelische Theologie in Bern und Basel. Im Dienste der ökumenischen Kirche verbrachte er ein Jahr im Nachkriegs-Paris. Hierauf wurde er Pfarrer in Leimiswil, Niderlenz und 1961 in Bern. In der Zeitschrift „Reformatio" verfaßt er regelmäßig die Kolumne „Notizen und Details". Er wurde mit einer großen Reihe von Preisen ausgezeichnet und 1971 zum Dr. h. c. der theologischen Fakultät der Universität Bern ernannt.

Werke (Auswahl): „boulevard bikini", Gedichte (1958), **„Republikanische Gedichte"** (1959), **„Dorfgeschichten"** (1960), **„gedichte am rand"** (1963), **„Die Schweiz und ihre Schriftsteller – die Schriftsteller und ihre Schweiz"** (1966), **„gedichte, alfabeete und cymbalklang"** (1966), **„trainingstexte"** (1967), **„rosa lui"**, vierzig gedicht ir bärner umgangsschprach (1967), **„Leichenreden"** (1969), **„heil-vetia"**. Ein Gedicht (1971), **„Abratzky oder Die kleine Blockhütte"**, Lexikon in 1 Band (1971), **„Paraburi"**. Eine Sprachtraube (1972), **„Das Herz der Igel"**, Texte für die Schule (1972), **„Zum Beispiel Bern 1972"**. Ein politisches Tagebuch (1973), **„umdereinisch"**, gedicht ir bärner umgangsschprach (1973), „**Die Riesin**". Ein Bericht (o. J.), „**meergedichte, alpengedichte**" (1975), „**Nancy Neujahr und Co.**" (1976), „**Zärtlichkeit und Schmerz**", Notizen (1979), „**Approximationen stochastischer Orientierung**" (1979), „**Ein Abend in Lehrer Meilis ruhigem Leben. Die Entfernung**" (1980), „**Durch eine Welt ohne Angst**", Berichte, Geschichten, Gedichte (1981), „**abendland**", Gedichte (1982), „**Schon wieder heute**". Gesammelte Gedichte 1959–1980 (1982), „**Bürgerliche Geschichten**" (1983), „**Schöpfungsglaube. Ökologie Gottes**" (1983), „**geduld und revolte**" (1984), „**Ruhe und Ordnung. Aufzeichnungen und Abschweifungen 1980–1983**" (1984), „**Tagebuch mit Bäumen**" (1985), „**Mein barfüßig Lob**" (1987), „**Nachtgeschichten**" (1987). Dazu zahlreiche Predigten und Leichenreden.

Das literarische Werk von Marti weist eine große Anzahl von Titeln auf, die einzelnen Bändchen aber sind schmal mit Ausnahme seiner Sammlungen von Predigten und Leichenreden. Die große Arbeit als Pfarrer verstärkt seine Neigung zur Kurzform. Die Anfänge seines literarischen Schaffens führt er selbst zurück auf seine Unzufriedenheit mit der kirchlichen und theologischen sowie der liturgisch festgelegten Sprache, auf sein Bedürfnis nach einer Sprache, die „genauer, ehrlicher, sachlicher sein sollte". Diese Suche nach einer freien, eigenen Sprache prägt das gesamte literarische Werk Martis; so wurde er in seiner Heimat zu einem der wichtigsten Anreger und Neuerer, er brachte neue Formen und Motive ein oder verlebendigte alte Formen und Motive in neuer Art. Wichtigste Impulse erhielt er von der Konkreten Poesie, vor allem von seinem Landsmann Eugen Gomringer.

Unter dem Titel „**Dorfgeschichten**" veröffentlichte Marti 28 Geschichten, erste Prosa des Autors, die später um die fünf „Velo-Geschichten" vermehrt unter dem Titel „Wohnen zuhaus" (1965) herauskamen und 1983 neuerdings unter dem Titel „Dorfgeschichten" erschien. Es sind Kurz- bis Kürzestgeschichten aus dem Dorf, entstanden aus den Erfahrungen des Pfarrers einer ländlichen Gemeinde. Geschildert werden Schelme und Käuze, Fremde im Dorf, Italiener, die resche und fesche Tiroler Kellnerin, Krankheit und Tod eines Arbeiters, Ehe, Liebe, Kino, Altersheim-Bewohner und Rentner-Ausflug, der Schweizer Nationalfeiertag am 1. August und die damit verbundenen Pannen bei der Feier, Parteipolitik in Dorf und Gemeinderat, mißglückte Friedensstiftung unter Hausparteien, Wunderheiler und Lokalbahn, das Gespräch über einen Sterbenden. In schlichter, einfacher Sprache und sachlichem Tonfall blättern diese Geschichten oft mit wenigen Sätzen ein ganzes Schicksal auf.

Die kleine Sammlung „**gedichte, alfabeete und cymbalklang**" teilt die Gedichte nach dem Titel in drei Abteilungen, wobei die „alfabeete" reine wortgedichte sind, die spielerisch immer neue wortalphabetische Reihenfolgen erfinden. Insgesamt sind es der

Konkreten Poesie zuzuordnende, von Eugen Gomringer beeinflußte experimentelle Gedichte, deren Worte sich bisweilen zu sinnvollen Zusammenhängen schließen.

Gleiches gilt für die Sammlung **„meergedichte, alpengedichte"**, wiederum spielerisch freirhythmische, bisweilen gereimte Gedichte experimenteller Art in den vier Abteilungen „meer", „meer und gebirge", „alpen" und „ikone", teils ironisch, teils ernsthaft, bisweilen auch moderne Naturgedichte.

Den freirhythmischen Gedichten **„Leichenreden"** sind jeweils ein oder mehrere Aussprüche bekannter Leute vorangestellt, aber auch Mauerinschriften aus dem Paris von 1968. Der als Pfarrer professionelle Leichenredner Marti scheint mit diesen rituellen Leichenreden nicht zufrieden zu sein, denn er stellt ihnen seine in der Aussage einfachen, aber tief ergreifenden und zum Nachdenken anregenden Gedichte gegenüber. Diejenigen, die sagen, „über Tote soll man nur Gutes reden", fragt er, warum Nekrologe nicht offen, ehrlich und gerade sein sollen. Darum tritt er auf gegen die Verlogenheit und Schönfärberei, die bei Beerdigungen immer wieder offen zutage treten. Und eine Antwort auf die Frage: „was kommt nach dem Tod?" ist ohne jede Gefühlsduselei:

> „nach dem tod
> kommen die rechnungen
> für sarg begräbnis und grab."

„Ein Abend in Lehrer Meilis ruhigem Leben" ist eine Kurzgeschichte vom ruhigen und glücklichen Leben des Lehrers Meili und seiner Gattin Brigitt, von einem Abend, da er Englisch-Hefte korrigiert und seine Gedanken zum nachmittäglichen Besuch der „Indianerin" im oberen Stockwerk abschweifen, einer Malerin, für die Kunst „Selbstforschung und Naturforschung" ist, die ihren Namen von ihrer Adlernase, ihrem braunen Teint und ihren schwarzen Haaren hat; es ist ein Nachdenken über ihre Erzählung von ihrem ihr erstmals bewußt gewordenen Alter, indem sie sich im Spiegel als Ziege sah, die nun ihr Malobjekt werden soll, und von ihrer geplanten Reise mit einem geschiedenen Architekten nach Griechenland, dem sie damit über seine Depressionen hinweghelfen will. Es wird aber auch berichtet von einem vagen Aufkommen eines Gefühls des Lehrers Meili zu ihr, das aber ebenso schwindet wie der Nachmittag, und von seiner Rückkehr zu seiner Frau und seinem ruhigen Leben.

Die dreiteilige Gedichtsammlung **„abendland"** verleugnet nie, daß der Autor ein protestantischer Theologe ist, vor allem in Gedichten wie „und maria", in dem er neue theologische Deutungen Marias gibt, oder in dem Gedicht „jesus", auch nicht einmal in dem langen Collage-Gedicht „frau mann liebe", das nur aus Zitaten von Tuli Kupferberg bis Ingeborg Bachmann, von Paul Elouard bis Arno Schmidt, von Ernesto Cardenal bis Vladimir Nabokov und zahllosen anderen zusammengesetzt ist, die der Autor gewissenhaft aufführt. Immer denkt Marti zutiefst über Gott nach und sucht das Evangelium für die heutige Zeit zu artikulieren, d. h., er setzt sich mit der Tradition des christlichen Glaubens auseinander und verknüpft überlieferte Glaubensartikel und Vorstellungen mit den Fragen, Hoffnungen und Ängsten des gegenwärtigen Menschen, übersieht dabei aber auch nicht die politische, soziale und naturhafte Komponente. Die Gedichte wollen zwischen den vielen Fronten der gegenwärtigen Gesellschaft Orientierungspunkte geben, was christlicher Glaube noch oder nicht mehr sein kann.

Die „Notizen" **„Zärtlichkeit und Schmerz"** sind kurze und längere Aphorismen, unterteilt in fünf Gruppen: Wo gesprochen wird. Schon wieder heute? Das männliche Spiel. Hader mit Leibnitz. Unter der Hintertreppe der Engel.

„Zärtlichkeit" und „Schmerz" sind für Marti zwei Synonyma, zwei Wörter, die in der christlichen wie nichtchristlichen traditionellen Gottesvorstellung das männliche Herrschaftsbild bezeichnen. Denn auch das Gottesbild des Christentums ist in einer Männergesellschaft entstanden, und das Christentum würde, so meint der Dichter, ganz anders aussehen, wäre es in einer Frauengesellschaft gebildet worden; weshalb er sich auch einen weiblichen Messias vorstellen könne. Die Aphorismen beschäftigen sich mit vielfältigen Problemen, welche Welt und Menschen bewegen, nicht allein mit Gott, Religion und Theologie, sondern genauso mit Mensch, Volk und Staat. Immer wieder stellt er die Wechselbeziehungen zwischen Privatem und Religiösem, zwischen Persönlichem und Sozialem her und schafft so eine Überschau von Figuren und Konflikten, von Hoffnungen und Ängsten, von Glauben und Zweifel. Es sind fein geschliffene Sentenzen, bedacht und genau erarbeitet, wie etwa: „Die Ware Weihnacht ist nicht die wahre Weihnacht". Oder „‚Außerhalb der Kirche kein Heil.' Neuestens müßte der Satz aber lauten: ‚Außerhalb der Liebe kein Heil.'" Oder über die Schweiz: „Zensur existiert hier nicht, aber sie funktioniert. Kein Radikalenerlaß wurde beschlossen, er wird aber angewendet."

Die Sammlung **„Bürgerliche Geschichten"** enthält 18 Geschichten, deren Inhalt mit einem Satz des Autors umschrieben werden kann: „Und plötzlich also merkt man, daß man bei sich und zuhause halt doch nicht ganz bei sich, nicht nur zuhause ist." Die Geschichten erzählen von einem Gelähmten, dem der Schlaganfall die Sprache geraubt hat; von der Erinnerung an den Aktivdienst während des Zweiten Weltkrieges und einer verhängnisvollen Schitour; vom kleinen Bergbauernbuben Leo, der es durch Tüchtigkeit zum Großunternehmer und Begründer eines Feriendorfes bringt, nach dem Tod seiner Frau aber pleite geht; vom angeblichen Malta-Deutschen Hugo in Bern und seinen Ansichten von einer anarchischen Ordnung ohne Herrschaft; vom Säufer-Dichter Uardo und seiner an ihn glaubenden Geliebten Judith; von Lehrer Meilis Träumen; von einem 51jährigen, der durch Fusion seine Firma verliert und als Vertreter sein Leben fristen muß; vom Selbstmord der alternden Flörli; von einem Beamten, einem „uninteressanten" Menschen; vom krebskranken Patienten und seinem krebskranken Arzt; von einer „Hexe" und von der Angst der Menschen vor Raub, Einbruch und Mord; von den Schwierigkeiten, die ein ererbtes Haus mit sich bringt und den damit verbundenen „Sachzwängen"; vom Kreislaufkollaps des Gerichtspräsidenten Bösch während der Urteilsverkündung; vom Witwer Courvoisier und seinem geistigen Umgang mit seiner verstorbenen Frau Meta; von den eigenartigen Beschädigungen Suters. Es sind Kurzgeschichten, die immer das Eingreifen eines entscheidenden Schicksals in ein Menschenleben und die damit verbundenen Veränderungen darstellen.

„geduld und revolte" ist eine abgeänderte und vermehrte Ausgabe der „gedichte am rand" (1961), die Ingeborg Drewitz besorgt hat. Es sind in freien Rhythmen geschriebene Kurzgedichte, die herausfordern, beunruhigen, ja erschrecken sollen. Die bekannten Geschichten, Gleichnisse, Bilder und Personen der Evangelien nimmt Marti zum Anlaß seiner Gedichte, die „am rande" der Evangelien stehen, zerschlägt diese Parabeln und Geschichten und setzt sie neu wieder zusammen, oder er verändert sie und paßt sie der Gegenwart an. „Narbe und Leimspur verändern Wesentliches zu Bildern, Gleichnissen, Geschichten, Nachrichten von heute (…) und gehen uns jäh an wie das, was nebenan oder auf der Straße vor unserer Haustür, in den täglichen Meldungen, in unseren Angstträumen und in unserer Science-fiction-Wirklichkeit geschieht" (Ingeborg Drewitz). Da diese Gedichte „am rande" der Evangelien entstanden sind, gibt Marti einen Index mit Verweisen auf die betreffenden Evangelienstellen. Zwei Beispiele:

>   flucht nach ägypten
>   nicht
>   ägypten
>   ist
>   fluchtpunkt
>   der flucht
>
>   das Kind
>   wird gerettet
>
>   tage
>
>   fluchtpunkt
>   der flucht
>   ist
>   das kreuz

>   nur einer tats
>   ich sterbe nicht
>   ich werde gestorben
>   auch du stirbst nicht
>   du wirst gestorben
>
>   das tatwort
>   sterben
>   belegts
>   für harte
>   wir tun es nicht
>   nur einer tats

„Ruhe und Ordnung. Aufzeichnungen und Abschweifungen 1980–1983" sind Tagebuchaufzeichnungen, die vom November 1980 bis zum Februar 1983 reichen, zu denen den Anstoß eine Frage von

Studenten an den Autor gab, „welches Menschenbild seiner Arbeit zugrundeliege". Die Antwort, die zunächst die gängigen Phrasen rasch abtut, ist schwer. So beginnt Marti mit Erfahrungen aus seinem Leben, zurückgehend bis auf seine Kindheit und Jugend, seine Eltern und seine Bekannten, berühmte wie Hermann Hesse oder Stefan George und unbekannte. Aus dieser Konfrontation mit seiner Lebensgeschichte entsteht dieses interessante Tagebuch, das kaum eine die Welt bewegende Frage übergeht. Denn Marti setzt sich mit den politischen Herausforderungen, vor allem den Atomkraftwerken der Schweiz, ebenso auseinander wie mit Militär und Aufrüstung und Reagans Politik, mit Autos und modernem Verkehr, der Landschaft und Menschen zerstöre und vernichte. Ruhe und Ordnung, wonach sich so viele sehnen, findet er nirgends mehr. Vieles führt er auf die seit Jahrtausenden bestehende Männerherrschaft zurück, er könnte sich Gott ohne weiteres weiblich vorstellen, mit den traditionellen Klischees von männlich – weiblich kann er sowieso nichts anfangen. Notizen, Erinnerungen, Momentaufnahmen, Traumprotokolle, kleine Erzählungen, Reflexionen bilden zusammen dieses Tagebuch, das mit der schönen Erzählung von der Audienz des Julian Beck vom Living Theatre beim Papst endet.

„**Tagebuch mit Bäumen**", reichend vom 27. 4. 1983 bis zum 13. 9. 1984, schließt an die früheren Tagebücher des Autors an. Literatur und Realität gehen dabei eine innige Verbindung ein. Immer ausgehend von Bäumen oder auf sie zurückkommend, stellt der Autor den Menschen mitten in die Natur hinein. Neu ist sein Blick auf die Gefährdung der Umwelt, sei es durch Autoabgase, sei es durch Atomkraftwerke, und auf die Zerstörung der Umwelt durch die Technik. Theologische wie politische, philosophische wie literarische und mythologische Probleme werden erörtert. Ein mehrwöchiger Aufenthalt auf der Insel Lemnos gibt auch dort Anlaß zu philosophischen Naturbetrachtungen. Lesungen an verschiedenen Orten, Diskussionen und Teilnahme an Friedensdemonstrationen sind interessante Fixpunkte in den Aufzeichnungen.

„**Mein barfüßig Lob**", Gedichte. Die in die drei Abteilungen: klage. lob. sabbat eingeteilten engagierten Gedichte Martis sind eminent politisch. Denn er beklagt und klagt an, Melancholie mischt sich in die meist kurzen Zyklen. Ausgehend von den Folgen der Katastrophe von Tschernobyl, nimmt er zu zeitgenössischen Problemen Stellung, denn „der faber / frißt / den homo auf". Alles ist ihm zu schnell, drum sterben auch „die schmetterlinge zu schnell". Trotzdem findet er dort und da auch Anlaß zum Lob, das freilich nicht übermäßig groß, aber auch nicht kleinlaut ist: Er nennt es deshalb „barfüßig". Die Juxverse des letzten Teiles, die mit der Sprache spielen, machen deutlich, daß Marti nicht resigniert.

„**Nachtgeschichten**". Gemeinsam ist den 20 Kurzgeschichten, daß sie alle in der Nacht spielen: Ein Sufi (islamischer Mystiker) nimmt

Besitz von zwei Freunden; eine krebskranke Frau unterhält sich im Spitalszimmer mit dem gegenüber hängenden Kruzifix; zwei Ehepaare sprechen über Jean Pauls Mondsucht und Weiskopfs Nachtforschungen; zwei alte Männer treffen einander vor dem Gasthaus; in La Valetta wird die nächtliche Trinità-Prozession mit Böller und Feuerwerk gefeiert; bei einem Single tauchen spät am Abend zwei unheimliche elegante Frauen auf, welche die Wohnung durchsuchen; in einem Mietshaus ertönt des Nachts ein wunderbarer Gesang und vereint die Menschen, sein Ende entzweit sie wieder; ein nächtlicher Anrufer erzählt sein halbes Leben; motiv- und spurlos verschwindet ein Berner Rechtsanwalt; Jugendliche zünden in einer Schweizer Stadt eine abbruchreife Villa an; wie „ein Blitzlicht" taucht vor dem Einschlafen der Gedanke an eine ehemalige Geliebte auf; „Fortuna" ist ein Spiel mit leeren Karten; ein Selbstmörder wird zum Erpresser; ein Liebespaar sucht den magischen Felsen Ulolith; eine Mombertgeschichte folgt. In allen Geschichten geht es um das Rätsel des Lebens.

ADOLF MUSCHG

„**Mitgespielt**", Roman (1969/1984), schildert, in Zürich spielend, eine Gruppe Studierender rund um ihren Klassenlehrer Dr. Hämmerli; Hauptgestalt ist Andres Platten, Jungkommunist und Lyriker, in dessen Gedichtsammlung Hämmerli, von dessen Drogensucht Andres weiß, Selbstmordgedichte einschmuggelt, um einen Freitod vorzutäuschen, wenn er „verunglückt". Auf einer viertägigen Schulwanderung verschwindet Andres tatsächlich mit einem Fahrrad, mit dem er seine Tante besucht hatte. Sein Freund Raoul hatte ihn wegen Esther zu einem Duell auf dem Brückengeländer gefordert, sein Freund Ulrich aber hält Hämmerli für den Mörder, recherchiert nach genauem detektivischen Plan und erlebt dabei verschiedenste Abenteuer. Dann aber „stellt sich" Raoul, er habe den Freund beim Duell vom Brückengeländer gestoßen; damit brechen Ulrichs Recherchen zusammen. Aber auch Raouls angeberische Selbstbezichtigung hält nicht: denn nach einem Jahr erscheint Andres wieder, der sich abgesetzt und einen Unfall vorgetäuscht hatte. Vor seiner Verhaftung wegen Irreführung der Behörden flieht er in den Zürcher See, wird aber überwältigt und abgeführt.

„Der Erziehungsroman eines Vampirs" „**Das Licht und der Schlüssel**" (1984) hat drei Teile: Mona. Mani. Roman. Die Frage lautet: Wie findet sich ein Vampir heute, gegen Ende des 20. Jahrhunderts in einer Stadt wie Amsterdam zurecht? Die Geschichte spielt auf zwei Ebenen: Erzählungen des Vampirs Samstag vor Mona Nächte hindurch, da er ja nur bei Nacht lebendig wird, und Briefe an Mijnheer, für den er angeblich ein Stilleben erwerben soll. Untertags schläft er im Keller des Hauses in seiner Truhe, dort wo Mona wohnt. Die Anwort auf die Frage: Um heute seinen Bluthunger zu stillen, wird er ein Saugtherapeut und bevorzugt dazu vor allem drei Arztgattinnen für Montag, Mittwoch und Freitag: Myrna, die Gattin des Dr. Buitenhuis; Jeanette, die Gattin des Dr. Veenendaals; Maaike, die Gattin des Dr. Smolders. Deren Geschichten erzählt der Vampir Mona, die, einst Stewardeß der KLM, nach zwei Ohnmachtsanfällen für fluguntauglich erklärt wurde und an der unheilbaren Krankheit LE leidet. Freilich gibt sich Mona mit den Geschichten Samstags nicht zufrieden, sie überprüft sie auf ihre Stichhältigkeit. Für sie ist wichtig, warum sich Samstag über die Medizin lustig macht, warum er sich selber als „Toten" bezeichnet. Der erste Teil schließt mit einer großen Vernissage des Malers Kees von Enden, eines Freundes Monas, die in eine ausgelassene Orgie ausartet, aus der die ohnmächtige Mona ins Krankenhaus gebracht wird.

Der zweite Teil erzählt von Mani oder Frauke, der Tochter Monas und ihres geschiedenen Mannes Gerrit, einem schwierigen Kind, das in der Pubertät steckt und seine Schwierigkeiten in Malerei umsetzt. Der dritte Teil ist die Geschichte Monas und Jan Willem van Helsings, des angeblichen Museumswärters, den sie mit Samstag bei einem Besuch im Auktionshaus kennenlernt, und die von ihm erzählte Geschichte des Vanmeer-Fälschers Han van Meegeren sowie des durch ein gefälschtes Bild entlarvten holländischen Judenmörders Merten; denn Jan Willem ist in Wahrheit Spezialagent der Polizei und hat auch Samstag zu überwachen und für die Polizei zu gewinnen. Als sich alle drei Arztgattinnen von Samstag auf einmal verabschieden und er seine Therapie einstellen muß, ist er gezwungen, sich gewöhnlicher menschlicher Nahrung zuzuwenden. Zwar berichtet eine Zeitungsnotiz, ein junger Polizist und eine junge Frau seien bei einem Autounfall getötet worden, ihre Leichen aber verschwunden; doch tauchen Mona und Jan Willem wieder auf, der Samstag vor die Entscheidung stellt: bei der Polizei zu arbeiten oder verhaftet zu werden (gefälschte Ausweispapiere, unerlaubte Heilpraxis als Saugtherapeut, Steuerhinterziehung).

Was sich als Geschichten am Krankenbett Monas anhörte, wird im Verlauf des Romans zum eigentlich umfassenden Thema: Wie kommen wir zu einem Bild von uns selbst, mit dem wir leben und sterben können?

Angeschlossen sind die dreizehn Briefe Mijnheers „Vom Bildsehen und Stilleben".

„Goethe als Emigrant. Auf der Suche nach dem Grünen bei einem alten Dichter" (1986). Fünf Reden und drei Vor- bzw. Nachworte zwischen 1968 und 1985 beschäftigen sich vor allem mit Goethes Alterswerk: „Wilhelm Meisters Wanderjahre", den naturwissenschaftlichen Schriften, dem „West–Östlichen Diwan" und den von Befragten ausgewählten fünf Lieblingsgedichten. Goethe wird zwar nicht zu einem Grünen gemacht, aber vieles an ihm erscheint uns heute moderner, als dies zu seiner Zeit gesehen wurde. Bei Goethe kann der geduldige Umgang mit Dingen gelernt werden, der heute so notwendig geworden ist.

„**Der Turmhahn und andere Liebesgeschichten**" (1987) sind fünf Erzählungen, von denen die Titelgeschichte eine Dichterlesung des Schriftstellers R. in Marktgottenau zum Anlaß nimmt, seine Fahrt dorthin, den eigentümlichen Abend mit der „Schwarzen" zu schildern, die sich schließlich als Veranstalterin der Lesung entpuppt, Gattin eines Geschäftsmannes, die kurz nach der Lesung an einer Operation stirbt.

„Christel" erzählt einem Wissenschafter, der mit einem Musil-Vortrag auf eine Neuseeland-Insel kommt, ihre Geschichte, die zugleich die Geschichte ihrer jüdischen Eltern ist, die vergast wurden. Sie selbst liebte in einem Lungensanatorium im Böhmerwald einen lungenkranken Arzt, Pollack, schreibt ihm aus dem Exil in England Liebesbriefe in die Schweiz, um schließlich durch ihre Schwester Isolde, die sie als Ärztin nach Neuseeland mitnimmt, zu erfahren, daß Dr. Pollack der Geliebte ihrer Mutter war und sie seine Tochter ist.

In „Herr Hartmann" schildert der Autor das langsame Sterben einer Mutter, die, wie der Sohn meint, nach gar nicht gelebt habe. Als ihr letztes Wort „Herr Hartmann" lautet, begibt er sich auf die Suche nach ihm und erfährt von der Liebe seiner Mutter zu diesem, mit dem sie ein schönes Wochenende in den Bergen verbracht hat.

Der junge Botengänger und Musiker Axel Hagen glaubt sich „reif" für die Eintragung in Meyers Lexikon und begeht Selbstmord, als er sich in der Neuausgabe nicht findet („Weiter im Text").

„Orka, der Geograph", verheiratet mit Jenni, Bibliothekarin, zwei heranwachsende Kinder Lothar und Sonja, lernt nach einer schweren Darmoperation, in der Überzeugung seines nahen Todes, erst spät eine neue Sprache für seine Ehe, als er erkennt, daß sein umweltbewußtes Verhalten diktatorisch war und sich ihm seine Frau und seine Kinder entzogen haben. (S.524)

ERICA PEDRETTI

wurde 1930 in Sternberg/Nordmähren geboren, verbrachte ihre Kindheit an verschiedenen Orten der CSSR, kam 1945 mit einem Rotkreuz-Transport in die Schweiz, besuchte die Kunstakademie Zürich, emigrierte 1950 nach den USA, wo sie zwei Jahre als Gold- und Silberschmiedin in New York arbeitete. 1952 kehrte sie in die Schweiz zurück und heiratete den Maler und Bildhauer Gion Pedretti. Das Ehepaar mit fünf Kindern lebte bis 1974 in Celerino im Engadin und wohnt heute in La Neuveville. Die Autorin erhielt verschiedene Literaturpreise der Schweiz, 1984 den Ingeborg-Bachmann-Preis.

Werke: „**Harmloses, bitte**" (1974), „**Heiliger Sebastian**", Roman (1975), „**Veränderung oder Die Zertrümmerung von dem Kinde Karl und anderen Personen**" (1977), „**Sonnenaufgänge Sonnenuntergänge**" (1984), „**Valerie oder das unerzogene Auge**" (1986); außerdem schrieb sie mehrere Hörspiele.

„**Harmloses, bitte**" sind dreißig Kurztexte, von denen der letzte, die Geschichte eines Schusters, die längste Geschichte ist. Alle Texte inspirieren eine scheinbare Ordnung, eine humane Gegenwart, während die Vergangenheit mit bösen Erfahrungen belastet ist (Ratten, Schlangen, Vermehrung der Kaninchen). Diese Miniaturen gleiten dahin zwischen Realität, Traum und Erinnerung an eine andere Art der Kindheit. Es sind Versuche, die Vergangenheit zu rekonstruieren, diese Wiedererweckungen aber beschädigen die Wahrnehmung der gegenwärtigen Umwelt; allmählich wird erkennbar, wie eine heile, idyllische Welt ihrer Kindheit zu einer angedeuteten Tragödie wird. Das im Titel angedeutete „Harmlose" wird in klarer, knapper Sprache auf seine Gefährdung hingeführt.

Der Titel des Romans „**Heiliger Sebastian**" geht auf eine alte Brunnenfigur in der Stadt der Kindheit der Hauptgestalt des Buches Anne zurück; um diese kreisen in dem Ablauf der bruchstückhaften, keineswegs historisch geordneten Erinnerungen viele Personen: Grueber und Ossip, Madame Defarge und Robert, der Seemann Will und Stanton, Frank und immer wieder Gregor, die aufdringliche Dame und der erzählsüchtige Mann, Liliputaner und Zirkusleute. Um diese alle rankt sich immer wieder eine Geschichte, die zugleich eine Erinnerung aus dem Leben Annes (Pedrettis) ist. „Do you remember?" ist die Frage, die alles in Bewegung setzt, durcheinander und nacheinander. Längst Vergessenes taucht wieder auf, Greifbares entzieht sich, Zusammenhänge werden gelöst, Zusammenhangloses schiebt sich übereinander zu neuen Erfahrungen Annes. Die Erinnerungen führen von Pedrettis Heimat Mähren über das Engadin mit Balgach und Marmoroneck, London, New York, Paris, die Normandie bis Griechenland. Dieses bunt bewegte Leben vollzieht sich in Krieg, Versteck, Aufbruch und Flucht. Bald tief unten, bald wieder oben, erscheint Anne in und auf den Trümmern ihrer erahnten Geschichte, immer wieder stürzt sie ab, wird immer verletzter, aber zugleich bewußter, bleibt aber immer skeptisch gegenüber der Möglichkeit, aus Erinnerungen eine Geschichte zu machen.

„**Veränderung oder Die Zertrümmerung von dem Kinde Karl und anderer Personen**" ist ein Doppelroman, in dem die Ich-Erzählung der Autorin über Teilstrecken ihres Lebens und die Ich-Erzählung der Frau Gerster, die sie an die Autorin richtet, kunstvoll ineinander verzahnt sind . Nach Seewyler ist die Autorin aus Mähren nach vielen Stationen, darunter auch New York, mit ihrem Manne Gian und ihren Kindern gekommen, in eine fremde Gegend, unter fremde Menschen, denen sie sich zu stellen sucht, um sie an sich und an ihrer schriftstellerischen Arbeit zu erproben. Aber immer mehr nimmt sie die energische Frau Gerster in Anspruch, die sie bei der Suche nach einer Wohnung kennengelernt hat; sie erzählt ihr ihre Geschichten, drängt sich immer mehr in die Gedanken der Autorin, die in ihre eigene Geschichte ganze Sätze und Geschichten übernimmt, bis sie sich ganz in ihr Leben versetzt. Diese Frau Gerster erzählt von ihrem Hund, der nun tot ist, von ihrer Arbeit als Bootsvermieterin am See, von den Personen, die sie dort beschäftigt, von ihrer Familie und ihrer Umwelt und setzt diese Geschichten immer in Verbindung mit Lebenserfahrungen und Lebensweisheiten. Zu ihren Bekannten gehört auch der Knabe Karl, den sie mit 11 Jahren in ihr Haus genommen hat, ein gutes Kind, das aber, von einem schlechten Freund verführt, zu stehlen beginnt – ein Opfer seiner bösen Eltern. Sie erzählt von Gastarbeitern und Selbstmördern, von Geisteskranken und der früheren Mieterin, der Russin Sjerova, von ihrem Mann und seinem plötzlichen Tod, von Unglücksfällen, vom harten Leben, von ihrer eigenen Anständigkeit und Hilfsbereitschaft. Bruchlos gehen die beiden Erzählungen ineinander über, auch die Zertrümmerung, gegen die die Autorin anschreibt.

Unter dem Titel **„Sonnenaufgänge Sonnenuntergänge"** vereinigt Pedretti elf verschieden lange Erzählungen, die bereits in früheren Jahren in Literaturzeitschriften erschienen sind, und vermehrt sie um eine neu hinzugekommene. Aufgänge und Untergänge, „seit wann und wielange noch", sind alles, sind die Zeit an sich. „Depart" schildert einen Abreisenden auf einem Bahnsteig; „Die Vorzüge der Brunft" meinen eine auch bei Menschen zeitlich begrenzte Leidenschaft, deren Kürze durch Intensität wettgemacht werden sollte. Davon träumen die Erzählerin und Tannbach, die sich offensichtlich in die Einsamkeit zu einem alternativen Leben zurückgezogen haben. Tannbach kehrt wieder in der Kurzgeschichte „Schreib nach Graz". „Verschiedene Arten von Gurkensalat für Samuel" meditiert über die diversen Arten, Gurkensalat zu bereiten. „Nachdenken, was man jetzt tun könnte" sinnt über die Phrase „Schluß jetzt" nach und demonstriert sie an einem Beispiel. Der „Mitbringseltext" steht für Blumen und Bonbonnieren. In „Dunkel auf hellem Grund" weckt das Wort „Libre" Gedanken an die eigene Bewegungsfreiheit und setzt sie dem gefangenen großen Wels im Aquarium entgegen. „Über Dittersdorf fliegen" ist die sich im Bewußtsein der Erzählerin während eines Fluges abspielende Geschichte von der Zigeunerin B. und dem Holzfäller. Ein doppelter Reisebericht ist „Auf dem Weg zu Melchior", einmal mit Altmann, einmal mit Miss Morris, eine Geschichte in Erinnerungsbruchstücken. Über das Erzählen von Geschichten denkt die Autorin in „Tatort" nach. „Wieviele Sonnenuntergänge noch" ist ein Bericht der Autorin über einen Bericht ihrer Schwiegermutter von Schnee- und Lawinenkatastrophen. Aber nicht die Katastrophe wird zur Lebensbedrohung, sondern das Bild davon, das vorstellbar macht, was im nächsten Augenblick eine Katastrophe bewirken könnte.

„Valerie oder das unerzogene Auge". In diesem Roman überlagern sich drei Geschichten: Valerie als Modell von Franz, Valerie in ihrer Krankheit (Brustkrebs) und Erinnerungen und Ahnungen von China. Valerie ist Modell, Gefährtin und Geliebte des Malers

Franz, eines Besessenen seiner Kunst. Vor ihm ist Valerie ganz Objekt, Entwurf, Bild. Aber weiß er, was sie wirklich ist, und weiß sie es? Allmählich beginnt sie, ihre Situation neu zu sehen und zu begreifen. Sie erkennt, daß er das Kind, das sie von ihm hat, nicht wünscht, nicht weil er mit Berta verheiratet ist, sondern weil er sich immer mehr von ihr löst. Mit der Geburt des Kindes beginnt der körperliche Verfall von Valerie, beginnt ihr Kampf ums Leben, beginnen im Spital die Bestrahlungen. Doch Franz zeichnet nur den Verfall ihres Körpers, ohne Mitleid. Eigentlich hätte Valerie eine Reise nach China als Fotografin antreten sollen; eine Kollegin fuhr, weil sie zurücktrat. China – das ist nun ihr Anderssein seit ihrer Krankheit, ihr China ist das Krankenhaus, wo auch eine für sie unverständliche Sprache gesprochen wird, wo alles verstörend und tödlich ist, was sie sieht. Zurück aus dem Krankenhaus, wo sie sich gegen einen operativen Eingriff erfolgreich gewehrt hat, wird sie wieder zum Modell für Franz, obwohl sie sich einst als Schauspielerin und Tänzerin versucht hatte. Aber Franz geht es nicht um sie, sondern nur um seine Bilder, er will mit ihnen überleben. Aber auch Valerie will leben, mit anderen Augen, mit geschulten, nicht unerzogenen.

GEROLD SPÄTH

Geboren 1939 als Sohn eines Orgelbauers in Rapperswil am oberen Zürichsee, wurde er zum Exportkaufmann ausgebildet und war in Zürich, Vevey, London und Fribourg tätig. Daneben erlernte er das Orgelbauerhandwerk und arbeitete im Betrieb seines Vaters. Bekannt wurde er durch seinen ersten Roman „Unschlecht" (1970); für den 1979 erschienenen Roman „Commedia" erhielt er den von Günter Grass gestifteten Alfred-Döblin-Preis. Nach Reisen und Stipendienaufenthalten in Westberlin und Rom lebt er heute in seiner Heimatstadt Rapperswil.

Werke: **„Unschlecht"**, Roman (1970), **„Stimmgänge"**, Roman (1972), **„Zwölf Geschichten"** (1973), **„Die heile Hölle"**, Roman (1974), **„Balzapf oder Als ich auftauchte"**, Roman (1977), **„Commedia"**, Roman (1980), **„Sacramento"**, Erzählungen (1983), **„Sindbadland"**, Erzählungen (1984).

„Unschlecht". Dieser erste Roman des Autors berichtet Leben und Abenteuer des elternlosen, urwüchsigen und zwiespältigen Johann Ferdinand Unschlecht, der als Waise vom Friedensrichter Xaver Rickenmann erzogen wird, es in der Schule nur bis zur dritten Klasse bringt, bei Buchser auf der Insel die Fischerei erlernt, auf dieser Insel im Zürchersee lebt, die auf ungeklärte Weise ihm gehört, und als er großjährig wird, ein riesiges Vermögen erbt, das bei einer Rapperswiler Bank hinterlegt ist.

Berichtet wird, wie Unschlecht von den Biedermännern des Ortes um Geld bedrängt wird, wie er sich dagegen zu wehren sucht und doch den kürzeren zieht, sowohl beim bauernschlauen Ortspfarrer

Ochs wie bei Rickenmann selbst, der sich zu seinem Geschäftspartner macht und ihn um eine große Summe Geldes bringt. Berichtet wird von den Saufereien Unschlechts und seinen verschiedenen Liebesverhältnissen mit der schönen Cremoneserin vom Stadtplatzkiosk wie mit der verschrobenen Spiritistin Cléo, und zahlreichen anderen jüngeren und älteren Frauen.

Erzählt wird von einer verunglückten Fronleichnamsprozession und von einer verregneten Wallfahrt nach Einsiedeln. Auch Buchser macht sich immer wieder an Unschlechts Geld heran, kauft ein „Schlachtschiff" von einem Motorboot, faßt Pläne zum Abbruch des alten Hauses auf der Insel und zum Bau eines neuen, zieht selber auf Unschlechts Insel und bringt als Braut eine Bauerstochter mit ihrem ganzen Viehbestand mit. Unschlecht aber sorgt vor, kauft sich als Ehrenmitglied bei allen Rapperswiler Vereinen ein, wird Mitglied aller politischen Parteien und gelangt zu großem Ansehen. Sein altes Haus gibt er der Feuerwehr als Übungsobjekt frei, es kommt zu einem großen Brand, zu Löschübungen und durch Unschlechts Mithilfe zu einer riesigen Explosion, welche die Insel in zwei Teile spaltet.

Aber immer mehr Anklagen gegen Unschlecht werden laut, er soll mit dem Tod der Paula Buchser ebenso zu tun haben wie mit dem Rickenmanns; man erfährt, daß er bei allen Parteien ist, man vermutet, er habe die Insel in die Luft gesprengt. So flieht er in Cléos Villa, wird von ihr betäubt und eingesperrt, entkommt, lebt als Einsiedler in einer Höhle am See und flieht unerkannt. Nach grotesken Abenteuern in Zürich fühlt er sich weiter verfolgt und kauft sich vier verschiedene Pässe, von denen er später den auf Maximilian Guttmann lautenden übernimmt. Er setzt sich nach Paris ab, reist von hier nach London und später nach Hamburg, antwortet auf eine aussichtsreiche Heiratsanzeige, wird nach Berlin eingeladen und landet nach einer Reise mit Dr. Schaumberger, dem Anwalt von Frau Boers, über München und Ulm auf Burg Katzenstein. Hier heiratet er die immens reiche, aber ferkelköpfige Tochter Sunneva, wird Mitbesitzer des Riesenvermögens und verbringt, trotz jeweiliger Ängste, als gesuchter Unschlecht entdeckt zu werden, ein angenehmes Leben zwischen Nichtstun, Reisen, Lieben und Trinken. Er erhält die Schweizer und deutsche Staatsbürgerschaft durch Dr. Schaumberger vermittelt, der allerdings als Erzsammler bei einem Stolleneinsturz so schwer verletzt wird, daß er nur mehr maschinell am Leben erhalten werden kann. In der Vorbereitung der Zukunft will Guttmann-Unschlecht auch seinen Heimatort Rapperswil wieder besuchen.

Dieses Handlungsgerippe in 9 Büchern und 49 Kapiteln ist ausgefüllt mit den kauzigsten Typen und seltsamsten Geschehnissen sowie derbsten Späßen - ein großes Narrenfest, in dem die Fassade der Biedermänner und der Sauberkeit gründlich entlarvt wird.

„**Stimmgänge**" ist ein Schelmenroman, in dem der Orgelbauer Jakob Haslocher seinen Werdegang in Ich-Form schildert. Weit ausholend berichtet er von seiner Großmutter und seinem Vater, von seiner Lehre beim Orgelbauer Moser und bei Imper, mit dessen häßlicher Tochter er ein erstes Liebesverhältnis hat. Zwischendurch erzählt er von verschiedenen Verwandten und Bekannten und ihrem oft seltsamen Tod. Er geht nach der Kreisstadt Ratzbach; von der militärischen Untersuchungskommission wird er als untauglich entlassen, weil er bei einer Schießerei stumm geworden ist. Nach Hungerwochen kommt er nach Bern und Zürich, verlebt ausschweifende Tage und läßt sich in Seestadt am Zürchersee nieder. In Zürich lernt er die Fürsorgerin Haydée kennen, deren Zögling und Ehemann er wird.

Aber schon auf der Hochzeitsreise den Rhein entlang entpuppt sich die eher blaustrümpfige Haydée als sinnentolles Weib, das ihn betrügt und deren Zuhälter er in Amsterdam wird. Auch in Hamburg scheffelt er mit ihr Geld, weil er laut Testament seiner Großmutter eine Million erwerben soll, um sie zu beerben. Er beginnt mit seinem Freund Dädalus Orgelpfeifen zu stehlen und Orgeln zu reparieren, verkauft eine reparierte Drehorgel nach Süddeutschland, arbeitet einige Monate in Frankfurt am Main und verliert seine Frau endgültig an einen Zwerg, der mit einem Wohnwagen als mobiles Bordell herumreist. Jakob reist ihnen nach, wird aber, als er sie gefunden zu haben glaubt, brutal zusammengeschlagen und findet dabei seine Sprache wieder.

So kehrt er nach Seestadt zurück, erhält den ersten Orgelbauauftrag von der Pfarre Rudswil und baut von nun an als berühmter Orgelbaumeister mit seinen Gesellen 77 Orgeln innerhalb von zwölf Jahren. Er bringt es zu Ansehen und Wohlstand. Neben vielen Erlebnissen, besonders mit dem Pfarrer Toller aus Rudswil, berichtet er vom Bau seiner Wunderorgel für die Kirche in Schwallach und seiner Bekanntschaft mit dem Orgelspezialisten Begranges. Beim vollen Spiel dieser Orgel stürzt die Kirche ein, Jakob wird am Fuß verletzt und hinkt seither. Im Spital schreibt er seine Lebensgeschichte auf. Das Testament der Großmutter entpuppt sich als Niete. Als Anhang sind die Geschichten des Pfarrers Toller aufgeschrieben.

„Die heile Hölle" ist ein Roman in vier Kapiteln über: Der Vater. Die Mutter. Die Tochter. Der Sohn, wobei es sich bei der Tochter um die Schwiegertochter handelt. Er beschreibt in einer verhaltenrealistischen Sprache eine Familienhölle, die nach außenhin heil erscheint, und zwar jeweils einen Tag – es handelt sich um vier aufeinanderfolgende Tage im Juni – eines der Familienangehörigen, einen Tag, der anders verläuft als die gewöhnlichen. Zwar macht der Vater wie alltäglich seinen ausgedehnten Morgenspaziergang in den Wald, hat dabei aber schon unangenehme Erlebnisse mit Bauern, mit kleinen Mädchen und einem bösartigen Einsiedler und begeht schließlich einen sexuell motivierten Mord an einer Camperin, deren Mann er beim Fischfang gesehen hat. An eine Aufdeckung des Mordes ist nicht gedacht. Die Mutter, frustriert, allein, ohne Verständnis für ihren Mann, besinnt sich einer lange unterdrückten lesbischen Neigung, wird aber vom Gedanken, sie habe Krebs, von der Ausführung abgehalten. Die Tochter, ebenfalls viel allein, weil ihr Mann stets in Geschäften tätig ist, bestellt sich über eine Zeitungsannonce einen gemieteten Sportlertyp, den Vitapoll, kann aber seine Machinationen nicht mitmachen und entflieht vor ihm. Ihr Mann, der Sohn, kehrt von einer Geschäftsreise aus London zurück und beschließt, endgültig Schluß zu machen; er vergiftet sich mit Autoabgasen in seiner Garage. Es ist ein böser Roman ohne die picarische Erzählweise der früheren Romane Späths.

„Balzapf oder Als ich auftauchte". Dieser Schelmenroman strotzt von praller Formulierungsfreude und immer neuen phantastischen Einfällen. Es ist die Geschichte von fünf Generationen von Außenseitern in der Dreinamen-Stadt Spiessbünzen-Molchgüllen-Barbarswil. Erzähler ist der bisher letzte der Generationen Balthasar Zapf, genannt Balzapf, der auf Anregung eines Schriftstellers seine Familiengeschichte aufschreibt und über die Schwierigkeiten beim Schreiben ebenso klagt, wie er auch immer wieder den Helden seines ersten Romanes Unschlecht erwähnt. Die Zapfs vom Urgroßvater bis zum Enkel fallen in ihrer Gemeinde durch ihre besonderen Schicksale und Einfälle ebenso auf, wie sie sich auch in die Biedermannswelt nicht einreihen lassen.

Der erste, Tobi, baut die halbe Stadt neu mit immer grotesteren Dachstühlen, da Brände ein Gebäude nach dem anderen vernichten. Sein Nachfolger Geri gründet in einem Nonnenkloster ein Bordell und verdient mit den ehrsamen Stadtbürgern eine Menge Geld. Der dritte, Beni, wird eine Art Heilpraktiker und erfindet eine Bakterienkanone und andere heilbringende technische Apparate. Der letzte, der vom Großvater die erbliche Ehrenbürgerschaft der Dreinamens Stadt hat, bringt es nach vielen Auslandsreisen zwar nur zum Bademeister und schließlich zum öffentlichen Beamten der Stadt, ist aber von Natur aus gehandikapt. Seine Mutter hörte, während sie ihn stillte, eine Hitlerrede, wobei ihr die Milch stockte. So mußte das Kind mit synthetischen Präparaten aufgezogen werden, was zu einem Riesenwuchs führte. Aber neben den Erlebnissen und Abenteuern dieser Zapfs treten immer wieder Typen von Bürgern der Stadt auf, deren Schicksale berichtet werden, die in ihrem überquellenden Rede- und Sprachfluß meist zu ironischen Deutungen führen.

„Commedia", ein Roman, besteht aus zwei Teilen. Im ersten Teil „Die Menschen" werden mehr als 200 Personen vorgestellt, teils vom Erzähler geschildert, teils selbst erzählend, auch wenn sie schon tot sind, Männer und Frauen aller Altersgruppen und Berufe. Jede Person berichtet irgendeine Geschichte von sich oder von anderen. Im zweiten Teil „Das Museum" wird eine Gruppe Touristen durch die zwölf Räume eines seltsamen Museums geführt, die nach Farben bezeichnet sind. Der Kustos des Museums erklärt jeweils einen Gegenstand und knüpft daran passende oder auch weit hergeholte, bizarre, groteske und skurrile Geschichten, worauf ein Teil der Touristen mit kurzen Bemerkungen reagiert. Mehr als 200 Protagonisten, ein „gewaltiges Mysterium buffo", ein „Ball paradox", wie die Kritiker den Roman beschreiben, von einer Sprachkraft und Erfindungsgabe, die an Rabelais und Jean Paul erinnert, ein Roman prall von Einfällen, sodaß Günter Grass ihn für den erstmals vergebenen „Alfred-Döblin-Preis" vorschlug, der ihm zuerkannt wurde.

VERENA STEFAN

wurde 1947 in der Schweiz geboren und ist seit 1961 in Berlin ansässig; sie machte eine Ausbildung als Krankengymnastin und stieß zur Frauengruppe Brot ♀ Rosen (1972). Im Kampf für die Streichung des § 218 schrieb sie zusammen mit anderen das „Frauenhandbuch Nr. 1" über Abtreibung und Verhütung.

1974 begann sie ihren ersten Roman, der 1975 unter dem Titel **„häutungen"** erschien und innerhalb von zehn Jahren eine Auflagenhöhe von 270 000 erreichte. Der Ich-Roman erzählt, teilweise autobiographisch, die Geschichte einer Frau, die ihre Erfahrungen mit Männern gemacht hat, mit Dave und mit Samuel, mit dem sie längere Zeit zusammenlebt, sich dann Frauen anschließt, zu dritt in einer Gemeinschaftswohnung lebt, Beziehungen zu Nadjenska und Fenna aufnimmt, sich „häutet", um von den alten patriarchalischen Vorstellungen weg und zu sich selber zu kommen. Für die Sexualausdrücke verwendet sie die medizinischen Bezeichnungen, weil alle anderen durch die männerbestimmte Sprache abgewertet sind. „häutungen" gehört neben Christa Reinings „entmannung" zu den richtungweisenden Romanen des Feminismus, der neuen deutschen Frauenliteratur.

OTTO FRIEDRICH WALTER

„Die Verwilderung" (1977). „Kannst du im Roman durch Inhalt Tradition aufbrechen, ohne es auch formal zu versuchen? Der Montageroman als der Versuch, den Rhythmus der Jahre hereinzuholen, objektive Montage als Prinzip, das hartgeschnittene Blöcke verschiedenartiger Texte assoziativ in sich steigernde, sich ergänzende, sich irritierende Beziehungen setzt." So heißt es einmal im Roman, der aus eigenen Kapiteln, Zeitungsnotizen, längeren Zitaten aus Büchern, so aus der Novelle „Romeo und Julia auf dem Dorfe" von G. Keller besteht.

Von einer „Wohn- und Produktionskooperative" wird erzählt, die, mehr zufällig als geplant, entstand; in der Nähe von Jammers in einer aufgelassenen Abraumgrube mit einem kleinen See haben sich der Automechaniker Rob und die Studentin Leni zusammengetan, ein neues Heim gefunden. Neben dem älteren Journalisten Blumer finden sich allmählich insgesamt neun Leute zusammen, die sich als

„Keimzelle einer befreiten Gesellschaft" fühlen. Hiebei zieht Blumer die Bilanz seines Lebens: gescheiterte Ehe, zwei Kinder, begeistert von den Unruhen 1968 in Paris, enttäuscht über das Scheitern dieser Bewegung, versuchter Selbstmord. Gerade in diesem Augenblick tiefster Resignation stößt er auf die Spur einer neuen Hoffnung bei diesen jungen Leuten. Schon plant man eine eigene Reparaturwerkstätte, das Zusammenleben klappt, niemand wird einen eigenen Besitz haben, auch nicht in der Liebe zu einer Frau. Doch dieses freie Leben erregt Haß und Mißgunst bei den „gesitteten" Bürgern von Jammers, an deren Spitze Kaufmann Kuhn steht, der Rob schon einmal überfallen hatte und von ihm zusammengeschlagen worden war. Während die eingeladenen Bewohner der Nachbarschaft sich mit den jungen Leuten anfreunden, überfällt sie Kuhn mit einem Schlägertrupp, läßt Rob und Leni erschießen und das Haus anzünden. Die anderen ziehen ab, die Hoffnung geben sie nicht auf. So verwildert die Gesellschaft, gemessen an den Anzeichen eines friedlichen, glücklichen Zusammenlebens, so verwildert aber auch die Kooperative, gemessen an der bürgerlichen Einstellung von Gesetz und Ordnung. (S. 505)

DEUTSCHE DEMOKRATISCHE REPUBLIK

JUREK BECKER

„**Bronsteins Kinder**" (1986). Der Roman verschränkt zwei Zeitebenen unlösbar miteinander: das Damals, das Jahr 1973, in dem die Weltfestspiele in Berlin stattfanden und Ulbricht starb, und das Jetzt, das Jahr 1974. Bronsteins Kinder sind der neunzehnjährige Hans, der eben das Abitur macht und die Zulassung zum Philosophiestudium an der Universität erhält, und seine doppelt so alte Schwester Elle in einem Heim für Nervenkranke, die, seit sie im Krieg als jüdisches Kind versteckt wurde, Leute mit bestimmten Gesichtern tätlich anfällt. Damals lebte Hans mit seinem Vater zusammen, die Mutter war bald nach der Geburt gestorben. Hans liebt Martha, Tochter des Ehepaares Lepschitz, mit der er sich oft im Waldhaus aufhält, das Vater einmal gekauft hat. Eines Tages findet er hier einen Mann, Heppner, gefangen vor, der einst Aufseher in einem KZ war. Diesen haben der Vater und zwei Freunde entführt, um persönlich Rache zu nehmen und Geständnisse durch Folterungen zu erzwingen, weil sie dem Recht und den Gerichten nicht vertrauen. Als Hans ungewollt Mitwisser wird, entsteht Feindschaft zwischen ihm und seinem Vater. Denn Hans fühlt sich nicht mehr dazugehörig, versteht diese Rache nicht und will nicht die alten Sachen immer wieder aufgerührt sehen. Jetzt, ein Jahr später, ist der Vater tot, er selbst wohnt bei Lepschitz, die Liebe zu Martha ist erloschen, und er wird das Haus verlassen.

Der Roman ist ein Buch der Gegensätze: die Welt des Vaters und die des Sohnes, die Welt der Opfer und der Täter und die der jungen Leute, die nicht mehr die alten Geschichten hören wollen; die Welt der Normalen und die Welt Elles im Sanatorium; die Welt einer Jugendliebe und ihr Ende. (S. 644)

WOLF BIERMANN

„**Affenfels und Barrikade**", Gedichte/Lieder/Balladen (1986), setzt die Reihe der mit Notenbeispielen versehenen Gedichtbände fort und mischt darunter auch zwei Prosastücke, das eine vom „Nürnberger Bardentreffen", das andere vom Sitzstreik gegen die Raketen in Mutlangen. Vom „Leben im Westen" erzählt das erste Kapitel; das zweite „Vom Affenfels" und das vierte „Von der Barrikade" geben dem Buch den Titel. Im dritten Kapitel beschäftigt sich Biermann mit Gedichte- und Liedermachen, lehnt den Titel „Liedermacher" ebenso ab wie Poet. Er will Gedichte schreiben, welche die Realität darstellen. Wie diese sind es vor allem Untadeligkeit und Frische, elementare Kraft und Ehrlichkeit, welche den Gedichten vom Alltagsslang bis zur hochpoetischen Diktion das Biermann eigene Gepräge geben. (S. 322)

THOMAS BRASCH

brachte 1984 sein Stück „**Mercedes**" zur Uraufführung. Das handlungsarme Drama ist in „Versuchsanordnungen", „Zwischenergebnisse" und in „Behauptungen" anstatt in Akte und Szenen geteilt und spielt zwischen dem melancholisch-depressiven Sakko, der sich im Schatten eines Mercedes – Statussymbol moderner Gesellschaft – niedergelassen hat, und der Aussteigerin Oi, zu denen sich als dritter der Selbstmörder gesellt. Oi kann Sakko nur vorübergehend in ihre kindlichen Spiele einbeziehen, die Entwicklung läuft zueinander und wieder voneinander. Als Oi wieder allein ist, spricht sie ihren Dialog mit einem imaginären Gesprächspartner durch ein Kindertelefon. (S. 605)

VOLKER BRAUN

Nachdem Volker Braun bereits ein Drama „Hinze und Kunze" und 1983 „Berichte von Hinze und Kunze" veröffentlicht hatte, legte er 1985 seinen **„Hinze-Kunze-Roman"** vor. Nach der Redensart und nach dem Sozialismus sollten sie Gleiche sein, aber Kunze ist Funktionär und Hinze sein Fahrer, so entsteht ein Roman über das Herr-Knecht-Verhältnis. Kunze hat sich aus proletarischen Kreisen emporgearbeitet, Hinze, aus bürgerlicher Familie stammend, hat seine Arbeit als Dreher und Bestarbeiter hingeworfen und ist Fahrer geworden, um näher an der Macht zu sein. Mit Recht sieht Kunze in ihm einen Experten aus dem Volke. Zusammengehalten werden sie durch das oft zitierte Schlagwort vom „gesellschaftlichen Interesse", aber auch durch Hinzes Frau Lisa mit ihrem Berliner Dialekt, die den beiden Frau wird und in Kursen zur Funktionärin ausgebildet wird. Als sie ein Kind gebiert – von wem von beiden? – und es Hinze, dem Höhergestellten, zur Erziehung geben will, wirft Lisa, die allein wirklich „lebt", beide hinaus; auch im „gesellschaftlichen Interesse", das Mehrung des Reichtums, Entwicklung der Persönlichkeit, Arbeit für das Wohl des Volkes bedeutet.

Die Handlung des Romans ist, wie der Autor selbst sagt, „planlos"; in seiner Redelust mischt er sich immer wieder in das Geschehen ein, ändert es oder verschweigt Partien. Es ist ein grotesk-ironischer Roman über die DDR, dem neben der optimistischen Tendenz das „gesellschaftliche Interesse" als Maßstab dient.

„Siegfried Frauenprotokolle Deutscher Furor" (1984) ist eine dreiteilige Modernisierung der Nibelungengeschichte, mit teilweiser Verlegung in die Gegenwart und einer scharfen Gegenüberstellung der beiden Geschlechter.

„Langsamer knirschender Morgen" (1987). Die hier vereinigten Gedichte entstanden in den Jahren 1978 bis 1984, freirhythmisch, selten gereimt, öfters aber in lange Prosasequenzen übergehend. Sie sind streitbar, manchmal resigniert, oft aber doch von einer stillen Hoffnung getragen, wenn sie sich mit dem Alltag in der DDR auseinandersetzen. Mit dem Morgen ist nicht nur der tägliche Morgen gemeint, sondern auch der historische Morgen, die Zukunft. Zu langsam geht dem Dichter voran, was sich schnell und siegreich hätte ereignen sollen. Denn „das Planjahr wurde lebenslänglich, das Zuversichtspathos hat sich verbraucht". Darum knirscht es in seinen Gedichten, vor allem auch in den 164 „Berlinischen Epigrammen" (Zweizeiler, freie Hexameter und Pentameter) über den gegenwärtigen Berliner Alltag. (S. 609)

GÜNTER DE BRUYN

„**Neue Herrlichkeit**" (1984). Hauptgestalt des Romans ist Viktor Kösling, Sohn des Jan Kösling, der eine hohe Stellung im Staat innehat, und seiner geschiedenen Frau Agnola, einer ehrgeizigen Mutter, ein Anti-Held, der immer so sein möchte, „wie er" vom Vater und von der Mutter „gewünscht wird".

Bevor er in den diplomatischen Dienst eintritt, soll er auf Wunsch der Mutter seine Dissertation über einen Teil der preußischen Geschichte schreiben und wird deshalb auf Arbeitsurlaub in das verlassene, einsam gelegene staatliche Friedrich-Schulze-Decker-Heim „Neue Herrlichkeit" geschickt. Aber Viktor hat wenig Interesse an seiner Arbeit, umso lieber läßt er sich mit den wenigen Mitbewohnern dieser durch harten Winter und Schneefälle von der Außenwelt abgeschiedenen scheinbaren Idylle ein, mit der Köchin Olga und ihren vier Kindern, ihrem Lebensgefährten Max, der wegen Unregelmäßigkeiten im Betrieb von der Polizei abgeholt wird, mit der Witwe von Schulz-Decker Erika, aber auch mit dem Gärtner Sebastian, vor allem mit der ehemaligen Besitzerin des Heimes, der uralten Tita, und ihrer Enkelin Thilde, zu der er starke Zuneigung faßt. Ein Wochenendlehrgang stört kurz die interne Ruhe, aber in der Abgeschlossenheit, die der harte Winter beschert, brechen die Beziehungen auseinander, es entsteht Zwist zwischen Ordnung und Unordnung, zwischen Sebastian, der Thilde liebt, und Viktor. Titas immer öfter wiederkehrender Alterswahnsinn veranlaßt die Einweisung in ein Heim. Nach der Schneeschmelze gerät die „geordnete Unordnung" wieder auseinander. Viktor hat seine Dissertation nicht geschrieben und möchte bei Thilde bleiben. Aber Vater und Mutter machen diesem „unpassenden" Verhältnis ein Ende, indem sie ihn auf eine diplomatische Stelle im Ausland berufen lassen. Zum Begräbnis der inzwischen verstorbenen Tita kommt er nicht mehr. Der Umbau der „Neuen Herrlichkeit" beginnt, ein neuer Verwalter, Horst, kommt.

In „**Lesefreuden. Über Bücher und Menschen**" (1986) sind die zwischen 1962 und 1985 entstandenen Essays zusammengefaßt, in denen sich im ersten Teil der Autor mit „preußischen" Dichtern befaßt, mit Nicolai, dem kaum bekannten Schmidt von Werneuchen und mit Meyern, mit den Geschwistern Tieck, mit Fouquè, Jean Paul und E. T. A. Hoffmann in Berlin, aber auch mit Rahel Lewins erster und unglücklicher Liebe zu Karl von Finckenstein. Nicht als Wissenschafter, sondern als Liebhaber der Dichtung sucht de Bruyn herauszufinden, wie diese Menschen gelebt haben, und wie sie auf ihre Mitwelt eingewirkt haben bzw. von ihr beeinflußt wurden.

Der zweite Teil enthält „Erörterungen in eigener Sache", wie er über das Lesen zum Schreiben kam, wie sein Verhältnis etwa zu Thomas Mann oder Arnold Zweig ist. Alle Essays zusammen ergeben einen dichterischen Einblick in die Literatur, vor allem im ersten Teil in die der Romantik. (S. 633)

FRANZ FÜHMANN, gestorben 1984 in Ostberlin. (S. 628)

STEPHAN HERMLIN

Weitere Werke: **„Gesammelte Gedichte"** (1979, erweitert 1981), **„Abendlicht"** (1979, im Westen 1987), **„Lebensfrist"**, gesammelte Erzählungen (1980), **„Aufsätze, Reportagen, Reden, Interviews"** (1980), **„Bestimmungsorte"**, fünf Erzählungen (1985), **„Mein Friede. Rückkehr"**, Prosa (1985), **„Traum der Einsamkeit"**. Ein Lesebuch (1985).

„Abendlicht". In der Ich-Form werden die Beobachtungen und Erfahrungen eines jungen Mannes aus gebildeter, bürgerlich-jüdischer Familie berichtet, der wie durch Zufall, auf der Straße angesprochen, Kommunist wird. Immer wieder wird in seine Kindheit zurückgeblendet, wird vom Großbürgertum ebenso erzählt wie von den Arbeitern, die sich gegenüber den barbarischen Horden der SA und Nationalsozialisten hilflos zur Wehr setzen. Es folgt die Kristallnacht, der Vater des Erzählers wird nach Sachsenhausen verschleppt. Der Zukunftsglaube des ins Ausland geflüchteten Kommunisten bleibt aber erhalten, auch wenn Irrtümer und Fehlschläge der Sowjetunion festgestellt werden. Das alles wird in klarer und schöner Prosa berichtet.

„Bestimmungsorte" (1985). Die fünf Erzählungen zeigen Menschen besonderer Art, die der Autor während seiner Exilzeit kennengelernt hat: den französischen Schriftsteller Louis-Ferdinand Celine, der mit den Deutschen kollaboriert und auch nach der Befreiung Frankreichs jene verteidigt („Ein berühmter Schriftsteller"); den „Doktor Dubois", der Flüchtlinge vor dem Naziregime zu retten verspricht, diese aber vergast und verbrennt; „Hölderlin 1944" erzählt von Flüchtlingserlebnissen des Autors, den ein Hölderlin-Band begleitet; „Rückkehr" schildert seinen Entschluß, nach Kriegsende nach Deutschland zurückzukehren, wo er viele Enttäuschungen, üble Verleumdungen und Schimpf erntet, weil er als Kommunist Bürger der DDR wird. „Ein Mord in Salzburg. Nach den Aufzeichnungen des Journalisten S." ist die Geschichte eines Mordes an einem Restaurantbesitzer, der sich vieler Judenmassaker rühmt, die er nicht begangen hat, weshalb ihn der Journalist K. erschießt; Salzburg aber habe, so meinte schon Polgar, mehr Antisemiten als Einwohner. (S. 581)

STEPHAN HEYM

„**Schwarzenberg**" (1984) ist der Roman einer Utopie, der in der Stunde Null des Jahres 1945 spielt. Im Erzgebirge ist, so wird fingiert, der Kreis Schwarzenberg unbesetzt geblieben; westlich stehen die Amerikaner, östlich die Russen. Da bildet sich, um Ruhe und Ordnung aufrechtzuerhalten – viele Flüchtlinge sind in der Stadt –, ein Aktionskomitee ehemaliger Sozialisten und Kommunisten und ruft die „Republik Schwarzenberg" aus. Abwechselnd vom Autor und vom Chronisten des Aktionskomitees, dem Genossen Kadletz, werden die wenigen Wochen dieser utopischen Republik geschildert, wird berichtet von den Mitgliedern, Wolfram, welcher der NS-Todeszelle beim Luftangriff auf Dresden entkommen ist, von Reinsiepe, der in der Sowjetunion ausgebildet worden ist und den geheimen Auftrag hat, die „Republik" mit ihrem Uranvorkommen nicht in westliche Hände fallen zu lassen, von den Genossen Bornemann und Kiessling, von dem stummen Mädchen Paula, das Wolfram aus der Feuersbrunst in Dresden gerettet hat. Es werden aber auch die amerikanischen und russischen Kommandanten vorgeführt und ein Rest versprengter NS-Soldaten, die unter ihrem fanatischen Führer Stülpnagel eine raubende und mordende Einheit bilden. Natürlich bleiben die Versuche, eine unabhängige Republik Schwarzenberg zu gründen, utopisch; die Amerikaner ziehen ab, die Russen marschieren ein. Wegen seiner Kontakte zu den Amerikanern verschwindet Wolfram unter russischer Herrschaft für längere Zeit. Im Nachwort finden wir ihn wieder als Professor in Leipzig; er, der schon als Student an utopischen Staatskonstruktionen gearbeitet hat, weiß, daß es ohne Utopie keinen Fortschritt gibt. (S. 625)

HERMANN KANT

„**Bronzezeit**". Geschichten aus dem Leben des Buchhalters Farßmann (1986). Die fünf Geschichten haben zur Hauptfigur den aus den Erzählungen „Der dritte Nagel" bekannten Buchhalter Farßmann. „Plexa" ist eine amüsante Geschichte über das Verhalten der Menschen im Wartezimmer einer staatlichen Dienststelle. „Märkers Freude" schildert Farßmanns Brigade-Betriebsausflug mit drei weiblichen Kollegen nach Warschau und die verhängnisvolle Rückfahrt bei Schneesturm. In der Erzählung „Das Wesen des L." lernt der Ich-Erzähler die hübsche Frau Lena Simoneit kennen, Apothekerin und Versicherungsagentin im Nebenberuf, die als Haustier einen Leguan hat, dessen Tücke auch noch nach seinem Tod weiter wirkt und die Liebenden trennt. Die Titelgeschichte „Bronzezeit" ist Stephan Hermlin gewidmet. Sie spielt im VEB Ordunez (Orden und Ehrenzeichen), dessen Geschichte vom stellvertretenden Hauptbuchhalter Farßmann geschrieben werden soll. Bei seinen historischen Recherchen stößt er auf das entzwei gesägte und zweckentfremdete Bronzereiterstandbild des alten Fritz, dessen

Wiederauffindung und -aufstellung Farßmann zum großen Mann macht; doch gelingt es ihm wieder, zum kleinen Unbekannten zu werden. In der Geschichte „Die Sache Osbar" schickt der Dichter den Buchhalter zu dem Mormonenmillionär Osbar nach Salt Lake City, weil dieser dem Heimatland seines Großvaters eine große Summe Geldes spenden will, doch wird die Angelegenheit vorzeitig durch die Mormonengemeinde, die auf das Geld spekuliert, unterbunden. Das grundsätzliche Einverständnis Kants mit der Gesellschaftsform, in der er lebt, hindert ihn nie, die Gegenwart der DDR, ihre Schwächen und Mißstände, ironisch zu schildern.

So auch in seiner neuesten Erzählung **„Die Summe. Eine Begebenheit"** (1988), in der es um den Vorschlag von Günter Grass auf dem KSZE-Kulturforum in Budapest 1985 geht, „eine Alleuropäische Kulturstiftung unter paritätischer Leitung von NATO-, sozialistischen und neutralen Staaten" zu schaffen. Diesen Vorschlag nennt Kant „ebenso fabelhaft wie wahrscheinlich unrealistisch". In ironischer Art weist Kant die Unmöglichkeit dieses Gremiums nach, indem er es schon bei der Erstellung des Direktoriums zu immer neuen Verwicklungen und Mißverständnissen kommen läßt und Gegensätze zwischen Ost und West, aber auch innerhalb der östlichen Delegierten – in Ungarn erhielt man, was es anderswo nicht gibt, etwa lila Haarspangen – ebenso aufzeigt wie die Jagd östlicher Teilnehmer auf westliche Konsumartikel. (S. 631)

SARAH KIRSCH

„Irrstern" (1986) sind 49 Kurz- und Kürzest-Texte von einer Drittel-Seite bis höchstens drei Seiten, ohne Beistriche geschrieben, daher oft schwer lesbar, über die Natur, über Jahreszeiten vom Frühling bis zum Winter in einer besonderen subjektiven Sicht, über Tiere, Gräser, Bäume, Blumen, Flüsse, Felder, Wiesen – keine Naturbetrachtungen emotionaler Art, sondern realistische Darstellungen einzelner Erscheinungen des Lebens in der Natur. Wörter wie „wien" (wie ein), „nachm" (nach dem) geben der Sprache manchmal etwas Jargonhaftes. (S. 588)

GÜNTER KUNERT

„Berlin beizeiten", Gedichte (1987). „Das letzte Gedicht über Berlin – / wie wird das wohl sein?" fragt Kunert in einem dieser Gedichte und gibt sich selbst die Antwort: „Das letzte Gedicht über Berlin/ wär wohl das Ende vom Lied." Auch nachdem er sich nach Norddeutschland zurückgezogen hat, lassen Kunert die Berliner Straßen und Friedhöfe nicht los, die Geschichte der Stadt und ihre Geschicke. Der zweite Teil ist dem Landleben gewidmet, dem neuen Wohnort; der dritte Teil handelt von Reisen, vom Weggehen und Zurückkommen. Im vierten Teil „Goethe stark verbessert" kommen die Dichter zur Sprache, welche Kunert besonders angezogen haben (Kleist, Heym, Brecht, wieder Berliner Dichter).

"**Auf Abwegen und andere Verirrungen**" (1988) sind Lebens- und Lügengeschichten unserer Zeit. (S. 584)

REINER KUNZE

Kunzes neuer Gedichtband **„eines jeden einziges leben"** (1986) faßt Sachgedichte in knappstem Ausdruck zusammen, die vom Bauen über die Natur bis zu einzelnen Landschafts-Momentaufnahmen reichen, und denen ein interessantes Nachwort über die Entstehung eines Gedichtes angeschlossen ist, die sich über Monate, manchmal über ein Jahr hinziehen kann, bis das Gedicht die letzte Vollendung erreicht hat. (S. 587)

HARTMUT LANGE

„Tagebuch eines Melancholikers" (1983, neu 1987) sind aphoristische Betrachtungen über Zeit und Gesellschaft aus den Jahren 1981/82, in denen mit Blick auf Kant, Schopenhauer, Nietzsche und Bloch sowie auf literarische Persönlichkeiten und Werke sowie die Bildungswelt Alteuropas auf die sich abwärts entwickelnde karge Szenerie des Geisteslebens hingewiesen wird. Resignation und Melancholie werden nicht als Ausweg, wohl aber als Schutz vor der heutigen Allmacht des Verstandes und der Technologie angeboten. Den Abschluß bildet ein Dialog „Vom Werden der Vernunft", den ein Kornhändler aus Petersburg mit seinem Gastgeber hält, über Leben und Tod schlechthin, der schließlich zum Selbstmord des Kornhändlers führt.

„Die Selbstverbrennung", Roman (1984). Der Roman um sechs Personen spielt in der kleinen dörflichen Pfarrei Bernede in der DDR: Da ist der Pfarrer Martin Wilhelm Koldehoff, der nur an seinen Verstand glaubt und an Gott zweifelt; seine Frau Elfriede glaubt in Demut an Gott und kann in ihrem Glauben auch nicht durch ihren Mann erschüttert werden; die Tochter Annemarie, 18 Jahre, hält ganz zu ihrem Vater und scheint ein kaltes, hochmütiges Mädchen zu sein, und der jüngere Bruder Gerd fühlt sich gegenüber seiner Schwester stets zurückgesetzt; schließlich Elfriedes Bruder Eberhard, einst Angehöriger der Waffen-SS, der seine SS-Kappe als Reliquie aufbewahrt und von der NS-Ideologie nie weggekommen ist; er wird in der Familie mehr geduldet als geliebt. In diesen Kreis tritt der etwa vierzigjährige Sempert aus Magdeburg, der an einem philosophischen Traktat arbeitet, der, als er an schwerer Grippe erkrankt, von Annemarie gepflegt wird, die ihm die Mutter schon immer zuführen wollte, um sie aus dem Banne ihres Vaters zu befreien. Beide erleben einen kurzen Liebesfrühling, denn Annemarie ist, wie der Vater Sempert erklärt, von unheilbarer Krankheit befallen und stirbt wenige Wochen, nachdem sich sie und Sempert gefunden hatten. Koldehoff sieht darin wieder eine Sünde Gottes, darum fordert er in seinen Predigten seine Gemeinde auf, Gott seine

Sünden zu verzeihen, indem er immer wieder auf das Beispiel des Pfarrers von Zeitz hinweist, der sich vor dem Altar vor seiner Gemeinde verbrannt hat. Dem Pfarrer Hohenemser, der Annemarie eingesegnet hat, erklärt Elfriede das unmögliche Verhalten ihres Mannes, der sich völlig in die Einsamkeit zurückgezogen hat, und erreicht, daß er nach Stralsund versetzt wird. Von Sempert wird berichtet, er habe sich nach dem Westen abgesetzt; jedenfalls werden seine Schriften vom Staatssicherheitsdienst beschlagnahmt.

„Die Waldsteinsonate", Novelle (1984 und 1987). Fünf Novellen, die miteinander durch das Problem des Wahnsinns oder des Mordes verbunden sind. „Über die Alpen" schildert die Tage Friedrich Nietzsches in Turin vor Ausbruch seines Wahnsinns und seine Rückholung. „Die Waldsteinsonate" Beethovens spielt der tote Liszt im Bunker der Reichskanzlei vor dem Mord Goebbels' an seiner Frau und seinen sieben Kindern. „Im November" erzählt die Reise Kleists und der Madame Henriette Vogel nach Wannsee zu ihrem vorbereiteten Tod. „Seidel" ist die Geschichte des Wahnsinnsausbruches des Nihilisten Alfred Seidel, während „Die Heiterkeit des Todes" nach dem Tode die Jüdin und ihren SS-Mörder in Verzeihung und Liebe einander finden läßt. Novellen, die in sorgfältiger, formstrenger Prosa an die letzten Probleme rühren.

„Das Konzert" (1986). In dieser Novelle ist die Grenze zwischen der Welt der Lebenden und der Toten aufgehoben. Die Toten sind jene Juden, welche durch die SS hingerichtet worden waren: Frau Altenschul, die im gegenwärtigen Berlin ihren Salon eröffnet hat; ihr Freund ist der Maler Max Liebermann, ist der Novellist und Ironiker Schulze-Bethmann und ist der im Alter von 28 Jahren in Litzmannstadt hingerichtete Pianist Lewansky, der sich vergeblich bemüht um das vollendete Spiel der E-Dur Sonate opus 109 von Beethoven; dazu aber fehle ihm die Alterserfahrung, die er nicht mehr zurückholen kann. Zu den Toten gehört auch der SS-Hauptsturmführer Lutz Klevenow, der Mörder Schulze-Bethmanns, der selber hingerichtet wurde und nun von seinen Opfern Vergebung erbittet, und der schließlich Lewansky dazu bringt, das große, von Frau Altenschul initiierte Konzert nicht in der Philharmonie zu geben, sondern in dem unterirdischen Bunker, in dem die Mörder der NS-Zeit versammelt sind, die alle auf Erlösung warten. Darum sieht es Schulze-Bethmann auch als notwendig an, mit den Mördern zu verkehren – ein großes symbolhaftes Bild einer Versöhnung jenseits des Lebens und in diesem.

„Die Ermüdung" (1988). Diese Drei-Personen-Erzählung um den 82 Jahre alten Studienrat Fehrenmark, seine Tochter Gerda und deren Mann Achternach, der zu Beginn der Erzählung wahrscheinlich Selbstmord begangen hat, spürt der Beziehung zwischen Vater und Tochter sowie der Tochter zu ihrem Mann Achternach nach. Von dem alten Fehrenmark eingeladen, kommt Gerdas und Achternachs Jugendfreund, der Arzt einer Hamburger Klinik,

Merten, zu Besuch, denn Gerda zeigt merkwürdige Verwirrungssymptome: Sie deckt täglich für ihren Mann, unterhält sich mit ihm, macht mit dem Toten Spaziergänge. Eine Reise mit Merten nach Kopenhagen soll sie davon heilen; ja, der Vater meint, eine Verbindung mit Merten könnte Gerda endgültig wieder in die Realität zurückführen. Aber auch der Monate dauernde Aufenthalt Mertens in der Fehrenmark-Villa bringt keinen Erfolg. Achternach hatte sich nach einem Skandal am Kammergericht in die Einsamkeit seiner Mansarde zurückgezogen, hatte nicht mehr mit Vater und Tochter verkehrt, seine Frau ironisch oder hart behandelt; sie hatte ihm auf seine Bitte hin den Kaffee mit tödlichen Schlaftabletten gebracht: Hat er sich vergiftet oder sie ihn oder ist er einfach an Schwäche gestorben? Die Frage bleibt ebenso offen wie die nach dem Schicksal Gerdas, als Merten abreist. (S. 607)

HEINER MÜLLER

„**Anatomie Titus Fall of Rome**" (1985) ist ein „Shakespearekommentar", eine neue Müllersche Variation eines Shakespeare-Stückes („Titus Andronicus"), das alle Grausamkeiten des Vorbildes übernimmt.

„**Wolokolamsker Chaussee**". Einzelne der fünf Abschnitte wurden bereits an deutschen Bühnen gespielt, das gesamte Stück aber erstmals 1988 in Paris uraufgeführt. 1941: 2 000 km von Berlin und 120 km von Moskau entfernt, beginnt das Stück. Im 1. Teil wird in der Roten Armee ein Soldat exekutiert, der sich bei einer Übung die Hand zerschossen hat („Russische Eröffnung"). Der 2. Teil „Wald bei Moskau" bringt die Auseinandersetzung zwischen dem Kommandeur einer versprengten Abteilung und einem Battaillonsarzt, der den Sanitätszug im Stich gelassen hat. Im 3. Teil („Das Duell") geht es um die Auseinandersetzung zweier Gegner am 17. Juni 1953 in der DDR, der eine Kommunist aus einem NS-Zuchthaus, der andere, einst Nationalsozialist, jetzt Delegierter eines Streikkomitees. Der 4. Teil („Kentauren") ist eine Satire auf die Bürokratie diktatorischer Staatssysteme; ein Kentaur ist: Oberkörper Mensch, Unterkörper Schreibtisch. Der 5. Teil („Der Findling") ist der Dialog zwischen dem Sohn, der gegen den Einmarsch der Warschauer-Pakt-Truppen 1968 in Prag protestierte, 5 Jahre Gefängnis erhielt und dann in den Westen ging, und seinem Adoptivvater, einem NS-Opfer und DDR-Sozialisten. (S. 596)

Müller erhielt 1986 den Georg-Büchner-Preis. (S. 596)

ULRICH PLENZDORF

Werke: „**Die neuen Leiden des jungen W.**", Erzählung (1973), „**Die Legende von Paul & Paula**", Filmerzählung (1974), „**Legende vom Glück ohne Ende**" (1979), „**Karla, der alte Mann, das Pferd, die**

Straße", Texte zu Filmen (1980), **„Gutenachtgeschichte"** (1983), **„kein runter kein fern"** (1984).

Der Titel **„kein runter kein fern"** bedeutet Strafe: nicht auf die Straße hinunter, nicht vor dem Fernsehschirm sitzen dürfen. Strafe für den Hilfsschüler, dessen Mutter in den Westen gegangen ist. Die mit dem Ingeborg-Bachmann-Preis ausgezeichnete Erzählung ist der innere Monolog des Hilfsschülers, der schließlich ausreißt und zwischen Alexanderplatz und Leipziger Straße in Berlin in einen Demonstrationszug gerät und zusammengeschlagen wird. In die kindlichen Rachefantasien des, wie er meint, zu Unrecht in die Hilfsschule Abgeschobenen drängen sich die Parolen der Transparente, welche die DDR preisen. Sie sind in Text und Kursivschrift vom anderen Text abgehoben, der aus halben Sätzen und halben Wörtern (verschluckte Endsilben) besteht. Mit dem Kontrast zwischen der Sprache von oben (Reporter und Parteipathos) und jener von unten, die mit Wörtern spielt, sie abwandelt und verkürzt, ihnen neue Bedeutungen zuschiebt, werden starke Effekte erzielt. (S. 642)

STEFAN SCHÜTZ

ist 1981 in die BRD übersiedelt.

Dramen: **„Majakowski"** (1971), **„Fabrik im Walde"** (1975), **„Die Amazonen"** (1978), **„Heloisa und Abälard"** (1978), **„Kohlhaas"** (1978), **„Der Hahn"** (1980), **„Gloster"** (1981), **„Sappa"** (1982), **„Die Seidels (Groß und Gross)"** (1984), **„Spectacle Cressida"** (1984).

„Die Seidels (Groß und Gross)". Im Mittelpunkt stehen die beiden Figuren Groß und Gross. Der Psychiater Groß meint, er könne das Leiden aus der Welt schaffen und verfolgt seine Mitmenschen mit Güte. Gross ist aus einem Irrenhaus geflohen, er leidet an Paranoia und ist stets auf der Flucht vor einer Verschwörergruppe, die er die Seidels nennt. Groß opfert sich auf und stirbt auf der Straße an Hunger. Das Stück ist datiert mit Februar 1920, da die Revolution gescheitert ist und Luxemburg und Landauer ermordet sind. Heimkehrer (Ziegler, Schmidt) plündern; zwischen dem Damals und dem Heute wird eine Beziehung hergestellt, wenn im Epilog ein Seidel feststellt, daß wir in einem „pompejanischen Zeitalter" leben, weil die „Wahnsinnstaten" ebenso fortschreiten wie die „wahnhaften Illusionen".

„Spectacle Cressida" ist ein eigenwilliges Stück mit dreimaliger Brechung, in dem klassisches Shakespeare-Theater („Troilus und Cressida") von männlichen Clowns in einem Zirkus gespielt wird, welche wiederum von Frauen gespielt werden, womit das Rollenverhalten denunziert wird. Auseinandersetzung mit den Geschlechterrollen und Kritik an der patriarchalischen Weltordnung sind der Inhalt dieses oft antik-obszönen Stückes. Dem „Urknall des Patriarchats" wird der „Endknall" entgegengesetzt. (S. 610)

ANNA SEGHERS

„Der Weg durch den Februar", Roman (1935). Zehn Wochen nach der Niederwerfung des Februar-Aufstandes der Sozialdemokraten in Österreich machte sich die seit einem Jahr im Pariser Exil lebende Schriftstellerin auf die Suche nach den Spuren der Ereignisse, da sich in Österreich die Arbeiter gegen das Dollfuß-Regime erhoben hatten. Der erste Ertrag dieser Suche war das Buch „Der letzte Weg des Koloman Wallisch", dem 1935 „Der Weg in den Februar" folgte. Der vielschichtige Roman spielt in Wien, Linz, Steyr und Graz; zahlreiche Handlungsstränge laufen nebeneinander her und münden in ein Ineinander, werden abgebrochen und wieder aufgenommen. Zahlreich ist das Personenregister.

Der Roman beginnt wenige Tage vor dem 12. Februar, da der Generalstreik in Linz und Steyr ausgerufen wird, und führt über die Ereignisse der paar Februartage bis in die Zeit nach dem Aufstand, der unter den Geschützen des Bundesheeres und den Gewehren von Polizei und Gendarmerie zusammenbricht, weil er nicht genügend durchorganisiert war, man teilweise die Waffenlager nicht einmal kannte, und bis zu den Exekutionen von Aufständischen oder ihrer Flucht sowie zu Verhandlung und Verurteilung. Der Roman bezieht auch das Aufkommen des Nationalsozialismus in Österreich mit ein und stellt dar, daß die fehlende Einigung der Arbeiterschaft, die in Sozialdemokraten, Sozialrevolutionäre und Kommunisten gespalten war, die manchmal als einzelne Kameraden zusammenfanden, nicht aber in ihrer Führung, zum Zusammenbruch des Arbeiteraufstandes führen mußte. Als einziger Anführer wird Koloman Wallisch in die Handlung miteinbezogen, der auf der Flucht ergriffen und gehenkt wird. (S. 615)

CHRISTA WOLF

„Störfall. Nachrichten eines Tages" (1987). Wahrscheinlich ist diese zwischen Juni und September 1986 geschriebene Erzählung die erste dichterische Aufarbeitung des „Störfalles" Tschernobyl. Es ist die Beschreibung eines einzigen Tages. An diesem Tag kommt die Nachricht aus Tschernobyl in ein kleines Dorf in Mecklenburg. An diesem Tag wird dem Bruder der Ich-Erzählerin im Krankenhaus einer fernen Stadt ein Gehirntumor entfernt. An diesem Tag kommen auch Besucher auf den Spuren von Kriegs- und Flüchtlingserinnerungen in den Ort. An diesem Tag weiß man noch nichts über die Auswirkungen der Katastrophe. Kunstvoll wird diese mit der Operation verbunden und im Rückblick auf hunderte Millionen Jahre die Entwicklung der Menschheit aufgezeigt; daß diese zur Vernichtung führen kann, daran läßt die Autorin keinen Zweifel. Aber die Antwort auf die Frage: Was ist an diesem Tag im April 1986 mit den Menschen geschehen? kann auch die Dichterin nicht beantworten.

„**Die Dimension des Autors**" (1987) sind Essays, Aufsätze, Reden und Gespräche aus den Jahren 1959–1985. Gemeint ist neben den drei Dimensionen der erzählten Ereignisse und geschilderten Personen eine vierte Dimension des Autors, welche die „Tiefe der Prosa" ebenso bestimmt wie den „Anteil der Zeitgenossenschaft" und das „erzählerische Engagement". (S. 649)

ANHANG

Jean Anouilh, gestorben 1987;
Simone de Beauvoir, gestorben 1986;
Jean Genet, gestorben 1986;
John Bolton Priestley, gestorben 1984;
Jaroslav Seifert, Nobelpreisträger, gestorben 1985.

NOBELPREISTRÄGER FÜR LITERATUR 1985
Claude Simon, geboren 1913 (Frankreich).

NOBELPREISTRÄGER FÜR LITERATUR 1986
Wolf Soyinka, geboren 1934 (Nigeria).

NOBELPREISTRÄGER FÜR LITERATUR 1987
Joseph Brodsky, geboren 1940, sowjetischer Jude und Emigrant in den USA.

MOTIVGLEICHE DICHTUNGEN

FAUST

Kurt Becsi (1920–1988): „Faust in der Sonne" (1986), Drama
Ireneusz Iredynski (1939–1985): „Kreation" (1985), Drama
Tadeuz Bradecki (geb. 1955): „Muster metaphorischer Beweisführung" (1986), Drama
Heinz R. Unger: „Arme Teufel" (1978), Drama

DON JUAN

Kurt Becsi: „Die Sonnenspiele des Don Juan" (1984), Drama

MEDEA

Kurt Becsi: „Medea" (1984), Drama

DANTON

Kurt Becsi: „Danton und der Orgasmus des Lichtes" (1986), Drama

LITERATUR-NACHTRAG

Nachschlagewerke

Arnold, H. L. (Hrsg.): Kritisches Lexikon zur deutschsprachigen Gegenwartsliteratur (KGL). München 1978ff
Brauneck, M. (Hrsg.): Autorenlexikon deutschsprachiger Literatur des 20. Jahrhunderts. Hamburg 1984
Brauneck, M. (Hrsg.): Weltliteratur im 20. Jahrhundert. Band 1–4: Autoren. Band 5: Essays, Daten, Bibliographien. Hamburg 1981
Gregor-Dellin, M. und E. (Hrsg.): P. E. N. Schriftstellerlexikon Bundesrepublik Deutschland. München 1982
Rothmann, K.: Deutschsprachige Schriftsteller seit 1945 in Einzeldarstellungen. Stuttgart 1985

Literaturgeschichte

Berg, J. u. a.: Sozialgeschichte der deutschen Literatur von 1918 bis zur Gegenwart. Frankfurt/M. 1981
Beutin, W. u. a.: Deutsche Literaturgeschichte von den Anfängen bis zur Gegenwart. 2. erw. Auflage. Stuttgart 1984
Schnell, Ralf: Die Literatur der Bundesrepublik. Autoren, Geschichte, Literaturbetrieb. Stuttgart 1986
Schütz, E., **Vogt,** J. (Hrsg.): Einführung in die deutsche Literatur des 20. Jahrhunderts. 3 Bände, Opladen 1977–80

REGISTER

Achternbusch Herbert, BRD 105
Ahlsen Leopold, BRD 105
Allert-Wybranietz Kristiane, BRD 106
Amanshauser Gerhard, Ö 11
Andersch Alfred, BRD 107

Bachmann Ingeborg, Ö 12
Bäck Walter, Ö 13
Bauer Wolfgang, Ö 14
Baumgart Reinhart, BRD 107
Bayer Konrad, Ö 15
Bayr Rudolf, Ö 15
Becker Jurek, DDR 219
Becsi Kurt, Ö 16
Bernhard Thomas, Ö 18
Bichsel Peter, CH 185
Bienek Horst, BRD 108
Biermann Wolf, DDR 219
Blaschke-Pál Helga, Ö 23
Böll Heinrich, BRD 109
Brandstetter Alois, Ö 23
Brasch Thomas, DDR 219
Braun Volker, DDR 220
Bruyn Günter de, DDR 221
Burger Hermann, CH 186

Canetti Elias, Ö 25
Coryllis Peter, BRD 111

Dichler Gustav, Ö 26
Dorst Tancred, BRD 112
Drewitz Ingeborg, BRD 115
Duden Anne, BRD 116
Dürrenmatt Friedrich, CH 189

Ebner Jeannie, Ö 26
Eibel Stephan, Ö 26
Einzinger Erwin, Ö 27
Eisendle Helmut, Ö 28
Eisenreich Herbert, Ö 29
Elsner Gisela, BRD 116
Enzensberger Hans Magnus, BRD 118
Enzinck Wilhelm, BRD 119

Faber-Perathoner Hans, Ö 30
Fassbinder Rainer Werner, BRD 119
Federspiel Jürg, CH 191
Fichte Hubert, BRD 120
Fischer-Reitböck Ilse, BRD 121
Fleisser Marieluise, BRD 121
Frank Leo, Ö 30
Fried Erich, Ö 31
Frisch Max, CH 193
Frischmuth Barbara, Ö 33
Fritz Marianne, Ö 35
Fühmann Franz, DDR 222
Fussenegger Gertrud, Ö 39

Grass Günter, BRD 123
Greifenstein Karl, BRD 124
Greiner Peter, BRD 125
Groissmeier Michael, BRD 127
Gruber Reinhard P., Ö 40
Grün Max von der, BRD 127

Habeck Fritz, Ö 40
Hagelstange Rudolf, BRD 128
Härtling Peter, BRD 129
Handke Peter, Ö 42
Haushofer Marlen, Ö 44
Henisch Peter, Ö 45
Henkel Heinrich, CH 194
Herburger Günter, BRD 130
Hermlin Stephan, DDR 222
Heym Stephan, DDR 223
Hildesheimer Wolfgang, BRD 131
Hochhuth Rolf, BRD 132
Hochwälder Fritz, Ö 46
Hofmann Gert, Ö 47
Hülsmann Harald K., BRD 135
Hüttenegger Bernhard, Ö 49

Jäggi Urs, CH 194
Jandl Ernst, Ö 50
Jelinek Elfriede, Ö 50
Johnson Uwe, BRD 136
Jonas-Lichtenwallner Johanna, Ö 51
Jünger Ernst, BRD 137

Kant Hermann, DDR 223
Kappacher Walter, Ö 57
Kaschnitz Marie-Luise, BRD 137
Kempf Diana, BRD 138
Kempowski Walter, BRD 138
Kirsch Sarah, DDR 224
Kirst Hans Hellmut, BRD 144
Kolleritsch Alfred, Ö 58
Kroetz Franz Xaver, BRD 145
Krolow Karl, BRD 147
Kronauer Brigitte, BRD 148
Kunert Günter, DDR 224
Kunze Reiner, DDR 225
Kuprian Hermann, Ö 59

Laederach Jürg, CH 196
Lange Hartmut, DDR 225
Lenz Siegfried, BRD 149
Leutenegger Gertrude, CH 200

Maron Monika, BRD 151
Marti Kurt, CH 200
Mayröcker Friederike, Ö 62
Merkel Inge, Ö 63
Mitgutsch Waltraud Anna, Ö 66
Mitterer Felix, Ö 68
Mühl Karl Otto, BRD 152
Müller Harald, BRD 152

Müller Heiner, DDR   227
Müller Horst Wolf, BRD   154
Müssle Hans Peter, BRD   154
Muschg Adolf, CH   206

Novak Ernst, Ö   70

Okopenko Andreas, Ö   70

Pedretti Erica, CH   208
Pellert Wilhelm, Ö   70
Petz Ernst, Ö   71
Plenzdorf Ulrich, DDR   227
Pohl Klaus, BRD   154
Pörtner Paul, BRD   157
Pühringer Franz, Ö   72

Radetzky Robert von, BRD   157
Reichart Elisabeth, Ö   72
Reinshagen Gerlind, BRD   157
Reschke Karin, BRD   158
Rieger Franz, Ö   74
Rinser Luise, BRD   160
Romay Frida Ingeborg, Ö   75
Romay Roman, Ö   76
Rosei Peter, Ö   77
Rosendorfer Herbert, BRD   161
Rossbacher Heinrich, BRD   165
Roth Friederike, BRD   166
Roth Gerhard, Ö   79
Rühmkorf Peter, BRD   167
Rys Jan, BRD   168

Scharang Michael, Ö   82
Schinagl Helmut, Ö   82
Schroeder Margot, BRD   168
Schütz Stefan, DDR   228

Schutting Jutta, Ö   83
Schwaiger Brigitte, Ö   84
Schwarz Helmut, Ö   85
Sebestyen Geörgy, Ö   86
Seghers Anna, DDR   229
Späth Gerold, CH   211
Spiel Hilde, Ö   89
Sprenger Anna Theresia, Ö   89
Stefan Verena, CH   215
Strauss Botho, BRD   169
Strittmatter Thomas, BRD   171
Struck Karin, BRD   173
Süskind Patrick, BRD   174
Szyszkowitz Gerald, Ö   90

Theurer-Samek Hermann, Ö   90
Tielsch-Felzmann Ilse, Ö   91
Torberg Friedrich, Ö   92
Turrini Peter, Ö   93

Unger Heinz R., Ö   94

Vogl-Hüger Anna Valerie, Ö   97

Walser Martin, BRD   176
Walter Otto Friedrich, CH   215
Wegerth Reinhard, Ö   98
Weiss Peter, BRD   178
Wohmann Gabriele, BRD   178
Wolf Christa, DDR   229
Wolfgruber Gernot, Ö   99
Wrann Michele, Ö   99

Zauner Friedrich Ch., Ö   100
Zielonka Michael, BRD   180
Zoderer Joseph, Ö   101

Leitners Studienhelfer

Emil Brenner / Wilhelm Bortenschlager

Deutsche Literaturgeschichte 1

Von den Anfängen
bis zum Jahr 1945

*21. Auflage
624 Seiten,
Broschur
ISBN 3-85157-050-2*

Wilhelm Bortenschlager

Deutsche Literaturgeschichte 2

Von 1945
bis zur Gegenwart

*4. Auflage
704 Seiten,
Broschur
ISBN 3-85157-051-0*

Verlag Leitner Wien

Leitners Studienhelfer
Eine Auswahl

336 Seiten, Broschur
ISBN 3-85157-042-1

352 Seiten, Broschur
ISBN 3-85157-043-X

333 Seiten mit 6 Farbabbildungen, Broschur
ISBN 3-85157-044-8

280 Seiten, Broschur
ISBN 3-85157-053-7

Verlag Leitner Wien